国家重点研发计划："轨道交通非接触式供电系统技术"科研成果

轨道交通无线供电技术

何正友　麦瑞坤　李　勇　著

科 学 出 版 社
北　京

内 容 简 介

轨道交通无线供电系统是一种采用电磁感应式无线电能传输技术的新型无接触网供电系统，其突破了传统有线供电对接触网的依赖，能够提高城市轨道交通供电的美观性和安全性。本书重点阐述轨道交通无线供电系统的关键技术，包括各类型耦合机构、系统功率提升技术、恒流-恒压补偿拓扑设计方法、系统效率优化方法、输出波动抑制技术、电磁兼容技术以及新型电场耦合技术等，对相关理论基础和设计方法进行介绍，并对最新研究进展进行论述。

本书可供相关行业科研人员和工程技术人员参考，也可作为高等院校相关专业师生的参考用书。

图书在版编目（CIP）数据

轨道交通无线供电技术 / 何正友，麦瑞坤，李勇著. —北京：科学出版社，2021.2

ISBN 978-7-03-063915-8

Ⅰ. ①轨… Ⅱ. ①何… ②麦… ③李… Ⅲ. ①轨道交通－牵引供电系统 Ⅳ. ①U223.6

中国版本图书馆 CIP 数据核字（2020）第 300578 号

责任编辑：华宗琪 / 责任校对：王 瑞
责任印制：罗 科 / 封面设计：义和文创

科 学 出 版 社 出版
北京东黄城根北街 16 号
邮政编码：100717
http：//www.sciencep.com

四川煤田地质制图印刷厂印刷
科学出版社发行 各地新华书店经销
*
2021 年 2 月第 一 版 开本：787×1092 1/16
2021 年 2 月第一次印刷 印张：15
字数：356 000

定价：139.00 元

（如有印装质量问题，我社负责调换）

前　言

我国城市轨道交通飞速发展，截至2019年年末，共有40个城市（不含港澳台）开通轨道交通，其运营线路长达6736.2km，预计2021年年底将达8000km。为了满足现代城市的发展要求，提高城市轨道交通的美观性和安全性，在城市轨道交通中已经开始探索和发展一些新型无接触网供电方式，如地面接触供电技术、车载储能供电技术以及无线供电技术等。这些无接触网供电方式避免了轨道交通车辆对接触网的依赖，减少了接触网所带来的空间占用，提高了城市轨道交通的灵活性。本书将对其中一种新型无接触网供电方式——无线供电技术进行相关介绍。

无线电能传输技术，是一种利用磁场等软介质代替传统导体，以非接触方式实现电能传输的新型供电技术，为实现轨道交通无接触网供电提供了一种有效途径。由于突破了传统有线供电对导体的依赖，该技术能大幅提高牵引供电系统的灵活性和安全性。该技术已在医疗电子设备、消费电子设备、电动汽车等领域得到了成功应用，并在2008年被美国麻省理工学院《技术评论》期刊评为未来十大科研方向之一，在2013年被世界经济论坛评为十大新兴技术之首。目前，无线电能传输技术在电动汽车等中小功率领域（千瓦级）的应用已形成标准并逐渐进入商业化发展阶段。但大功率无线供电技术（百千瓦至兆瓦级）仍处于工程样机和试运行阶段。2009年，加拿大庞巴迪公司针对城市有轨电车提出了一套500kW的无线供电技术方案，并在德国奥格斯堡建立了一条实验运行线路；2015年，韩国科学技术院报道了其研制的1MW无线供电系统，并进行了静态和慢速实验。自2017年起，我国正式启动无线供电系统国家重点研发计划项目，预计将于2020年12月完成500kW轨道交通无线供电系统实验线路。

轨道交通供电系统及其运行条件的特殊性，使得实现大功率无线供电系统更加具有挑战性。相对于电动汽车无线充电等中小功率应用，轨道交通无线供电系统还具有以下四个特点。

（1）功率需求大。城市轨道交通的功率需求通常为500kW～5MW，无线供电系统的重量、体积和容量均受轨道交通车辆轴重及安装空间的限制，保证所需功率的传输是该技术实现的基础。

（2）效率要求高。对于一个500kW无线供电系统，1%的效率损耗意味着有5kW的功率以热量的形式散失，这些热量集中在高频变流器、发射-接收线圈等系统关键部件中，将导致系统散热成本增加，同时降低器件运行可靠性。提高传输效率是该技术实现的保障。

（3）运行速度快。在轨道交通车辆运行过程中，发射-接收线圈间的耦合方式、磁场强度、自感/互感等参数均快速变化，如何在运行条件下抑制系统输出波动是该技术适用于运行场景的关键。

（4）电磁环境复杂。兆瓦级无线供电系统在运行过程中将对沿线生物体和设备造成电磁干扰影响，有效抑制电磁干扰是该技术推广应用的前提。

面对这些挑战和问题，国内外学者已在一定程度上进行了解决。因此，本书对国内外无线电能传输领域相关先进技术进行整理，同时结合西南交通大学（交通）能源互联网研究中心的相关研究成果，围绕轨道交通无线供电系统中的功率提升问题、效率优化问题、稳定性问题和电磁兼容问题等，对相关研究内容和技术进行介绍。第 1 章首先对无线电能传输技术的概念、发展以及应用现状进行介绍，以使读者对无线电能传输技术有一个较为全面的认识。无线电能传输系统中的耦合机构是最为关键的子系统之一，第 2 章分别对适用于静态供电和动态供电的无线电能传输耦合机构及其特性进行介绍。第 3 章从组合式系统的角度，讲述大功率无线电能传输系统的功率提升方法。第 4 章从拓扑和参数特性的角度，讲述抗耦合机构偏移的恒流-恒压系统涉及的方法。第 5 章介绍针对无线供电系统的效率优化方法。第 6 章将主要考虑动态供电平稳性问题，分别从耦合机构设计和控制的角度介绍无线供电系统输出波动抑制技术。第 7 章将介绍无线电能传输系统电磁兼容相关技术。第 8 章将介绍新型电场耦合技术及其应用情况。

本书由西南交通大学何正友、麦瑞坤、李勇主笔，参与撰写的有：周玮（第 1 章）、戴睿敏（第 1 章）、符玲（第 2 章和第 6 章）、刘力舟（第 3 章）、陈阳（第 4 章）、刘野然（第 5 章）、李砚玲（第 6 章）、徐叶飞（第 7 章）、罗博（第 8 章）。西南交通大学（交通）能源互联网研究中心的师生们在本书撰写过程中提供了很多的建议和帮助，特别感谢无线电能传输课题组的研究生刘力舟、杨斌、彭云尔、顾耘东、杨环宇、朱宸彦、周凌云等。

本书相关工作受国家重点研发计划“轨道交通非接触式供电系统技术”（2017YFB1201002）和国家自然科学基金项目（51677155，51777173，51507147，51907170，51907169）的资助，在此表示衷心感谢！

何正友

2020 年 3 月于西南交通大学

目　录

第1章　绪　论

1.1　城市轨道交通无接触网供电技术概况

为了适应现代城市的发展要求，提高城市轨道交通的美观性和安全性，国内外对新型无接触网供电方式进行了探索和实践，如地面接触供电技术、车载储能供电技术以及基于电磁感应原理的无线供电技术等。探索和发展新型无接触网供电技术正成为一种趋势。本节对主要的城市轨道交通无接触网供电技术进行概述。

1.1.1　地面接触供电技术

目前地面接触供电技术主要有两个典型代表：阿尔斯通公司的 APS 系统和安萨尔多公司的 TramWave 系统。APS 系统最先由伊诺瑞尔公司在 20 世纪 90 年代提出，后期阿尔斯通公司收购了该公司并在其 Citadis 车型上进行了改进工作，目前运行总里程达 38.2km。APS 系统中的导电轨在车辆行进时由开关切换，只有车辆下方的导电轨通电，其他导电轨不通电[1]。

安萨尔多公司的 TramWave 系统在车底安装集电靴，通过永磁铁吸起地面供电轨来传输电能，供电轨仅在车辆驶过时才带电。2000 年，意大利那不勒斯建成一条使用 TramWave 系统的 400m 实验轨。在国内，2012 年 10 月中车大连机车车辆有限公司引进安萨尔多公司 SIRIO 系列有轨电车技术，于 2013 年中标珠海有轨电车 1 号线项目[2, 3]。

地面接触供电技术较为成熟，不受储能装置容量的限制，供电方式不受行驶距离限制，已在国外有成功应用案例。然而该技术对于雨雪天气较为敏感，且对公有路权的道路碾压重量有一定限制。图 1.1 是采用 TramWave 系统的珠海有轨电车 1 号线[4]。

图 1.1　采用 TramWave 系统的珠海有轨电车 1 号线[4]

1.1.2　车载储能供电技术

车载储能供电技术是现代电动汽车理念在轨道交通系统中的延伸与发展。储能式轨道交通牵引供电系统主要由大容量车载储能装置、车载能量管理装置、地面快速充电站等构成。系统利用车辆在站台的停车时间完成快速充电，车辆在一次充电后靠储存的电能连续运行至下一个站台再进行充电，站间无须架设供电线网[5]。图 1.2 为中车株洲电力机车有限公司研制的储能式有轨电车[6]。

图 1.2　中车株洲电力机车有限公司研制的储能式有轨电车[6]

在国外，2003 年由加拿大庞巴迪公司研制的 Mitrac 超级电容储能装置在德国的曼海姆有轨电车系统投入运行，其节能效果十分可观。阿尔斯通公司研制出蓄电池储能的 Citadis302 型有轨电车并于 2007 年在法国尼斯投入使用。西门子开发的 Sitras HES 技术采用超级电容和蓄电池混合储能方式并在葡萄牙 Almada 进行实验。在国内，采用车载超级电容驱动的储能式电车由中车株洲电力机车有限公司研制成功，并于 2015 年在宁波鄞州区下线。首辆采用车载蓄电池驱动的有轨电车由中车南京浦镇车辆有限公司研制成功，并于 2014 年 8 月在南京河西新城有轨电车项目上应用[7-9]。

车载储能供电技术具有无须接触网受流、无须钢轨回流、不受天气环境影响等优势，新建线路无须砍除沿线树木，无须额外架设架空线，相对于接触网供电方式，运营成本更低。然而，车载储能供电技术受线路站间距限制，且储能装置会增加车辆的重量，占用车辆可用空间。

1.1.3　无线供电技术

无线供电技术基于电磁感应耦合原理，通过安装于地面的发射端线圈和安装于车载接收端线圈的电磁耦合实现电能的传递。只要发射端线圈与接收端线圈存在电磁耦合，无论车辆处于静态或者动态，都能够实现电能的传输。

1997 年，新西兰奥克兰大学与德国 Wampfler AG 公司联合在 Rotorua 地热公园首次成功建成了使用非接触供电技术的定轨观光车辆。2009 年，加拿大庞巴迪公司旗下的 PRIMOVE 品牌推出了针对有轨电车的非接触供电技术解决方案，并在德国奥格斯堡建设了基于 PRIMOVE 技术的有轨电车示范线，系统输出功率达 250kW，工作频率为 20kHz。图 1.3 为加拿大庞巴迪公司研发的无线供电有轨电车[10]。2013 年，韩国科学技术院（Korea Advanced Institute of Science and Technology，KAIST）和韩国铁路研究院（Korea Railroad Research Institute，KRRI）成功在韩国五松站建成非接触供电有轨电车示范线并实验成功。该列车采用 60kHz 的工作频率，最高传输功率可达 180kW。1.5 节将对无线供电系统的应用情况进行详细介绍。

图 1.3 加拿大庞巴迪公司研发的无线供电有轨电车[10]

相对于另外两种无接触网供电方式，无线供电最为灵活，且不受天气、环境、站间距影响，能够实现静态或动态下的供电，不存在设备磨损问题。然而，相对于接触供电方式，无线供电系统效率较低，并且车载接收线圈会占用一定的车下空间。

1.2 无线电能传输技术发展历程概述

无线电能传输（wireless power transfer，WPT）技术的研究最早可以追溯到 19 世纪。1865 年，Maxwell 在前人研究的基础上，总结归纳出 Maxwell 方程，将电场和磁场统一，同时预测了电磁能量的“无线”载体——电磁波的存在。1884 年，Poynting 提出了坡印廷定理，对无线功率传输系统进行分析[11]。1888 年，Hertz 验证了该理论，也证明了电磁波的存在[12]。1893 年，WPT 的开拓者 Tesla 在哥伦比亚世界博览会上隔空点亮了一盏磷光照明灯[13]。1899 年，Tesla 在科罗拉多斯普林斯进行了大功率 WPT 实验，虽然没有成功，但是 WPT 技术逐渐为大众所知，也吸引了更多学者进行研究。

20 世纪 60 年代，Brown 发明了整流天线将微波转换为直流电，实现了远场（辐射式）WPT 并用一架无线飞机进行演示[13]。1975 年，Brown 成功将 475W 的微波功率传输到 1mile[①]之外的整流天线，直流效率为 54%。之后，美国国家航空航天局用 2.38GHz 的微波通过蝶形天线将 30kW 的功率传输到 1.5km 之外的整流天线阵列，传输效率达 80%[13, 14]。2003 年，美国国家航空航天局研制了第一架激光供电的模型飞机[15]。

20 世纪 60 年代，谐振式 WPT 成功用于可植入医疗设备[16]，如起搏器和人造心脏等。20 世纪 90 年代，新西兰奥克兰大学 Boys 教授团队率先以交变磁场为电能传输介质，展开了围绕感应式 WPT 技术的探索[17]。2007 年，美国麻省理工学院（Massachusetts Institute of Technology，MIT）Soljacic 教授团队基于电磁共振理论和耦合模理论（coupled mode theory，CMT）实现了 2m 范围内功率为 60W 的非接触供电，该成果发表于国际顶级期刊 *Science* 上，并引起了学术界与商业界的广泛关注，再次在世界范围内掀起了 WPT 技术的研究热潮，将该技术的理论与应用推向了一个新的高度[18]。由于感应式 WPT 技术在中短距离大功率 WPT 领域的出色功率等级与效率特性，它成为目前 WPT 领域的主要研究方向，也是 WPT 技术商业化推广的主要解决方案[19]。

21 世纪初期，新西兰奥克兰大学 Hu 教授团队率先以交变电场为传输媒介，展开了基于电场式 WPT 技术的研究[20]。2016 年，圣地亚哥州立大学 Mi 教授团队利用高阶无功补偿技术将电场式 WPT 的传输距离和功率提升至 15cm 和 3kW 以上[21]。但介电常数数量级极低导致电容式耦合机构耦合度提升难度大，限制了电场式 WPT 技术传输功率的进一步提升。

此外，在 WPT 技术 100 多年的发展过程中，国际上还有来自美国[22]、新西兰[23]、日本[24]、韩国[25]、德国[26]以及加拿大[27]等国家的其他研究团队相继展开对 WPT 技术的研究，形成了一定的理论基础和产业化态势。在国内，WPT 技术研究起步较晚，但是该技术的理论研究和产业化探索进步较快，近年来，国内电气科研工作者对 WPT 技术的研究探索达到了一个新的高度，应用领域也不断扩展。华南理工大学张波教授团队对中距离磁谐振 WPT 系统的效率、功率、频率等方面进行了深入的研究[28, 29]；哈尔滨工业大学朱春波教授团队采用具有磁场放大作用的中继谐振线圈，解决远距离、小尺寸接收端在极弱耦合系数条件下所带来的 WPT 问题[30, 31]；清华大学赵争鸣教授团队系统研究了磁耦合 WPT 系统的基本结构和原理，并重点分析了多谐振频率、多接收线圈、多负载等系统参数和结构对系统能量传输的影响[32]；东南大学黄学良教授团队主要针对电动汽车 WPT 充电技术开展研究，对系统的接收、发射装置以及金属障碍物等方面进行了研究与设计[33, 34]；南京航空航天大学阮新波教授和陈乾宏教授团队对电动汽车的 WPT 技术进行了深入研究，并与中兴通讯股份有限公司合作，成功开发出非接触供电电动大巴[35, 36]；重庆大学孙跃教授团队作为国内最早研究 WPT 技术的团队之一，主要从事系统建模、系统稳定性分析、非接触供电系统信息传输等方面的研究，开发了国内首套 10kW 级别的非接触供电系统，并成功研发了相应的商业化产品[37, 38]；天津工业大学杨庆新教授团队就耦合模理论、WPT 供电系统效率等

---

① 1mile = 1.609344km。

方面展开基础性研究，并更为前瞻性地提出将 WPT 供电技术运用到高速铁路（功能需求达 10MW）的构想[39-41]；西南交通大学研究团队立足于 WPT 供电技术在轨道交通中的应用，开展了大功率高频逆变器控制技术[42]、磁场耦合机构设计[43]、动态调谐方法[44]、供电效率提升方法[45]以及供电平稳性[46]等研究，初步形成了一套面向 WPT 供电系统的研究体系。WPT 技术已被 MIT 的《技术评论》评为“未来改变世界的十大技术之一”。综上所述，WPT 技术已成为国内外电气工程领域的研究热点和新方向。其中，感应式 WPT 技术由于其在传输功率及效率指标上的优势，是中短距离大功率 WPT 应用领域的优选方案。

1.3　无线电能传输技术的分类

WPT 技术是指综合应用电力电子技术、电磁场理论以及控制理论，通过软介质实现电能从电网或电池以非电气接触的方式传输至用电负载的技术。目前，根据软介质的不同可将 WPT 技术分为超声波无线电能传输（ultrasonic power transfer，UPT）技术、微波无线电能传输（microwave power transfer，MPT）技术、激光无线电能传输（laser power transfer，LPT）技术、电场耦合式无线电能传输（capacitive power transfer，CPT）技术和磁场耦合式无线电能传输（inductive power transfer，IPT）技术。各类型 WPT 技术特点如表 1.1 所示。

表 1.1　WPT 技术分类及其特点

类型	超声波	微波、激光	电场耦合	磁场耦合
输出能量	最大几瓦	最大几千瓦	最大几千瓦	最大几兆瓦
有效距离	几十厘米范围	千米范围	几十米范围	几米范围
优点	可穿越金属	传输距离远 传输功率适中	传输功率适中 转换效率较高 耦合机构设计灵活	功率等级高 传输距离适中 传输效率高
缺点	功率等级低 传输效率低	传输效率低 系统复杂度高	电场辐射屏蔽难 元件电压/电流应力大	涡流损耗较高 对金属异物敏感

1.3.1　超声波无线电能传输技术

超声波无线电能传输技术主要利用超声波的机械能进行能量的传输，系统通过一对压电式转换器，利用压电效应和逆压电效应进行电能与机械能的相互转化，从而实现能量穿越介质的无线传输[47, 48]。超声波具有传导方向性强、机械能易集中的特点，相对于基于电磁能的 WPT 系统具有电磁辐射低和电磁干扰小的优势，因此有潜力应用于军事、航空航天和医用设备等特种领域，如图 1.4 所示[48]。UPT 技术与其他传输方式相比发展较晚，目前仍处于探索阶段。

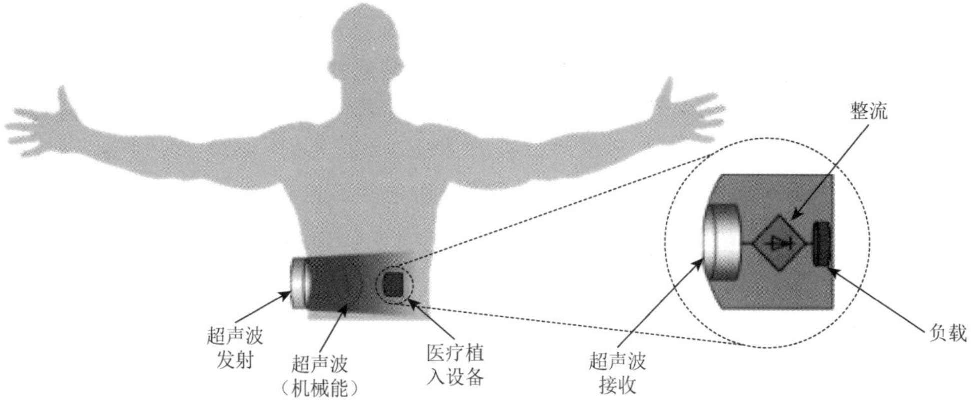

图 1.4　采用 UPT 技术的医疗植入设备[48]

1.3.2　微波无线电能传输技术

20 世纪 60 年代，世界能源危机的加剧促使美国、日本等发达国家首先开展太阳能卫星计划研究。1968 年，美国学者 Glaser 提出了太阳能发电卫星的概念，利用微波将能量无线传回地面接收装置，并将其转化成电能。因此，作为电能传输重要手段的 MPT 技术成为当时的研究热点。20 世纪 70 年代，在美国国家航空航天局的大力支持下，科学家还开展了面向地面设备的 MPT 实验，先后为直升机、无人机等实现了远距离无线供电，传输距离可达数十千米[50]。1980 年，加拿大国家通信研究中心研发了基于 MPT 技术的 SHARP 无人机，如图 1.5（a）所示。通过 MPT 技术保障 SHARP 无人机能够连续数月飞行[51]。

(a) 采用MPT技术的SHARP无人机[51]　　(b) 采用LPT技术的小型月球车[53]

图 1.5　基于电磁能的远程（辐射式）传输技术的设备

MPT 系统分为能量发射单元、空间传播、能量接收单元。其中，能量发射单元将电能转化为射频能量，为回避通信频段，MPT 系统的常用频率有 2.45GHz 与 5.8GHz。空间传播部分主要依靠天线将能量发射出去，再通过天线或者其他方式接收能量；能量接收部分将收集到的射频能量整流转化为直流能量输出。虽然基于微波理论的 MPT 技术可以实现远距离大功率的MPT，但随着研究的深入，MPT技术较低的电能传输效率以及大功率微波对环境的损害问题始终无法解决，这已成为日后MPT技术走向民用的最大障碍。

1.3.3 激光无线电能传输技术

1965年，基于光电效应原理，LPT技术的概念首次被提出。但光电转换系统组件的低效率，使得当时LPT技术的研究进展缓慢[52]。直到21世纪，LPT技术的理论与实用价值才得到广泛认可。2002年，欧洲宇航防务集团空间运输所推出了基于LPT技术的小型月球车（图1.5（b）），该事件被认为是使用LPT技术为移动电子设备供电的第一步[53]。

LPT技术的工作原理是：在发射端将电流转换为高密度激光，然后在接收端使用高效的光伏电池将接收到的激光束转换回电能。目前，LPT技术的主要应用场景是军事和航空领域。和其他无线电能传输技术相比，激光无线电能传输技术的传输效率较低，大约为50%[54]。

1.3.4 电场耦合式无线电能传输技术

CPT技术是一种以高频电场作为能量载体，借助谐振补偿和电能变换等技术实现电能无线传输的技术，其原理图如图1.6所示[55]。该技术在基本理论上与IPT技术呈现出对偶性，近年来，国内外许多研究团队开始关注CPT技术。从目前取得的研究成果可以看出，CPT系统的耦合机构简易、轻薄且形状不受限制，具有较好的柔韧性且成本较低，接收电极可以设计成平板状、桶状、球状等；在工作状态中电场耦合机构的绝大部分电通量分布于电极之间，对周围环境的电磁干扰很小；尤其是当电场耦合机构之间或周围存在金属导体时，不会引起导体产生涡流损耗，既能保证系统的安全运行又能提高传输效率。基于以上特点，在实际应用中CPT与IPT两种技术能够实现优势互补。

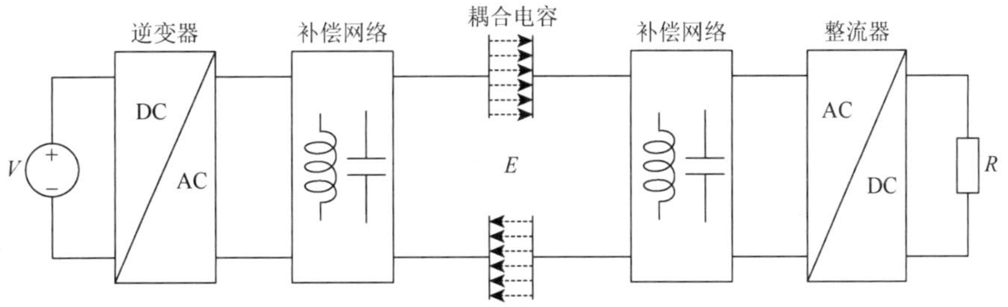

图1.6 电场耦合式无线电能传输技术原理图[55]

目前，国内外研究团队已针对CPT技术在手机[56]、机器人[20]、电动汽车[57]等不同领域的应用展开探索，如图1.7所示。系统的功率等级由瓦级到千瓦级不等，最高传输效率可达到90%以上[58]。

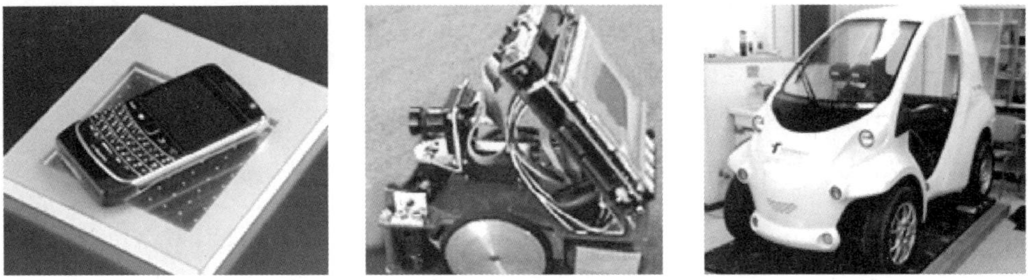

(a) 小功率[56]　　(b) 中小功率[20]　　(c) 中等功率[57]

图 1.7　基于电场耦合式无线电能传输技术的用电设备

1.3.5　磁场耦合式无线电能传输技术

IPT 技术是 WPT 技术的主要组成部分，该系统典型结构框图如图 1.8 所示，包括能量发射端与能量接收端两个无电气接触的部分。其中，能量发射端由直流电源、逆变器、补偿网络以及发射线圈组成；能量接收端由接收线圈、补偿网络、整流器以及用电设备组成。整个系统的基本工作原理为：直流电源经由逆变器产生高频交流，随后注入补偿网络，在能量发射线圈上产生高频正弦电流，从而产生高频交变磁场；在能量接收端，能量接收线圈在高频交变磁场的激励下产生感应电流，再经过接收端的谐振补偿网络以及电能变换环节，最终向系统负载端提供能量，满足用电设备的能量需求[17]。

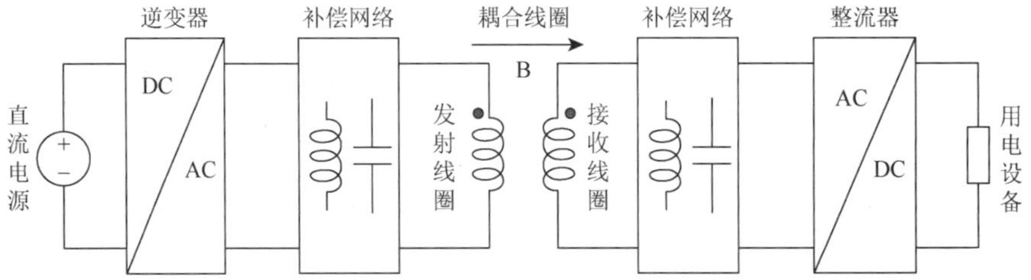

图 1.8　磁场耦合式电能传输技术结构框图

由于 IPT 技术在中短距离、宽功率范围 WPT 领域的出色功率等级与效率特性，成为目前 WPT 领域的主要研究方向，也是无线电能传输技术商业化推广的主要解决方案。经过多年发展，目前 IPT 技术已应用于传感器[59]、消费电子[60]、家用电器[61]、电动汽车[62]、轨道交通[63]等诸多领域，如图 1.9 所示，功率等级由毫瓦级至兆瓦级不等，最大传输效率高达 95%以上。

(a) 小功率[60]　　(b) 中等功率[62]　　(c) 大功率[63]

图 1.9　基于磁场耦合式无线电能传输技术的用电设备

1.4 无线电能传输技术的发展现状

1.4.1 耦合机构研究现状

耦合机构是WPT系统中最核心的部分，包含原边线圈和副边线圈且二者之间具有一定距离的空隙。耦合机构的设计目标应当是高耦合系数、高品质因数和高抗偏移能力[64]。根据WPT应用的不同，可分为静态WPT耦合机构和动态WPT耦合机构。

在静态WPT耦合机构的研究中，以新西兰奥克兰大学研究团队为代表[65-68]。圆形和方形的耦合机构是最常见的静态WPT耦合机构[65]，并且通常在原副边线圈增加磁芯以增强耦合系数。为了进一步提高线圈之间的耦合系数，新西兰奥克兰大学提出了由两个反向D形线圈组成的DD（double-D）形耦合机构。然而，DD形线圈存在一个感应盲区，即当副边线圈偏移到某一个位置时，副边线圈感应到的磁通为零。为了解决该问题，新西兰奥克兰大学在DD形线圈的基础上增加了一个正交的线圈，形成DDQ（double-D quadrature）形线圈[66]。由于DDQ形线圈增加了一个新的线圈，其需要的线材更多。为了降低线圈的铜耗，该团队又提出了BP（bipolar）形线圈[67]，可以达到与DDQ形线圈类似的效果。尽管DDQ形线圈和BP形线圈具有较高的耦合系数，并且在某一个方向具有一定的抗偏移能力，但是当副边线圈发生旋转时，这些耦合机构的功率传输能力将大大降低。为了提高耦合机构旋转的抗偏移能力，新西兰奥克兰大学研究团队提出了TP（tripolar）形线圈[68]，该耦合机构可适用于三相WPT系统。表1.2总结上述几种耦合机构在耦合系数、抗偏移能力、旋转能力、电磁辐射、传输功率以及机构成本等方面的对比情况[69]。在实际使用中，应当根据充电要求选取合适的耦合机构。

表1.2 不同耦合机构对比[69]

线圈结构	耦合系数	抗偏移能力	旋转能力	电磁辐射	传输功率	机构成本
圆形/方形	低	低	高	高	低	低
DD形	中	中	低	低	中	中
DDQ形	高	高	低	低	高	高
BP形	中	高	低	低	高	中
TP形	高	高	高	低	高	高

在动态WPT耦合机构的研究中，以KAIST研究团队为代表[70-73]。E形导轨线圈是较早应用在WPT动态供电系统中的耦合机构[70]，也是第一代在线电力车辆（on-line electric vehicle，OLEV）采用的供电导轨。E形导轨线圈传输距离较近，传输能力较弱。为了提升OLEV原副边线圈之间的耦合系数，同时降低电磁辐射，第二代OLEV提出了U形导轨线圈[70]。此后，该团队在第三代OLEV中使用了W形导轨线圈[71]，可以有效提升传输功率、提高横向抗偏移能力以及降低磁阻。随后，KAIST在第四代OLEV中提出了I形导轨线圈[72]，与W形导轨线圈相比系统成本降低了20%，同时电磁辐射也降低了。紧接

着，在第五代 OLEV 中，超薄 S 形导轨线圈被提出[73]，进一步降低了建设成本并且提高了导轨线圈的鲁棒性。表 1.3 列出不同导轨线圈在导轨宽度、漏磁、传输距离、横向可偏移距离以及效率等方面的比较结果[70, 73]。

表 1.3　不同导轨线圈对比[70, 73]

导轨线圈	导轨宽度/cm	漏磁/mG①	传输距离/cm	横向可偏移距离/cm	效率/%
E 形	20	10	1	0.3	80
U 形	140	51	17	20	72
W 形	80	50	20	15	74
I 形	10	15	20	24	80
超薄 S 形	4	<10	20	30	71

1.4.2　补偿拓扑研究现状

电路补偿拓扑是 WPT 系统中基于谐振工作原理补偿漏感、励磁电感或自感等参数而发展出的电路补偿方式，是减小电路无功功率并保证能量高效传输不可或缺的核心部分。

目前，常用的静态补偿方式主要有四种，包括串串（series-series，S-S）补偿、串并（series-parallel，S-P）补偿、并串（parallel-series，P-S）补偿和并并（parallel-parallel，P-P）补偿，如图 1.10 所示。其中 S-S 补偿代表发射端串联接收端串联补偿，其余类推。新西兰奥克兰大学对这四种补偿拓扑进行了深入研究[64-74]，得出谐振网络实现零输入相角（单位功率因数）的补偿电容取值，如表 1.4 所示。其中，L_P 和 L_S 分别表示发射端和接收端线圈自感，C_P 和 C_S 分别表示发射端和接收端补偿电容值，ω 和 R_E 分别表示系统工作角频率和交流等效负载。其中，P-S 和 P-P 补偿拓扑中发射端电容取值和交流等效负载 R_E 有关，加上这两种拓扑需要电流型逆变器作为输入，严重限制了其应用。S-S 和 S-P 补偿拓扑通过补偿松耦合变压器（loosely coupled transformer，LCT）的自感或者漏感，可以实现不同的恒流-恒压输出，系统输入阻抗为纯阻性或感性[75, 76]，如表 1.5 所示。

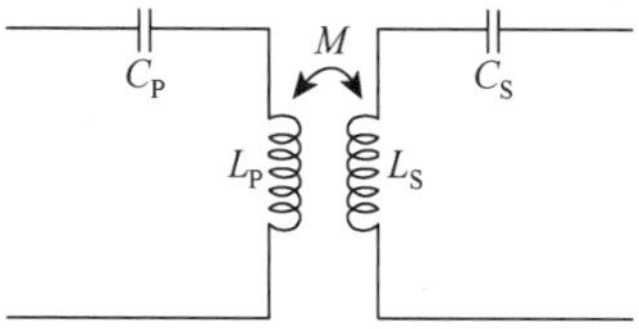

(a) S-S补偿拓扑

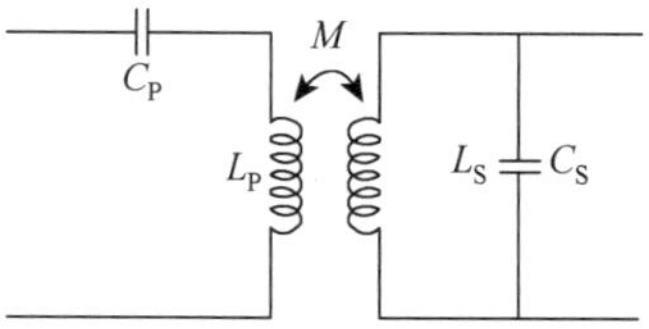

(b) S-P补偿拓扑

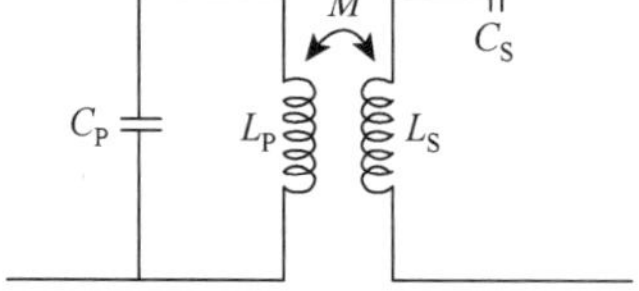

(c) P-S补偿拓扑

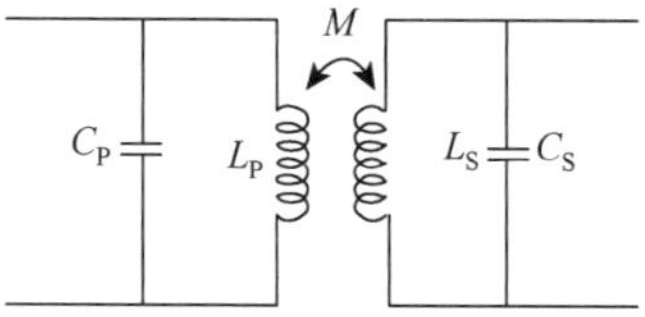

(d) P-P补偿拓扑

图 1.10　四种常用补偿拓扑电路

① $1G = 10^{-4}T$。

表 1.4　四种静态补偿拓扑实现单位功率因数的补偿电容取值[64-74]

补偿拓扑	S-S	S-P	P-S	P-P
发射端补偿电容 C_P	$\dfrac{1}{\omega^2 L_P}$	$\dfrac{1}{\omega^2\left(L_P-\dfrac{M^2}{L_S}\right)}$	$\dfrac{L_P}{\omega^2 L_P+\left(\dfrac{\omega^2 M^2}{R_E}\right)^2}$	$\dfrac{L_P-\dfrac{M^2}{L_S}}{\omega^2\left(L_P-\dfrac{M^2}{L_S}\right)^2+\left(\dfrac{M^2 R_E}{L_S^2}\right)^2}$
接收端补偿电容 C_S	$\dfrac{1}{\omega^2 L_S}$	$\dfrac{1}{\omega^2 L_S}$	$\dfrac{1}{\omega^2 L_S}$	$\dfrac{1}{\omega^2 L_S}$

表 1.5　S-S 和 S-P 补偿拓扑的输出特性[75, 76]

补偿方式	输出与负载解耦条件	输出特性	输入阻抗
S-S	$\omega=\dfrac{1}{\sqrt{L_{L1}C_P}}=\dfrac{1}{\sqrt{L_{L2}C_S}}$	恒压	感性
	$\omega=\dfrac{1}{\sqrt{L_P C_P}}=\dfrac{1}{\sqrt{L_S C_S}}$	恒流	纯阻性
S-P	$\omega=\dfrac{1}{\sqrt{C_P\left(L_P-\dfrac{M^2}{L_S}\right)}}=\dfrac{1}{\sqrt{L_S C_S}}$	恒压	纯阻性
	$\omega=\dfrac{1}{\sqrt{L_{L1}C_P}}=\dfrac{1}{\sqrt{L_{L2}C_S}}$	恒流	感性

除了上述发射端/接收端单一元件补偿外，学者也对多个元件的高阶补偿拓扑进行了深入研究。LCL(inductor-capacitor-inductor)补偿拓扑可实现恒流源和恒压源相互转换，能够灵活地实现阻抗转换[77, 78]，受到广泛关注。如图 1.11 所示，LCL 实现纯阻性输入和恒流-恒压相互转换的条件是：两个电感值相等且电感和电容完全谐振。此外，LCL 恒流输出补偿拓扑特别适合一对多充电、移动供电等场合。

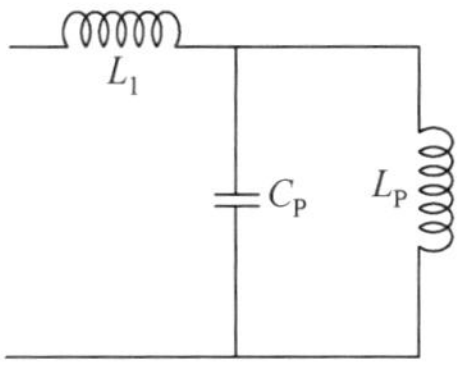

图 1.11　LCL 补偿拓扑

为了减小 LCL 补偿拓扑的第一个电感值，新西兰奥克兰大学通过在第二个电感串联电容补偿掉部分感抗，形成 LCC（inductor-capacitor-capacitor）补偿拓扑，从而减小外加电感的体积和重量[79]，同时提升了系统传输功率，如图 1.12 所示。

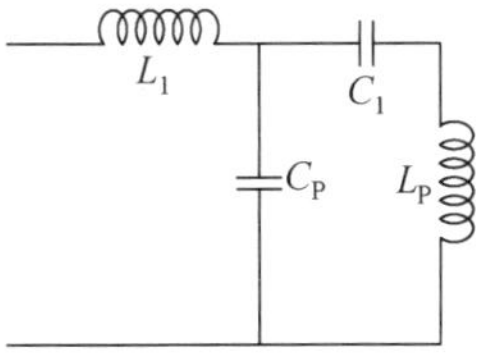

图 1.12　LCC 补偿拓扑

如图 1.13 所示，为了进一步降低系统的体积和重量，美国密歇根州立大学团队将外加电感与同侧的 LCT 自感进行耦合与集成[80, 81]。利用 LC/CL（inductor-capacitor/capacitor-inductor）谐振拓扑，哈尔滨工业大学提出了新型双边 LCL 补偿拓扑，克服了传统双边 LCL 补偿拓扑低设计自由度、多高次谐波和整流输入电流断续等不足[82]，此外，还提出了具有恒流输出特性的 LC-S（inductor-capacitor-series）补偿拓扑[83]和恒压输出特性的 S-CLC（series-capacitor-inductor-capacitor）补偿拓扑[84]。与传统双边 LCC 补偿拓扑相比，S-CLC 补偿拓扑具有更少的元件（成本低）、更小的体积以及更高的功率密度。

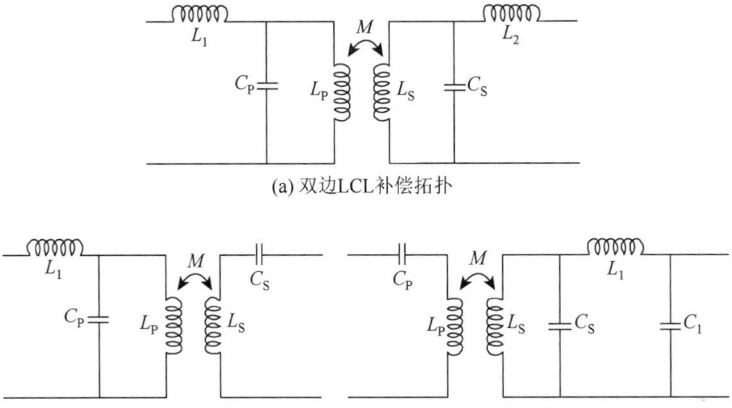

(a) 双边LCL补偿拓扑

(b) LC-S补偿拓扑　　(c) S-CLC补偿拓扑

图 1.13　双边 LCL 补偿拓扑、LC-S 补偿拓扑和 S-CLC 补偿拓扑

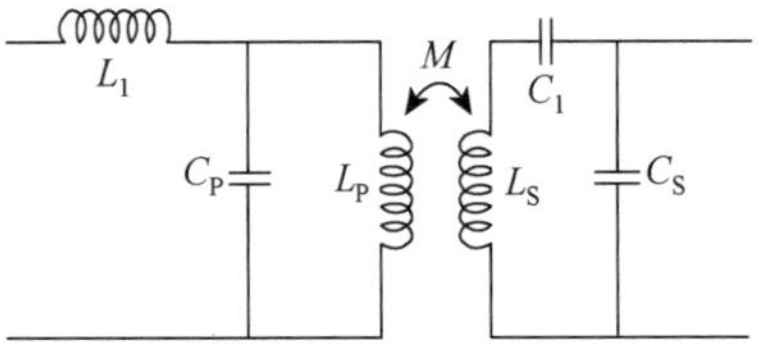

图 1.14　LCL-LCC 复合型 WPT 补偿拓扑

中国矿业大学提出了一种LCL-LCC复合型WPT补偿拓扑[85]，如图 1.14 所示，实现了系统输出恒流、发射端电流恒定和系统谐振工作频率稳定的目标。

如图 1.15 所示，南京航空航天大学提出了适合于恒压输入的发射端串联接收端串并联（series-series-parallel，S-SP）补偿拓扑和适合于恒流输入的发射端并串联接收端串联（series-parallel-series，SP-S）补偿拓扑[86, 87]，这两种补偿拓扑均可实现增益固定、输出与负载和 LCT 参数解耦以及零输入相角。

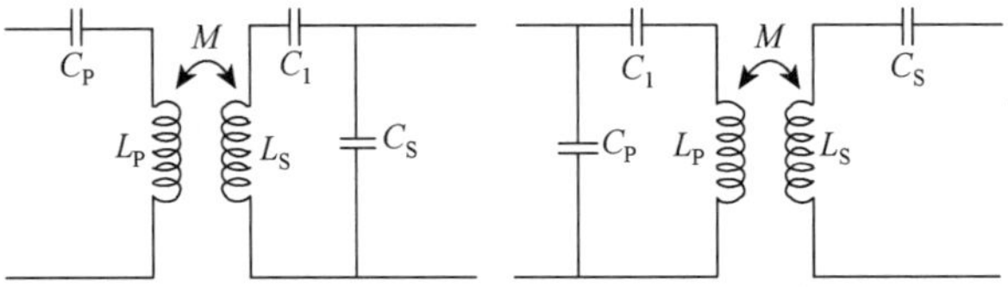

(a) S-SP补偿拓扑　　(b) SP-S补偿拓扑

图 1.15　S-SP 补偿拓扑、SP-S 补偿拓扑

此外，美国圣地亚哥州立大学总结了一系列 WPT 系统 LCT 常用的补偿拓扑，分析了这些补偿拓扑的恒流-恒压输出特性，并讨论了要实现最优效率补偿拓扑的补偿需求[88]。东南大学利用二端口网络，提出了一种恒流源/恒压源补偿网络，通过调节补偿参数可以灵活调节输出电流/电压增益，提高了 LCT 设计的自由度[89]。为了拓宽 WPT 系统输出电流/电压的变化范围，福州大学提出通过调节 LCT 等效变比的方法，设计补偿参数可实现 WPT 系统任意恒流-恒压增益的输出[90, 91]。

1.4.3 功率提升研究现状

为实现无线电能传输系统的大功率应用，国内外学者进行了大量研究并取得了一定的研究成果。目前，提升无线电能传输系统功率的方法主要可以分为两类：一类是通过提高逆变器容量的无线电能传输系统功率提升方法，包括采用三相或多相逆变器方法、逆变器并联以及级联型多电平逆变器方法；另一类是通过采用多能量传输通道的方式提高无线电能传输的传输功率。

对于提高逆变器容量的方法，目前主要有：①三相或多相高频逆变器技术[92, 93]，如图 1.16 所示；②多逆变器并联技术[94]，如图 1.17 所示；③级联型多电平逆变器技术[95, 96]。新西兰奥克兰大学 Hao 博士等提出一种基于模块化多逆变器并联的新型无线电能传输系统，通过多个小功率高频逆变器的并联增加发射线圈的总电流，进而提高无线电能传输系统的输出功率。可通过灵活配置所并联的小功率高频逆变器的个数调整逆变器输出总功率，以满足不同功率等级的用电设备需求。从研究现状来看，虽然关于逆变器的容量提升

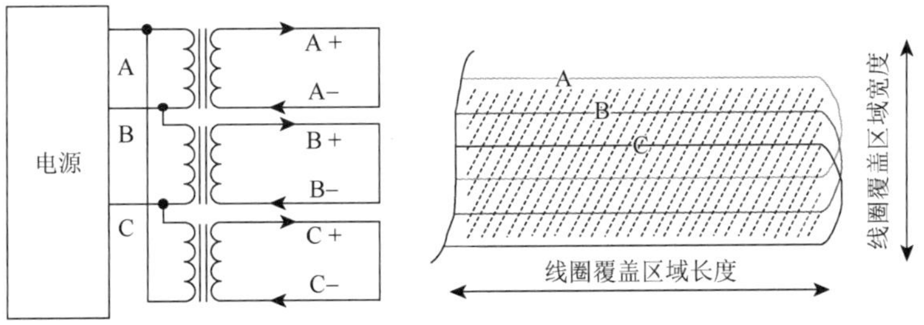

(a) 拓扑结构　　(b) 发射线圈排布

图 1.16 三相供电电路拓扑及发射线圈排布情况[92]

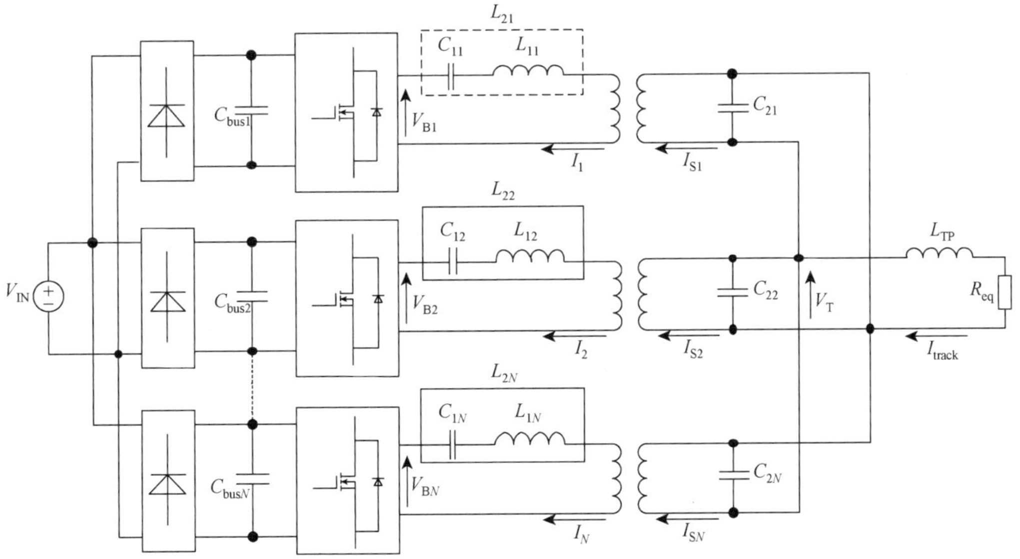

图 1.17 基于 LCL-T 的并联无线电能传输供电拓扑[94]

已经有较多的研究，但是仍存在一些亟待解决的问题，如级联型多电平逆变器的谐波消除以及功率调节、并联逆变器间的环流消除方法等，因此关于该方面的研究亟待进行。

针对多能量传输通道的方法，主要有三类：①基于多发射-单接收的多能量传输通道方法[97, 98]；②基于单发射-多接收的多能量传输通道方法[99, 100]；③基于多发射-多接收的多能量传输通道方法[101, 102]。目前，关于多能量传输通道的结构设计已有较多的研究，然而仍存在一些亟待解决的问题，如电磁耦合机构的功率容量、接收自由度以及统一设计方法等，特别是针对轨道交通等大功率移动设备无线供电的多能量传输通道结构研究还鲜有报道。

1.4.4　效率提升研究现状

对非接触供电系统效率进行优化提高的研究主要分为两方面：一方面是在系统设计阶段，通过对系统参数的合理选取来实现无线供电系统效率的提高；另一方面是系统运行阶段，通过研究系统效率与电路参数以及电压电流的关系，利用电力电子开关器件及变换拓扑来实现对系统效率的实时控制。

对于参数优化设计方法，谐振补偿电容、电感值均可作为设计参数进行优化。例如，香港理工大学 Tse 教授团队推导出能在负载变化时，保证较大的功率输出能力和较优效率的电感、电容参数值[103]。上海交通大学马澄斌教授团队考虑了电容参数对整流桥输入阻抗的补偿[104]。其参数设计方法能在系统设计时对系统进行优化，并在一定程度上提高系统效率，但并不能很好地针对系统参数的动态变化进行调整。

在效率优化控制方面，主要是利用对电路中开关器件的控制，在系统运行过程中动态地优化效率，从而在系统参数发生变化时，仍能保证较高的传输效率。通常情况下，一个系统不仅要优化效率，还要考虑输出要求，如恒压、恒流输出。因此，在电路中，至少需要两个独立控制的变量分别对系统效率和系统输出进行控制。目前，常见的方法主要有如下两种：一种是额外在原边或副边增加 DC/DC 电路[105, 106]；另一种是将副边的二极管整流桥换为全控型器件，如 MOS 管，组成可控整流桥[107-109]，如图 1.18 所示。综上可以看出，动态实时效率优化能适应 WPT 系统应用对效率的要求，而如何利用尽量少的开关器件实现二自由度控制，并且制定一套便于测量、减少计算且避免原副边通信的优化控制策略，是动态实时效率优化的关键问题和研究方向。

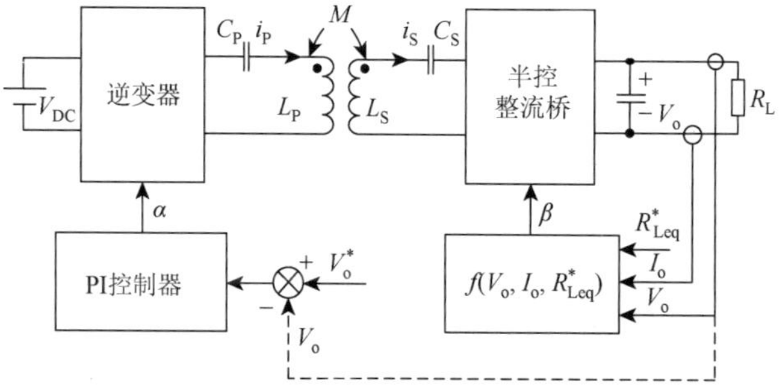

图 1.18　一种基于可控整流桥的无线电能传输系统

1.4.5 电场耦合式无线电能传输技术研究现状

电场耦合式无线电能传输是一种利用电场作为能量传输介质的无线电能传输方式。由于 CPT 系统具有耦合机构灵活轻便、电磁辐射低、环境涡流效应弱等优点，近年来成为 WPT 领域的新兴研究热点。在理论研究方面，目前国内外研究团队主要围绕 CPT 系统功率提升[110-112]、系统输出稳定性[113-115]、系统控制[116-118]三个方面展开研究。

CPT 系统功率提升：目前，CPT 系统的功率提升主要从逆变电路设计和补偿网络优化两个方面着手。大功率 CPT 系统对工作频率和驱动稳定性具有更高要求，为此，学者基于 Cuk、Sepic、Zeta 和 Buck-Boost 变换器提出了四种单开关逆变电路，具有结构和控制复杂度低的优点，有效满足了大功率 CPT 系统的需求[110]。此外，补偿网络的电压泵升效果可增加耦合机构电压并提升系统输出功率，同时能降低逆变器电压应力，降低电路设计难度。目前，具有升压功能的补偿网络有双侧 LC 型、双侧 LCL 型和双侧 LCLC 型三种[112]，已将 CPT 系统的功率容量提升至 3kW 以上。

系统输出稳定性：CPT 系统的输出稳定性提升主要以实现恒压-恒流输出以及降低参数敏感性为目标。通过合理配置补偿网络参数，可实现负载电阻或耦合电容参数与输出电压、电流的解耦，从而达到输出电气量恒定的效果。为实现系统恒压输出，学者提出了一种 T-Π 型复合谐振网络拓扑，实现了系统在负载阻值波动情况下的输出电压稳定，同时保证系统始终运行在零相角工作状态[113]；除负载扰动外，耦合机构时变性也是 CPT 系统的突出特征，针对耦合电容与负载变化对系统的共同影响，学者提出了一种利用变压器阻抗调节功能为负载提供恒压输入或恒流输入的方法[114]；此外，学者还针对双侧 LC 型 CPT 系统提出了一种参数设计方法以降低系统参数的敏感性[115]。

系统控制：为了向负载提供可控的电压、电流，现有 CPT 系统主要采用发射端和接收端调节两种方案。其中，调节发射端逆变器驱动以及调节系统两侧 DC/DC 电路占空比是两种常见方式。依据输出端电压/电流信息，以发射端逆变电路驱动为控制维度的输出控制是实施难度较高的一种方式[116]，由于控制回路的检测环节与执行环节分布于耦合机构两侧，需增设无线通信设备进行数据传输，所以无线通信延时增加了系统的控制复杂度。为此学者展开了以单侧控制回路实现输出控制的研究，依据发射端电气信息采用能量注入法，实现对接收端输出电压的恒定输出控制[117]。相对于传统控制方法，该方法减少了控制电路元件数量，降低了系统体积及功率损耗。此外，学者还针对 CPT 系统的控制算法响应效果优化展开研究[118]，利用多目标多约束遗传算法对比例积分微分（proportional plus integral plus derivative，PID）控制参数进行自动寻优，有效地解决了高阶 CPT 系统 PID 控制器最优参数难以设计的问题。

在 CPT 技术的应用探索方面，新西兰奥克兰大学研究人员首次将 CPT 技术应用到足球机器人充电中，实现了足球机器人无干预自动充电[20]。美国威斯康星大学学者则从植物细胞壁中获取灵感，设计出六边形电能发射极板阵列，并将其应用于多负载移动设备充电中[119]。类似地，KAIST 将 CPT 技术应用于三星 Galaxy 系列手机的无线充电中[120]。新加坡国立大学学者设计出工作频率高达 402MHz 的低功率 CPT 系统，并将其应用于经皮电动医疗植入设备充电中[121]。在中等功率应用方面，美国圣地亚哥州立大学、威斯康星大学分别独立研制出应用于电动汽车无线充电的中功率 CPT 系统。前者通过 150mm 的传输距离实现了 3kW 的电能传输，传输效率约 90%；后者则在紧密耦合的前提下实现了功率及效率分别大于 1kW 和 90%的电能传输[112, 122]。

1.4.6　磁屏蔽研究现状

无线供电系统利用 LCT 产生的高频电磁场传递能量。因 LCT 耦合系数小，故电磁辐射不可避免。为抑制无线供电系统电磁辐射，国内外诸多学者对电磁屏蔽技术展开了深入研究。目前，实现电磁屏蔽的主要方法大致可分为削弱辐射源漏磁和阻断漏磁辐射路径两类。

对于无线供电系统，耦合线圈是主要的电磁辐射源。改变耦合线圈结构或耦合机构形状、采用分段供电都是行之有效的减少辐射源漏磁的方法。2010 年，新西兰奥克兰大学的研究团队提出可显著降低漏磁的 DD 形线圈结构[66]，但 DD 形线圈在非正对情况下电磁辐射严重，于是该团队进一步提出 DDQ 形[65]和 BP 形[123]耦合线圈结构来消除偏移情况下的耦合盲区，降低非正对情况下的电磁辐射。2011 年，KAIST 研究团队提出 I 形[124]和 S 形发射端耦合结构[125]，大幅降低了供电轨道产生的电动势，从而削弱了电磁辐射。为解决动态无线供电系统中的电磁辐射，该团队在 2013 年再次提出新型的 X 形分段供电导轨[126]，大幅度降低非能量传输区域的电磁辐射。

在某些应用场合，很难仅通过削弱辐射源漏磁的方法来使无线供电系统满足电磁安全要求，为解决这一问题，有学者提出基于阻断辐射路径的电磁屏蔽技术。常用的基于阻断辐射路径的电磁屏蔽技术包括采用高电导率金属材料方法、采用高磁导率铁磁材料方法和采用屏蔽线圈方法。1996 年，南加利福尼亚大学的学者提出利用高电导率的金属材料产生涡流效应来阻碍磁场泄漏[127]，但此方法增加了系统损耗，降低了系统效率。2014 年，KAIST 研究团队提出利用高磁导率铁磁材料加强线圈之间的耦合，并优化金属屏蔽层与铁磁材料的位置关系，在实现电磁屏蔽的同时减少涡流损耗[128]。虽然高磁导率铁磁材料使用简单，但其增加了系统重量。于是，有学者提出在发射端线圈外侧增设屏蔽线圈以减少磁场泄漏，其中，有源屏蔽线圈可通过逆变器控制屏蔽线圈电流与发射线圈电流反向，产生反向磁场以削弱电磁辐射[129]，但逆变器成本高、体积大，为避免增加逆变器数量，有学者提出利用无源屏蔽线圈通过在屏蔽线圈中产生反向感应电流实现电磁屏蔽[130]，但无源屏蔽线圈感应电流小、屏蔽效果差。2017 年，KAIST 研究团队提出了通过改变补偿电容来控制屏蔽线圈中反向电流幅值的谐振屏蔽线圈[131]，其屏蔽效果出众、实施方便且体积小、重量轻。上述研究均未考虑如何得到无源谐振型电磁屏蔽线圈最优阻抗（最优电感）。西南交通大学通过建立目标面磁感应强度平方和与等效电感的函数关系，揭示磁屏蔽效果与等效电感的关系，计算出最优电感表达式，优化影响最优电感的相关参数，进而得到最终的最优电感，达到目标面磁屏蔽效果最优的目的[132]。

1.5 无线电能传输技术的应用现状

无线电能传输技术目前主要有三种标准：Qi标准、PWA/A4WP标准、SAE J标准。2010年，无线充电联盟（Wireless Power Consortium）在北京将Qi标准引入中国。Qi标准是目前最主流的技术标准，常用于手机、可穿戴设备等。支持Qi标准的联盟成员包括飞利浦、HTC、诺基亚、三星等。PWA/A4WP标准相对于Qi标准对接收端的偏移程度容忍性更好，支持该标准的公司包括谷歌、星巴克、美国电话电报公司AT&T。SAE J标准专门针对电动汽车充电。

1.5.1 小功率无线电能传输技术的应用现状

1. 麻省理工学院团队点亮灯泡

2007年，MIT的Soljacic教授团队构建了两个半径为30cm的线圈，利用磁场的谐振，在1.9m之外成功点亮了60W的灯泡[136]。该实验的成功极大地激发了学术界对无线电能传输技术的研究热情。MIT团队点亮灯泡如图1.19所示。

图1.19 MIT团队点亮灯泡[137]

2. 电动牙刷

1961年，美国通用电气（General Electric，GE）公司将无线电能传输技术首次运用于电动牙刷[138]，如图1.20所示。由于当年电池技术限制，GE公司的电动牙刷没有在市场上大获成功，但GE公司设计的直立充电方式被后来的电动牙刷公司沿用至今。自1990年开始，采用无线电能传输技术的电动牙刷逐渐受到市场重视，充电电压有12V、16V和24V。

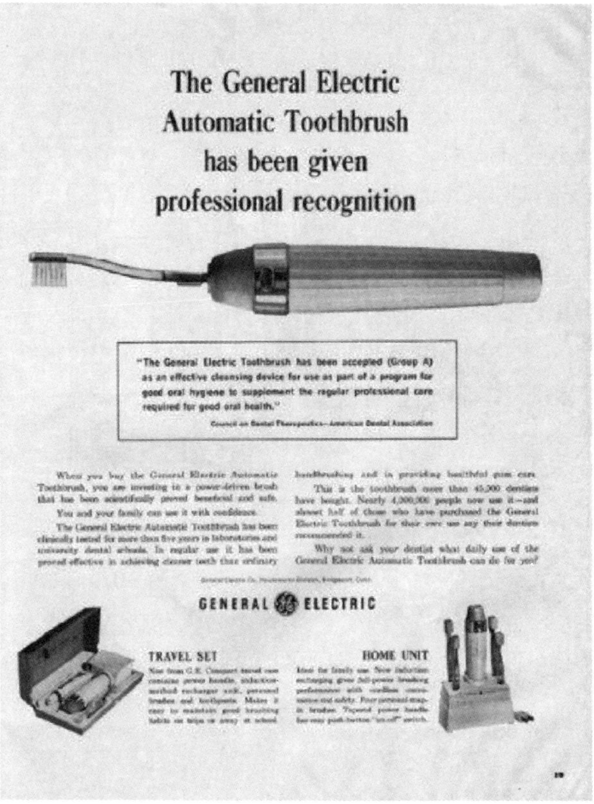

图 1.20　GE 公司研发的第一支采用无线电能传输技术的电动牙刷[138]

3. 手机充电

2012 年之后，中国公司华为、美国公司苹果（Apple）、韩国公司三星（Samsung）等陆续将满足 Qi 标准的无线电能传输技术应用于手机。图 1.21 为国产某手机，其无线充电功率为 15W。

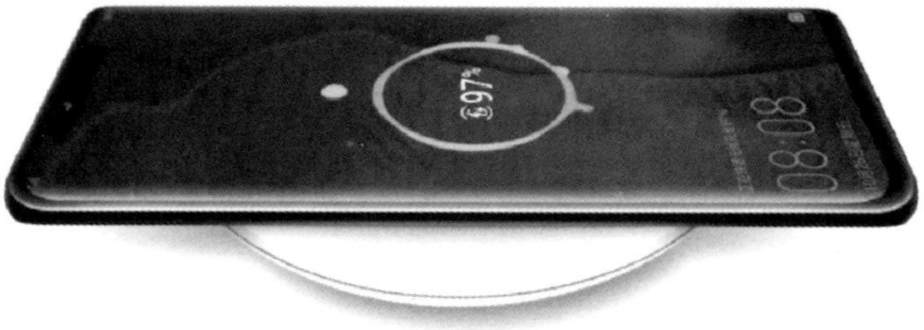

图 1.21　采用无线电能传输技术充电的国产某手机[142]

1.5.2　中功率无线电能传输技术的应用现状

虽然第一辆电动汽车（electric vehicle，EV）在 1834 年问世，如图 1.22 所示，但由于在燃料能量密度、功率重量比等方面无法与内燃机车相比，电动汽车在当时没有受到市场的重视。20 世纪后期，随着石油储备的持续减少和人们环保意识的增强，公众对电动汽车的兴趣迅速增加。

图 1.22 第一辆电动汽车[141]

为了安全性和兼容性，美国汽车工程师协会（Society of Automotive Engineers，SAE）制定了应用于电动汽车的无线电能传输技术标准：SAE J 标准，如表 1.6 所示。

表 1.6 SAE J 2954/1 电动汽车无线电能传输技术标准[144]

充电等级	最大充电功率/kW	最低效率	最大偏移处的最低效率
1	3.7	＞85%	＞80%
2	7.7	＞85%	＞80%
3	11.1	＞85%	＞80%
4	22	—	—

1997 年，无线电能传输技术展在新西兰的罗托鲁阿地热公园开办。该展览介绍了一款通过无线电能传输技术充电的电动汽车，拉开了无线电能传输技术商业化的帷幕。

美国 WiTricity 公司在 2017 年上市了一套电动汽车充电装置，额定功率最高可达 11kW，充电装置允许的横向偏移为±20cm 和±10cm，系统效率最高达 93%[143]。美国 Qualcomm 公司的子公司 Halo 与新西兰奥克兰大学合作，申请了新型线圈专利，与传统的圆形线圈相比，该线圈能提供 2 倍的额定功率和更高的效率[144, 145]。Conductix Wampfler 公司在意大利都灵市实现了电动汽车的无线静态充电。通过调整谐振频率，能够在 40mm 气隙的情况下传输 60kW 的功率，最高效率达 90%[146]。美国沃尔沃公司投资的 Momentum

Dynamics 公司开发了一套静态无线充电系统，该系统在 24in①气隙、3.3kW 功率的情况下，最高效率达 92%。该充电系统的充电功率最高可调节到 10kW，实验验证了能够在 1h 内完成对电动汽车 Chevy Volt 的充电[147]。美国 HEVO Power 公司也推出了 10kW 电动汽车充电装置。美国的橡树岭国家实验室（Oak Ridge National Laboratory，ORNL）在 2016 年展示了采用无线充电技术的公交车，功率达到 20kW。美国沃尔沃公司投资的 Momentum Dynamics 公司研发出 200kW 的无线充电系统，效率达 92%，气隙为 610mm[147]。该系统已运用于码头运货卡车的静态充电装置中。

现有几款应用于电动汽车的无线电能传输充电系统，其参数如表 1.7 所示。

表 1.7　电动汽车无线电能传输充电系统参数[142]

电动车公司	频率/kHz	气隙/mm	最大功率/kW	最高效率/%
Conductix Wampfler[1]	20	40	180	>90
HEVO Power[147]	85	304.8	10	>85
Witricity[143]	145	180	11	>90
长城汽车[148]	—	200	10	>90

1.5.3　大功率无线电能传输技术的应用现状

将无线电能传输技术运用于轨道交通领域，替代现有接触供电方式，即形成非接触牵引供电系统，如图 1.23 所示[10]。三相电源经过整流为直流后输入逆变器，逆变器将直流电逆变为高频交流电再经过补偿后注入能量发射线圈，产生高频交变磁场。放置于有轨电车底部的能量接收机构感应出同频交流电，通过一系列电能变换后给电机和辅助电源供电。非接触牵引供电系统克服了传统牵引供电系统中与接触受电相关的问题和不足。

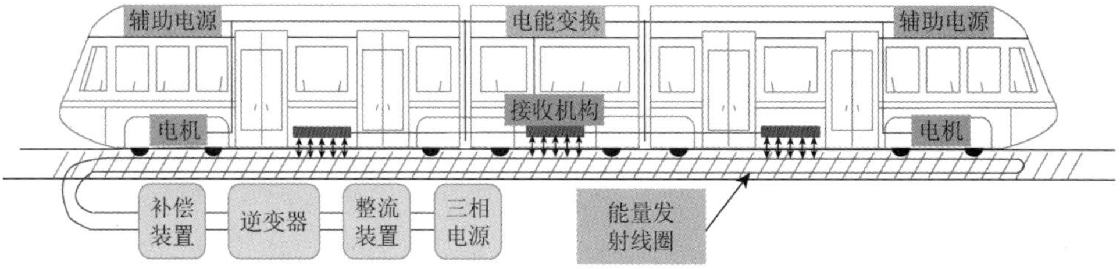

图 1.23　非接触牵引供电系统[149]

早在 20 世纪 90 年代，一些国外研究机构就开展了轨道交通无线电能传输技术的研究。

① 1in = 2.54cm。

1997 年，新西兰奥克兰大学与德国 Wampfler 公司合作，首次成功建成了使用无线电能传输技术的定轨观光车[150]。此后，德国 Wampfler（现 IPT Technology）公司逐步研发出应用于观光电梯、车间运输车辆的 IPT®Rail 技术，并于同一时期对长约 400m 的 150kW 载人轨道车进行实验，设计运行速度为 37.8km/h。该车配备 6 套接收装置，每套接收装置接收 25kW 传输功率[151]。

2008 年，德国推出了型号为 TR09 的高速磁悬浮列车，其采用的一个新技术就是在速度低于 100km/h 和停站阶段，采用无线牵引供电系统 IPS©对整车进行供电（图 1.24）。IPS©无线牵引供电模块能够实现单模块 250kW 的功率传输，工作频率为 20kHz[146]。

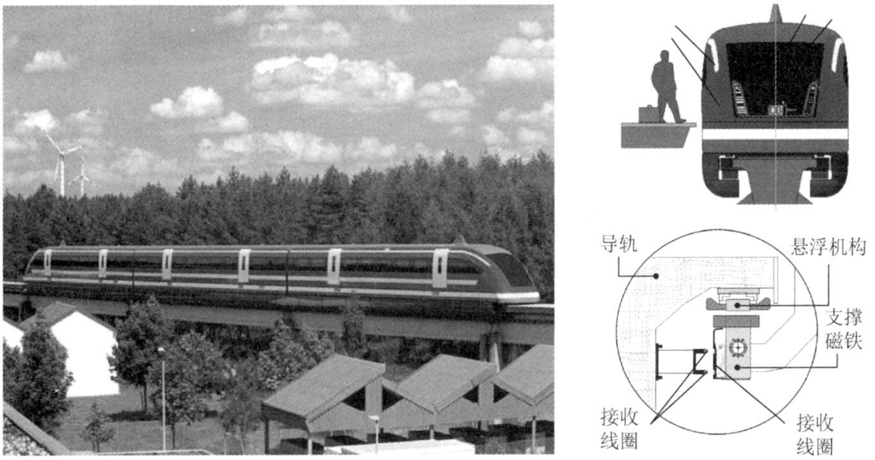

图 1.24 TR09 高速磁悬浮列车及其低速无线牵引供电系统[146]

2009 年，加拿大庞巴迪公司旗下的 PRIMOVE 品牌推出了针对有轨电车的无线电能传输技术解决方案，并在德国的包岑和奥格斯堡建设了轻轨电车示范线。采用无线电能传输技术的 PRIMOVE 电车输出功率可达 100～500kW，列车长度达 30～42m[152]。当列车工作在 270kW 功率时，速度最高可达 80km/h。但自 2012 年 10 月起，该公司未见有新的实验线路推出[153]。

2009 年，KAIST 设计出无线充电功率为 3kW 的电动车 OLEV，气隙为 10cm，动态充电效率达 80%。同年，KAIST 研发了 60kW 的公交车，气隙达 170mm，充电效率达 72%[10]。2011 年，OLEV 电动车能够在 20cm 空气间隙下以 85%的效率传输电能，最高功率可达 100kW。KAIST 随即将该技术推向了公共汽车和有轨电车等应用领域。2013 年，KAIST 和 KRRI 成功将其开发的 OLEV 无线电能传输技术在有轨电车领域进一步推进，在韩国五松站建成无线电能传输有轨电车示范线并实验成功（图 1.25）。该列车采用 60kHz 的工作频率，最高传输功率可达 180kW。2014 年，KAIST 更是将无线电能传输功率传输等级提升至 1MW，空气间隙为 5cm，效率可达 82.7%，有望将无线电能传输技术应用于高速铁路供电领域[63]。

(a) KAIST的1MW样机

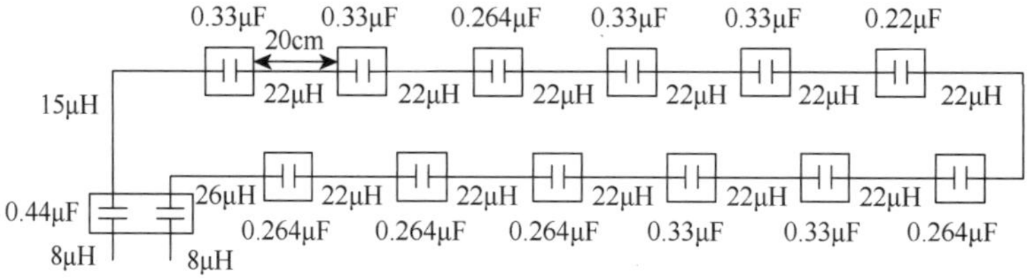

(b) 发射线圈等效电路

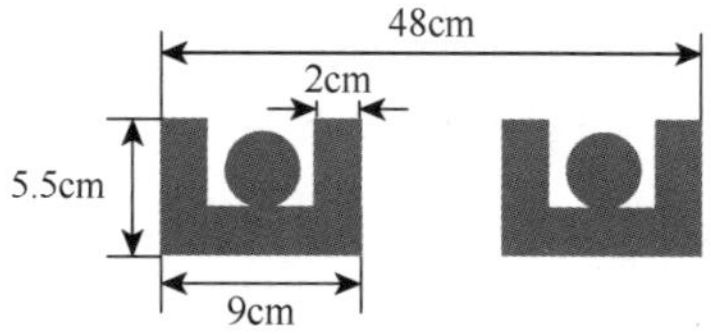

(c) 发射线圈横截面示意图（矩形为磁芯，圆形为电流）

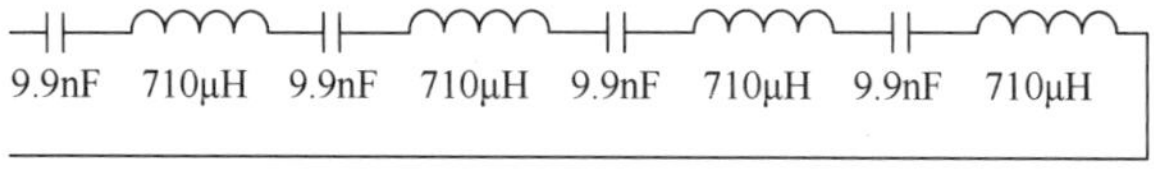

(d) 接收线圈等效电路

图 1.25　KAIST 研发的长导轨示范线示意图[10]

各公司推出的无线电能传输系统参数如表 1.8 所示。

表 1.8　各公司推出的无线电能传输系统参数[142]

公司	参数						
	应用	年份/年	气隙/mm	效率/%	功率/kW	偏移/mm	频率/kHz
KAIST	公交车	2016	200	～80	27	240	—
ORNL	小汽车	2016	162	～93	～20	150	～22
Bombardier	有轨电车	2010	60	～90	200	—	20
Conductix Wampfler AG	公交车	2002	40	～90	120	—	15～20
WAVE	公交车	2011	52～254	～90	50	～254	20
Utah State University	公交车	2016	—	～86	25	150	20

立足于轨道交通中的应用，西南交通大学电气工程学院无线电能传输课题组展开了基

础科学研究及工程应用探索，主要研究了适用于无线电能传输系统的级联型大功率谐振逆变器、动态调谐方法，并针对轨道交通应用的电磁耦合机构设计方法，以及系统在多参数扰动下的控制问题，初步形成了一套面向轨道交通的无线电能传输技术应用及研究体系。图 1.26 为该课题组研制的无线电能传输技术供电的轨道实验车，实现 40kW 功率等级的能量在 12cm 的气隙距离下传输，DC/DC 效率达 85%左右；图 1.27 为该课题组研制的采用无线电能传输技术供电的大功率轨道车模拟实验平台，实现 100kW 功率等级的能量在 12～15cm 的气隙距离下传输，DC/DC 效率达 85%左右[10]。

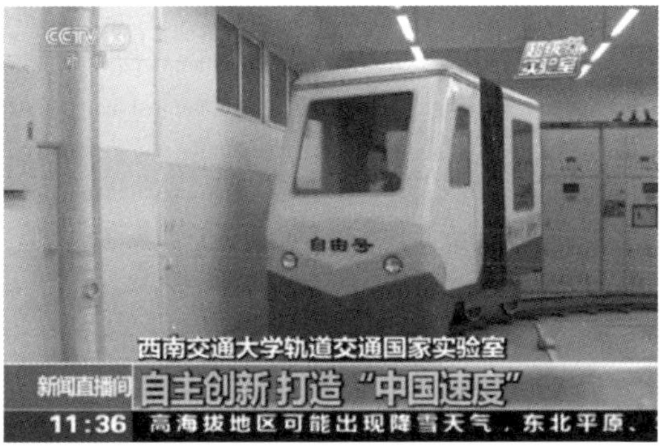

图 1.26 西南交通大学研制的无线电能传输技术供电的轨道实验车[10]

图 1.27 西南交通大学研制的采用无线电能传输技术供电的大功率轨道车模拟实验平台[10]

参 考 文 献

[1] 赵昆山，刘家栋，李梁. 城市轨道交通 APS 无网供电技术[J]. 技术与市场，2014，21（5）：23-24.

[2] 张海军，马永红. 现代有轨电车无接触网供电方案比较分析[J]. 现代交通技术，2013，10（4）：79-82.

[3] 何治新. 现代有轨电车牵引供电方式选择[J]. 城市轨道交通研究，2013，16（7）：105-108，113.

[4] 中铁电气化局西安电化公司. 珠海现代有轨电车开通试运营[EB/OL].http://www.xreed.com.cn/a/xinwenzhongxin/xinwen-tongxun/20170615/4409.html [2019-11-07].

[5] 苏国强，郑磊，黄坤林. 新型有轨电车供电方式分析[J]. 铁路技术创新，2013，（6）：46-49.

[6] 中国新闻网. 中国自主设计轨道交通车辆首获“设计界奥斯卡”iF 奖[EB/OL]. http://www.chinanews.com/cj/2019/03-16/8781744.shtml[2019-11-07].

[7] 霍长龙.基于车载超级电容的现代有轨电车牵引供电方案研究[J]. 电气应用，2016，35（7）：90-92.
[8] 臧宇，许广鹏，关和宁，等. 国内现代有轨电车车辆发展状况综述[J]. 现代城市轨道交通，2016，（2）：1-6.
[9] 邓谊柏，杨颖，柳晓峰，等. 储能式现代有轨电车受电系统的研究与设计[J]. 电力机车与城轨车辆，2015，38（4）：7-9.
[10] 麦瑞坤，李勇，何正友，等. 无线电能传输技术及其在轨道交通中研究进展[J]. 西南交通大学学报，2016，51（3）：446-461.
[11] Shinohara N. Wireless Power Transmission via Radiowaves [M]. New Jersey：ISTE-Wiley，2014.
[12] Joseph A，Angelo J R. Encyclopedia of Space and Astronomy[M]. New York：Infobase Publishing，2014.
[13] Patrick B J. Electricity at the Columbian Exposition[M]. Madison：R R Donnelley，1894.
[14] Agbinya J I. Wireless Power Transfer[M]. Wharton：River Publishers，2012.
[15] Berg J. From gas-powered to laser-powered! NASA research team successfully flies first laser-powered aircraft [EB/OL]. https://www.nasa.gov/centers/marshall/news/news/releases/ 2003/03-180.html [2003-09-10]/[2019-12-19].
[16] Schuder J C. Powering an artificial heart：Birth of the inductively coupled-radio frequency system in 1960[J]. Artificial Organs，2002，26（11）：909-915.
[17] Covic G A，Boys J T. Inductive power transfer[J]. Proceedings of the IEEE，2013，101（6）：1276-1289.
[18] Kurs A，Karalis A，Moffatt R，et al. Wireless power transfer via strongly coupled magnetic resonances[J]. Science，2007，317（5834）：83-86.
[19] Budhia M，Boys J T，Covic G A，et al. Development of a single-sided flux magnetic coupler for electric vehicle IPT charging systems[J]. IEEE Transactions on Industrial Electronics，2011，60（1）：318-328.
[20] Hu A P，Liu C，Li H L. A novel contactless battery charging system for soccer playing robot[C]. 2008 15th International Conference on Mechatronics and Machine Vision in Practice，Auckland，2008.
[21] Zhang H，Lu F，Hofmann H，et al. A four-plate compact capacitive coupler design and LCL-compensated topology for capacitive power transfer in electric vehicle charging application[J]. IEEE Transactions on Power Electronics，2016，31（12）：8541-8551.
[22] Sangare F，Xiao Y，Niyato D，et al. Mobile charging in wireless-powered sensor networks：Optimal scheduling and experimental implementation[J]. IEEE Transactions on Vehicular Technology，2017，66（8）：7400-7410.
[23] Neath M J，Swain A K，Madawala U K，et al. An optimal PID controller for a bidirectional inductive power transfer system using multiobjective genetic algorithm[J]. IEEE Transactions on Power Electronics，2013，29（3）：1523-1531.
[24] Inoue K，Kusaka K，Itoh J. Reduction in radiation noise level for inductive power transfer systems using spread spectrum techniques[J]. IEEE Transactions on Power Electronics，2017，33（4）：3076-3085.
[25] Choi B H，Lee E S，Sohn Y H，et al. Six degrees of freedom mobile inductive power transfer by crossed dipole Tx and Rx coils[J]. IEEE Transactions on Power Electronics，2015，31（4）：3252-3272.
[26] Zang M，Clemens M，Cimala C，et al. Simulation of inductive power transfer systems exposing a human body with two-step scaled-frequency FDTD methods[J]. IEEE Transactions on Magnetics，2017，53（6）：1-4.
[27] Delichte S D，Lu Y J，Bobowski J S. Non-radiative mid-range wireless power transfer：An experiment for senior physics undergraduates[J]. American Journal of Physics，2018，86（8）：623-632.
[28] 张波，张青. 两个负载接收线圈的谐振耦合无线输电系统特性分析[J]. 华南理工大学学报（自然科学版），2012，40（10）：152-158.
[29] 张波，黄润鸿，丘东元. 磁谐振中距离无线电能传输及关键科学问题[J]. 电源学报，2015，13（4）：1-7.
[30] 李阳，朱春波，宋凯，等. 弱耦合无线电能传输系统驱动源研究[J]. 电工技术学报，2015，（S1）：193-198.
[31] 李振杰，逯仁贵，朱春波，等. 远距离小功率无线电能传输系统性能优化研究[J]. 电工技术学报，2015，（S1）：209-214.
[32] Zhang Y，Lu T，Zhao Z M，et al. Selective wireless power transfer to multiple loads using receivers of different resonant frequencies[J]. IEEE Transactions on Power Electronics，2014，30（11）：6001-6005.
[33] 陈琛，黄学良，孙文慧，等. 金属障碍物对磁耦合谐振无线电能传输系统的影响[J]. 电工技术学报，2014，29（9）：22-26.
[34] 王维，黄学良，周亚龙，等. 双中继无线电能传输系统建模及传输效率分析[J]. 电工技术学报，2014，29（9）：1-6.

[35] 黄君涛，陈乾宏，陈文仙，等. 四线圈激励共振式无线电能传输系统及其研究分析[J]. 电力系统自动化，2015，39（16）：108-114.

[36] 侯佳，陈乾宏，严开沁，等. 新型 S/SP 补偿的非接触谐振变换器分析与控制[J]. 中国电机工程学报，2013，33（33）：1-8.

[37] 翟渊，孙跃，戴欣，等. 磁共振模式无线电能传输系统建模与分析[J]. 中国电机工程学报，2012，（12）：155-160.

[38] Li Y，Sun Y，Dai X. Robust control for an uncertain LCL resonant ICPT system using LMI method[J]. Control Engineering Practice，2013，21（1）：31-41.

[39] 杨庆新，章鹏程，祝丽花，等. 无线电能传输技术的关键基础与技术瓶颈问题[J]. 电工技术学报，2015，（5）：1-8.

[40] 张献，苏杭，杨庆新，等. 谐振耦合无线传能高速列车系统最大传输效率的研究[J]. 电工技术学报，2015，（S1）：308-312.

[41] 李阳，杨庆新，陈海燕，等. 无线电能传输系统中影响传输功率和效率的因素分析[J]. 电工电能新技术，2012，31（3）：31-34.

[42] 李勇，麦瑞坤，陆立文，等. 一种采用级联型多电平技术的 IPT 系统谐波消除与功率调节方法[J]. 中国电机工程学报，2015，35（20）：5278-5285.

[43] 李勇，麦瑞坤，马林森，等. 一种双初级线圈并绕的感应电能传输系统及其功率分配方法[J]. 中国电机工程学报，2015，35（17）：4454-4460.

[44] 麦瑞坤，陆立文，李勇，等. 一种采用最小电压与最大电流跟踪的 IPT 系统动态调谐方法[J]. 电工技术学报，2015，30（19）：32-38.

[45] 麦瑞坤，陆立文，李勇. 两逆变器并联 IPT 系统的环流消除方法研究[J]. 电工技术学报，2016，31（3）：8-15.

[46] Chen Y，Yang B，Kou Z，et al. Hybrid and reconfigurable IPT systems with high-misalignment tolerance for constant-current and constant-voltage battery charging[J]. IEEE Transactions on Power Electronics，2018，33（10）：8259-8269.

[47] Leung H F，Hu A P. Modeling the contact interface of ultrasonic power transfer system based on mechanical and electrical equivalence[J]. IEEE Journal of Emerging and Selected Topics in Power Electronics，2017，6（2）：800-811.

[48] Roes M G L，Duarte J L，Hendrix M A M，et al. Acoustic energy transfer：A review[J]. IEEE Transactions on Industrial Electronics，2012，60（1）：242-248.

[49] Basaeri H，Christensen D B，Roundy S. A review of acoustic power transfer for bio-medical implants[J]. Smart Materials and Structures，2016，25（12）：123001.

[50] Brown W C，Okress E C. The combination receiving antenna and rectifier[J]. Microwave Power Engineering，1968，2：273-275.

[51] Choudhary V，Singh S P，Kumar V，et al. Wireless power transmission：An innovative idea[J]. International Journal of Educational Planning and Administration，2011，1（3）：203-210.

[52] Jones W S，Morgan L L，Forsyth J B，et al. Laser power conversion system analysis[J]. Lockheed Missiles and Space，1979，2.

[53] Steinsiek F，Foth W P，Weber K H. Wireless power transmission experiment as an early contribution to planetary exploration missions[C].54th International Astronautical Congress of the International Astronautical Federation，the International Academy of Astronautics，and the International Institute of Space Law，Hong Kong，2003.

[54] Jin K，Zhou W. Wireless laser power transmission：A review of recent progress[J]. IEEE Transactions on Power Electronics，2019，34（4）：3842-3859.

[55] Dai J，Ludois D C. A survey of wireless power transfer and a critical comparison of inductive and capacitive coupling for small gap applications[J]. IEEE Transactions on Power Electronics，2015，30（11）：6017-6029.

[56] 深圳市感芯在线科技有限公司. 村田电场耦合式无线供电模块[EB/QL]. http://www.muratachina.com/power/wptm.html[2020-04-28].

[57] Naoki S，Daiki I，Yoshiki S，et al. One-Kilowatt capacitive power transfer via wheels of a compact electric vehicle[C]. 2016 IEEE Wireless Power Transfer Conference，Aveiro，2016.

[58] Lu F，Zhang H，Hofmann H，et al. A double-sided LCLC-compensated capacitive power transfer system for electric vehicle charging[J]. IEEE Transactions on Power Electronics，2015，30（11）：6011-6014.

[59] Choi B H，Thai V X，Lee E S，et al. Dipole-coil-based wide-range inductive power transfer systems for wireless sensors[J]. IEEE Transactions on Industrial Electronics，2016，63（5）：3158-3167.

[60] Hoang H，Lee S，Kim Y，et al. An adaptive technique to improve wireless power transfer for consumer electronics[J]. IEEE

Transactions on Consumer Electronics，2012，58（2）：327-332.

[61] Itraj M，Ettes W. Topology study for an inductive power transmitter for cordless kitchen appliances[C]. 2018 IEEE PELS Workshop on Emerging Technologies：Wireless Power Transfer（Wow），Montréal，2018：1-8.

[62] Madawala U K，Thrimawithana D J. A bidirectional inductive power interface for electric vehicles in V2G systems[J]. IEEE Transactions on Industrial Electronics，2011，58（10）：4789-4796.

[63] Kim J H，Lee B S，Lee J H，et al. Development of 1-MW inductive power transfer system for a high-speed train[J]. IEEE Transactions on Industrial Electronics，2015，62（10）：6242-6250.

[64] Wang C S，Stielau O H，Covic G A. Design considerations for a contactless electric vehicle battery charger[J]. IEEE Transactions on Industrial Electronics，2005，52（5）：1308-1314.

[65] Budhia M，Covic G A，Boys J T. Design and optimization of circular magnetic structures for lumped inductive power transfer systems[J]. IEEE Transactions on Power Electronics，2011，26（11）：3096-3108.

[66] Budhia M，Boys J T，Covic G A，et al. Development of a single-sided flux magnetic coupler for electric vehicle IPT charging systems[J]. IEEE Transactions on Industrial Electronics，2013，60（1）：318-328.

[67] Zaheer A，Covic G A，Kacprzak D. A bipolar pad in a 10-kHz 300-W distributed IPT system for agv applications[J]. IEEE Transactions on Industrial Electronics，2014，61（7）：3288-3301.

[68] Kim S，Covic G A，Boys J T. Tripolar pad for inductive power transfer systems for EV charging[J]. IEEE Transactions on Power Electronics，2017，32（7）：5045-5057.

[69] Patil D，Mcdonough M K，Miller J M，et al. Wireless power transfer for vehicular applications：Overview and challenges[J]. IEEE Transactions on Transportation Electrification，2018，4（1）：3-37.

[70] Choi S Y，Gu B W，Jeong S Y，et al. Advances in wireless power transfer systems for roadway-powered electric vehicles[J]. IEEE Journal of Emerging and Selected Topics in Power Electronics，2015，3（1）：18-36.

[71] Mi C C，Buja G，Choi S Y，et al. Modern advances in wireless power transfer systems for roadway powered electric vehicles[J]. IEEE Transactions on Industrial Electronics，2016，63（10）：6533-6545.

[72] Huh J，Lee S W，Lee W Y，et al. Narrow-width inductive power transfer system for OL electrical vehicles[J]. IEEE Transactions on Power Electronics，2011，26（12）：3666-3679.

[73] Choi S Y，Jeong S Y，Gu B W，et al. Ultraslim s-type power supply rails for roadway-powered electric vehicles generalized models on self-decoupled dual pick-up coils for a large lateral tolerance[J]. IEEE Transactions on Power Electronics，2015，30（11）：6456-6468.

[74] Wang C S，Covic G A，Stielau O H. Power transfer capability and bifurcation phenomena of loosely coupled inductive power transfer systems[J]. IEEE Transactions on Industrial Electronics，2004，51（1）：148-157.

[75] Zhang W，Wong S，Tse C K，et al. Load-independent duality of current and voltage outputs of a series-or parallel-compensated inductive power transfer converter with optimized efficiency[J]. IEEE Journal of Emerging and Selected Topics in Power Electronics，2015，3（1）：137-146.

[76] Zhang W，Wong S，Tse C K，et al. Analysis and comparison of secondary series-and parallel-compensated inductive power transfer systems operating for optimal efficiency and load-independent voltage-transfer ratio[J]. IEEE Transactions on Power Electronics，2014，29（6）：2979-2990.

[77] 马皓，俞宏霞，严颖怡. 电流源型 LCL 谐振式变换器的研究[J]. 中国电机工程学报，2009，29（9）：28-34.

[78] Borage M，Tiwari S，Kotaiah S. LCL-T resonant converter with clamp diodes：A novel constant-current power supply with inherent constant-voltage limit[J]. IEEE Transactions on Industrial Electronics，2007，54（2）：741-746.

[79] Keeling N A，Covic G A，Boys J T. A unity-power-factor IPT pickup for high-power applications[J]. IEEE Transactions on Industrial Electronics，2010，57（2）：744-751.

[80] Deng J，Li W，Trong D N，et al. Compact and efficient bipolar coupler for wireless power chargers：Design and analysis[J]. IEEE Transactions on Power Electronics，2015，30（11）：6130-6140.

[81] Kan T，Nguyen T，White J C，et al. A new integration method for an electric vehicle wireless charging system using LCC

compensation topology：Analysis and design[J]. IEEE Transactions on Power Electronics，2017，32（2）：1638-1650.

[82] Yao Y，Wang Y，Liu X，et al. A novel parameter tuning method for a double-sided LCL compensated WPT system with better comprehensive performance[J]. IEEE Transactions on Power Electronics，2018，33（10）：8525-8536.

[83] Wang Y，Yao Y，Liu X，et al. An LC/S compensation topology and coil design technique for wireless power transfer[J]. IEEE Transactions on Power Electronics，2018，33（3）：2007-2025.

[84] Wang Y，Yao Y，Liu X，et al. S/CLC compensation topology analysis and circular coil design for wireless power transfer[J]. IEEE Transactions on Transportation Electrification，2017，3（2）：496-507.

[85] 夏晨阳，陈国平，任思源，等. 采用新型负载恒流供电复合谐振网络的无线电能传输系统[J]. 电力系统自动化，2017，41（2）：46-52.

[86] 侯佳，陈乾宏，严开沁，等. 新型S/SP补偿的非接触谐振变换器分析与控制[J]. 中国电机工程学报，2013，33（33）：1-9.

[87] Hou J，Chen Q，Wong S，et al. Analysis and control of series/series-parallel compensated resonant converter for contactless power transfer[J]. IEEE Journal of Emerging and Selected Topics in Power Electronics，2015，3（1）：124-136.

[88] Zhang W，Mi C C. Compensation topologies of high-power wireless power transfer systems[J]. IEEE Transactions on Vehicular Technology，2016，65（6）：4768-4778.

[89] Qu X，Jing Y，Han H，et al. Higher order compensation for inductive-power-transfer converters with constant-voltage or constant-current output combating transformer parameter constraints[J]. IEEE Transactions on Power Electronics，2017，32（1）：394-405.

[90] 陈庆彬，张伟豪，叶逢春，等. 结合变压器T网络模型的具有可变恒压增益特性的补偿网络参数确定新方法[J]. 中国电机工程学报，2017，37（15）：4483-4494.

[91] 陈庆彬，张伟豪，欧阳奕欣，等. 基于漏感补偿的可变恒流输出补偿网络参数确定方法及其特性分析[J]. 电工技术学报，2017，32（22）：22-33.

[92] Kissin M L G，Boys J T，Covic G A. Interphase mutual inductance in polyphase inductive power transfer systems[J]. IEEE Transactions on Industrial Electronics，2009，56（7）：2393-2400.

[93] Xia C Y，Zhang J，Jia N，et al. Asymmetric magnetic unit of three-phase IPT system for achieving effective power transmission[J]. Electronics Letters，2013，49（11）：717-719.

[94] Hao H，Covic G A，Boys J T. A parallel topology for inductive power transfer power supplies[J]. IEEE Transactions on Power Electronics，2014，29（3）：1140-1151.

[95] Rahnamaee H R，Madawala U K，Thrimawithana D J. A multi-level converter for high power-high frequency IPT systems[C]. IEEE International Symposium on Power Electronics for Distributed Generation Systems，Galway，2014.

[96] Rahnamaee H R，Thrimawithana D J，Madawala U K. MOSFET based multilevel converter for IPT systems[C]. 2014 IEEE International Conference on Industrial Technology IEEE，Busan，2014.

[97] Johari R，Krogmeier J V，Love D J. Analysis and practical considerations in implementing multiple transmitters for wireless power transfer via coupled magnetic resonance[J]. IEEE Transactions on Industrial Electronics，2014，61（4）：1774-1783.

[98] Ahn D，Hong S. Effect of coupling between multiple transmitters or multiple receivers on wireless power transfer[J]. IEEE Transactions on Industrial Electronics，2013，60（7）：2602-2613.

[99] Cannon B L，Hoburg J F，Stancil D D，et al. Magnetic resonant coupling as a potential means for wireless power transfer to multiple small receivers[J]. IEEE Transactions on Power Electronics，2009，24（7）：1819-1825.

[100] Woronowicz K，Safaee A，Dickson T. A general approach to tuning of a dual secondary winding transformer for wireless power transfer[C]. Electric Vehicle Conference，Florence，2014.

[101] Madawala U K，Thrimawithana D J. Modular-based inductive power transfer system for high-power applications[J]. IET Power Electronics，2012，5（5）：1119-1126.

[102] Zhen N L，Casanova J J，Lin J. A loosely coupled planar wireless power transfer system supporting multiple receivers[J]. Advances in Power Electronics，2010，（5）：13.

[103] Zhang W，Wong S C，Tse C K，et al. Design for efficiency optimization and voltage controllability of series-series

compensated inductive power transfer systems[J]. IEEE Transactions on Power Electronics，2014，29（1）：191-200.

[104] Fu M，Tang Z，Ma C. Analysis and optimized design of compensation capacitors for a megahertz WPT system using full-bridge rectifier[J]. IEEE Transactions on Industrial Informatics，2019，15（1）：95-104.

[105] Li H，Li J，Wang K，et al. A maximum efficiency point tracking control scheme for wireless power transfer systems using magnetic resonant coupling[J]. IEEE Transactions on Power Electronics，2015，30（7）：3998-4008.

[106] Fu M，Yin H，Zhu X，et al. Analysis and tracking of optimal load in wireless power transfer systems[J]. IEEE Transactions on Power Electronics，2015，30（7）：3952-3963.

[107] Colak K，Asa E，Bojarski M，et al. A novel phase-shift control of semibridgeless active rectifier for wireless power transfer[J]. IEEE Transactions on Power Electronics，2015，30（11）：6288-6297.

[108] Berger A，Agostinelli M，Vesti S，et al. A wireless charging system applying phase-shift and amplitude control to maximize efficiency and extractable power[J]. IEEE Transactions on Power Electronics，2015，30（11）：6338-6348.

[109] Mai R，Liu Y，Li Y，et al. An active-rectifier-based maximum efficiency tracking method using an additional measurement coil for wireless power transfer[J]. IEEE Transactions on Power Electronics，2018，33（1）：716-728.

[110] Dai J，Ludois D C. Single active switch power electronics for Kilowatt scale capacitive power transfer[J]. IEEE Journal of Emerging and Selected Topics in Power Electronics，2014，3（1）：315-323.

[111] Lu F，Zhang H，Hofmann H，et al. A double-sided LC-compensation circuit for loosely coupled capacitive power transfer[J]. IEEE Transactions on Power Electronics，2017，33（2）：1633-1643.

[112] Lu F，Zhang H，Hofmann H，et al. A double-sided LCL-compensated capacitive power transfer system for electric vehicle charging[J]. IEEE Transactions on Power Electronics，2015，30（11）：6011-6014.

[113] Su Y G，Xie S Y，Hu A P，et al. Capacitive power transfer system with a mixed-resonant topology for constant-current multiple-pickup applications[J]. IEEE Transactions on Power Electronics，2016，32（11）：8778-8786.

[114] 陈希有，伍红霞，牟宪民，等. 电流型电场耦合无线电能传输技术[J]. 中国电机工程学报，2015，9（35）：2279-2286.

[115] Xie S Y，Su Y G，Zhou W，et al. An electric-field coupled power transfer system with a double-sided LC network[J]. Journal of Power Electronics，2018，18（1）：289-299.

[116] Lu K，Nguang S K. LQG control of capacitive power transfer system[C]. 2017 IEEE PELS Workshop on Emerging Technologies：Wireless Power Transfer（WoW），Chongqing，2017.

[117] Dai J，Hagen S S，Ludois D C. High-efficiency multiphase capacitive power transfer in sliding carriages with closed-loop burst-mode current control[J]. IEEE Journal of Emerging and Selected Topics in Power Electronics，2018，7（2）：1388-1398.

[118] 苏玉刚，陈苓芷，唐春森，等. 基于 NSGA-Ⅱ算法的 ECPT 系统 PID 参数寻优及输出稳压控制[J]. 电工技术学报，2016，19（31）：106-114.

[119] Dai J，Ludois D C. Biologically inspired coupling pixilation for position independence in capacitive power transfer surfaces[C]. 2015 IEEE Applied Power Electronics Conference and Exposition（APEC），Charlotte，2015：3276-3282.

[120] Choi B H，Nguyen D T，Yoo S J，et al. A novel source-side monitored capacitive power transfer system for contactless mobile charger using class-E converter[C]. 2014 IEEE 79th Vehicular Technology Conference（VTC Spring），Seoul，2014：1-5.

[121] Jegadeesan R，Guo Y X，Je M. Electric near-field coupling for wireless power transfer in biomedical applications[C]. 2013 IEEE MTT-S International Microwave Workshop Series on RF and Wireless Technologies for Biomedical and Healthcare Applications（IMWS-BIO），Singapore，2013：1-3.

[122] Dai J，Ludois D C. Capacitive power transfer through a conformal bumper for electric vehicle charging[J]. IEEE Journal of Emerging and Selected Topics in Power Electronics，2015，4（3）：1015-1025.

[123] Zaheer A，Covic G A，Kacprzak D . A bipolar pad in a 10-kHz 300-W distributed IPT system for AGV applications[J]. IEEE Transactions on Industrial Electronics，2014，61（7）：3288-3301.

[124] Su Y C，Gu B W，Jeong S Y，et al. Advances in wireless power transfer systems for roadway-powered electric vehicles[J]. IEEE Transactions on Industrial Electronics，2016，63（10）：6533-6545.

[125] Mi C C，Buja G，Choi S Y，et al. Modern advances in wireless power transfer systems for roadway powered electric vehicles[J].

IEEE Transactions on Industrial Electronics，2016，63（10）：1.

[126] Suh N P，Cho D H，Rim C T. Design of on-Line Electric Vehicle（OLEV）[M]. Berlin：Springer，2011：3-8.

[127] Du Y，Cheng T C，Farag A S . Principles of power-frequency magnetic field shielding with flat sheets in a source of long conductors[J]. IEEE Transactions on Electromagnetic Compatibility，1996，38（3）：450-459.

[128] Kim H，Song C，Kim J，et al. Design of magnetic shielding for reduction of magnetic near field from wireless power transfer system for electric vehicle[C]. 2014 International Symposium on Electromagnetic Compatibility，Gothenburg，2014：53-58.

[129] Choi S Y，Gu B W，Lee S W，et al. Generalized active EMF cancel methods for wireless electric vehicles[J]. IEEE Transactions on Power Electronics，2014，29（11）：5770-5783.

[130] Park J，Ahn S . A novel shielding coil for electromagnetic field（EMF）reduction of wireless power transfer in laptop computer[C]. Wireless Power Transfer Conference，Jeju，2014.

[131] Park J，Kim D，Hwang K，et al. A resonant reactive shielding for planar wireless power transfer system in smartphone application[J]. IEEE Transactions on Electromagnetic Compatibility，2017，59（2）：695-703.

[132] 许乔迪，徐叶飞，麦瑞坤. 具有目标面最优磁屏蔽效果的 IPT 谐振式无功屏蔽系统研究[J]. 中国电机工程学报，2019，39（18）：5490-5498.

[133] Wireless Power Consortium. Qi-Mobile charging [EB/QL]. https://www.wirelesspowerconsortium.com/qi/[2020-04-27].

[134] A4WP MERGER. Wireless Power Standards Bodies A4WP and PMA Merge to Form Industry-Leading Organization[EB/QL]. http://www.a4wppmamerge.com/[2020-04-27].

[135] SAE J. 美国机动车工程师学会[EB/QL]. https://www.sae.org/standards/[2020-04-27].

[136] Jonah O，Georgakopoulos S V. Wireless power transfer in concrete via strongly coupled magnetic resonance[J]. IEEE Transactions on Antennas and Propagation，2013，61（3）：1378-1384.

[137] 盖世汽车资讯. 剪掉电动汽车最后一根线？无线充电进入“快进”模式[EB/QL]. https://auto.gasgoo.com/News/2017/05/25062036203670013816C501.shtml[2020-04-26].

[138] Mayhew P. The invention of the first electric toothbrush. https://dentaldorks. com/electric-toothbrush-history/[2019-11-13].

[139] 华为. Mate20 系列[EB/QL]. https://club.huawei.com/forum-3978-1.html[2020-04-27].

[140] 华为. 构建万物互联的智能世界[EB/QL]. https://www.huawei.com/cn/[2020-04-27].

[141] The Thomas Edison Papers at Rutgers University. Edison and the Electric Car[EB/QL]. http://edison.rutgers.edu/elecar.htm[2020-04-27].

[142] Patil D，Mcdonough M K，Miller J M，et al. Wireless power transfer for vehicular applications：Overview and challenges[J]. IEEE Transactions on Transportation Electrification，2017，4（1）：3-37.

[143] WiTricity Group. DRIVE：Electric Vehicles. [EB/OL]. http://witricity.com/products/automotive/[2016-05-02].

[144] Boys J T, Covic G A. IPT fact sheet series: no. 1-basic concepts[EB/QL]. https://www.qualcomm.com/media/documents/files/ipt-fact-sheet-1-uoa-2012.pdf[2020.4.28].

[145] Qualccomm Group. First electric vehicle wireless charging trial announced for london[EB/OL]. https://www.qualcomm.com/news/releases/2011/11/10/first-electric-vehicle-wireless-charging-trial-announced-london [2011-11-10]/[2019-12-19].

[146] Delachaux Group. Charging electric buses quickly and efficiently：Bus stops fitted with modular components make ‘charge & go’ simple to implement[EB/OL]. https://www.conductix.com.au/en/news/2013-05-29/charging-electric-buses-quickly-and-efficiently-bus-stops-fitted-modular-components-make-charge-go [2019-12-19].

[147] Fisher T M，Farley K B，Gao Y，et al. Electric vehicle wireless charging technology：A state-of-the-art review of magnetic coupling systems[J]. Wireless Power Transfer，2014，1（2）：87-96.

[148] OFweek 新能源汽车网. 长城无线充电技术解析：充电功率可达 10kW [EB/QL].https://nev.ofweek.com/ 2015-12/ART-71011-8300-29046457.html[2020-04-28].

[149] Carsten W. Latest generation maglev vehicle TR09[C]. The 20th International Conference on Magnetically Levitated Systems and Linear Drives（Maglev 2008），San Diego，2008.

[150] Raabe S. Inductive power transfer pickups for high demand applications[D]. Auckland：Auckland University，2011.

[151] 杨民生. 非接触感应耦合电能传输与控制技术及其应用研究[D]. 长沙：湖南大学，2012.

[152] Brecher A，Arthur D. Review and evaluation of wireless power transfer（WPT）for electric transit applications[R]. Cambridge：John A. Volpe National Transportation Systems Center（US），2014.

[153] Winter J，Mayer S，Kaimer S，et al. Inductive power supply for heavy rail vehicles[C]. 2013 3rd International Electric Drives Production Conference（EDPC），2013：1-9.

第 2 章　无线电能传输系统耦合机构

耦合机构是无线电能传输系统的关键部分，线圈设计对于提高系统传输性能是必不可少的，整个耦合机构包括发射端线圈和接收端线圈且二者之间具有一定距离的空气气隙。本章主要针对静态和动态无线电能传输系统，对常见的一些耦合机构进行介绍。

2.1　静态 WPT 耦合机构

1. 圆形耦合机构

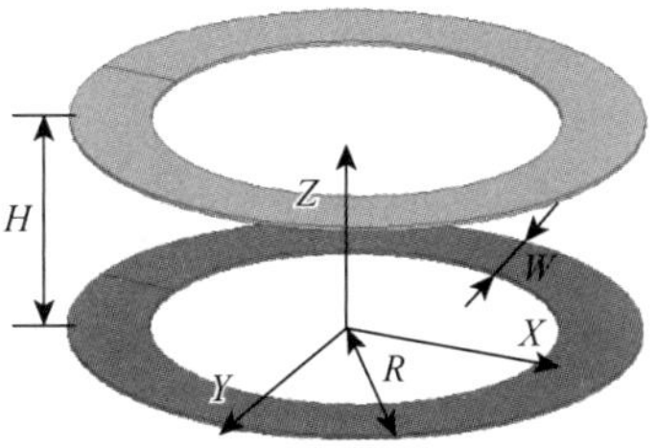

图 2.1　圆形耦合机构

在无线电能传输系统中，耦合机构大多采用平面化的结构，圆形耦合机构是最早被提出的一种经典耦合机构[1]，如图 2.1 所示。整个耦合机构由匝数为 N 的两个圆形线圈组成。线圈外径为 R，线圈宽度为 W，耦合机构气隙为 H，利兹线线径为 d，其中 $W = Nd$。这种耦合机构易于构建，中心周围的磁通量对称分布。研究表明：当发射端线圈与接收端线圈之间的距离为线圈直径的 1/4 时，圆形线圈的耦合系数在 0.2 左右[1]。为了提高耦合系数，通常在线圈外侧放置圆形磁芯或条形磁芯，这样磁场分布在单侧也减少了漏磁，同时在磁芯外侧再增加铝板可以进一步屏蔽电磁辐射。圆形（以及相近的方形或矩形）耦合机构由于其单侧磁场分布（磁感线分布在线圈同侧）的特点，广泛应用于无线电能传输系统。但是当发射端线圈与接收端线圈存在偏移情况时，耦合系数下降迅速，导致系统能量传输减弱。

以线圈外径 $R = 200\text{mm}$、匝数 $N = 20$、耦合机构气隙 $H = 150\text{mm}$、利兹线线径 $d = 2.85\text{mm}$ 为例，图 2.2 为圆形线圈耦合系数 k 随 X 轴、Y 轴 45° 偏移距离变化趋势。从图 2.2 中可以看出，由于圆形耦合机构具有对称性，所以其互感随 X 轴、Y 轴 45° 偏移时其耦合系数 k 变化基本相同，互感变化与偏移距离呈线性关系。特别是在 $X = 350\text{mm}$ 时，其耦合系数 k 降为零，然后增长。

2. DD 形耦合机构

为了进一步提高线圈的耦合系数，新西兰奥克兰大学提出了由两个反向 D 形线圈组成的 DD 形耦合机构[2]，如图 2.3 所示。整个耦合机构由匝数为 N 的两个 D 形线圈组成，利兹线线径为 d。每个 DD 形线圈由两个电流方向完全相反的 D 形线圈组成，其中，D 形线圈长度分别为 L_{D1} 与 L_{D2}，且 $L_{D1} = L_{D2}$，线圈宽度为 W，耦合机构气隙为 H。整个耦合机构结合了闭合磁路的设计理念，其中间部分类似于磁通路径的流量管，使大部分磁感线能够在发射端线圈与接收端线圈之间形成一个闭环回路，有效地提高系统的耦合系数。这种设计方式所对应的磁路需要形成两个反向通道，因此磁通量在空间中的分布并不对称，此外，这也使得 DD 形线圈存在一个感应盲区，即当接收端线圈偏移到某一个位置时，接收端线圈感应到的磁通量为零。

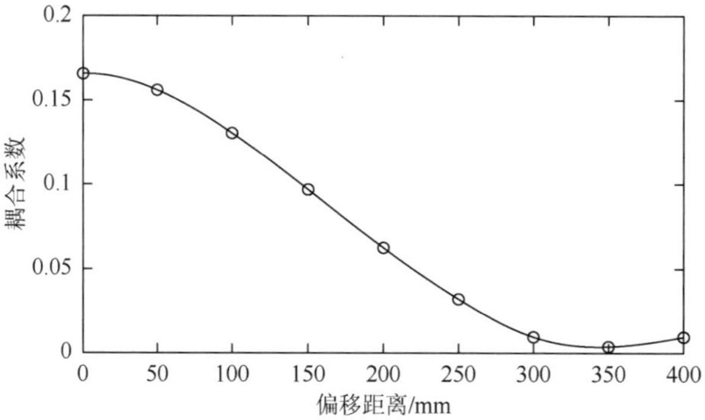

图 2.2　圆形线圈耦合系数 k 随偏移距离变化趋势

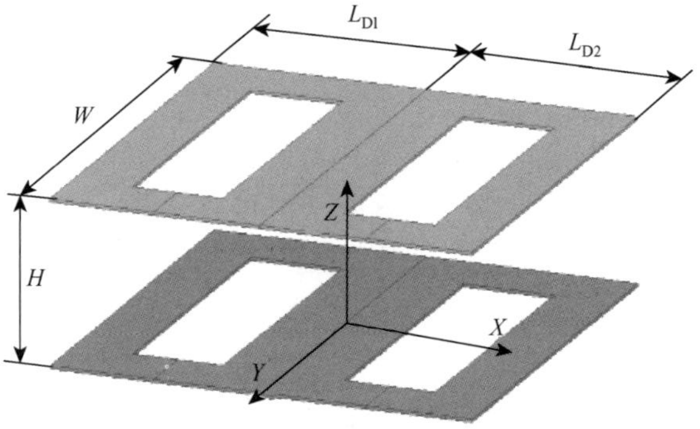

图 2.3　DD 形耦合机构

以长 $L_{D1}=L_{D2}=200$mm、宽 $W=400$mm、匝数 $N=20$、耦合机构气隙 $H=150$mm、利兹线线径 $d=2.85$mm 的 DD 形线圈为例，耦合系数 k 随 X 轴、Y 轴偏移距离变化趋势如图 2.4 所示。从图 2.4 中可以看出，X 轴偏移时 DD 形线圈耦合系数 k 随着偏移距离的增加而变小，Y 轴偏移时 DD 形单极性耦合机构的耦合系数 k 随着偏移距离的增加先变小再变大后又变小。特殊点在 $Y=145$mm，其耦合系数 k 降到近似为零，然后增加，又变小，最后趋于 0。

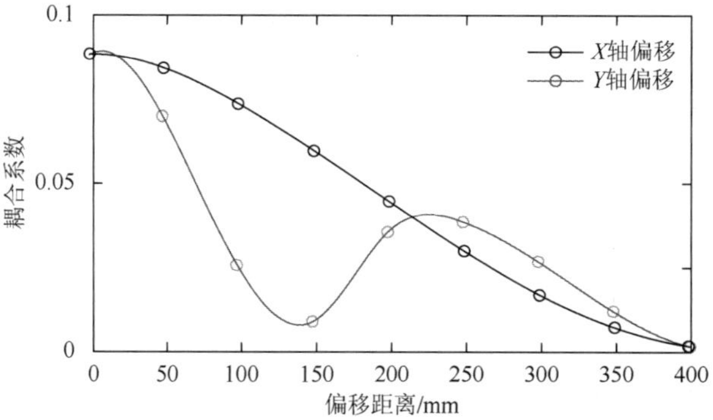

图 2.4　DD 形线圈耦合系数 k 随偏移距离变化趋势

3. DDQ 形耦合机构

在前面对 DD 形线圈进行了介绍，DD 形线圈在空间中某个点存在一个感应盲区，为了解决这个问题，新西兰奥克兰大学在 DD 形线圈的基础上增加了一个正交的 Q 形线圈，形成 DDQ 形耦合机构[2]，如图 2.5 所示。所增加的 Q 形线圈匝数为 N_Q，长为 L_Q，宽为 W_Q，利兹线线径为 d。DD 形耦合机构结合了闭合磁路的设计理念，所对应的磁路需要形成两个反向通道，因此，当 Q 形线圈沿 DD 形线圈中线对称放置时，DD 形线圈的磁通穿过 Q 形线圈一正一反相互抵消，而 Q 形线圈的磁通穿过 DD 形线圈也是如此，所以这种情况下 DD 形线圈与 Q 形线圈之间无耦合关系，即互感为零；当 Q 形线圈与 DD 形线圈中线不对称放置时，线圈间磁通无法相互抵消，因而产生耦合关系。利用该原理可以解决 DD 形线圈存在感应盲区的问题，然而 DDQ 形线圈增加了一个新的线圈，其需要的线材更多。

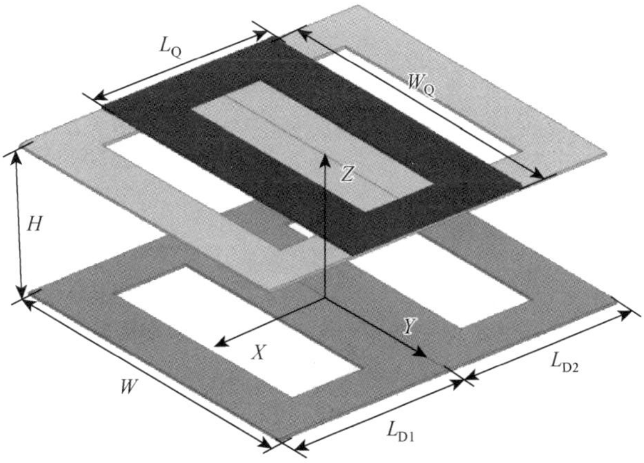

图 2.5　DDQ 形耦合机构

如图 2.6 所示，以长 $L_{D1} = L_{D2} = 200$mm、$L_Q = 400$mm、宽 $W = W_Q = 400$mm、匝数 $N = N_Q = 20$、耦合机构气隙 $H = 150$mm、利兹线线径 $d = 2.85$mm 的 DDQ 形线圈为例，得到耦合系数 k 随 X 轴、Y 轴偏移距离的变化趋势。从图 2.6 中可以看出，X 轴偏移时 DD

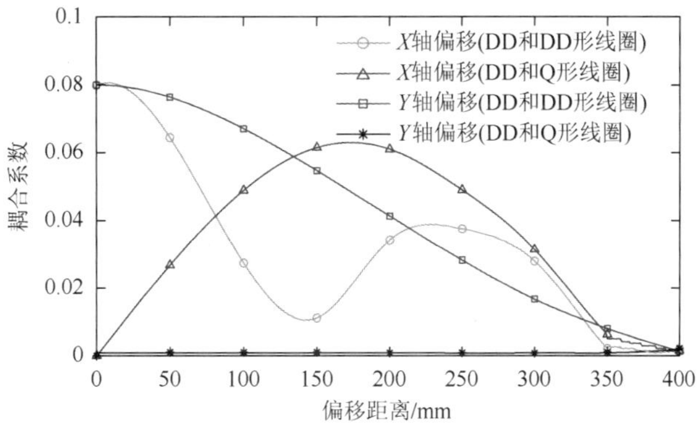

图 2.6　DDQ 形线圈耦合系数 k 随偏移距离变化趋势

和 Q 形线圈耦合系数 k 随着偏移距离的增加先增加后减小，DD 和 DD 形线圈耦合系数 k 随着偏移距离的增加先减小后增加再减小，两者叠加后将克服 DD 形线圈中感应盲区的问题。Y 轴偏移时 DD 和 Q 形线圈耦合系数 k 始终为零，DD 和 DD 形线圈耦合系数 k 随着偏移距离的增加一直减小。

4. BP 形耦合机构

DDQ 形线圈能够解决感应盲区的问题，但是附加的线圈使得整体耗材增加，为了减少铜耗，新西兰奥克兰大学提出了 BP 形耦合结构[3]，如图 2.7 所示。BP 形耦合机构由匝数为 N 的两个部分重叠的 D 形线圈组成，其中，D 形线圈长度分别为 L_{BP1} 与 L_{BP2}，且 L_{BP1}=L_{BP2}，宽度为 W_{BP}，利兹线线径为 d。BP 形线圈主要由两个部分重叠的 D 形线圈组成，这两个部分重叠的 D 形线圈之间不存在耦合，解耦的原理与 DDQ 形线圈相似，通过调整位置使两个部分重叠的 D 形线圈之间的磁通量为零。根据前面的描述，平面线圈会产生一个发散且闭合的磁场，当所产生的磁力线穿过另一个线圈的量与穿回的量相同时，这两个平面线圈将不会产生耦合，如图 2.8（a）所示；反之，当平面线圈所产生的磁力线穿过另一个线圈的量与穿回的量不同时，这两个平面线圈之间将存在耦合关系，如图 2.8（b）所示。

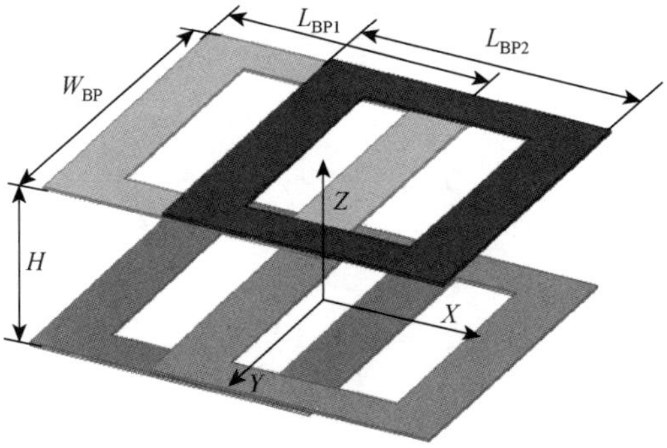

图 2.7　BP 形耦合机构

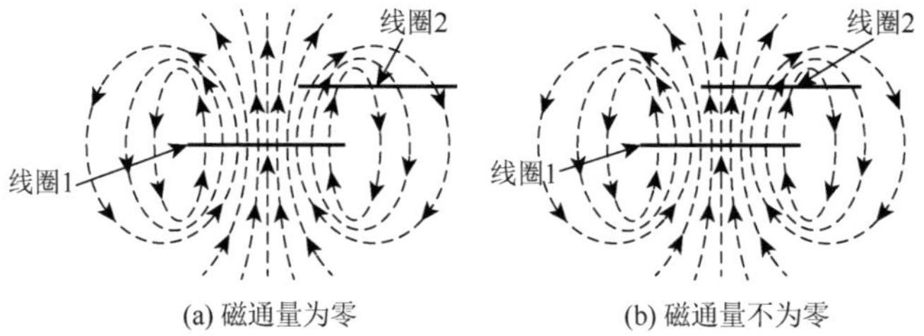

图 2.8　BP 平面线圈磁力线分布图

以长 $L_{BP1} = L_{BP2} = 252$mm、宽 $W_{BP} = 400$mm、匝数 $N = 20$、耦合机构气隙 $H = 150$mm、利兹线线径 $d = 2.85$mm 的 BP 形线圈为例，耦合系数 k 随 X 轴、Y 轴偏移距离变化趋势如图 2.9 所示。从图 2.9 中可以看出，X 轴偏移时 BP 形线圈耦合系数 k 随着偏移距离的增加而减小。Y 轴偏移时 BP 形线圈耦合系数 k 随着偏移距离的增加先减小后增加再减小。

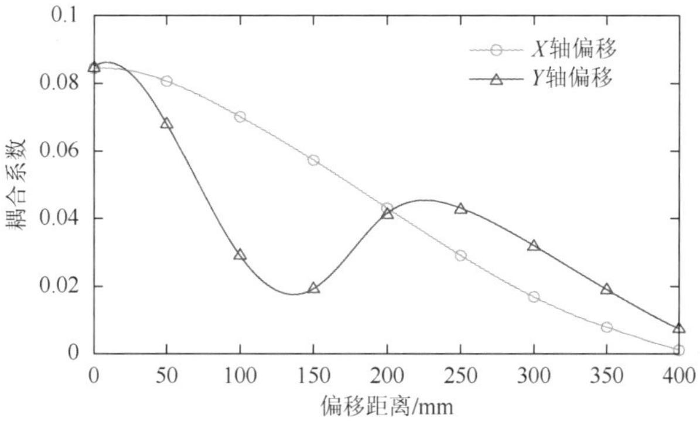

图 2.9　BP 形线圈耦合系数 k 随偏移距离变化趋势

5. TP 形耦合机构

尽管 DDQ 形线圈和 BP 形线圈具有较高的耦合系数并且在某一个方向具有一定的抗偏移能力，但是当接收端线圈发生旋转时，这些耦合机构的功率传输能力将大大降低。为了提高耦合机构旋转的抗偏移能力，新西兰奥克兰大学研究团队又提出了 TP 形耦合机构[4]，如图 2.10 所示。TP 形耦合机构是利用 BP 形线圈解耦的原理，并采用类似三叶草的形状所围成的一个圆形结构，整个圆的半径为 R，每个叶状线圈的尺寸相同，匝数为 N，利兹线线径为 d。TP 形线圈也是采用单侧磁场分布的方式，因此磁场在空间中也具有较好的对称性，磁场的累加作用使得该结构相比圆形线圈结构在旋转、偏移情况下均具备更高的耦合系数[4]。

以长 R = 200mm、匝数 N = 20、耦合机构气隙 H = 150mm、利兹线线径 d = 2.85mm 的 TP 形线圈为例，耦合系数 k 随不同角度旋转变化趋势和随偏移距离变化趋势如图 2.11 所示。从图 2.11 中可以看出，不同角度旋转时 X 轴偏移 TP 形线圈耦合系数 k 随着偏移距离的增加而减小，且曲线基本重合。

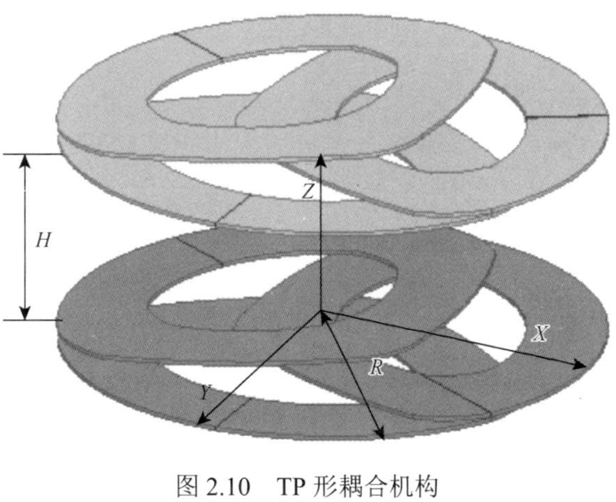

图 2.10　TP 形耦合机构

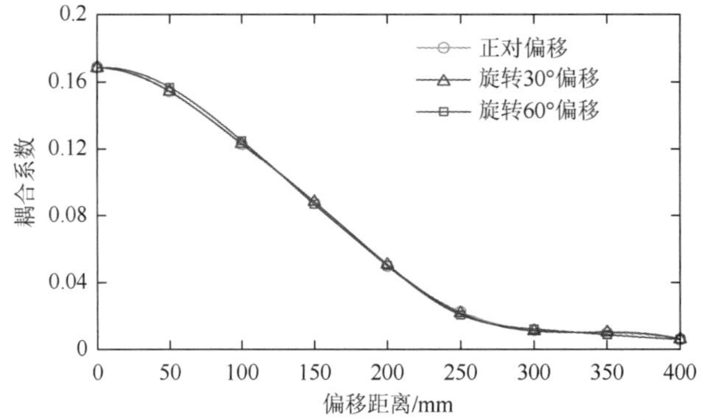

图 2.11　TP 形线圈耦合系数 k 随不同角度旋转变化趋势和随偏移距离变化趋势

根据上述对静态 WPT 耦合机构的介绍及分析，常见圆形线圈的磁场在空间中分布的磁场具有较好的对称性，但相较于其他线圈结构，在耦合系数方面较弱。DD 形线圈结合了闭合磁路的设计理念，能够使大部分磁感线形成一个类似于流量管道的闭环回路，从而有效地提高系统的耦合系数，然而磁通量在空间中的不对称分布，使得 DD 形线圈存在一个感应盲区，虽然可以增加一个 Q 形线圈组合成 DDQ 形线圈，然而这会使得耗材大幅提升。相较于 DDQ 形线圈，BP 形线圈的耗材能够显著减少，同时仍然保留 DDQ 形线圈的优点，但磁场的不对称使其在旋转性能方面较弱。而 TP 形线圈能够较好地克服其他线圈的缺点，磁场分布方式与圆形线圈类似，与圆形线圈不同的是，TP 形线圈采用类似于三叶草形结构，三个线圈磁场的叠加作用使其具有较高的耦合系数，同时抗偏移性能也能够得到改善[4]。

2.2　动态 WPT 耦合机构

1. E 形导轨线圈

E 形导轨线圈如图 2.12 所示[5]，由磁芯结构为 E 形而得名，一组导轨线圈放置在 E 形磁芯中，导轨磁芯满铺，建设成本高。KAIST 在第一代 OLEV 采用了此结构给高尔夫球车移动供电，第一代 OLEV 接收机构的磁芯也为 E 形结构，整个系统在 20kHz 工作频率下传输效率为 80%，在 1cm 的传输距离下输出功率只有 3kW[5]。E 形结构的横向抗偏移能力以及传输能力都较弱，并不能满足实际应用需求。

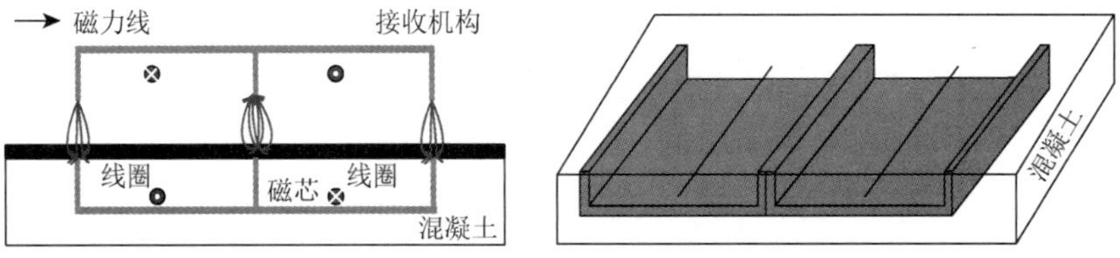

(a) 横向剖面　　(b) 侧视图

图 2.12　E 形导轨线圈[5]

2. U 形导轨线圈

U 形导轨线圈如图 2.13 所示[5]，由磁芯结构为 U 形而得名，两组导轨线圈放置在 U 形磁芯内外，导轨磁芯满铺，建设成本高，该线圈旨在解决 E 形导轨线圈传输距离近的弊端。在第二代 OLEV 中，采用的 U 形导轨线圈长 240m，宽 1.4m，10 个接收机构均为平板结构，在 17cm 的传输距离下输出功率可达 60kW，系统效率为 72%[6]。和 E 形导轨线圈相比，U 形导轨线圈的横向抗偏移能力有所提升，在偏移 23cm 后系统输出功率才下降为最大功率的 50%，然而其抗偏移能力仍不能令人满意。

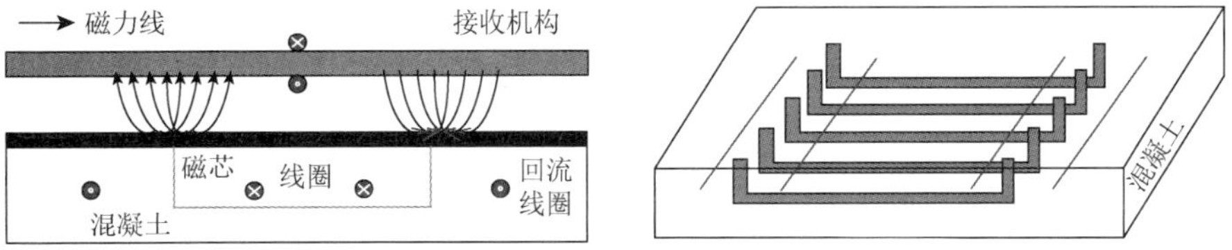

(a) 横向剖面　　(b) 侧视图

图 2.13　U 形导轨线圈[5]

3. W 形导轨线圈

W 形导轨线圈如图 2.14 所示[5]，由磁芯结构为 W 形而得名，一组导轨线圈放置在 W 形磁芯中，导轨磁芯间隔铺设，导轨宽度降为 70cm，大幅度降低了经济建设成本。在第三代 OLEV 中，接收机构为平板结构，由于系统磁阻降低，单个接收机构的输出功率由 U 形导轨线圈的 6kW 提升至 15kW，在 20cm 传输距离下系统效率为 83%。此外，由于接收机构比发射端导轨线圈更宽，提升了线圈耦合系数，且避免了铝板屏蔽的需求。

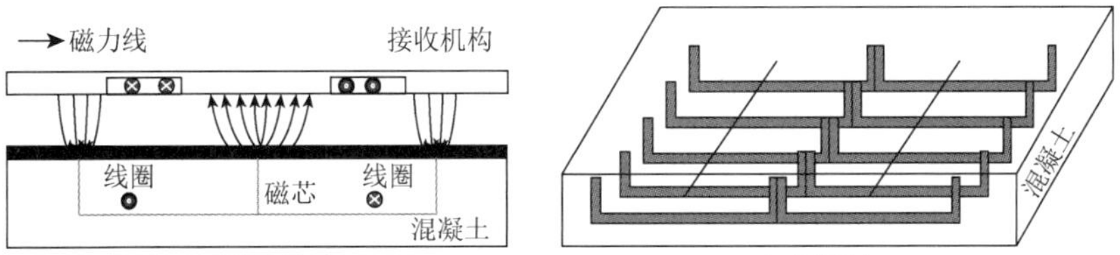

(a) 横向剖面　　(b) 侧视图

图 2.14　W 形导轨线圈[5]

4. I 形导轨线圈

I 形导轨线圈如图 2.15 所示[7]，由磁芯结构为 I 形而得名，两组导轨线圈交错并排于 I 形磁芯两侧，导轨磁芯间隔铺设。导轨宽度为 10cm，和 W 形导轨线圈相比成本降低了 20%。在第四代 OLEV 中，接收机构为平板结构，单个接收机构的输出功率提升至 25kW，在 20cm 传输距离下系统效率为 80%。此外，得益于导轨线圈的交错式排布，该导轨的电磁辐射大幅度降低。

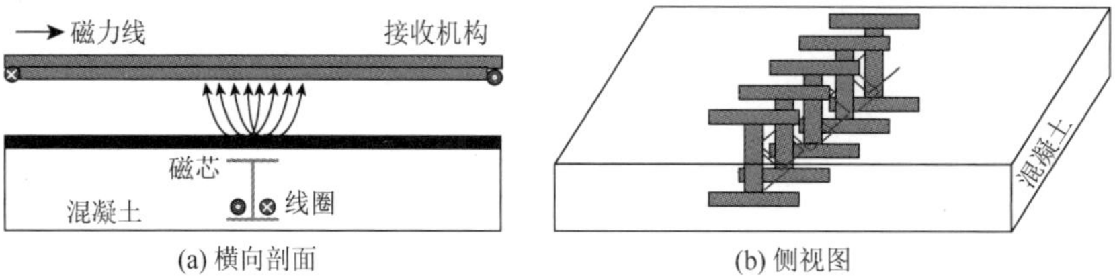

(a) 横向剖面　　(b) 侧视图

图 2.15　I 形导轨线圈[7]

5. 超薄 S 形导轨线圈

超薄 S 形导轨线圈如图 2.16 所示[8]，由磁芯结构为 S 形而得名，单组导轨线圈交错放置于 S 形磁芯上下侧，导轨磁芯间隔铺设。导轨宽度仅为 4cm，更大程度地降低了系统成本和建设时间。在第五代 OLEV 中，接收机构为平板结构，单个接收机构的输出功率为 22kW，在 20cm 传输距离下系统效率为 71%。此外，超薄 S 形导轨对路面的影响最小，可以尽可能避免改变道路的工作状态。

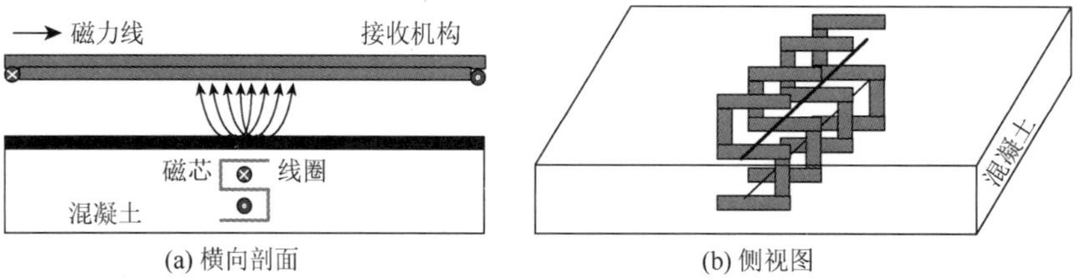

(a) 横向剖面　　(b) 侧视图

图 2.16　超薄 S 形导轨线圈[8]

E 形导轨线圈是 KAIST 最早提出的导轨线圈结构，这种结构具有较为明显的缺点，如传输距离近、传输能力弱、抗偏移能力差等。相较于 E 形导轨线圈，U 形导轨线圈在传输距离、传输能力上有较大提升，然而在横向偏移方面仍不太理想。W 形导轨线圈在传输功率、效率方面得到了加强，且有较高的耦合系数和较低的漏磁强度，但耗材较大。I 形导轨线圈具有 W 形导轨线圈的优势，但在成本方面降低了 20%，此外，交错型的布线方式大幅降低了磁场辐射。超薄 S 形导轨线圈更为简化，通过优化线圈结构，从而使得系统成本和建设时间得到大幅节省，同时超薄 S 形导轨线圈受路面影响较小，可适应较为复杂的地面情况。

2.3　本章小结

耦合机构是非接触供电系统的核心部分之一，主要是由发射端线圈与接收端线圈所组成的 LCT。耦合机构的设计对系统的传输功率、传输效率有巨大的影响。在实际应用中，根据非接触供电系统的工作环境将耦合机构分为静态、动态两种类别。从静态 WPT 系统的角度出发，较为常见的耦合机构为圆形，为了提升耦合系数，DDQ 形、BP 形、TP 形等线圈相继被提出并应用于多种场合；从动态 WPT 系统的角度出发，常见的耦合机构主要有五种，分别是 E 形、U 形、W 形、I 形、超薄 S 形。在 WPT 系统中，不同耦合机构有各自的优点，因此需结合实际的应用场景对耦合机构进行选型。本章主要针对静态和动态两种情况下的耦合机构进行了介绍，并结合耦合机构的自身特性进行了分析。

参 考 文 献

[1] Budhia M，Covic G A，Boys J T. Design and optimization of circular magnetic structures for lumped inductive power transfer systems[J]. IEEE Transactions on Power Electronics，2011，26（11）：3096-3108.

[2] Budhia M，Boys J T，Covic G A，et al. Development of a single-sided flux magnetic coupler for electric vehicle IPT charging systems[J]. IEEE Transactions on Industrial Electronics，2013，60（1）：318-328.

[3] Zaheer A，Covic G A，Kacprzak D. A bipolar pad in a 10-kHz 300-W distributed IPT system for AGV applications[J]. IEEE Transactions on Industrial Electronics，2014，61（7）：3288-3301.

[4] Kim S，Covic G A，Boys J T. Tripolar pad for inductive power transfer systems for EV charging[J]. IEEE Transactions on Power Electronics，2017，32（7）：5045-5057.

[5] Choi S Y，Gu B W，Jeong S Y，et al. Advances in wireless power transfer systems for roadway-powered electric vehicles[J]. IEEE Journal of Emerging and Selected Topics in Power Electronics，2015，3（1）：18-36.

[6] Lee S W，Park C B，Cho J G，et al. Ultra slim UI & WI primary and pick-up coil design for OLEV[J]. The Transactions of the Korean Institute of Power Electronics，2011，16（3）：274-282.

[7] Huh J，Lee S W，Lee W Y，et al. Narrow-width inductive power transfer system for online electrical vehicles[J]. IEEE Transactions on Power Electronics，2011，26（12）：3666-3679.

[8] Choi S Y，Jeong S Y，Gu B W，et al. Ultraslim S-type power supply rails for roadway-powered electric vehicles generalized models on self-decoupled dual pick-up coils for a large lateral tolerance[J]. IEEE Transactions on Power Electronics，2015，30（11）：6456-6468.

第 3 章　无线电能传输系统功率提升方法研究

目前，中小功率静态无线电能传输技术已经取得了重大突破，并广泛应用于民用电子产品中。然而，在大功率应用特别是城市轨道交通等公共交通设备应用领域，往往需要几百千瓦（甚至上兆瓦）传输功率。受电力电子器件容量与成本限制，传统的无线电能传输系统已不能满足这种大功率负荷、高强度运行的需求。无线电能传输技术在此类大功率应用中面临的首要难题是提升系统功率[1]，以保证能量稳定、供给充足。

无线电能传输系统主要由高频谐振逆变器、耦合线圈（发射线圈与接收线圈）以及高频整流器 3 个部分组成[2]。高频谐振逆变器（工作频率为 20kHz 及以上）作为无线电能传输系统能量供给源泉，因此大功率高频谐振逆变器是实现大功率无线供电的关键前提。然而，现阶段无线电能传输系统大多采用单个两电平单相全桥逆变器，受电力开关器件的容量限制，其输出功率可能无法满足无线电能传输大功率电能传输的要求。同时，传统无线电能传输系统采用单个能量发射线圈以及单个能量接收线圈，能量为点对点传输模式[3]。受空间位置、接收线圈数量等限制，能量传输通道单一，系统的传输功率较低且系统能量传输的可靠性较低。

根据 Hu 教授的研究分析，可以通过增大发射线圈的电流幅值、逆变器的工作频率以及发射线圈与接收线圈间的互感来提高无线电能传输系统的传输功率。然而，在实际应用中，发射线圈与接收线圈间的耦合系数往往较小，增加发射线圈和接收线圈的面积及匝数是一种有效提高互感的方法。但是，接收线圈的面积及匝数受限于车载安装位置的空间大小。同时，较大的接收线圈会产生较大的线圈自感，可能引起接收线圈出现过电压问题，甚至会引起无线电能传输系统故障。而且，线圈匝数的增加也会增大线圈等效串联电阻，使系统损耗增加。此外，由于大功率电力开关器件、驱动电路的开关损耗以及开关速度限制，逆变器的工作频率也难以得到较大提高[4]。因此，较难通过提高发射线圈与接收线圈间的互感以及逆变器的工作频率来提高无线电能传输的输出功率。由于受到功率开关器件的容量与价格限制，发射线圈的电流可能无法满足无线电能传输系统大功率电能传输的要求。上述问题均是制约无线电能传输系统传输功率的重要原因，亦是制约无线电能传输系统在轨道交通等大功率应用领域推广的重要原因[5]。因此，有必要在现有开关器件容量水平条件下，研究无线电能传输系统功率提升方法。

3.1　基于级联多电平的功率提升技术

现阶段无线电能传输系统中的高频逆变器大多采用两电平单相全桥逆变器，受开关器件容量的限制，其输出功率可能无法满足无线电能传输系统大功率电能传输的要求[6]。采用波形合成控制方法的级联型多电平逆变器，在降低了各个开关器件电压应力的同时可以有效满足无线电能传输系统大功率电能传输的要求。但是级联型多电平逆变器输出电压的电平数较少，导致系统中的谐波含量较高[7]。虽然可通过选择合适的开关角消除输出电压特定次谐波，但是现有推导方法未获取开关角的显式解，导致计算较为复杂，无法实时计算。同时，各个级联型多电平逆变器存在输出功率不平衡问题[8]，导致各个级联型多电平逆变器的容量利用不充分。本节构建了基于阶梯波移相合成的级联型多电平逆变器的无线电能传输系统[9]，并以两单元五电平级联型逆变器为例，详细分析其工作原理和功率自平衡特性。

3.1.1 级联系统原理与结构设计

级联型多电平逆变器使用的模块单元越多，输出电压的电平越多，输出电压波形质量越好，但是增加了系统成本[10]。为了平衡成本、输出电压波形质量与输出功率大小，本节以两单元五电平级联型逆变器为例进行研究。

图 3.1 为基于级联型多电平逆变器的 S-S 形无线电能传输系统结构。图 3.1 中 Q_1～Q_8 为功率金属氧化物半导体场效应晶体管（metal-oxide-semiconductor field-effect transistor，MOSFET）器件；D_1～D_8 为 MOSFET 的体二极管；L_P 为发射线圈的等效电感；C_P 为发射侧谐振补偿电容；M 为耦合线圈的互感；L_S 为接收线圈的等效电感；C_S 为接收侧谐振补偿电容；R_L 为等效负载；各个逆变器分别连接一个相互独立的直流电源，直流电源电压值为 E，各个 H 桥模块单元的输出电压分别为 u_{H1} 和 u_{H2}；u_o 为级联型多电平逆变器输出电压，负载两端电压为 u_{out}，流经负载的电流为 i_S。

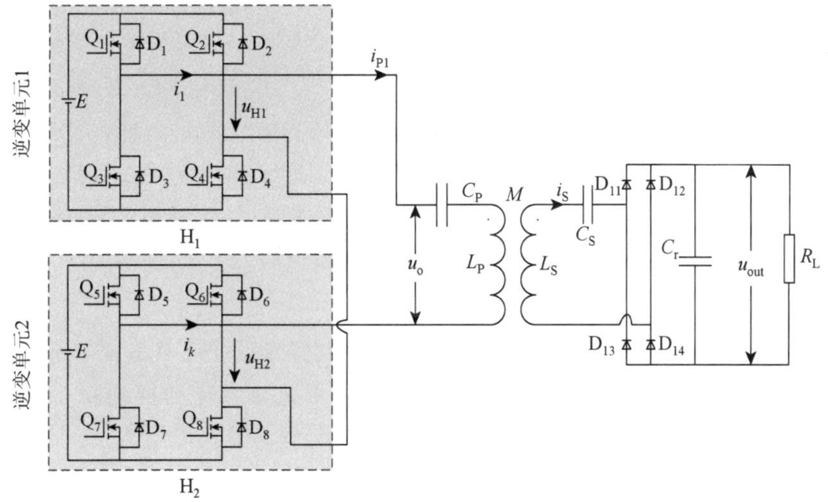

图 3.1 基于级联型多电平逆变器的 S-S 形无线电能传输系统结构

两单元五电平级联型逆变器的阶梯波移相合成原理示意图，如图 3.2 所示。θ_L 为所占 H 桥模块输出电压脉宽弧度的 1/2，θ_Δ 为两个阶梯波的正脉宽中心偏移合成波形正脉宽中心弧度的 1/2。由图 3.2 可知，级联型多电平逆变器的输出电压 u_o 由各个模块输出电压 u_{H1} 和 u_{H2} 叠加而成，则有

$$u_o(t) = u_{H1}(t) + u_{H2}(t) \tag{3-1-1}$$

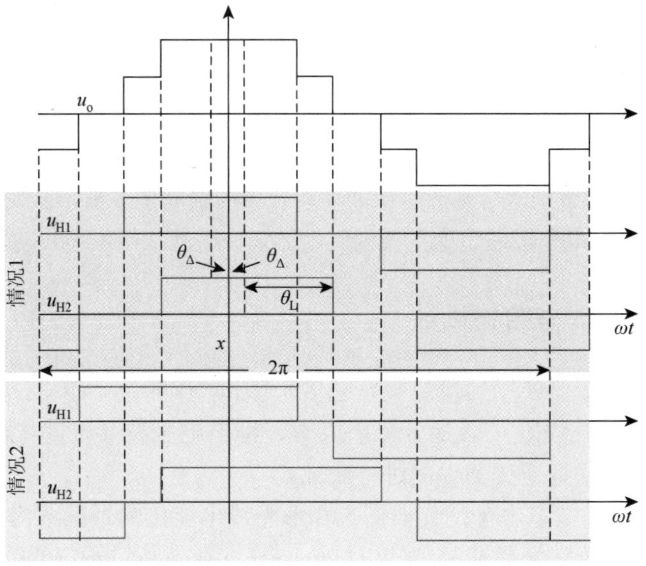

图 3.2　两单元五电平级联型逆变器的阶梯波移相合成原理示意图

采用相移脉冲宽度调制（phase shift pulse width modulation，PS-PWM）技术[11]，改变各个模块输出电压 u_{H1} 和 u_{H2} 的相位 θ_Δ 和脉宽角 θ_L，即可改变级联型多电平逆变器的输出电压 u_o 的基波有效值。为便于分析计算，建立如图 3.2 所示的坐标系，以 u_o 正脉宽的对称中心线（图 3.2 所示的 x 线）与横坐标（ωt）的交点为坐标原点。u_o 的基波角频率为 ω，基波周期为 T_S，变换器的输出电流为 i_P。

各个模块的输出电压 u_{Hi}（t）（$i=1$，2）在一个周期内的表达式为

$$u_{Hi}(t)=\begin{cases}E, & \omega t\in[-\theta_L+(-1)^i\theta_\Delta,\theta_L+(-1)^i\theta_\Delta]\\-E, & \omega t\in[\pi-\theta_L+(-1)^i\theta_\Delta,\pi+\theta_L+(-1)^i\theta_\Delta]\\0, & \omega t\in\text{其他}\end{cases}\tag{3-1-2}$$

在图 3.2 中，对于同一个阶梯波 u_o 的合成具有两种情况，分别为情况一 $\theta_\Delta+\theta_L\leqslant\pi/2$ 和情况二 $\pi/2\leqslant\theta_\Delta+\theta_L$。

情况一，在一个周期内，级联型多电平逆变器共经历八个工作状态。工作状态 1 为 D_1、Q_2、Q_6、Q_7 工作，逆变器输出电压为 $-E$；工作状态 2 为电流换相前，D_1、Q_2、D_5、Q_6 工作，电流换相后，为 Q_1、D_2、Q_5、D_6 工作，逆变器输出电压为 0；工作状态 3 为 Q_1、Q_4、Q_5、D_6 工作，逆变器输出电压为 E；工作状态 4 为 Q_1、Q_4、Q_5、Q_8 工作，逆变器输出电压为 $2E$；工作状态 5 为 D_3、Q_4、Q_5、Q_8 工作，逆变器输出电压为 E；工作状态 6 为电流换相前，D_3、Q_4、D_7、Q_8 工作，电流换相后，Q_3、D_4、Q_7、D_8 工作，逆变器输出电压为 0；工作状态 7 为 Q_2、Q_3、Q_7、D_8 工作，逆变器输出电压为 $-E$；工作状态 8 为 Q_2、Q_3、Q_6、Q_7 工作，逆变器输出电压为 $-2E$。

情况二，合成输出电压零电平由全桥单元 H_1 和 H_2 同时输出相反电平所构成，如图 3.2 所示。此时，就会发生一个 H 桥模块单元的直流电源给另一个 H 桥模块单元的直流电源充电的现象，影响直流电源电压的稳定且对电源造成一定的损害。在情况二，级联

型逆变器也经历八个工作状态，并且状态 1、3、4、5、7、8 与合成情况一分析一致。其不同在于以下两点：①工作状态 2 为电流换相前，D_1、D_4、Q_6、Q_7 工作，H_2 的直流电源向 H_1 的直流电源充电，电流换相后，D_5、D_7、Q_1、Q_4 工作，H_1 的直流电源向 H_2 的直流电源充电，逆变器输出电压为 0；②工作状态 6 为电流换相前，D_2、D_3、Q_5、Q_8 工作，H_2 的直流电源向 H_1 的直流电源充电，电流换相后，D_5、D_8、Q_2、Q_3 工作，H_1 的直流电源向 H_2 的直流电源充电，逆变器输出电压为 0。

3.1.2　级联系统输出功率与自平衡特性分析

将式（3-1-2）进行短时傅里叶变换，得到 u_{Hi}（t）的第 k 次谐波的相量表达式为

$$\begin{aligned}\dot{U}_{Hi}(k)&=\frac{\sqrt{2}}{T_S}\left[\int_{\frac{-\theta_L+(-1)^i\theta_\Delta}{2\pi}\cdot T_S}^{\frac{\theta_L+(-1)^i\theta_\Delta}{2\pi}\cdot T_S}E\cdot e^{\frac{-j2\pi kx}{T_S}}dx+\int_{\frac{-\theta_L+(-1)^i\theta_\Delta}{2\pi}\cdot T_S+\frac{T_S}{2}}^{\frac{\theta_L+(-1)^i\theta_\Delta}{2\pi}\cdot T_S+\frac{T_S}{2}}-E\cdot e^{\frac{-j2\pi kx}{T_S}}dx\right]\\&=\begin{cases}\dfrac{2\sqrt{2}E\sin(k\theta_L)\cdot e^{-jk(-1)^i\theta_\Delta}}{k\pi}, & k\text{为奇数}\\0, & k\text{为偶数}\end{cases}\end{aligned}\tag{3-1-3}$$

根据式（3-1-1）和式（3-1-3），可得 u_o（t）的第 k 次谐波的相量表达式为

$$\dot{U}_o(k)=\dot{U}_{H1}(k)+\dot{U}_{H2}(k)=\frac{4\sqrt{2}E\cdot\cos(k\theta_\Delta)\cdot\sin(k\theta_L)}{k\pi}\tag{3-1-4}$$

而发射线圈电流有效值为

$$I_P=\frac{U_o}{|Z_S|}=\frac{U_oR_L}{\omega^2M^2}\tag{3-1-5}$$

在无线电能传输系统中，由于无线电能传输系统的高频逆变器一般工作在谐振或准谐振状态，所以 u_o 的基波电压与电流 i_P 同相（或近似同相）。模块 H_1 基波输出的有功功率为

$$P_{H1}=\mathrm{Re}[\dot{U}_{H1}(1)\cdot(\dot{I}_P)^*]=\frac{2\sqrt{2}E\cdot\sin\theta_L\cos\theta_\Delta}{\pi}\cdot I_P\tag{3-1-6}$$

式中，$\dot{I}_P$ 和 I_P 分别为变换器输出电流的相量和有效值；$(\cdot)^*$ 和 Re（·）分别为取共轭运算和取实部运算。

同理，模块 H_2 基波输出的有功功率为

$$P_{H2}=\frac{2\sqrt{2}E\cdot\sin\theta_L\cos(-\theta_\Delta)}{\pi}\cdot I_P\tag{3-1-7}$$

对比式（3-1-6）和式（3-1-7）可知，$P_{H1}=P_{H2}$，各个逆变模块单元的输出有功功率相等，即功率自平衡。

3.1.3　级联系统谐波消除

令 u_o（t）第 k 次谐波的相量为零，即得到谐波消除方程：

$$\frac{4\sqrt{2}E\cdot\cos(k\theta_{\Delta})\cdot\sin(k\theta_{\mathrm{L}})}{k\pi}=0 \tag{3-1-8}$$

解式（3-1-8），可得以下两个解：

$$\theta_{\Delta}=(0.5+n)\pi/k,\quad n\in\mathbf{N} \tag{3-1-9}$$

$$\theta_{\mathrm{L}}=n\pi/k,\quad n\in\mathbf{N} \tag{3-1-10}$$

将 $K=k\cdot p$ 代入式（3-1-9）和式（3-1-10），可得

$$\cos[(2K+1)k\theta_{\Delta}]=0,\quad K\in\mathbf{N} \tag{3-1-11}$$

$$\sin[(2K+1)k\theta_{\mathrm{L}}]=0,\quad K\in\mathbf{N} \tag{3-1-12}$$

进而可得

$$k\theta_{\Delta}=p(0.5+n)\pi,\quad n\in\mathbf{N} \tag{3-1-13}$$

$$k\theta_{\mathrm{L}}=pn\pi,\quad n\in\mathbf{N} \tag{3-1-14}$$

式中，p 为奇数。由此可知，式（3-1-13）和式（3-1-14）均满足式（3-1-8），即所求解不仅可以消除 k 次谐波，还能消除 k 的奇数倍次谐波。假设 $k=3$，那么除了 3 次谐波，3 的奇数倍次谐波也可以被消除。级联型多电平逆变器在无线电能传输系统的应用中，可将最接近基波且对功率输出影响较大的 3 次谐波设为待消除的低次谐波。

可令 u_{o}（t）的第 3 次谐波的相量为零：

$$\dot{U}_{\mathrm{o}}(3)=\frac{4\sqrt{2}E\cdot\cos(3\theta_{\Delta})\cdot\sin(3\theta_{\mathrm{L}})}{3\pi}=0 \tag{3-1-15}$$

求解式（3-1-15），可得 $\theta_{\Delta}=\pi/6$ 或 $\theta_{\mathrm{L}}=\pi/3$，可消除输出电压的 3 次谐波及 3 的奇数倍次谐波。

3.1.4　无线电能传输系统输出功率调节方法

无线电能传输系统的输出功率与逆变器输出电压的基波有效值的平方成正比且输出功率表达式为

$$P_{\mathrm{out}}=\frac{U_{\mathrm{o}}(t)^2R_{\mathrm{L}}}{\omega^2M^2} \tag{3-1-16}$$

调节逆变器的输出电压基波有效值，便能调节无线电能传输系统的输出功率。由式（3-1-4）可知，输出电压 u_{o}（t）的基波有效值为

$$U_{\mathrm{o}}(t)=\frac{4\sqrt{2}E\cdot\cos\theta_{\Delta}\cdot\sin\theta_{\mathrm{L}}}{\pi} \tag{3-1-17}$$

在消除 3 次谐波情况下，当 $\theta_{\Delta}=\pi/6$，并代入式（3-1-17）时，可得输出电压 u_{o}（t）的基波有效值为

$$U_{\mathrm{o}}(t)=\frac{2\sqrt{6}E\cdot\sin\theta_{\mathrm{L}}}{\pi} \tag{3-1-18}$$

因为 θ_{L} 的取值范围为

$$0\leqslant\theta_{\mathrm{L}}\leqslant\frac{\pi}{3} \tag{3-1-19}$$

故此情况下，输出电压 u_o（t）的基波有效值的取值为$0 \leqslant U_o(t) \leqslant 3\sqrt{2}E/\pi$。同理，分析另一个情况，当 $\theta_L = \pi/3$ 时，输出电压 u_o（t）的基波有效值为

$$U_o(t) = \frac{2\sqrt{6}E \cdot \cos\theta_\Delta}{\pi} \tag{3-1-20}$$

θ_Δ 的取值范围为

$$0 \leqslant \theta_\Delta \leqslant \frac{\pi}{6} \tag{3-1-21}$$

故此情况下，输出电压 u_o（t）的基波有效值的取值为$3\sqrt{2}E/\pi \leqslant U_o(t) \leqslant 2\sqrt{6}E/\pi$。

根据不同输出基波有效值要求，可以选取合适的 θ_Δ 和 θ_L，在消除输出电压 3 次谐波的同时，能使其基波有效值在$[0, 2\sqrt{6}E/\pi]$区间连续取值，且分为三个调节区域，如图 3.3 所示。在电压小于$\sqrt{6}E/\pi$（$\theta_\Delta = \pi/6$，$\theta_L \leqslant \pi/6$）范围内，合成电压波形会退变为三电平。

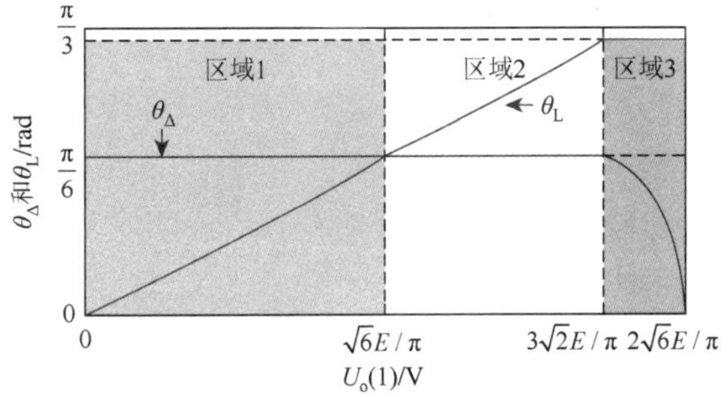

图 3.3　电压基波有效值与 θ_Δ 和 θ_L 取值关系图

3.1.5　实验验证

采用表 3.1 所示的系统参数，按照图 3.1 的电路结构图搭建了基于级联型多电平逆变器的 S-S 形无线电能传输系统，控制系统以 TMS320F28335 作为控制核心，功率开关器件选择 IRF3710，采用高频利兹线绕制在 U 形磁芯上构成耦合线圈，且线圈间的距离为 5cm，实验装置图如图 3.4 所示。实验过程中，由于开关器件场效应管的容量限制，无线电能传输系统的最大输出功率约为 2kW，每个 H 桥模块输出功率约为 1kW。

表 3.1　无线电能传输系统电路参数

参数	取值
H 桥模块单元直流电压 E/V	50
逆变频率 f/kHz	20
发射线圈电感 L_P/μH	84.34
发射电路谐振补偿电容 C_P/μF	0.751
线圈互感 M/μH	26.07
接收线圈电感 L_S/μH	36.2

续表

参数	取值
接收电路谐振补偿电容 C_S/μF	1.749
发射线圈等效电阻 R_P/Ω	0.14
接收线圈等效电阻 R_S/Ω	0.09
负载等效电阻 R_L/Ω	3.7

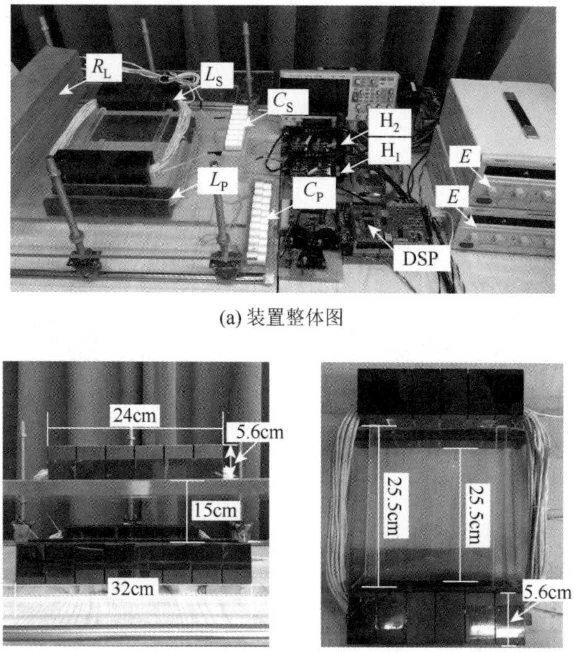

(a) 装置整体图

(b) 线圈的侧视图　　(c) 线圈的俯视图

图 3.4　实验装置图

图 3.5 中逆变器输出波形退化为三电平状态，输出电压中 3 的奇数倍次谐波已被完全消除，但是 5 次、7 次谐波的含量比较大，电流的畸变率较大，输出电压的基波有效值较低，为 24V，逆变器输出功率为 180W（全桥 H_1 和 H_2 的输出功率各约为 90W），接收电路的负载消耗功率约为 120W，无线电能传输系统的传输效率为 75%。图 3.6 和图 3.7 中逆变器输出波形为五电平，输出电压中 3 的奇数倍次谐波已被完全消除，输出电压的谐波含量比较低，电流的畸变率较小，输出电压的基波有效值分别为 43V 和 70V，逆变器输出功率分别为 600W（全桥 H_1 和 H_2 的输出功率各约为 300W）和 1600W（全桥 H_1 和 H_2 的输出功率各约为 800W），接收电路的负载消耗功率约为 480W 和 1400W，无线电能传输系统的传输效率为 80%和 87.5%。

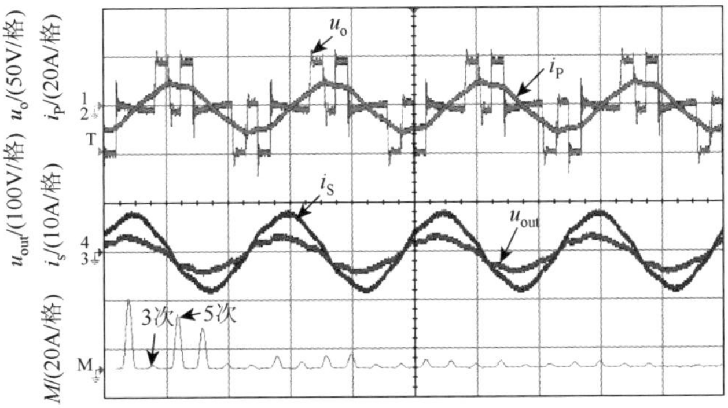

图 3.5　$\theta_\Delta = \pi/6$、$\theta_L = \pi/10$ 时逆变器输出电压及其频谱、电流与接收侧的电流、电压波形

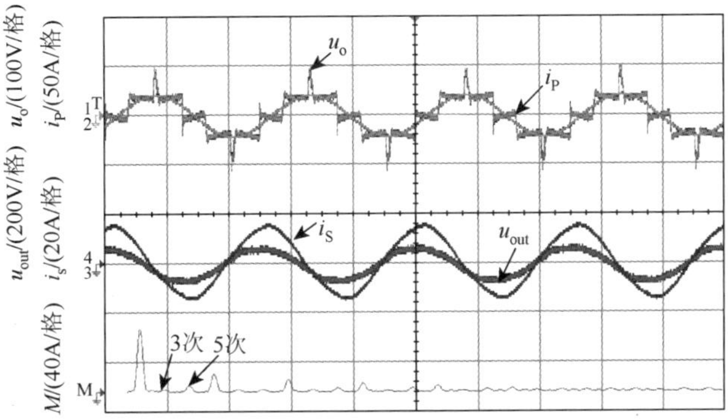

图 3.6　$\theta_\Delta = \pi/6$、$\theta_L = \pi/5$ 时逆变器输出电压及其频谱、电流与接收侧的电流、电压波形

为实现无线电能传输系统的功率调节，按照图 3.3 所示的调节方式，改变 θ_Δ 和 θ_L 的大小并进行不同输出电压的实验，得到输出电压基波有效值的实验值和理论计算值如图 3.8 所示。由图 3.8 可知，实验值与理论计算值的变化趋势相同，由于开关管内阻和线路等效电阻的存在，所以实验值略小于理论计算值，随着输出电压（电流）的增大，实验值偏离理论计算值的误差将会增大，引入闭环控制可稳定调节逆变输出电压，从而调节无线电能传输系统的输出功率。

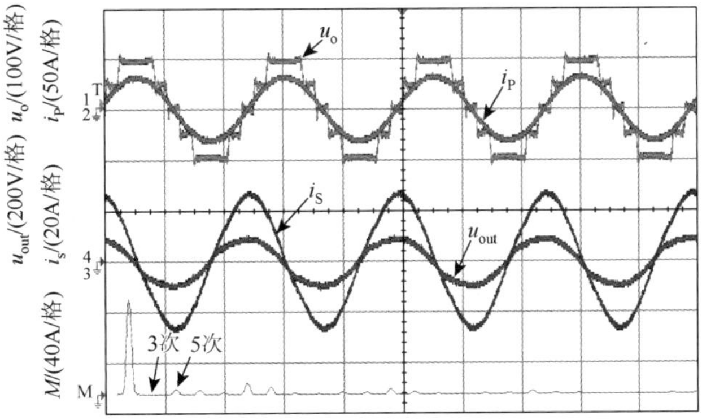

图 3.7　$\theta_\Delta = \pi/12$、$\theta_L = \pi/3$ 时逆变器输出电压及其频谱、电流与接收侧的电流、电压波形

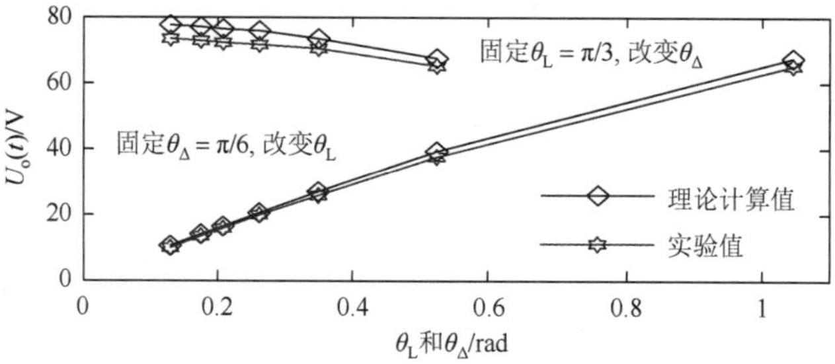

图 3.8 输出电压基波有效值的实验值与理论计算值随 θ_Δ 和 θ_L 变化的曲线

3.2 基于逆变器并联的功率提升技术

通过采用逆变器级联的方式可以有效提高无线电能传输系统的传输功率，同时降低开关器件的电压应力[11]。目前，除了逆变器级联的方式，采用逆变器并联的方式也是一种常用的功率提升方法，可以有效降低开关器件的电流应力，同时可以提升系统的可靠性[12]。然而当逆变器并联时，由于各个逆变单元之间的差异，并联单元之间易出现环流，降低了系统的运行稳定性以及效率[13]。现有的环流消除算法中，大多采用直接检测支路电流幅值与相位的控制方法，该方法在电流较小或者电流畸变严重的情况下不适用[14]。

本节采用逆变器并联的方式增加无线电能传输系统的功率容量，分析环流受并联单元之间谐振元件参数容差以及输出电压容差的影响，同时提出一种基于无锁相环的虚拟有功、无功分解与环流消除控制方法，降低了控制算法的复杂度。同时，在各个并联单元中加入保护装置，并介绍保护装置具体工作过程。

3.2.1 并联系统原理与结构设计

为了实现整个无线电能传输系统在谐振频率下功率的高效传输，耦合线圈的自感需要得到完全补偿；根据不同的应用需求，可以有多种谐振补偿方式，其中，LCL 是一种较优的补偿方式，该补偿拓扑是在逆变器和发射线圈之间加入 LC 谐振网络构成的，当整个 LCL 补偿拓扑谐振时，具有以下几个优点：

（1）逆变器只需为负载提供所需的有功功率，不需要提供多余的无功功率；

（2）发射线圈的电流不会受到负载变化的影响。

因此，本节采用基于 LCL 补偿的逆变器并联电路，对发射线圈进行供电。同时，在接收回路中串联一个谐振补偿电容，使得发射线圈发射的功率能够有效传输到负载端，具体的电路拓扑如图 3.9 所示。每个并联单元由电压型高频逆变器、LC 谐振补偿网络及保护装置构成。该电压型高频逆变器可由不同的隔离电源进行供电，如直流总线电压、电池、光伏等，如图 3.10 所示。

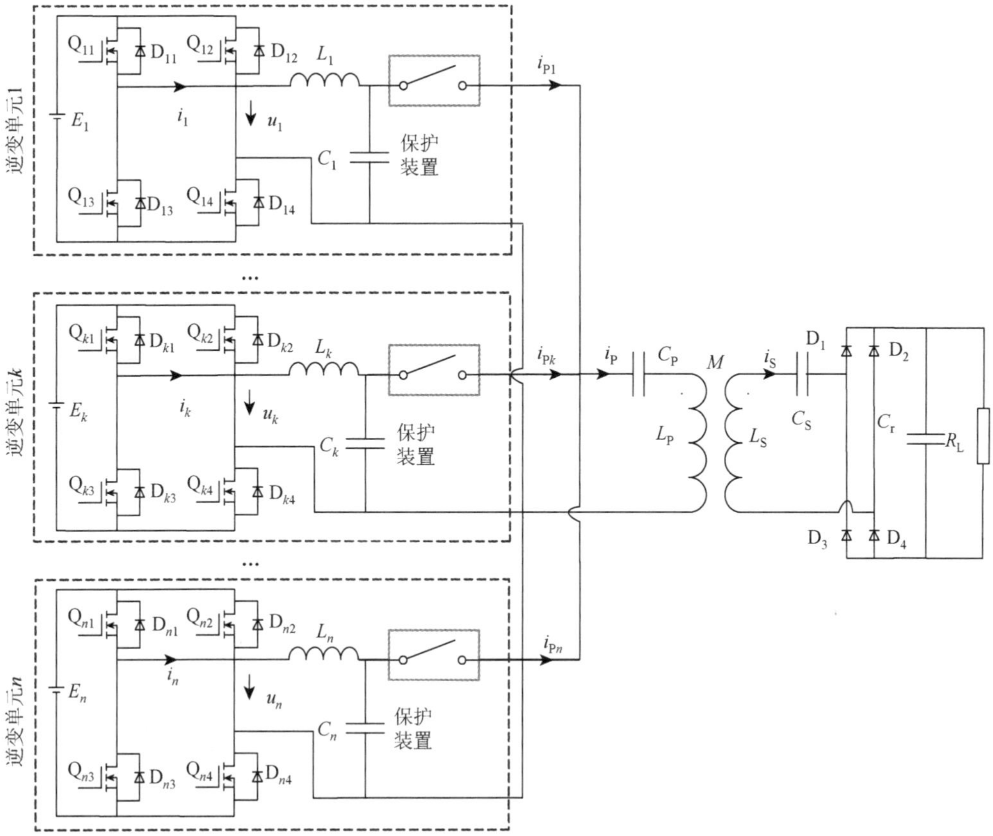

图 3.9　基于 LCL-S 补偿的多逆变器并联无线电能传输系统

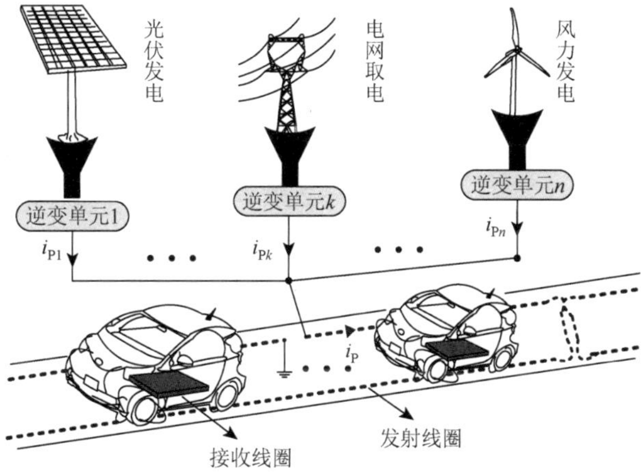

图 3.10　逆变器并联的无线电能传输系统的应用示意图

由于采用逆变器并联技术，发射线圈电流得到了有效提升，进而增加了磁场的强度，但是每个并联逆变单元分担的电流较小，可有效减小器件的电流应力。然而，当谐振电感不相等或者逆变器输出电压不相等时，并联逆变单元之间都会存在环流，因此有必要研究有效的环流消除策略。

3.2.2 并联系统环流消除策略

在逆变器并联的无线电能传输系统中，采用线性化方法将电流分解为有功分量和无功分量，代替检测电流幅值和相位的方法。然而，现有文献中提出的有功、无功电流分解方法需要对总线电压进行锁相来作为电流分解的参考值。当采用锁相环技术时，需要检测信号的相位。然而，在高频的应用中，当被检测信号较小时，容易受到高频噪声的干扰，影响检测精度。同时，在实际的无线电能传输系统应用中，难以将电路参数配置为谐振状态，导致电路电流发生畸变，难以准确检测过零点位置，降低锁相环的精度，进而不能够有效地给出准确的相位参考信号。因此，有必要研究一种基于无锁相环的有功、无功电流分解技术，以获取准确的有功、无功分量。

上述分析的弊端可通过本章所提出的虚拟有功、无功电流分解方法来有效克服。为了使得各个并联逆变单元输出的电流同相，选取发射线圈的电流作为虚拟有功、无功分解的参考信号，然后各个并联逆变单元的电流就可以分解为虚拟有功分量和无功分量[15]。需要注意的是，上述分解出来的虚拟有功、无功分量并没有实际的物理意义，只是一种数学推导得到的结果。在计算虚拟有功和无功功率时是不需要加入锁相环的，这有助于提高计算精度，降低计算的复杂程度。

本节提出一种虚拟电流分解（virtual current decomposition，VCD）方法，该方法无须锁相环就可以计算出第 k 个并联逆变单元电流的虚拟有功分量和无功分量，具体过程如图 3.11 所示。

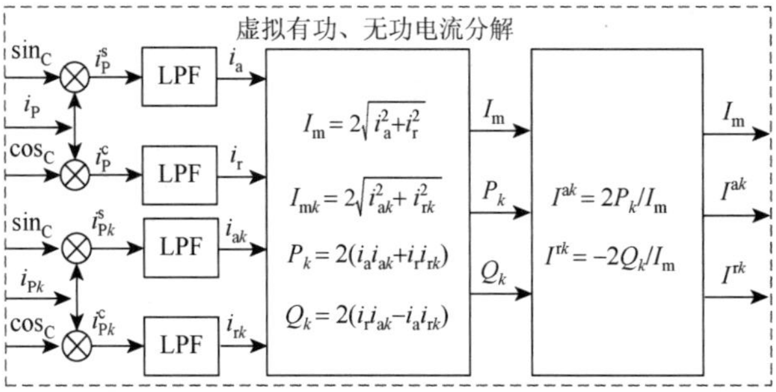

图 3.11　有功、无功电流分解方法

由图 3.12（a）可知，将发射线圈电流固定在实轴上，并以其为参考时，可将第 k 个和第 $k+1$ 个并联逆变单元之间的环流分解为虚拟有功和无功分量。为了消除该环流，需要控制各并联逆变单元之间环流的有功分量和无功分量等于零。由图 3.12（b）所示，控制目标就是使得各并联逆变单元有功分量相等，无功分量都等于零。因此，有功分量和无功分量的参考值可以表示为

$$\begin{cases} I^{ak*}=\dfrac{1}{n}\sum\limits_{j=1}^{n} I^{aj}=\dfrac{1}{n}I_m \\ I^{rk*}=0 \end{cases} \tag{3-2-1}$$

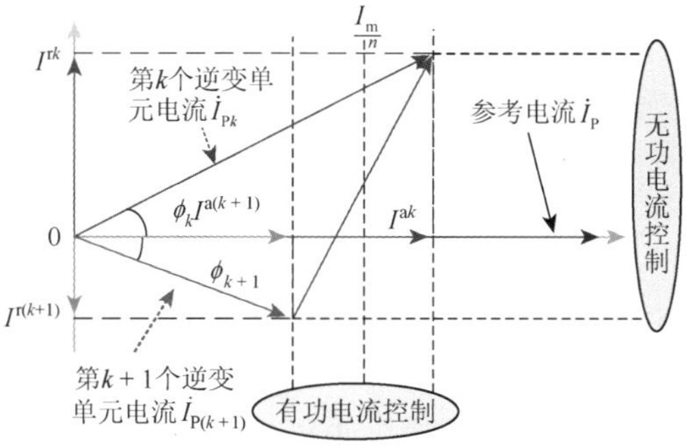

(a) 有功、无功电流控制示意图

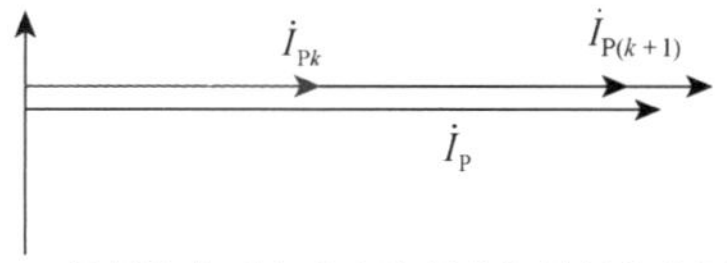

(b) 控制各并联支路电流最终相等的状态图

图 3.12　电流矢量图

图 3.13 所示的保护装置由两个场效应管反向串联再串接一个 LC 谐振电路构成，该保护装置串接在各并联逆变单元的输出端，起到了保护各并联逆变单元的作用，同时可以隔离各并联逆变单元之间的直流和高频电流分量。由于串接的是一个 LC 谐振电路，所以可以看成短路，而且串接的电感、电容的电阻值较小，损耗可以忽略。

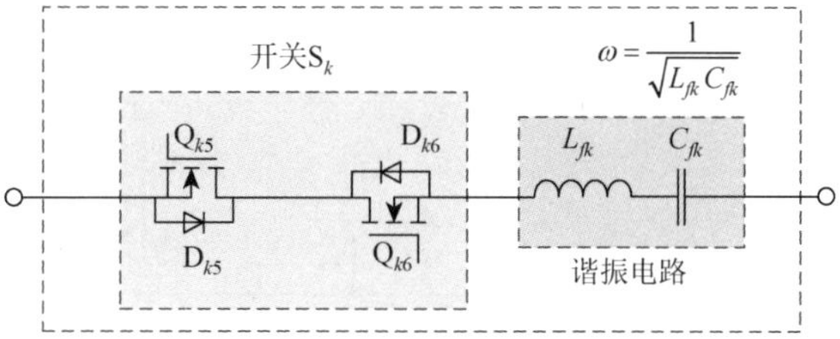

图 3.13　保护装置原理图

在无线电能传输系统正常稳定运行时，各并联支路反向串联的两个场效应管处于导通状态，Q_{k5} 和 Q_{k6} 都为高电平。如图 3.14 所示，由于流过反向串联场效应管的电流为交流

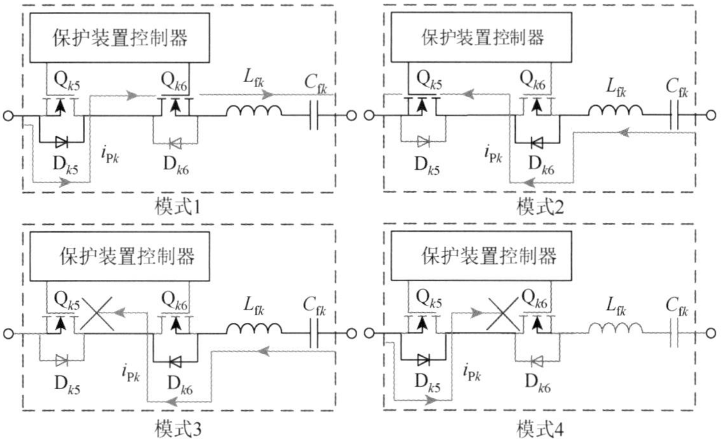

图 3.14　保护装置的工作模式

电，所以此时在一个开关周期内有模式 1 和模式 2 两个子模式。在模式 1 中，电流由 D_{k5} 流向 Q_{k6}，再流过串联谐振电路 L_{fk} 和 C_{fk}。在模式 2 中，电流流过串联谐振电路 L_{fk} 和 C_{fk}，再由 D_{k6} 流向 Q_{k5}。由于电流流过的路径是场效应管、二极管以及串联谐振电路，所有元件上的压降都很小，可以忽略不计，所以可以忽略保护装置的损耗。

3.2.3　环流消除控制方法

基于虚拟有功、无功分解方法的逆变器并联的无线电能传输系统控制框图如图 3.15 所示。控制器通过控制并联逆变器的输出电压的幅值和相位，就可以有效减小并联逆变单元之间的环流。图 3.15 所示的控制框图中有两个控制环，一个为有功电流环，另一个为无功电流环。其中，$K_r(s)$、$K_a(s)$和 $K_i(s)$分别为无功电流控制器、有功电流均分控制器以及发射线圈电流反馈控制器。上述所有的控制器为比例积分（proportional integral，PI）控制器或者是比例（proportional，P）控制器。每个并联逆变单元都安装一个故障检测模块，用以检测该并联逆变单元是否发生故障（如短路、断路等故障）。在正常运行状态下，故障检测模块向控制器发出 $a=1$ 的信号。当该并联逆变单元发生故障时，故障检测模块则向控制器发出 $a=0$ 的信号。在加入故障信号之后，有功电流的参考信号改为 $\sum_{j=1}^{n} I^{aj} \Big/ \sum_{j=1}^{n} a_j$ ，而无功电流的参考信号仍然为零，有效保证了系统的稳定运行，提高了系统的可靠性。

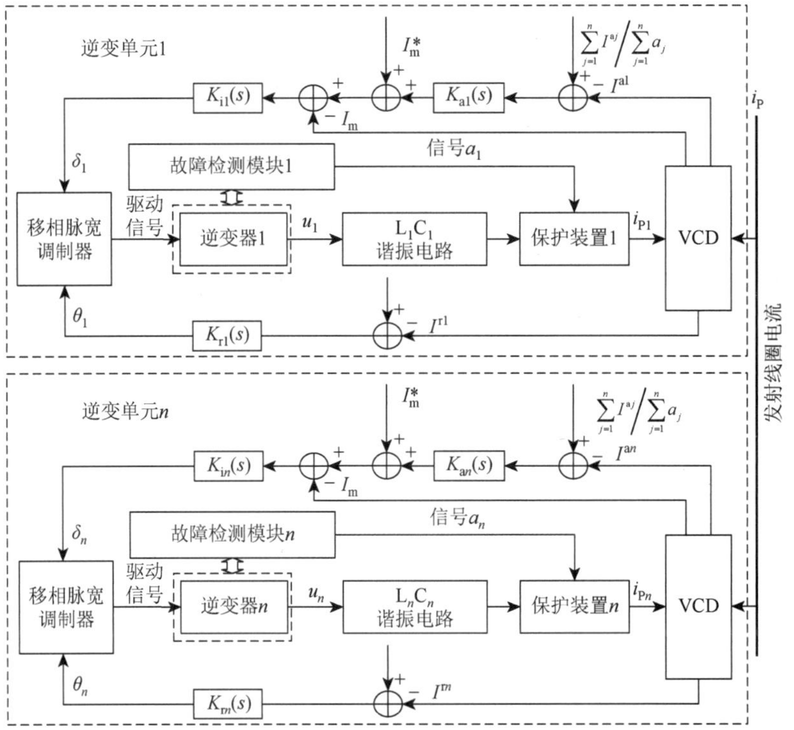

图 3.15　逆变器并联的无线电能传输系统控制框图

3.2.4 实验验证

为了验证上述提出的控制方法，搭建基于两个逆变单元并联的无线电能传输系统实验装置，如图3.16所示。控制器采用的是德州仪器公司的TMS320F28335型号的数字信号处理（digital signal processing，DSP）芯片。构成逆变器的场效应管的型号为IRF640N，且驱动芯片为CONCEPT公司的2SC0108T2A0-17，同时该驱动具有故障检测功能。接收电路的高频整流装置是由型号为DSEI2x61-02A的二极管构成的。在U形磁芯上，采用高品质的利兹线绕制耦合线圈。该线圈具有低损耗、重量轻的优点。根据轨道交通应用的需求，设计制作完成的线圈具有发射线圈大于接收线圈尺寸的特点，如图3.17所示，接收线圈可以完全在发射线圈产生的磁场范围内自由移动。其中，线圈自感和互感值是由安捷伦科技有限公司E4980A型号的LCR表测量获得的。

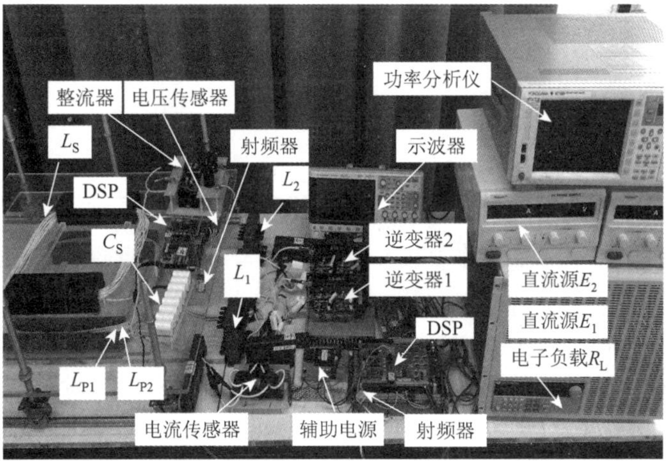

图3.16　无线电能传输系统实验装置

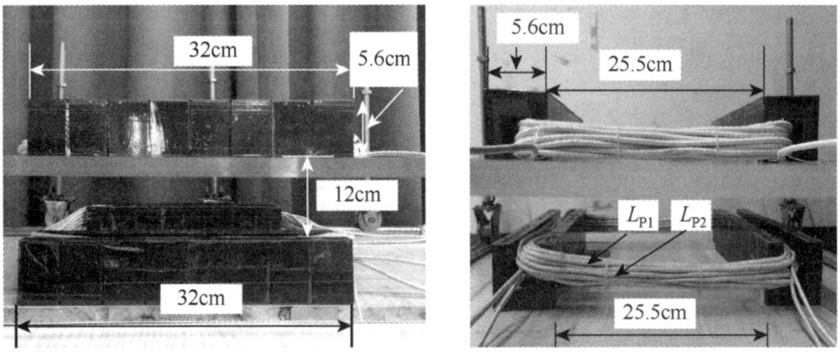

(a)　(b)

图3.17　采用利兹线制作的发射与接收线圈

在实验装置中，无线电能传输系统参数如表3.2所示。实验中假设各个并联逆变器的功率容量相同，采用巴特沃思（Butterworth）二阶低通滤波器且截止频率为 100Hz。

表 3.2　无线电能传输系统参数

参数	取值
逆变频率 f/kHz	20
谐振电感 L_f/μH	130.99
谐振电容 C_f/nF	498.75
全桥逆变单元 1 谐振电感 L_1/μH	131.7
全桥逆变单元 1 谐振电容 C_1/nF	503.96
全桥逆变单元 2 谐振电感 L_2/μH	124.55
全桥逆变单元 2 谐振电容 C_2/nF	503.19
接收线圈电感 L_P/μH	608.26
发射电路谐振补偿电容 C_P/nF	112.6
耦合线圈互感 M/μH	129.1
耦合线圈气隙距离 d/cm	5
接收线圈电感 L_S/μH	507.34
接收电路谐振补偿电容 C_S/nF	124.8
负载等效电阻 R_L/Ω	12

在实际的无线电能传输系统中，各个并联逆变单元之间的参数不可能完全相同，即使是高品质的电感，仍然存在 10%的容差，两个并联逆变单元的谐振电感之间有 10%的差异（$L_2 = 0.9L_1$）。此时，各个并联逆变单元的输入直流电压相等（$E_1 = E_2 = 120$V）。不加入任何控制，当系统达到稳态时，各个并联支路电流、发射线圈电流以及环流的 2 倍值如图 3.18 所示。可以看出，各个并联逆变单元输出的电流幅值和相位都不相等，环流和发射线圈的电流幅值分别为 1A 和 15A。因此，可以得出，当各并联逆变单元的谐振电感之间有差异时，并联逆变单元之间存在环流。

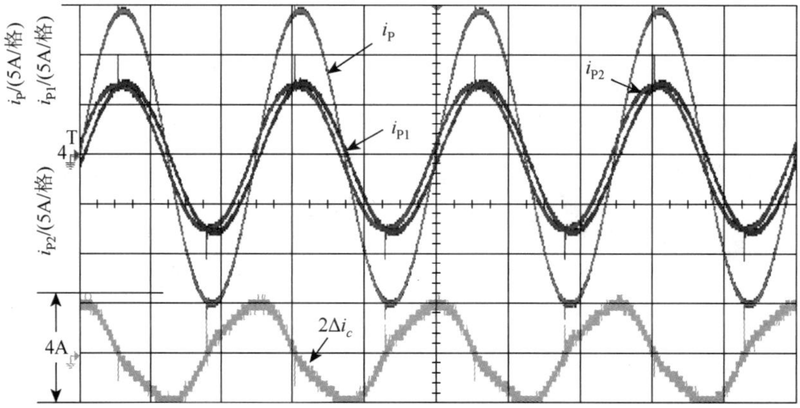

图 3.18　各并联逆变单元谐振电感不等以及不加入任何控制时的相关电流波形

为了消除环流的影响，在系统中加入所提出的环流消除控制方法，实验结果如图 3.19 所示。可以看出，当控制发射线圈电流为 15A 时，各并联支路电流可以得到有效均分，环流幅值减小到 0.125A。如图 3.20 所示，在实验功率为 2.8671kW 时，可以用 YOKOGAWA 公司 WT1800 型号的功率分析仪测出系统的输入功率，输出功率以及系统效率值分别为 P_4、P_5，P_6 和 $\eta = P_6/(P_4+P_5) = \dfrac{2.8671}{1.5323+1.5327} \approx 93.543\%$。

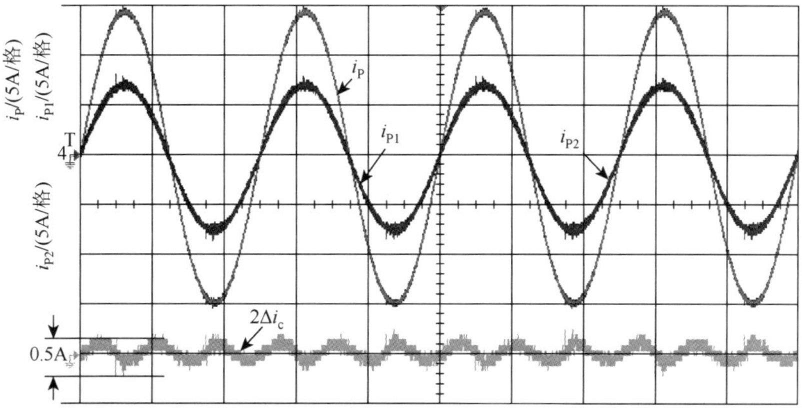

图 3.19　各并联逆变单元谐振电感不等以及加入环流消除控制时的相关电流波形

E_1	120.16V	E_P	185.10V
I_{P1}	12.752A	I_P	15.490A
P_4	1.5323kW	P_6	2.8671kW
E_2	120.14V	η	93.543%
I_{P2}	12.757A		
P_5	1.5327kW		

图 3.20　各并联逆变单元谐振电感不等，加入环流消除控制以及实验功率为 2.8671kW 时，输入、输出功率以及系统效率值

各并联逆变单元的输入电压源可以是多种多样的，如总线直流电压源、电池组以及光伏发电等。实际应用中，很难保证各直流电源幅值相等，因此考虑各输入直流电压不等是很有必要的。模拟实际中最恶劣的情况，即两个并联逆变单元的谐振电感之间有 10%的差异（$L_2 = 0.9L_1$），输入直流电压也存在 4%的差异（$E_1 = 115\text{V}$，$E_2 = 120\text{V}$）。在不加入任何控制系统达到稳态时，各并联支路电流、发射线圈电流以及环流的 2 倍值如图 3.21 所示。可以看出，各并联逆变单元输出电流幅值和相位都不相等，环流和发射线圈的电流幅值分别为 1.25A 和 15A。因此，可以得出，当各并联逆变单元的谐振电感以及输入直流电压之间有差异时，并联逆变单元之间存在环流。

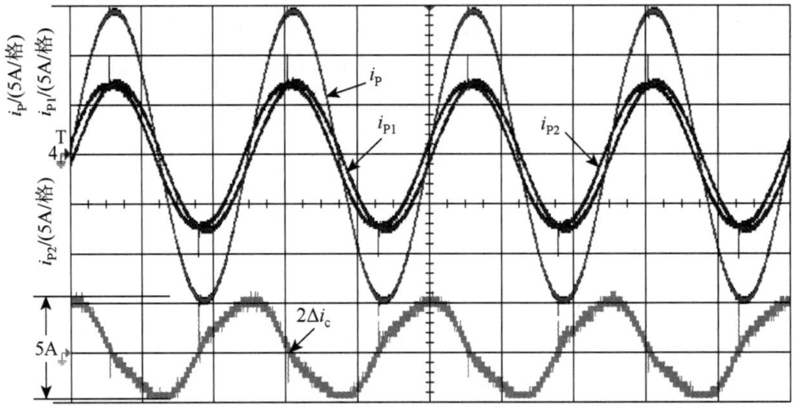

图 3.21　各并联逆变单元输入直流电压不等以及不加入任何控制时的相关电流波形

为了消除环流的影响，在系统中加入环流消除控制，实验结果如图 3.22 所示。可以看出，当控制发射线圈电流为 15A 时，各并联支路电流可以得到有效均分，环流幅值减小

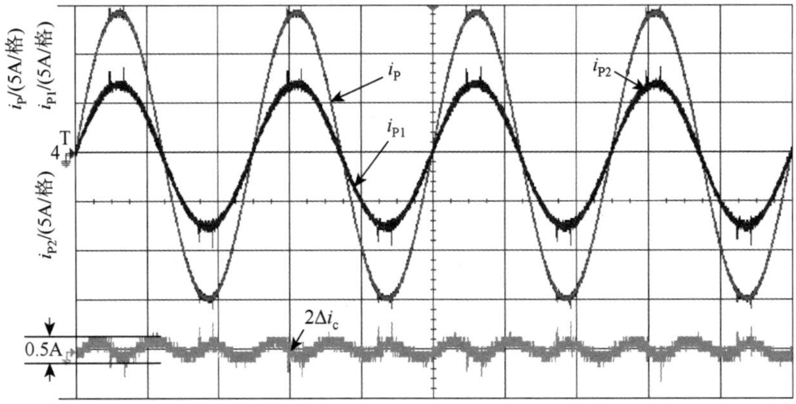

图 3.22　各并联逆变单元输入直流电压不等以及加入环流消除控制时的相关电流波形

到 0.125A。如图 3.23 所示，在实验功率为 2.8695kW 时，可以用 YOKOGAWA 公司 WT1800 型号的功率分析仪测出系统的输入功率，输出功率以及系统效率值分别为 P_4、P_5，P_6 和 $\eta = P_6/(P_4+P_5) = \dfrac{2.8695}{1.5363+1.5353} \times 100\% \approx 93.414\%$。而且，由图 3.23 可以看出，在加入环流消除控制之后，各直流源的输入功率也得到了有效均分，充分利用了各逆变器的容量。

E_1	115.16V	E_P	185.18V
I_{P1}	13.341A	I_P	15.496A
P_4	1.5363kW	P_6	2.8695kW
E_2	120.14V	η	93.414%
I_{P2}	12.780A		
P_5	1.5353kW		

图 3.23　各并联逆变单元输入直流电压不相等，加入环流消除控制以及实验功率为 2.8695kW 时，输入、输出功率以及系统效率值

对于实际的逆变器并联的无线电能传

输系统，需要验证系统故障时的运行性能。由图 3.24 可以看出，正常运行时，恒定控制发射线圈电流幅值为 12A。当逆变单元 1 发生故障时，保护装置工作，切除故障单元 1，此时并联逆变单元 1 不再提供功率。与此同时，并联逆变单元 2 输出功率增加，使得发射线圈电流幅值恢复到 12A，整个过程只需要 1.2ms 即可完成。由于此时只有一个逆变单元在工作，所以只有有功环起作用。即使在逆变单元 1 停止工作的情况下仍然能保证系统有稳定的功率输出，提高了系统的可靠性和稳定性。由于此时系统为带病工作状态，补偿拓扑不能使得系统完全谐振，系统效率降低到 85%，但是发射线圈电流保持在原有的工作水平。

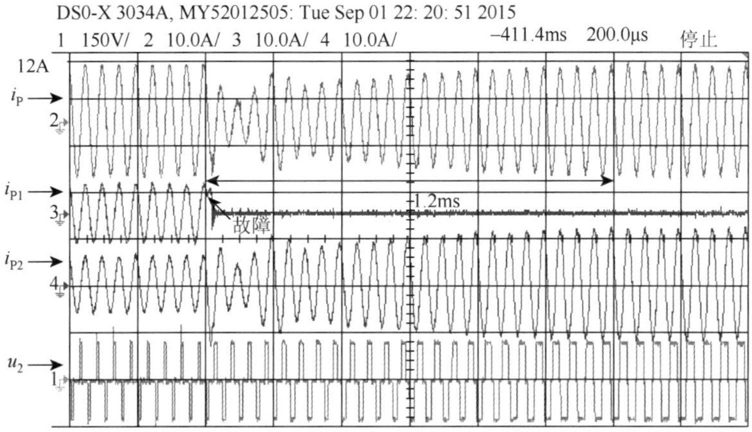

图 3.24　当并联逆变单元 1 出现故障时，系统相关电压电流的实验波形

3.3　基于多发射-单接收的功率提升技术

3.3.1　工作原理与结构设计

本节以多发射-单接收的无线电能传输系统为例进行研究，其示意图如图 3.25 所示。将结构相同的两个发射线圈并绕在 E 形铁氧体磁芯上，各发射线圈分别配置一个独立的

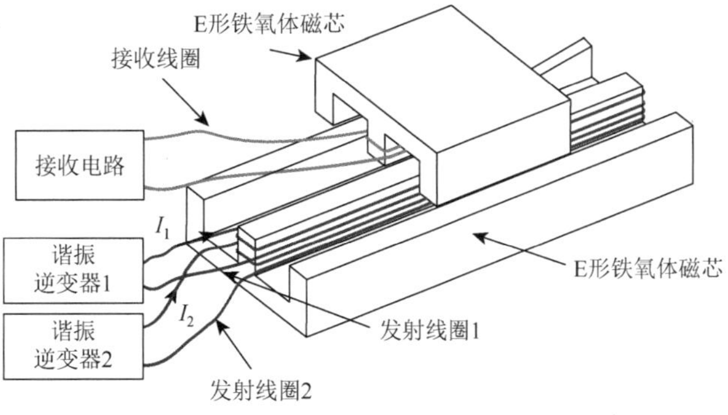

图 3.25　双发射-单接收的无线电能传输系统结构示意图

高频谐振逆变器。接收线圈绕制在另一个 E 形铁氧体磁芯上，接收电路与接收线圈相连。在实际的轨道交通等移动供电应用中，接收线圈长度往往小于发射线圈的长度[16]。各发射侧谐振逆变器的主要功能是将直流电转变为高频交流电供给相应的发射线圈，各发射线圈产生交变磁场，合成的磁场在接收线圈中感应出同频的交变电压，再经过接收电路整流后得到平稳的直流电，供给负载，即实现能量的多通道传输。

图 3.26 为基于双发射-单接收的无线电能传输系统原理图。双发射变换器采用输入端共接同一直流电压（E）的高频逆变器，其中，u_1 和 u_2 为高频逆变器输出电压，i_1、i_2 和 i_S 分别为双发射侧、接收侧的电流，L_1、L_2、L_S、C_1、C_2 和 C_S 分别为双发射侧、接收侧的线圈电感值和补偿电容值，M_{1S}、M_{2S} 和 M_{12} 为发射线圈 1 和发射线圈 2 分别与接收线圈的互感以及双发射线圈之间的互感。

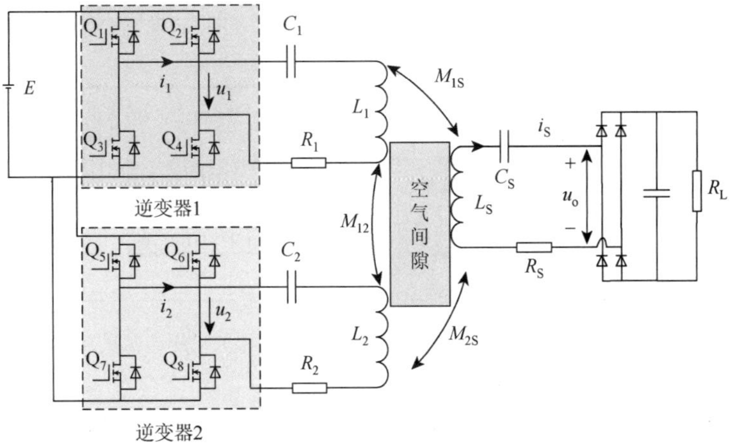

图 3.26　双发射-单接收的无线电能传输系统原理图

为简化分析，忽略器件容差，驱动电路延时，令两逆变单元的驱动信号相同，采用移相控制方法调节各逆变器的输出电压，各逆变器输出电压波形完全一致，且其脉宽角为 $2\theta_L$。以各逆变单元输出电压作为参考信号，得到逆变单元输出电压基波相量（故其虚部为零，只含有实部）为

$$\dot{U}_1 = \dot{U}_2 = \frac{2\sqrt{2}E\sin\theta_L}{\pi} \tag{3-3-1}$$

为使逆变器工作在谐振状态且输出全为有功功率，需在各发射电路中增加额外电容补偿双发射线圈间的互感，所加电容值分别为 C_{e1} 和 C_{e2}，如图 3.27 所示。

令 $jX_1 = (j\omega C_{e1})^{-1}$ 和 $jX_2 = (j\omega C_{e2})^{-1}$，此时，发射侧和接收侧的总阻抗变为

$$\begin{bmatrix} Z_1' \\ Z_2' \end{bmatrix} = j\omega \begin{bmatrix} L_1 \\ L_2 \end{bmatrix} + \frac{1}{j\omega}\begin{bmatrix} 1/C_1 \\ 1/C_2 \end{bmatrix} + \frac{1}{j\omega}\begin{bmatrix} 1/C_{e1} \\ 1/C_{e2} \end{bmatrix} + \begin{bmatrix} R_1 \\ R_2 \end{bmatrix} = \begin{bmatrix} jX_1 \\ jX_2 \end{bmatrix} + \begin{bmatrix} R_1 \\ R_2 \end{bmatrix} \tag{3-3-2}$$

为了便于分析，特进行如下定义：

$$\begin{cases} A=\omega^2\pi^2 M_{1S}(X_1+X_2-2\omega M_{12}) \\ B=X_1X_2-\omega^2 M_{12}^2 \end{cases} \tag{3-3-3}$$

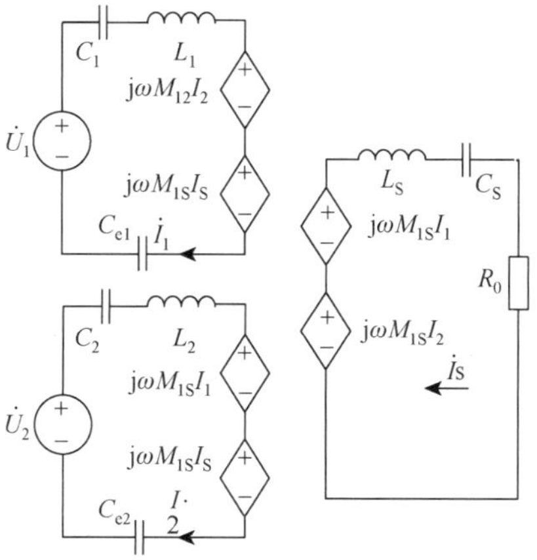

图 3.27　加入补偿电容后系统等效电路图

由式（3-3-3）可得，此时两发射线圈中电流相量可表示为

$$\begin{bmatrix} \dot{I}_1' \\ \dot{I}_2' \end{bmatrix}=\frac{\mathrm{j}16\sqrt{2}ER_L\sin\theta_L}{\pi[8R_L(\omega^2 M_{1S}{}^2-X_1X_2)+\mathrm{j}A]}\begin{bmatrix} X_2-\omega M_{12} \\ X_1-\omega M_{12} \end{bmatrix} \tag{3-3-4}$$

故逆变单元 1 的等效阻抗 Z_1'、逆变单元 2 的等效阻抗 Z_2' 可表示为

$$\begin{bmatrix} Z_1' \\ Z_2' \end{bmatrix}=A\begin{bmatrix} \dfrac{1}{8X_2R_L-8\omega R_L M_{12}} \\ \dfrac{1}{8X_1R_L-8\omega R_L M_{12}} \end{bmatrix}+\mathrm{j}B\begin{bmatrix} \dfrac{1}{X_2-\omega M_{12}} \\ \dfrac{1}{X_1-\omega M_{12}} \end{bmatrix} \tag{3-3-5}$$

为使各逆变单元工作在谐振状态，输出全为有功功率，需令 Z_1' 和 Z_2' 为纯阻性。同时，为使两逆变器的输出功率等级能灵活配置，即逆变单元 2 的输出功率为逆变单元 1 的 λ 倍，由于各逆变器的输出电压相等，即其基波有效值相等，故有 Re（Z_1'）$=\lambda$Re（Z_2'），其中 Re（·）表示取实部运算，即有

$$\begin{cases} B=0 \\ \dfrac{A}{8X_2R_L-8\omega R_L M_{12}}=\lambda\cdot\dfrac{A}{8X_1R_L-8\omega R_L M_{12}} \end{cases} \tag{3-3-6}$$

求解式（3-3-6）可得

$$\begin{bmatrix} X_1 \\ X_2 \end{bmatrix}=-\omega M_{12}\begin{bmatrix} \lambda \\ 1/\lambda \end{bmatrix} \tag{3-3-7}$$

故选取的额外补偿电容值为

$$\begin{bmatrix} C_{e1} \\ C_{e2} \end{bmatrix}=\frac{1}{\omega^2 M_{12}}\begin{bmatrix} 1/\lambda \\ \lambda \end{bmatrix} \tag{3-3-8}$$

此时，各逆变器的等效阻抗为

$$\begin{bmatrix} Z_1'' \\ Z_2'' \end{bmatrix} = \frac{\pi^2\omega^2 M_{1S}^2(\lambda+1)}{8R_L}\begin{bmatrix} 1 \\ 1/\lambda \end{bmatrix} \tag{3-3-9}$$

两发射线圈中的电流相量为

$$\dot{I}_2'' = \lambda \dot{I}_1'' = \frac{\lambda}{(\lambda+1)} \cdot \frac{16\sqrt{2}ER_L \sin\theta_L}{\pi^3\omega^2 M_{1S}^2} \tag{3-3-10}$$

两逆变器的输出功率为

$$\begin{bmatrix} P_1 \\ P_2 \end{bmatrix} = \begin{bmatrix} \mathrm{Re}[\dot{U}_1 \cdot (\dot{I}_1'')^*] \\ \mathrm{Re}[\dot{U}_2 \cdot (\dot{I}_2'')^*] \end{bmatrix} = \frac{64E^2 R_L \sin^2\theta_L}{\pi^4\omega^2 M_{1S}^2(\lambda+1)}\begin{bmatrix} 1 \\ \lambda \end{bmatrix} \tag{3-3-11}$$

式中，$(\cdot)^*$表示取共轭运算，故发射电路输出总的有功功率为

$$P = P_1 + P_2 = \frac{64E^2 R_L \sin^2\theta_L}{\pi^4\omega^2 M_{1S}^2} \tag{3-3-12}$$

由式（3-3-12）可以看出，在负载、谐振频率、互感和移相角不变的情况下，逆变单元 2 输出的有功功率为逆变单元 1 输出的有功功率的 λ 倍，因此选取合适的 C_{e1} 与 C_{e2} 值能有效分配逆变器的输出功率。由式（3-3-12）可知，在负载、谐振频率、互感和直流母线电压一定时，通过改变移相角的大小，能改变逆变器的输出总功率。实现了双发射-单接收的无线电能传输系统输出功率的连续调节。发射侧电路输出的总功率是两逆变器输出功率之和，因此选取双发射线圈并绕的方案，能够有效增加无线电能传输系统发射侧的发射功率，降低了单个逆变器中功率开关器件的容量与成本。

为减小两发射线圈间互感的影响，需在两发射电路中增加额外的补偿电容，选取合适的电容值，不仅能保证各逆变器工作在谐振状态，输出功率全为有功功率，还能通过选取合适的 λ 来有效分配各逆变器的输出功率。值得注意的是，无论 λ 选取为何值，发射电路输出的总功率保持不变。

根据式（3-3-10）可得

$$I_P = I_1 + I_2 = \frac{16\sqrt{2}ER_L \sin\theta_L}{\pi^3\omega^2 M_{1S}^2} \tag{3-3-13}$$

$$\begin{bmatrix} I_1 \\ I_2 \end{bmatrix} = \begin{bmatrix} 1 \\ \lambda \end{bmatrix}\frac{I_P}{\lambda+1} = \begin{bmatrix} 1 \\ \lambda \end{bmatrix}\frac{16\sqrt{2}ER_L \sin\theta_L}{\pi^3\omega^2 M_{1S}^2(\lambda+1)} \tag{3-3-14}$$

因此，本节所述的双发射-单接收无线电能传输系统的功率开关器件的电流应力是传统无线电能传输系统的 $1/(1+\lambda)$或 $\lambda/(1+\lambda)$。

3.3.2　线圈电流控制方法

接收线圈的接收电压正比于发射线圈的总电流，为了简化接收回路的控制过程，对发

射侧发射线圈总电流进行恒流控制。电流控制框图如图 3.28 所示，控制器获取发射线圈的合成电流，反馈给发射侧恒流控制逆变器，控制器输出脉宽角 θ_L 给脉冲产生器，产生控制脉冲来驱动对应的逆变器，进而调整线圈总电流 $i_{sum} = i_1 + i_2$。

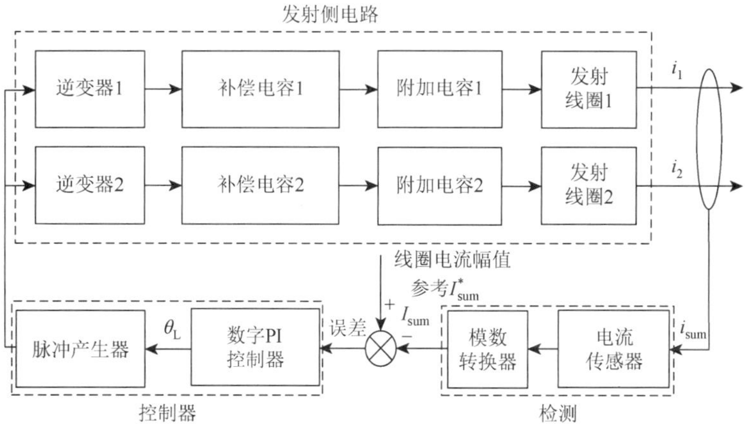

图 3.28　电流控制框图

3.3.3　实验验证

采用表 3.3 所示的电路参数，按照图 3.26 的结构搭建基于双发射-单接收的无线电能传输系统，控制系统以 TMS320F28335 作为控制核心，功率开关器件选择型号为 IRF3710，采用高频利兹线绕制在 E 形磁芯上构成发射与接收线圈，发射与接收线圈间的距离为 50mm，实验装置如图 3.29 所示。实验过程中，该无线电能传输系统的最大输出功率约为 1.4kW。

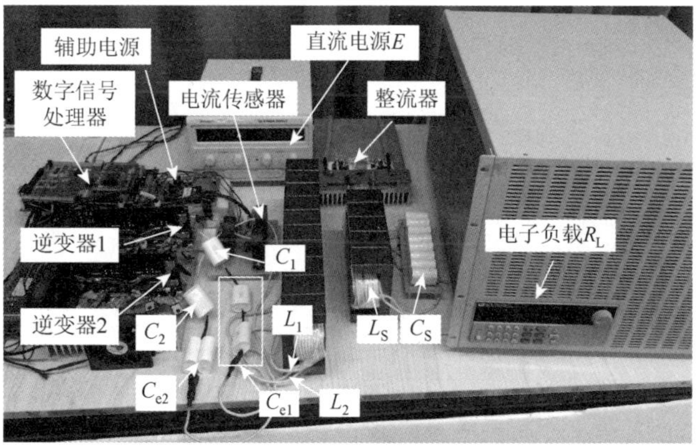

图 3.29　实验装置

当两逆变单元的额定容量相等时，可选取 $\lambda = 1$，此时两逆变器的输出功率相等，根据式（3-3-8）可计算得到额外补偿电容值为 $C_{e1} = C_{e2} = 1.04\mu F$。当两逆变单元的额定容量不相等时，可选取合适的 λ 值调节两逆变单元的输出功率比，使得各逆变器均能工作在额定功率下。本节以 $\lambda = 2$ 为例进行实验分析，此时两逆变器输出功率比为 1∶2，根据式（3-3-8）可得额外补偿电容值为 $C_{e1} = 0.52\mu F$、$C_{e2} = 2.08\mu F$。

表 3.3　电路参数

参数	取值
H 桥逆变器单元的直流输入电压 E/V	70
逆变器频率 f/kHz	20
发射线圈 1 的自感 L_1/μH	63
发射线圈 2 的自感 L_2/μH	63
发射线圈 1 的谐振补偿电容 C_1/μF	1.0
发射线圈 2 的谐振补偿电容 C_2/μF	1.0
发射线圈之间的互感 M_{12}/μH	60.73
发射线圈和接收线圈的互感 M_{1S}/μH	24.5
接收线圈的电感 L_S/μH	36.2
接收电路的谐振补偿电容 C_S/μF	1.749
负载的等效电阻 R_L/Ω	3.5

如图 3.30 所示，电压 u_1、u_2，电流 i_1、i_2 分别是两个全桥逆变器的输出电压、电流，i_{sum} 表示两个逆变器电流之和。图 3.30（a）、图 3.30（b）为 $\lambda = 1$、$\theta_L = \pi/2$ 或 $\theta_L = \pi/3$ 时，发射电路的电压、电流波形，两逆变器输出的电压和电流完全一致，且逆变器输出电压与发射线圈电流同相。图 3.30（c）为 $\lambda = 2$、$\theta_L = \pi/2$ 时，发射电路的电压、电流波形，逆变器输出电压与发射线圈电流同相，但逆变器输出电流 i_1 是 i_2 的 2 倍。表 3.4 中，P_1 与 P_2 是两逆变器的输出功率，P_o 是负载总功率。

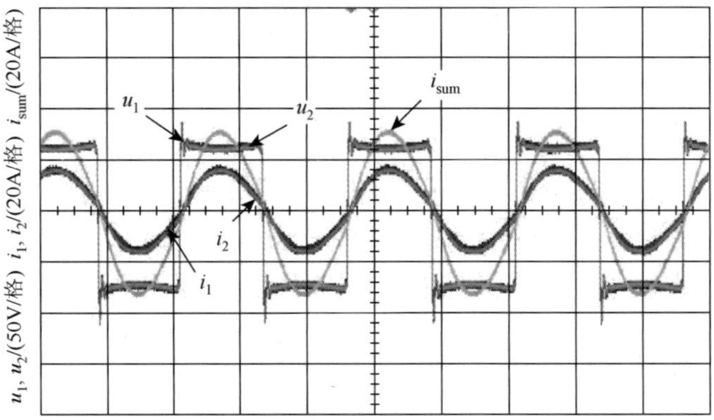

(a) $\lambda = 1, \theta_L = \pi/2$

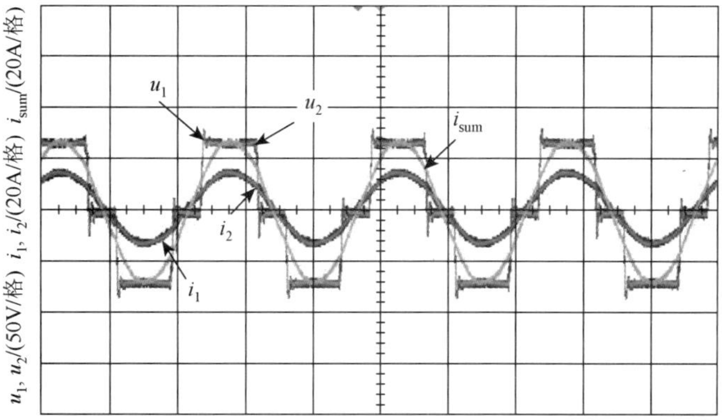

(b) $\lambda = 1, \theta_L = \pi/3$

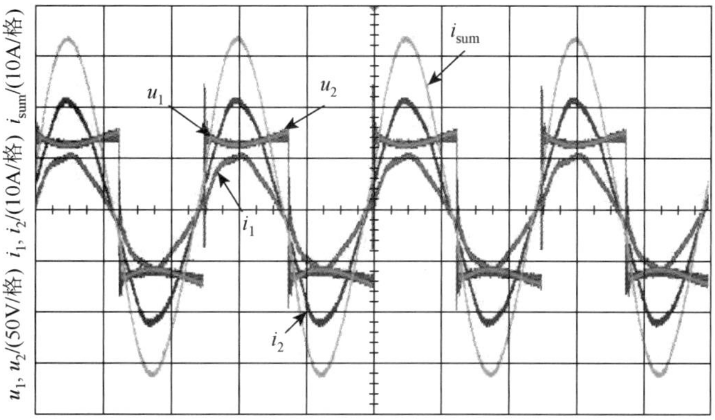

(c) $\lambda = 2, \theta_L = \pi/2$

图 3.30　逆变器输出电压电流波形

表 3.4　不同工况下的系统特性

工况	λ	θ_L/rad	P_1/W	P_2/W	P_o/W	η/%
A	1	π/2	706.91	703.87	1253.2	88.8
B	1	π/3	528.07	527.46	890.03	84.3
C	2	π/2	470.26	939.47	1249.0	88.6

A 工况与 C 工况的输出功率基本相同，但 A 工况下两逆变器输出功率基本相等，C 工况下逆变单元 2 的输出功率约是逆变单元 1 的 2 倍。结果证明了通过本章所提方法，可以有效实现逆变器功率的分配。由图 3.31 可得，系统效率随逆变器脉宽角的减小而降低。

本章测试了多组脉宽条件以及逆变器工作在 $\lambda = 1$ 或 $\lambda = 2$ 工况下，各逆变器输出功率、逆变器总输出功率、负载总功率的实验数据，如图 3.32 所示。可以看出，通过调整逆变器输出脉宽角 θ_L，可实现系统输出功率大范围的调节。

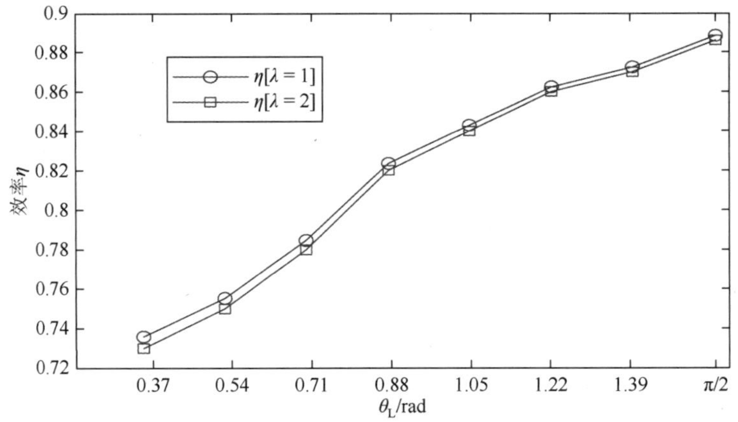

图 3.31　效率与逆变器输出脉宽角 θ_L 的关系

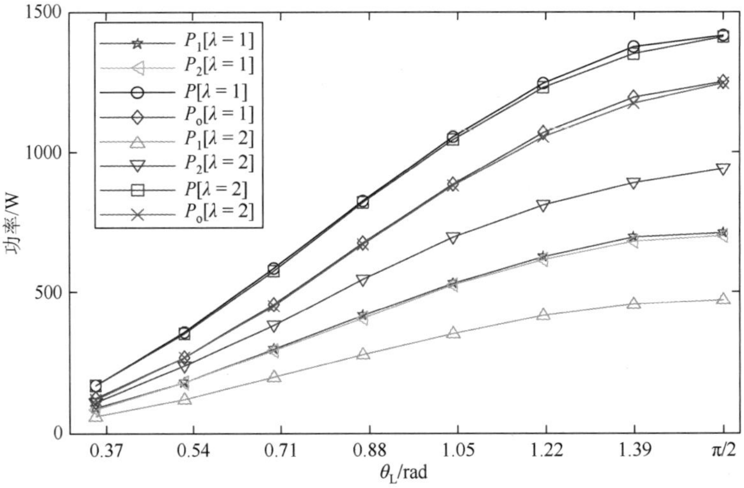

图 3.32　输出功率与逆变器输出脉宽角 θ_L 之间的关系曲线

3.4　基于双发射-双接收的功率提升及解耦技术研究

多发射-单接收的无线电能传输系统能有效增强发射端的磁场强度，降低线圈上的电压应力，此外系统对于发射端故障具备一定的冗余能力，但其本质上的能量通道为 n-1（多对单通道）传输，接收线圈上存在较大的电压应力，若能实现能量 n-n（多对多通道）的多通道传输，则能在很大程度上提高无线电能传输系统能量传输功率等级，降低接收线圈上的电压应力[17]。多发射-多接收结构为一个有效的 n-n 能量传输结构，然而多发射线圈-多接收线圈的无线电能传输耦合关系复杂，因此有必要详细分析系统的数学模型，设计并实现大功率无线电能传输的能量传输。

3.4.1 双发射-双接收电磁耦合机构

在一些实际应用场合，如电动汽车或轨道车辆受车辆底盘可用空间的限制，没有足够的空间安装一个大接收线圈。而接收线圈太小将会导致其与发射线圈的耦合系数降低，减小能量传输的密度[18]。因此，本节提出一种多接收线圈的结构，通过多个小接收线圈来提高能量传输的功率等级。同样，以双发射-双接收的线圈结构为例进行研究，其特点在于：双发射线圈共用一个磁芯产生增强的磁场环境，两个小接收线圈放置于发射线圈正上方用以接收磁场能量[19]。

图 3.33 为双发射-双接收耦合机构示意图，两发射线圈相互重叠缠绕在同一磁芯，两接收线圈缠绕于两个不同的磁芯，放置在发射线圈的顶部接收磁场能量。实际应用中，发射线圈安装在地面上，接收线圈安装在车辆底盘下。发射端磁场是由发射线圈 1（Tx1）以及发射线圈 2（Tx2）的磁场合成得到的，因此双发射线圈并绕的发射端结构可以有效地增强磁场强度。此外，U 形磁芯可以有效约束磁感线，减少线圈漏磁，增强发射线圈与接收线圈之间的互感，结合具体应用场合也可以选用 E 形磁芯或 I 形磁芯结构。

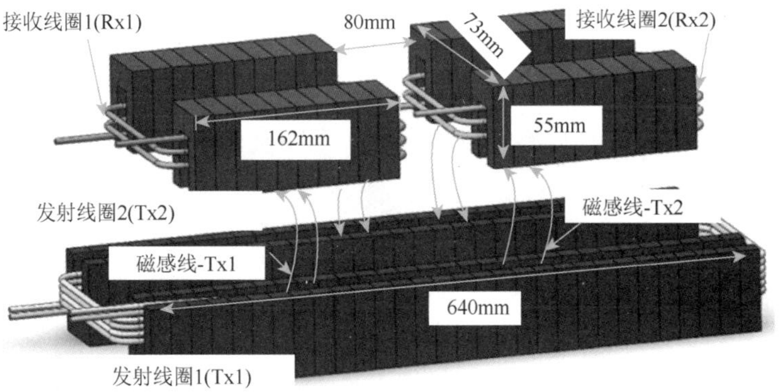

图 3.33　双发射-双接收耦合机构示意图

图 3.33 所示的发射线圈与接收线圈之间存在相互耦合关系，发射线圈 1 可以同时为两接收线圈传递能量，同理，发射线圈 2 也可以同时为两接收线圈传递能量。因此，本章提出的耦合机构为 2-2（两对两通道）的多通道能量传输，一共具有 4 个能量传输通道。

对于耦合结构设计，有如下三点假设：

（1）两发射线圈按同一形状绕制相同匝数，理论设计的两发射线圈结构完全相同。

（2）两接收线圈的设计结构完全一致，设计的接收线圈尺寸相对于发射线圈尺寸偏小，接收线圈结构可以在发射线圈的磁场范围内自由移动。

（3）双发射-双接收的耦合机构参数由有限元磁场分析软件 ANSYS Maxwell 设计得到（发射线圈长×宽＝640mm×73mm；发射线圈匝数＝7 匝；接收线圈长×宽＝162mm×73mm；接收线圈匝数＝16 匝；接收线圈间隔距离＝80mm；气隙间距＝70mm）。

双发射-双接收的耦合机构中存在线圈自感（L_{t1}，L_{t2}，L_{r1}，L_{r2}）、线圈同侧耦合互感

(M_t, M_r) 及交叉耦合互感 M_{tirj}。其中，M_{tirj} 表示发射线圈#i (i = 1，2) 与接收线圈#j (j = 1，2) 的互感值，M_t 表示两发射线圈之间的互感值，M_r 表示两接收线圈之间的互感值，L_{t1}、L_{t2}、L_{r1}、L_{r2} 分别表示发射线圈 1、发射线圈 2、接收线圈 1、接收线圈 2 的自感值。图 3.34 为发射线圈、接收线圈的互感示意图，需要注意的是，实际设计中，两发射线圈是重叠绕制在同一磁芯上的，不存在气隙距离，而示意图中发射线圈的图示仅是为了方便标记两发射线圈之间的互感值。

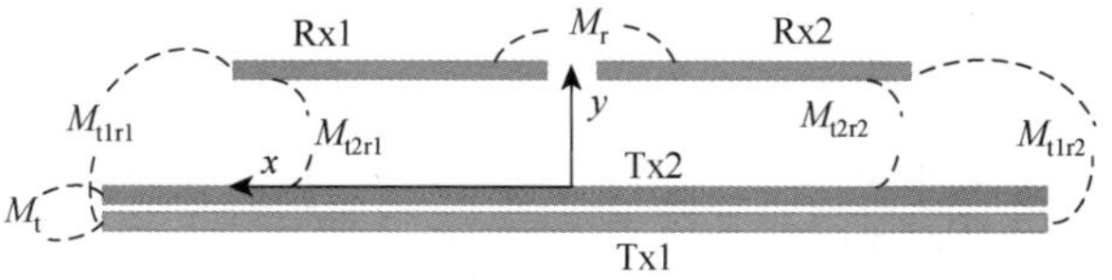

图 3.34　发射线圈、接收线圈的互感示意图

3.4.2　双发射-双接收的无线电能传输系统研究

双发射-双接收无线电能传输系统电路模型如图 3.35 所示，发射侧与接收侧均采用串联补偿结构，C_{t1}、C_{t2}、C_{r1}、C_{r2} 分别为发射线圈与接收线圈的串联补偿电容，R_{t1}、R_{t2}、R_{r1}、R_{r2} 分别为发射线圈与接收线圈的寄生电阻。R_{L1}、R_{L2} 分别为整流器 1、整流器 2 的等效电阻。以下采取基波近似的方法，在稳态条件下对无线电能传输系统进行研究分析。

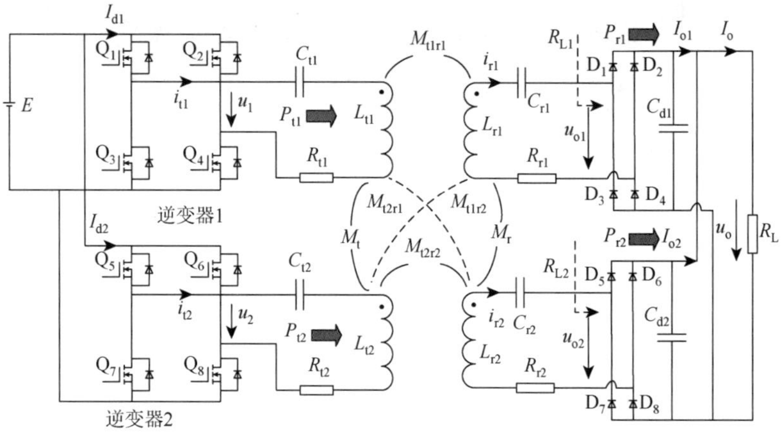

图 3.35　双发射-双接收无线电能传输系统电路模型

根据互感耦合原理，利用基尔霍夫电压定律可得

$$\begin{bmatrix} \dot{U}_1 \\ \dot{U}_2 \\ 0 \\ 0 \end{bmatrix} = \begin{bmatrix} Z_{t1} & j\omega M_t & -j\omega M_{t1r1} & -j\omega M_{t1r2} \\ j\omega M_t & Z_{t2} & -j\omega M_{t1r1} & -j\omega M_{t1r2} \\ j\omega M_{t1r1} & j\omega M_{t1r2} & -Z_{r1} & -j\omega M_r \\ j\omega M_{t1r1} & j\omega M_{t2r2} & -j\omega M_r & -Z_{r2} \end{bmatrix} \begin{bmatrix} \dot{I}_{t1} \\ \dot{I}_{t2} \\ \dot{I}_{r1} \\ \dot{I}_{r2} \end{bmatrix} \tag{3-4-1}$$

其中，

$$\begin{cases} Z_{t1} = j\omega L_{t1} + \dfrac{1}{j\omega C_{t1}} + R_{t1} \\ Z_{t2} = j\omega L_{t2} + \dfrac{1}{j\omega C_{t2}} + R_{t2} \\ Z_{r1} = j\omega L_{r1} + \dfrac{1}{j\omega C_{r1}} + R_{r1} + R_{L1} \\ Z_{r2} = j\omega L_{r2} + \dfrac{1}{j\omega C_{r2}} + R_{r2} + R_{L2} \end{cases} \tag{3-4-2}$$

发射线圈与接收线圈的自感分别与串联补偿电容 C_{t1}、C_{t2}、C_{r1}、C_{r2} 谐振。

$$\begin{cases} j\omega L_{ri} + \dfrac{1}{j\omega C_{ri}} = 0 \\ j\omega L_{ti} + \dfrac{1}{j\omega C_{ti}} = 0 \end{cases}, \ i = 1,2 \tag{3-4-3}$$

按照前面的分析，两发射线圈、两接收线圈的设计是完全相同的，有限元软件分析结果显示，交叉耦合互感几乎相等，为简化分析，令 $M_{t1r1} = M_{t1r2} = M_{t2r1} = M_{t2r2} = M$，$R_{t1} = R_{t2} = R_t$，$R_{r1} = R_{r2} = R_r$。两并联整流器的等效电阻为

$$R_{L1} = R_{L2} = \frac{16}{\pi^2} R_L = R_o \tag{3-4-4}$$

可得

$$\begin{cases} \dot{I}_{t1} = \dot{I}_{t2} = \left(\dfrac{M_r}{2M} - j\dfrac{R_o + R_r}{2\omega M} \right) \dot{I}_{r1} = \left(\dfrac{M_r}{2M} - j\dfrac{R_o + R_r}{2\omega M} \right) \dot{I}_{r2} \\ \dot{U}_1 = \left[R_t + \dfrac{4\omega^2 M^2 (R_o + R_r)}{\omega^2 M^2 + (R_o + R_r)^2} + j\dfrac{\omega^3 M^2 (M_t - M_r) + \omega M_t (R_o + R_r)^2}{\omega^2 M^2 + (R_o + R_r)^2} \right] \dot{I}_{t1} \end{cases} \tag{3-4-5}$$

接收线圈接收的有功功率与逆变器输出的有功功率为

$$\begin{cases} P_{r1} = P_{r2} = \left| \dot{I}_{r1} \right|^2 R_o = \left| \dot{I}_{r2} \right|^2 R_o \\ P_{t1} = P_{t2} = \mathrm{Re}\left(\dot{U}_1 \dot{I}_{t1}^{\ *} \right) = \mathrm{Re}\left(\dot{U}_2 \dot{I}_{t2}^{\ *} \right) \end{cases} \tag{3-4-6}$$

式中，Re（*）表示复数中的实数部分。可求得系统传输效率表达式为

$$\eta = \frac{P_{r1} + P_{r2}}{P_{t1} + P_{t2}} = \frac{4\omega^2 M^2 R_o}{(R_o + R_r)(4\omega^2 M^2 + R_o R_t + R_t R_r) + R_t \omega^2 M_r^{\ 2}} \tag{3-4-7}$$

由式（3-4-7）可得，接收线圈同侧耦合互感 M_r 作为系统传输效率表达式中的分母部分，其值越大，系统传输效率越低。因此，为提高系统传输效率，需抑制接收线圈同侧耦

合互感 M_r。值得注意的是，系统的损耗包括逆变器损耗以及整流器损耗，因此实际测得的传输效率比理论分析式（3-4-7）的计算结果更低。

3.4.3　接入解耦变压器的电路建模

同侧耦合互感不仅增加系统的无功功率，而且降低系统的传输效率。为了消除同侧耦合互感带来的不利影响，本章在发射侧与接收侧各接入一个解耦变压器，利用解耦变压器产生相反的感应电压抵消同侧耦合互感产生的感应电压。如图 3.36 所示，解耦变压器 T_1（一次侧自感 L_{P1}、二次侧自感 L_{P2}）分别与发射线圈 1、发射线圈 2 串联，设计解耦变压器 T_1 的互感 M_P 与发射线圈同侧耦合互感 M_t 相等；解耦变压器 T_2（一次侧自感 L_{S1}、二次侧自感 L_{S2}）分别与接收线圈 1、接收线圈 2 串联，设计解耦变压器 T_2 的互感 M_S 与接收线圈同侧耦合互感 M_r 相等。

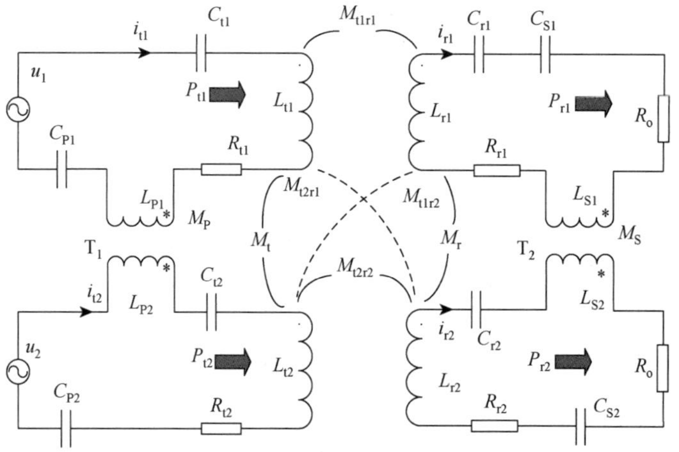

图 3.36　接入解耦变压器的双发射-双接收无线电能传输系统电路模型

解耦变压器的自感需要使用附加电容补偿，附加电容应满足

$$\omega=\frac{1}{\sqrt{L_{P1}C_{P1}}}=\frac{1}{\sqrt{L_{P2}C_{P2}}}=\frac{1}{\sqrt{L_{S1}C_{S1}}}=\frac{1}{\sqrt{L_{S2}C_{S2}}} \tag{3-4-8}$$

电流和电压之间的关系可以重写为

$$\begin{bmatrix}\dot{U}_1\\ \dot{U}_2\\ 0\\ 0\end{bmatrix}=\begin{bmatrix}Z_{t1} & j\omega(M_{t1t2}-M_P) & -j\omega M_{t1r1} & -j\omega M_{t1r2}\\ j\omega(M_{t1t2}-M_P) & Z_{t2} & -j\omega M_{t2r1} & -j\omega M_{t2r2}\\ j\omega M_{t1r1} & j\omega M_{t2r1} & -Z_{r1} & -j\omega(M_{r1r2}-M_S)\\ j\omega M_{t1r2} & j\omega M_{t2r2} & -j\omega(M_{r1r2}-M_P) & -Z_{r2}\end{bmatrix}\begin{bmatrix}\dot{I}_{t1}\\ \dot{I}_{t2}\\ \dot{I}_{r1}\\ \dot{I}_{r2}\end{bmatrix} \tag{3-4-9}$$

可得

$$\begin{cases} \dot{I}_{t1}=\dot{I}_{t2}=-j\dfrac{R_o+R_r}{2\omega M}\dot{I}_{r1}=-j\dfrac{R_o+R_r}{2\omega M}\dot{I}_{r2} \\ \dot{U}_1=\dot{U}_2=\left[R_t+\dfrac{4\omega^2M^2(R_o+R_r)}{\omega^2M^2+(R_o+R_r)^2}\right]\dot{I}_{r1} \end{cases} \tag{3-4-10}$$

逆变器在谐振条件下工作，逆变器仅向负载提供有功功率，则接入解耦变压器的系统传输效率为

$$\eta=\frac{P_{r1}+P_{r2}}{P_{t1}+P_{t2}}=\frac{4\omega^2M^2R_o}{(R_o+R_r)(4\omega^2M^2+R_oR_t+R_tR_r)} \tag{3-4-11}$$

通过在接收侧接入解耦变压器可以提高系统传输效率，并且简化功率传输特性的分析，使系统设计和控制更为方便。

3.4.4　系统控制框方法

一般而言在常见的应用中，接收侧为负载供电的输出电压应该是恒定的。对于所提出的无线电能传输系统，为了将负载的输出电压调节到其设计的参考值，设计一个线性反馈控制器，如图 3.37 所示。负载的输出电压由电压传感器检测，电压数据由 DSP 处理后采用无线信号通信模块（NRF24L01）将测得的负载输出电压（u_o）发送给主控制器进行闭环控制。主控制器可以是 PI 或 P 控制器等形式。在本节中，采用数字 PI 控制器来控制输出电压（u_o），控制器通过改变逆变器的脉宽角 θ_L 来控制和调节输出电压（u_o）。负载电压参考值设置为u_o^*，假设 u_o 产生一个扰动，当 $u_o > u_o^*$时，控制器的输出 θ_L 减小；反之，控制器的输出 θ_L 增大。因此，u_o 可以被控制为参考电压 u_o^*。系统具有四个能量传输路径，即使逆变器或整流器出现故障，也可以维持稳定的输出电压，保证了系统的冗余性能。

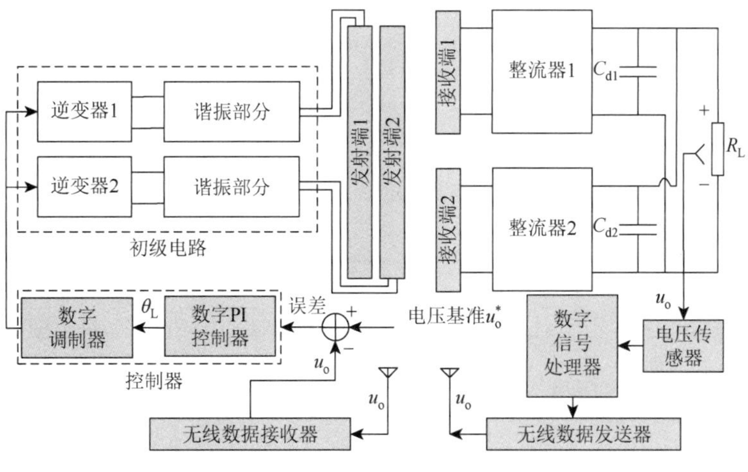

图 3.37　双发射-双接收无线电能传输系统控制示意图

3.4.5 实验验证

为了验证所提方法的正确性，在实验室搭建包括两个发射端、两个逆变器和两个接收端的实验样机，如图 3.38 所示。线圈的尺寸根据 Maxwell 的仿真结果设计，发射线圈和接收线圈的互感和自感由 Agilent E4980A LCR 仪表测量，实验系统参数列于表 3.5 中，逆变器的工作频率为 40kHz。采用电子负载作为与整流器相连的负载，采用 HIOKI 的功率分析仪 PW6001 测量逆变器的输入功率和电子负载的输出功率来计算系统传输效率。

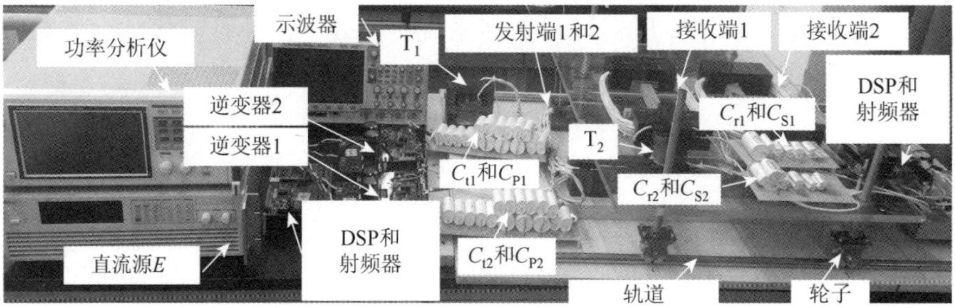

图 3.38　实验样机

表 3.5　实验系统参数

参数	取值	参数	取值
L_{t1}	143.50μH	C_{t1}	110.32nF
L_{t2}	143.45μH	C_{t2}	110.36nF
L_{r1}	225.8μH	C_{r1}	70.11nF
L_{r2}	226.3μH	C_{r2}	69.96nF
L_{P1}	182.22μH	C_{P1}	86.88nF
L_{P2}	183.42μH	C_{P2}	86.31nF
L_{S1}	60.23μH	C_{S1}	262.84nF
L_{S2}	60.75μH	C_{S2}	260.60nF
M_t	136.5μH	M_P	136.6μH
M_r	15.9μH	M_S	15.9μH
R_t	0.12Ω	R_r	0.09Ω
M	26.3μH		

在最优负载 8Ω 下，当负载消耗的功率为 2.1kW 时，峰值总效率（DC-DC 效率）可达到 93.62%。该工况下，发射侧和接收侧的波形如图 3.39 所示。借助解耦变压器，逆变器可以实现单位功率因数，仅向负载提供有功功率。功率分析仪测得的峰值总效率如图 3.40（a）所示，其中 P_1 和 P_2 分别是两个逆变器的输入功率，总输入功率为 P_{in}，P_3 和 P_4 分别是两个整流器的输出功率，总输出功率为 P_o。从图 3.40（a）可以看出，发射线圈和接收线圈都可以实现功率均分，并且可以通过所提出的结构增大传输功率。此外，总功

率损耗（P_{loss}）约为 144W，测量的功率损耗分布如图 3.40（b）所示，利兹线绕制的解耦变压器仅带来 6.8W 的功率损耗，与 2.1kW 相比，可以忽略不计。无线电能传输系统在不同负载下的整体效率如图 3.41 所示。有解耦变压器的无线电能传输系统与无解耦变压器的无线电能传输系统相比，前者的效率明显提高，特别是在重负载工况下。

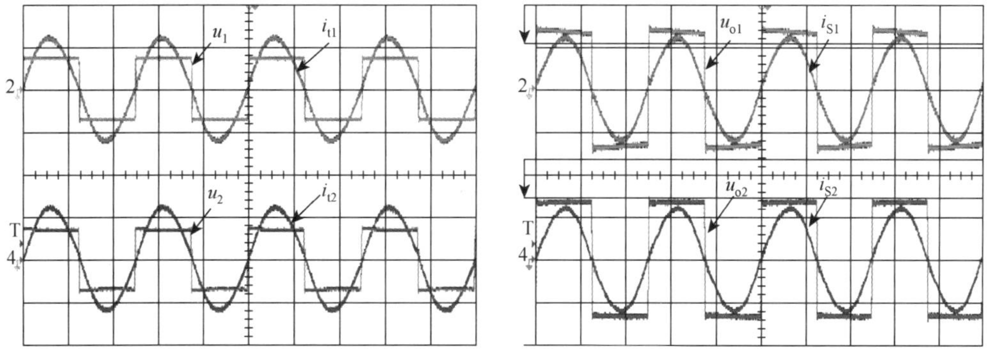

u_1, u_2/(200V/格)，i_{ti}, i_{t2}/(10A/格)，时间/(10μs/格)
(a) 发射侧逆变器输出波形

u_{01}, u_{02}/(100V/格)，i_{sl}, i_{s2}/(10A/格)，时间/(10μs/格)
(b) 接收侧整流器输入波形

图 3.39　实验结果

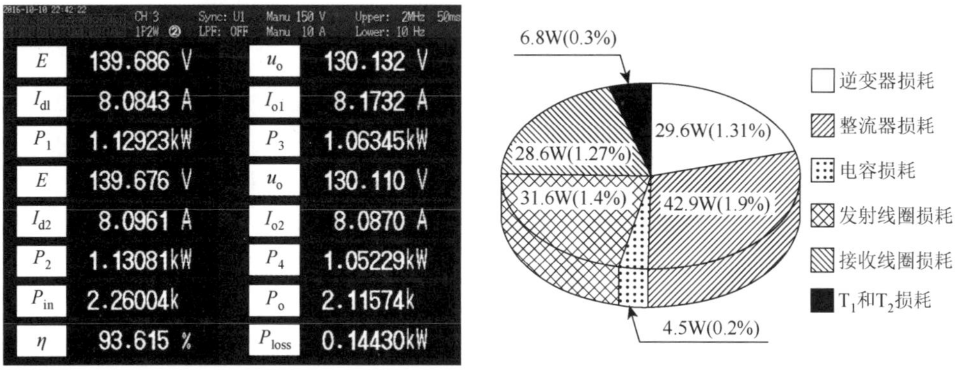

(a) 功率分析仪截图　　　　(b) 功率损耗分布

图 3.40　最佳效率实验结果

以下验证所提出的控制方法的动态性能。图 3.42 为输出电压波形以及两个发射线圈的电流波形。当输出电压参考值从 100V 突变至 80V 时，负载输出电压在 10ms 内完成快速响应；当输出电压参考值从 80V 突变至 100V 时，负载输出电压在 8ms 内完成快速响应且无过冲。因此，该控制方法的动态性能较好。为了评估所提出的无线电能传输系统的可靠性，加入故障信号，研究故障发生时系统的动态性能。图 3.43 为逆变单元 2 发生故障时实验系统的暂态波形。在正常工作期间，负载输出电压稳定在 50V。在逆变单元 2 发生故障时，负载输出电压可以通过增加逆变单元 1 的输出功率而使得负载输出电压保持在 50V，暂态过程的响应时间为 18ms，并存在轻微的瞬态过冲。虽然发射线圈电流 i_{t2} 降为零，但系统仍保持连续工作，证明了所提出方法的可行性和可靠性。综上所述，本章提出的双发射-双接收的无线电能传输系统比传统无线电能传输系统可靠性更高。

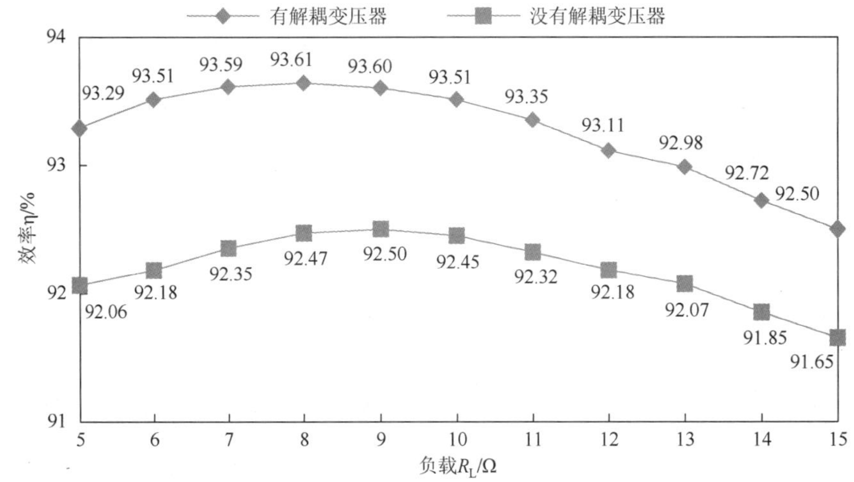

图 3.41　无线电能传输系统在不同负载下的整体效率

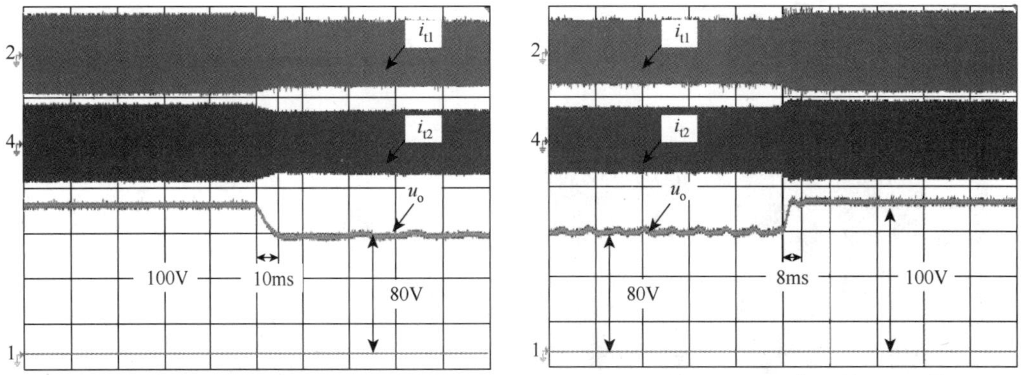

(a) 100V突变至80V

u_o/(30V/格), i_{t1}, i_{t2}/(12A/格), 时间/(20ms/格)

(b) 80V突变至100V

图 3.42　动态响应性能

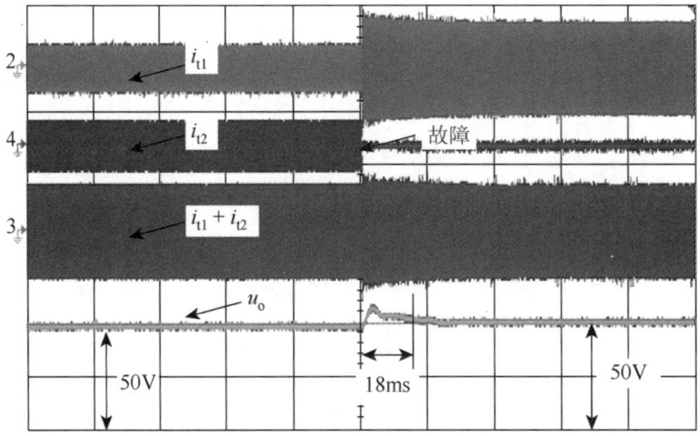

u_o/(25V/格), i_{t1}, i_{t2}/(11A/格), 时间/(20ms/格)

图 3.43　逆变单元 2 发生故障时实验系统的暂态波形

3.5 本 章 小 结

本章对级联系统、并联系统、多发射-多接收系统等功率提升方法进行了介绍。基于阶梯波移相合成方法的级联型多电平逆变器，能消除输出电压的特定次谐波，能连续调节输出电压基波有效值；基于虚拟有功、无功电流分解的逆变器并联技术，在提升系统功率的同时，能够有效切除故障单元，保证系统继续稳定运行，提高了系统的可靠性；基于多发射-单接收的无线电能传输系统，利用发射线圈产生的磁场进行叠加，增加系统的可靠性，能有效增强发射线圈产生的磁场，从而提高无线电能传输系统的输出功率；基于多发射-多接收的耦合机构，可通过使用较低成本和功率等级的半导体功率开关器件实现大功率等级的能量传输，系统的可靠性和可用性得到显著提高。

参 考 文 献

[1] Aldhaher S，Luk P C K，Whidborne J F. Tuning class E inverters applied in inductive links using saturable reactors[J]. IEEE Transactions on Power Electronics，2013，29（6）：2969-2978.

[2] Budhia M，Covic G，Boys J. Magnetic design of a three-phase inductive power transfer system for roadway powered electric vehicles[C]. Vehicle Power and Propulsion Conference，Lille，2010.

[3] Hao H，Covic G A，Boys J T. A parallel topology for inductive power transfer power supplies[J]. IEEE Transactions on Power Electronics，2014，29（3）：1140-1151.

[4] Rahnamaee H R，Madawala U K，Thrimawithana D J. A multi-level converter for high power-high frequency IPT systems[C]. IEEE International Symposium on Power Electronics for Distributed Generation Systems，Galway，2014.

[5] Schonknecht A，Doncker R W A A. Novel topology for parallel connection of soft-switching high-power high-frequency inverters[J]. IEEE Transactions on Industry Applications，2003，39（2）：550-555.

[6] Nguyen B X，Vilathgamuwa D M，Foo G，et al. Cascaded multilevel converter based bidirectional inductive power transfer（BIPT）system[C]. International Power Electronics Conference，Hiroshima，2014.

[7] Johari R，Krogmeier J V，Love D J. Analysis and practical considerations in implementing multiple transmitters for wireless power transfer via coupled magnetic resonance[J]. IEEE Transactions on Industrial Electronics，2014，61（4）：1774-1783.

[8] Carretero C，Lucia O，Acero J，et al. Computational modeling of two partly coupled coils supplied by a double half-bridge resonant inverter for induction heating appliances[J]. IEEE Transactions on Industrial Electronics，2013，60（8）：3092-3105.

[9] 蔡华，史黎明，李耀华. 感应耦合电能传输系统输出功率调节方法[J]. 电工技术学报，2014，29（1）：215-220.

[10] Xu S，Wang J，Xu J. A current decoupling parallel control strategy of single-phase inverter with voltage and current dual closed-loop feedback[J]. IEEE Transactions on Industrial Electronics，2010，60（4）：1306-1313.

[11] Li Y，Mai R K，Lu L W，et al. Active and reactive currents decomposition-based control of angle and magnitude of current for a parallel multiinverter IPT system [J]. IEEE Transactions on Power Electronics，2017，32（2）：1602-1614.

[12] Li Y，Mai R K，Lu L W，et al. Analysis and transmitter currents decomposition based control for multiple overlapped transmitters based WPT systems considering cross couplings [J]. IEEE Transactions on Power Electronics，2018，33（2）：1829-1842.

[13] Li Y，Lin T R，Mai R K，et al. Compact double-sided decoupled coils based WPT systems for high power applications：Analysis，design and experimental verification [J]. IEEE Transactions on Transportation Electrification，2018，4（1）：64-75.

[14] Li Y，Xu Q D，Lin T R，et al. Analysis and design of load-independent output current or output voltage of a three-coil wireless power transfer system [J]. IEEE Transactions on Transportation Electrification，2018，4（2）：364-375.

[15] Mai R K，Li Y，Lu L W，et al. A power regulation and harmonic current elimination approach for parallel multi-inverter

supplying IPT systems [J]. Journal of Power Electronics，2016，16（4）：1245-1255.

[16] 李勇，麦瑞坤，陆立文，等. 一种采用级联型多电平技术 IPT 系统的谐波消除与功率调节方法[J].中国电机工程学报，2015，35（20）：5278-5285.

[17] 李勇，麦瑞坤，马林森，等. 一种双初级线圈并绕的感应电能传输系统及其功率分配方法[J].中国电机工程学报，2015，35（17）：4454-4460.

[18] 马林森，李勇，麦瑞坤. 基于二极管钳位五电平技术的 LCL 型感应电能传输系统谐波分析[J]. 电工技术学报，2017，32（14）：175-183.

[19] 麦瑞坤，陆立文，李勇. 两逆变器并联 IPT 系统的环流消除方法研究[J].电工技术学报，2016，31（3）：8-15.

第 4 章　无线电能传输系统恒流-恒压及抗偏移方法研究

WPT 技术已广泛运用于电动自行车、消费电子产品、轨道交通等领域。随着能源的短缺以及环境污染的加剧，轨道交通成了各国大力支持发展的新能源交通工具，而靠站充电问题成了其推广发展的瓶颈。车辆无线充电通常采用与接收端分离的 LCT 实现，发射端线圈埋于地面，接收端线圈固定于车辆底部。因此，车辆无线充电是车辆发展的一个重要方向之一。

在设计无线充电系统时，需要注意的主要问题如下：

（1）电池恒流-恒压充电。为了延长电池循环充电寿命，通常采用恒流-恒压（constant current-constant voltage，CC-CV）两阶段充电模式充电。图 4.1 为典型电池充电曲线：充电初期采用恒流模式充电，充电电流 I_B 恒定，电池电压逐渐增加；当电池电压达到充电切换电压时，采用恒压模式充电，充电电压 V_B 恒定，充电电流逐步下降，当充电电流低于设定值时（通常为额定充电电流的 1/10），充电结束。在整个电池充电过程中，电池的等效电阻 R_B（$R_B = V_B/I_B$，I_B 为充电电流，V_B 为充电电压）从几欧姆增加到几百欧姆，变化范围广。因此，电动车无线充电系统需要在宽范围的负载变化下保证系统以恒定的电流和或恒定的电压输出[1]。

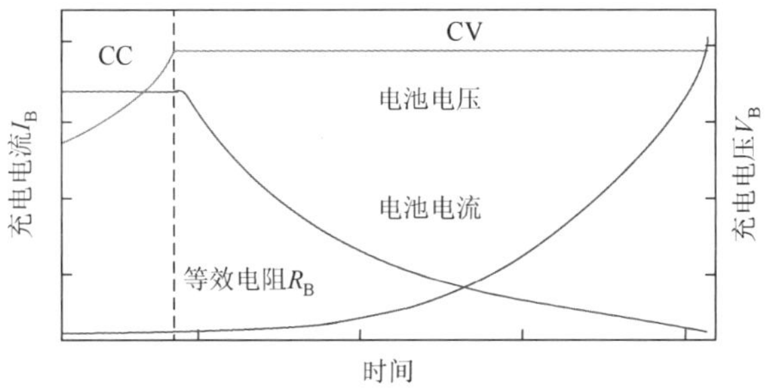

图 4.1　典型电池充电曲线

（2）耦合机构偏移。耦合机构的发射线圈固定于地面或者充电桩上，接收线圈放置在车上。不同车型的底盘高度和不同载重将导致耦合机构之间的空气间隙变化；车辆停放的位置不精准也将造成耦合机构横向和纵向位置的变化：耦合机构的偏移是难以避免的。此外，耦合机构偏移直接造成互感、自感等参数变化（图 4.2），并且可能导致一些严重的问题，如系统稳定性降低、功率传输能力减弱、系统电路失谐能量损失增加。可见，研究具有抗偏移能力的无线电能传输系统对保障输出功率的稳定性具有重要意义。

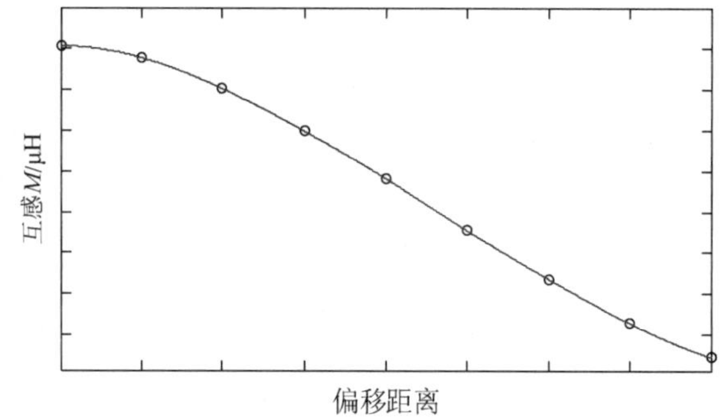

图 4.2　互感随偏移距离变化曲线

在耦合机构偏移和负载宽范围变化条件下，为了实现 WPT 系统的恒流-恒压输出，通常采用控制策略的方法，目前，控制策略主要可以分为以下三类：①DC-DC 变换器控制；②移相控制；③变频控制。对于 DC-DC 变换器控制，一般在 WPT 系统的发射端或者接收端增加一级 DC-DC 变换器，通过调节变换器的输入实现系统的恒流-恒压输出[2, 3]。此类方法将增加额外的能量损耗和电子元件。其次，通过对高频逆变器实施移相控制，即定频变占空比，调节高频逆变器的输出电压进而控制系统电流或电压输出[4, 5]。但是该方法在宽范围的负载变化下难以实现逆变器的软开关，特别是在轻载情况下。同时，发射端和接收端的实时通信也是必不可少的。对于第三种控制方法，通过调节 WPT 系统的工作频率，可实现系统在不同工作频率下的恒流-恒压输出[6]。但是其存在频率分叉现象[7]、通信问题以及逆变器开关难以实现软开关等情况。以上三种方法均可以实现 WPT 系统在负载变化条件下的恒流-恒压输出，方法①和②可实现偏移条件下的恒流-恒压输出，但是这需要控制器具有很宽的调制指数或者复杂的控制电路。可见，采用控制策略实现 WPT 系统的恒流-恒压输出控制复杂度增加。本章将以 WPT 补偿拓扑为主要研究对象，重点探究补偿拓扑恒流-恒压输出及抗偏移特性，简化系统控制复杂性，提高系统开环输出稳定性[8-11]。

4.1　基于变补偿参数的恒流-恒压充电方法研究

4.1.1　基于串-串补偿拓扑电路分析

图 4.3 为基于串-串电路拓扑的 WPT 系统等效电路。图 4.3 中：$\dot{V}_P$ 为交流电压源；C_P 和 C_S 分别为发射端和接收端电路补偿电容；L_P 和 L_S 分别为发射端和接收端电感；R_L 为等效电阻；$\dot{V}_L$ 为等效电阻两端的电压；$\dot{I}_P$ 和 $\dot{I}_S$ 分别为发射端与接收端电流。

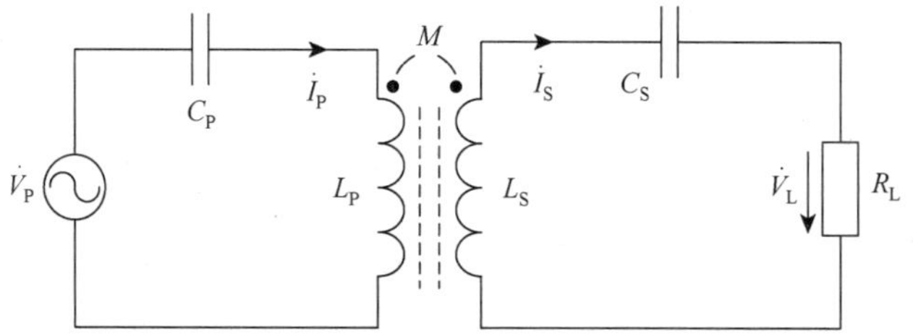

图 4.3　基于串-串电路拓扑的 WPT 系统等效电路

设系统工作于频率点 ω，接收端电路补偿电容 C_S 不完全补偿接收端电感 L_S，二者之间相差一个虚拟电感 M_0，满足关系：

$$C_S = \frac{1}{(M_0 + L_S)\omega^2} \tag{4-1-1}$$

接收端电路阻抗 Z_S 表示为

$$Z_S = j\omega L_S + \frac{1}{j\omega C_S} + R_L = R_L - j\omega M_0 \tag{4-1-2}$$

发射端电路阻抗 Z_P 表示为

$$Z_P = j\omega L_P + \frac{1}{j\omega C_P} \tag{4-1-3}$$

根据互感耦合理论，列出系统发射端和接收端的回路电压方程：

$$\begin{cases} \dot{V}_P = Z_P \dot{I}_P - j\omega M \dot{I}_S \\ 0 = Z_S \dot{I}_S - j\omega M \dot{I}_P \end{cases} \tag{4-1-4}$$

由式（4-1-4）可以推出

$$\dot{I}_S = \frac{j\omega M \dot{V}_P}{Z_P Z_S + \omega^2 M^2} \tag{4-1-5}$$

设流经等效电阻的电流 $\dot{I}_S$ 与电路输入电压 $\dot{V}_P$ 的比值为 G_i，将式（4-1-2）和式（4-1-3）代入式（4-1-5），可得系统电流增益 G_i 为

$$G_i = \frac{\dot{I}_S}{\dot{V}_P} = (jMC_P\omega^2) / [(jC_P L_P \omega^2 - j)R_L - \omega M_0 + C_P \omega^3 (M_0 L_P + M^2)] \tag{4-1-6}$$

要使得流经等效电阻 R_L 的电流 $\dot{I}_S$ 与等效电阻 R_L 无关，需要满足的系数为零，即

$$jC_P L_P \omega^2 - j=0 \tag{4-1-7}$$

从而得出 CC 模式下发射端电路补偿电容 C_P 的容值 C_{Pi} 为

$$C_{Pi} = \frac{1}{L_P \omega^2} \tag{4-1-8}$$

将式（4-1-8）代入式（4-1-6），取模值得到系统的电流增益为

$$|G_i| = \frac{1}{\omega M} \tag{4-1-9}$$

同理，可计算输出电压 $\dot{V}_L$ 与输入电压 $\dot{V}_P$ 之间的关系。等效电阻 R_L 两端电压 $\dot{V}_L$ 为

$$\dot{V}_L = \dot{I}_S R_L \tag{4-1-10}$$

将式（4-1-1）～式（4-1-3）和式（4-1-10）代入式（4-1-5），得到系统的电压增益 G_V 为

$$G_v = \frac{\dot{V}_L}{\dot{V}_P} = \frac{jMC_P\omega^2}{(jC_P L_P \omega^2 - j) + [(M^2 + M_0 L_P) C_P \omega^3 - \omega M_0] R_L^{-1}} \tag{4-1-11}$$

要使得等效电阻 R_L 两端电压 $\dot{V}_L$ 与等效电阻 R_L 无关，需要满足 R_L^{-1} 的系数为零，即

$$(M^2+M_0L_P)C_P\omega^3-\omega M_0=0 \tag{4-1-12}$$

从而得出 CV 模式下发射端电路补偿电容 C_P 的容值 C_{Pv} 为

$$C_{Pv}=\frac{M_0}{M_0L_P\omega^2+M^2\omega^2} \tag{4-1-13}$$

将式（4-1-13）代入式（4-1-11），取模值可得系统电压增益为

$$|G_v|=\frac{M_0}{M} \tag{4-1-14}$$

由式（4-1-9）和式（4-1-14）可知，当系统工作在固定频率 ω 下，发射端、接收端之间的自感、输入电压以及接收端电容值一定时，系统的输出电流 $\dot{I}_S$ 和互感 M 呈反比例关系，与负载无关；而系统的输出电压 $\dot{V}_L$ 只与互感 M 和虚拟电感 M_0 相关，不受负载影响。通过改变发射端线圈与接收端线圈之间的距离来改变互感 M 值，从而改变 CC 模式恒定的电流值；通过改变接收端补偿电容值来改变虚拟电感 M_0，从而确定 CV 模式恒定的电压值。

4.1.2　恒流-恒压切换电路分析

1. 变参数 WPT 电池充电系统分析

由以上分析及图 4.3 可知，当 CC 模式和 CV 模式充电时，所需发射端电路补偿电容的电容值不同，所以在发射端电路需要增加一个附加电容和一个开关来改变电容值，从而实现 CC 模式和 CV 模式的切换。图 4.4 为基于串联与并联附加电容拓扑的 WPT 系统示意图。

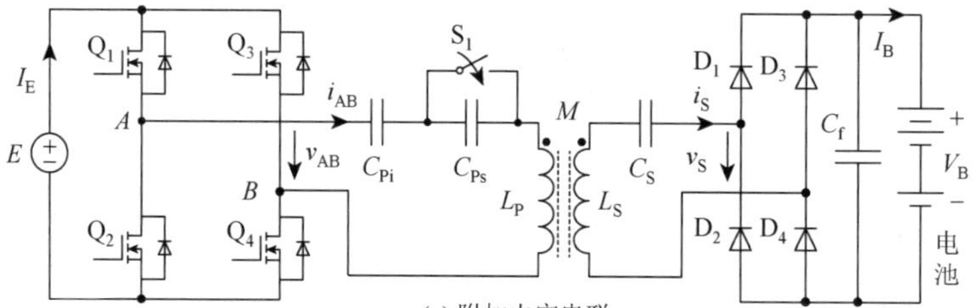

(a) 附加电容串联

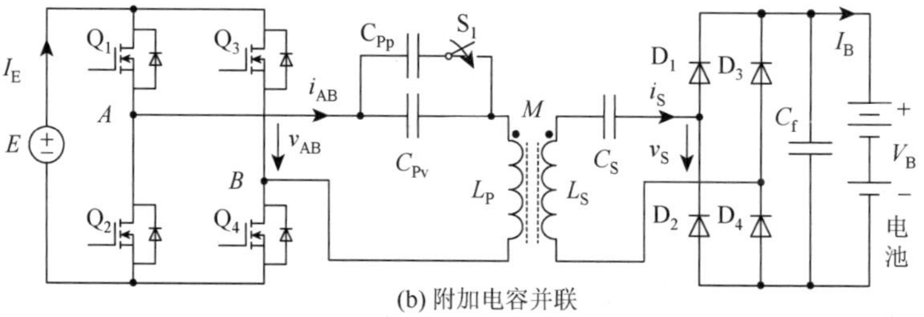

(b) 附加电容并联

图 4.4　基于串联与并联附加电容拓扑的 WPT 系统示意图

图 4.4（a）中，发射端电路恒流的电容 C_{Pi} 串联一个附加电容 C_{Ps}，C_{Ps} 两端并联一个开关 S_1，开关切换实现电容值的改变。当开关 S_1 闭合，附加电容 C_{Ps} 切出时，电路工作于 CC 模式，当开关 S_1 断开，附加电容 C_{Ps} 和 C_{Pi} 串联时，电路工作于 CV 模式，此时满足：

$$C_{Pv} = \frac{1}{1/C_{Pi} + 1/C_{Ps}} \tag{4-1-15}$$

图 4.4（b）中，发射端电路恒压的电容 C_{Pv} 并联一个附加电容 C_{Pp}，C_{Pp} 串联一个开关 S_1，开关切换实现电容值的改变。当开关 S_1 闭合，附加电容 C_{Pp} 和 C_{Pv} 并联时，电路工作于 CC 模式，此时满足：

$$C_{Pi} = C_{Pv} + C_{Pp} \tag{4-1-16}$$

当开关 S_1 断开，附加电容 C_{Pp} 切出时，电路工作于 CV 模式。

由以上可知，附加电容的并联和串联均可达到 CC 模式和 CV 模式切换时所需相应电容值的要求。

图 4.4 接收端电路中全桥整流的输入电压 v_S、电流 i_S 和输出的等效电压 V_B、等效电流 I_B 的关系为

$$\begin{cases} V_B = \dfrac{\pi\sqrt{2}V_{Srms}}{4} \\ I_B = \dfrac{2\sqrt{2}I_{Srms}}{\pi} \end{cases} \tag{4-1-17}$$

式中，V_{Srms} 为输入电压 v_S 的基波有效值；I_{Srms} 为输入电流 i_S 的基波有效值。

设逆变器的输出电压 v_{AB} 脉宽恒为 0.5，则基波有效值 V_{ABrms} 可表示为

$$V_{ABrms} = \frac{2\sqrt{2}}{\pi}E \tag{4-1-18}$$

式中，E 为直流源输出电压。

2. 系统参数设计

设电池恒流充电电流为 I_B，恒压充电电压为 V_B，系统工作于角频率 ω 下，发射端线圈的自感为 L_P，接收端线圈的自感为 L_S。将式（4-1-17）和式（4-1-18）代入式（4-1-9）求得发射端与接收端线圈之间的互感值 M：

$$M = \frac{8E}{\pi^2 \omega I_B} \tag{4-1-19}$$

将式（4-1-17）～式（4-1-19）代入式（4-1-14）后，可求出虚拟电感 M_0：

$$M_0 = \frac{V_B M}{E} = \frac{8V_B}{\pi^2 \omega I_B} \tag{4-1-20}$$

以电容并联结构为例，如图 4.4（b）所示。将式（4-1-8）和式（4-1-13）代入式（4-1-16），得出 CC 模式和 CV 模式发射端电路所需附加电容 C_{Pp} 为

$$C_{\mathrm{Pp}}=\frac{M^2}{L_{\mathrm{P}}\omega^2(M_0L_{\mathrm{P}}+M^2)} \tag{4-1-21}$$

结合式（4-1-1）、式（4-1-13）、式（4-1-19）～式（4-1-21），即可按照需求设计相应WPT电池充电系统的参数。

4.1.3　实验验证

为了验证以上分析的正确性，采用表4.1所示系统参数按照图4.4（b）所示结构搭建恒流输出10A、恒压输出48V的WPT电池充电系统实验装置图，如图4.5所示，其中，图4.5（a）为发射端与接收端线圈结构图，图4.5（b）为整体实验装置图。功率开关器件为APT56F50L，实验过程中用功率分析仪分析系统功率和效率等指标，其型号为横河WT1800。常见的铅蓄电池组由4块电池组成，额定容量为100A·h，额定电流为10A，额定电压为48V。在充电的第一阶段，充电电流稳定在10A左右，电压由最小36V逐渐增加到最大56V，恒压充电后电流由最大10A逐步减小到最小电流，本书取额定电流的5%，即0.5A为最小电流。实验中采用电子负载模拟电池充电过程变化的等效电阻。

表4.1　WPT电池充电系统参数

参数	取值
系统工作频率 f/kHz	20
直流源输出电压 E/V	57
恒压补偿电容 C_{Pv}/μF	0.2796
恒流并联补偿电容 C_{Pp}/μF	0.0497
发射端线圈电感 L_{P}/μH	192.31
接收端线圈电感 L_{S}/μH	151.22
发射端与接收端线圈之间互感 M/μH	34.32
接收端电路补偿电容 C_{S}/μF	0.3436
发射端与接收端线圈之间距离 d/mm	71

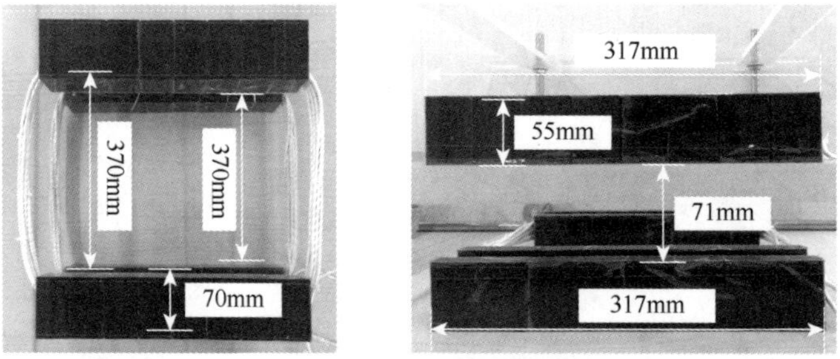

(a) 发射端与接收端线圈结构图

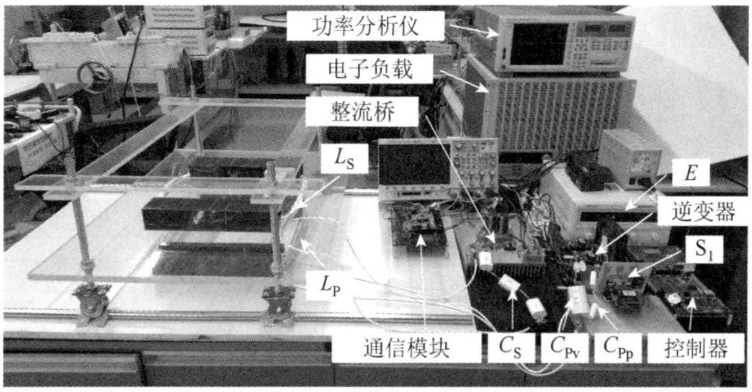

(b) 整体实验装置图

图 4.5　WPT 电池充电系统实验装置图

图 4.6 为恒流模式下逆变器输出电压 v_{AB}、发射端线圈电流 i_{AB}、充电电压 V_B 和充电电流 I_B 的波形。其中，图 4.6（a）电池等效电阻 R_B 为 3.7Ω，图 4.6（b）电池等效电阻 R_B 为 4.9Ω，电流值分别为 9.74A 和 9.43A，电流变化率为 3.18%。由图 4.6 可知，系统工作在恒流模式下输出电流和负载无关，基本保持恒定。

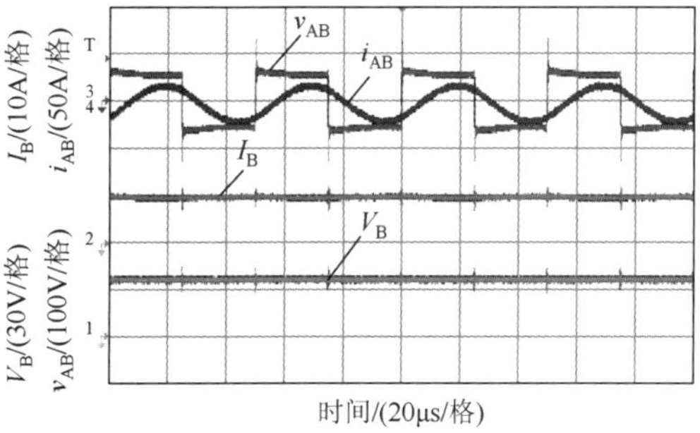

(a) $R_B = 3.7\Omega$

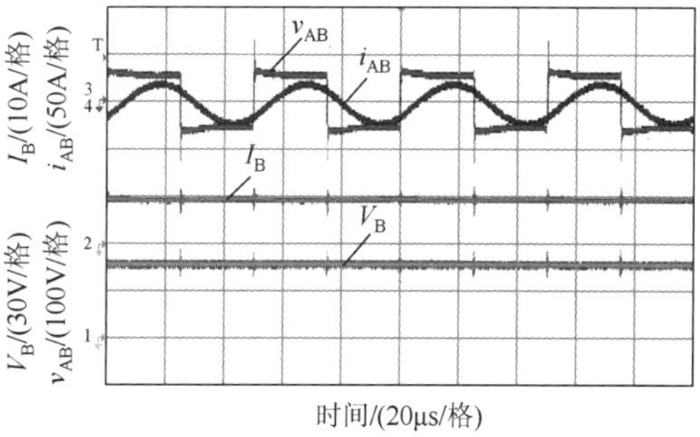

(b) $R_B = 4.9\Omega$

图 4.6　恒流模式下逆变器输出电压和电流、充电电压和电流波形

图 4.7 为恒压模式下逆变器输出电压 v_{AB}、发射端线圈电流 i_{AB}、充电电压 V_B 和充电电流 I_B 的波形。其中，图 4.7（a）电池等效电阻 R_B 为 26.5Ω，图 4.7（b）电池等效电阻 R_B 为 67.9Ω，电压值分别为 52.15V 和 54.32V，电压变化率为 3.99%，负载电压输出基本恒定。

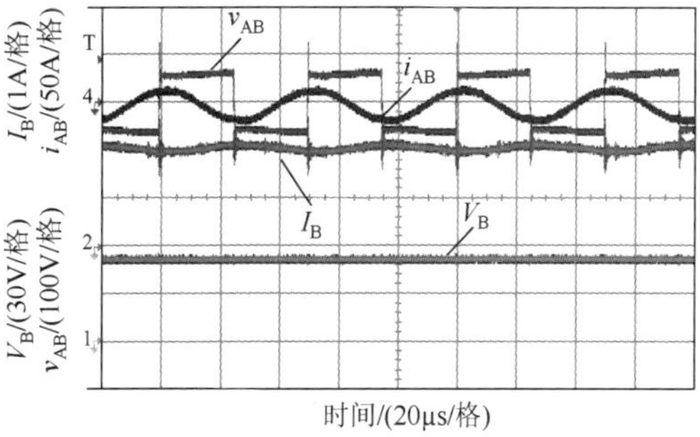

(a) $R_B = 26.5\Omega$

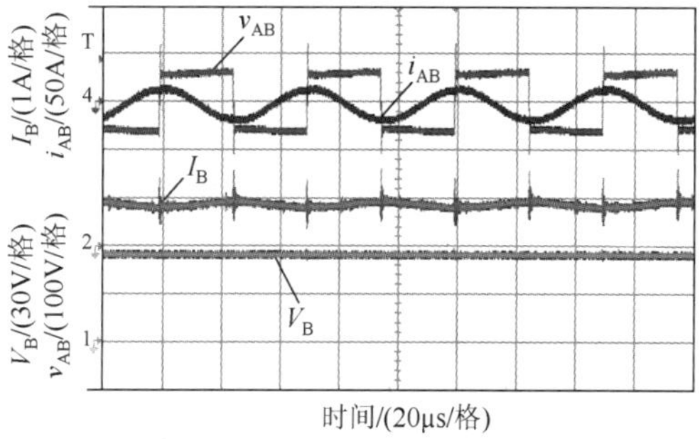

(b) $R_B = 67.9\Omega$

图 4.7　恒压模式下逆变器输出电压和电流、充电电压和电流波形

如图 4.8（a）和图 4.8（b）所示，分别为 $R_B = 3.7\Omega$ 和 $R_B = 67.9\Omega$ 的系统功率和效率等指标。其中，E、I_E 和 P_{in} 分别表示直流源的输出电压、电流和功率，V_B、I_B 和 P_{out} 分别表示充电电压、电流和功率，η 表示系统传输效率。图 4.8（a）和图 4.8（b）的功率效率分别是 362.0W、76.89%和 48.5W、43.61%。可以看出，在 $R_B = 67.9\Omega$ 的恒压模式下，发射端电路不完全谐振且系统输出功率小，其效率较低。

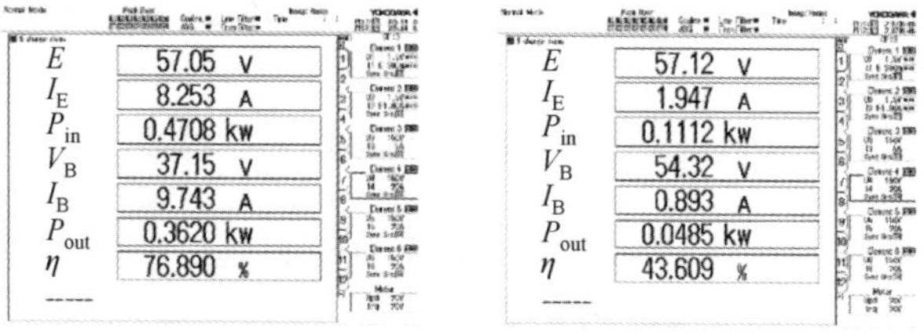

(a) $R_B = 3.7\Omega$　　(b) $R_B = 67.9\Omega$

图 4.8　系统功率效率指标

在恒流充电阶段，充电功率由 352.8W 增加到 460.4W，之后逐渐降低到 29.1W。在之前的理论推导中并未考虑系统中电感、电容等内阻，这导致实际系统直流源的输出电压比理论值高，在恒流模式和恒压模式下，恒定的电流值和电压值随着电池等效电阻的变化而波动，但是电流值和电压值仍然满足对铅蓄电池的充电要求。图 4.9 为充电电流和电压随电池等效电阻取自然对数 ln（R_B）变化曲线。图 4.10 为系统充电效率随电池等效电阻取自然对数 ln（R_B）变化曲线。

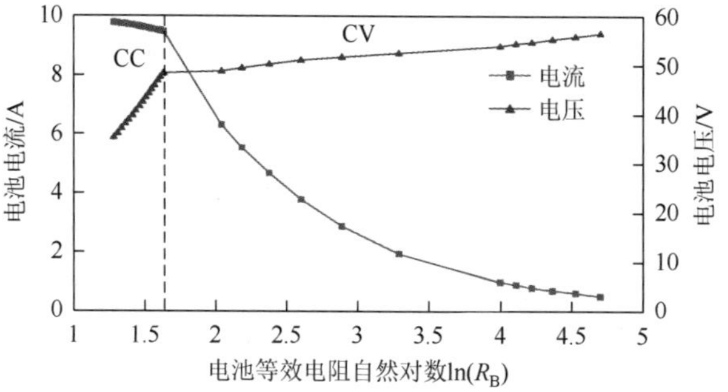

图 4.9　充电电流和电压随 ln（R_B）变化曲线

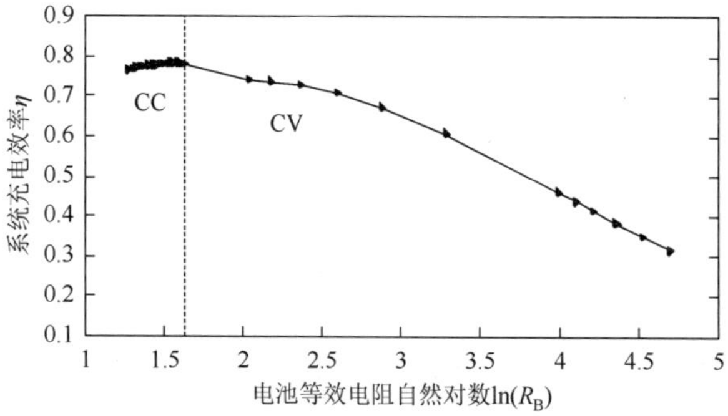

图 4.10　系统充电效率随 ln（R_B）变化曲线

4.2　基于重构拓扑的恒流-恒压充电方法研究

在一对多的电池 WPT 充电应用下，这些电池负载需要同时充电而且充电系统所处的充电模式不同：有些在 CC 模式，有些在 CV 模式。设计此类无线充电系统的主要挑战是：电池充电模式不同和充电过程中电池等效负载变化范围大。通常需要为每个负载提供专用 WPT 充电电源，这将带来较高的建设成本和维护成本。因此，有必要实现单个逆变器和多个电池负载同时充电。

本节提出一种具有两个交流开关（AC switch，ACS）和辅助电容的混合拓扑，以实现 CC-CV 充电。本节提出的混合拓扑只需单个逆变器即可同时为多个负载充电，降低建设、设施和占地的成本。同时，该方法不需要反馈控制策略或发射端与接收端之间的无线通信，可以降低系统的成本和复杂性。CC 模式和 CV 模式可以通过 ACS 切换来实现，ACS 由两个反向串联的 MOSFET 或两个反向并联的绝缘栅双极型晶体管（insulated gate bipolar transistor，IGBT）组成。

4.2.1　重构拓扑电路分析

图 4.11（a）是 S-S 补偿拓扑，其中，M 是发射线圈和接收线圈之间的互感，L_T 和 L_R 分别是发射线圈和接收线圈的自感，C_T 和 C_R 分别是发射侧和接收侧的补偿电容。为了便于分析，采用 T 形等效模型对系统进行分析，如图 4.11（b）所示，其中，L_{Tk} 和 L_{Rk} 是发射线圈和接收线圈的漏感。

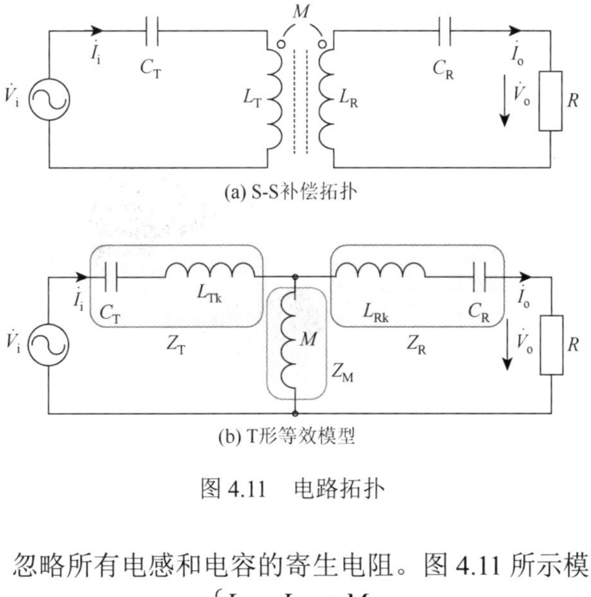

图 4.11　电路拓扑

为了简化分析，忽略所有电感和电容的寄生电阻。图 4.11 所示模型的参数关系为

$$\begin{cases} L_T = L_{Tk} + M \\ L_R = L_{Rk} + M \end{cases} \tag{4-2-1}$$

相应的电路参数可表示如下：

$$
\begin{aligned}
Z_{\mathrm{T}} &= \frac{1}{\mathrm{j}\omega C_{\mathrm{T}}} + \mathrm{j}\omega L_{\mathrm{Tk}} \\
Z_{\mathrm{R}} &= \frac{1}{\mathrm{j}\omega C_{\mathrm{R}}} + \mathrm{j}\omega L_{\mathrm{Rk}} \\
Z_{\mathrm{M}} &= \mathrm{j}\omega M
\end{aligned}
\tag{4-2-2}
$$

式中，ω 为以 rad/s 为测量单位的工作角频率；j 为虚数单位。$\dot{V}_{\mathrm{i}}$ 和 $\dot{I}_{\mathrm{i}}$ 为逆变器输出电压和输出电流的基次谐波相量。$\dot{V}_{\mathrm{o}}$ 和 $\dot{I}_{\mathrm{o}}$ 分别为接收器输出电压和输出电流的相量。R 为等效交流负载电阻。

对于图 4.11（b），根据基尔霍夫电压定律可得

$$
\begin{cases}
\dot{V}_{\mathrm{i}} = \left(Z_{\mathrm{T}} + Z_{\mathrm{M}}\right)\dot{I}_{\mathrm{i}} - Z_{\mathrm{M}}\dot{I}_{\mathrm{o}} \\
0 = -Z_{\mathrm{M}}\dot{I}_{\mathrm{i}} + \left(Z_{\mathrm{R}} + Z_{\mathrm{M}} + R\right)\dot{I}_{\mathrm{o}}
\end{cases}
\tag{4-2-3}
$$

在求解式（4-2-3）之后，输入电流和输出电流可以表示如下：

$$
\begin{cases}
\dot{I}_{\mathrm{i}} = \dfrac{\left(R + Z_{\mathrm{M}} + Z_{\mathrm{R}}\right)\dot{V}_{\mathrm{i}}}{\left(Z_{\mathrm{T}} + Z_{\mathrm{M}}\right)R + Z_{\mathrm{T}}Z_{\mathrm{M}} + Z_{\mathrm{R}}Z_{\mathrm{T}} + Z_{\mathrm{R}}Z_{\mathrm{M}}} \\
\dot{I}_{\mathrm{o}} = \dfrac{Z_{\mathrm{M}}\dot{V}_{\mathrm{i}}}{\left(Z_{\mathrm{T}} + Z_{\mathrm{M}}\right)R + Z_{\mathrm{T}}Z_{\mathrm{M}} + Z_{\mathrm{R}}Z_{\mathrm{T}} + Z_{\mathrm{R}}Z_{\mathrm{M}}}
\end{cases}
\tag{4-2-4}
$$

然后，发射端和接收端之间的电流和电压增益关系如下：

$$
\begin{cases}
G_{\mathrm{VV}} = \dfrac{\dot{V}_{\mathrm{o}}}{\dot{V}_{\mathrm{i}}} = \dfrac{Z_{\mathrm{M}}R}{\left(Z_{\mathrm{T}} + Z_{\mathrm{M}}\right)R + Z_{\mathrm{T}}Z_{\mathrm{M}} + Z_{\mathrm{R}}Z_{\mathrm{T}} + Z_{\mathrm{R}}Z_{\mathrm{M}}} \\
G_{\mathrm{VI}} = \dfrac{\dot{I}_{\mathrm{o}}}{\dot{V}_{\mathrm{i}}} = \dfrac{Z_{\mathrm{M}}}{\left(Z_{\mathrm{T}} + Z_{\mathrm{M}}\right)R + Z_{\mathrm{T}}Z_{\mathrm{M}} + Z_{\mathrm{R}}Z_{\mathrm{T}} + Z_{\mathrm{R}}Z_{\mathrm{M}}} \\
G_{\mathrm{IV}} = \dfrac{\dot{V}_{\mathrm{o}}}{\dot{I}_{\mathrm{i}}} = \dfrac{Z_{\mathrm{M}}R}{R + Z_{\mathrm{M}} + Z_{\mathrm{R}}} \\
G_{\mathrm{II}} = \dfrac{\dot{I}_{\mathrm{o}}}{\dot{I}_{\mathrm{i}}} = \dfrac{Z_{\mathrm{M}}}{R + Z_{\mathrm{M}} + Z_{\mathrm{R}}}
\end{cases}
\tag{4-2-5}
$$

式中，增益的第一个下标表示发射端的电压（V）或电流（I），而第二个下标表示接收端的电压（V）或电流（I）。例如，G_{VI} 表示接收端电流比上发射端电压的增益。很明显，只要选择了适当的参数，就可以通过 T 形电路将电压源转换为 CC 输出或 CV 输出。类似地，输入为电流源，当 $Z_{\mathrm{R}} = -Z_{\mathrm{M}}$ 时，可以实现 CV 输出，但是得不到 CC 输出。

当输出与负载无关时，系统增益表示如下：

$$
\begin{cases}
G_{\mathrm{VV}}\Big|_{Z_{\mathrm{T}} = -\frac{Z_{\mathrm{R}}Z_{\mathrm{M}}}{Z_{\mathrm{R}} + Z_{\mathrm{M}}}} = \dfrac{Z_{\mathrm{M}} + Z_{\mathrm{R}}}{Z_{\mathrm{M}}} \\
G_{\mathrm{VI}}\Big|_{Z_{\mathrm{T}} = -Z_{\mathrm{M}}} = \dfrac{-1}{Z_{\mathrm{M}}} \\
G_{\mathrm{IV}}\Big|_{Z_{\mathrm{R}} = -Z_{\mathrm{M}}} = Z_{\mathrm{M}}
\end{cases}
\tag{4-2-6}
$$

相应的输入阻抗分别如下所示：

$$\begin{cases} Z_{\mathrm{VV\_in}}\Big|_{Z_{\mathrm{T}}=-\frac{Z_{\mathrm{R}}Z_{\mathrm{M}}}{Z_{\mathrm{R}}+Z_{\mathrm{M}}}} = \dfrac{RZ_{\mathrm{M}}^2}{(Z_{\mathrm{R}}+Z_{\mathrm{M}})(R+Z_{\mathrm{R}}+Z_{\mathrm{M}})} \\ Z_{\mathrm{VI\_in}}\Big|_{Z_{\mathrm{T}}=-Z_{\mathrm{M}}} = -\dfrac{Z_{\mathrm{M}}^2}{R+Z_{\mathrm{R}}+Z_{\mathrm{M}}}\Bigg|_{Z_{\mathrm{R}}=-Z_{\mathrm{M}}} = \dfrac{-Z_{\mathrm{M}}^2}{R} \\ Z_{\mathrm{IV\_in}}\Big|_{Z_{\mathrm{R}}=-Z_{\mathrm{M}}} = \dfrac{R(Z_{\mathrm{M}}+Z_{\mathrm{T}})-Z_{\mathrm{M}}^2}{R}\Bigg|_{Z_{\mathrm{T}}=-Z_{\mathrm{M}}} = \dfrac{-Z_{\mathrm{M}}^2}{R} \end{cases} \tag{4-2-7}$$

根据式（4-2-7），输入阻抗 $Z_{\mathrm{VV\_in}}$ 不能实现纯阻性。当 $Z_{\mathrm{R}} = -Z_{\mathrm{M}}$ 和 $Z_{\mathrm{T}} = -Z_{\mathrm{M}}$ 时，$Z_{\mathrm{VI\_in}}$ 和 $Z_{\mathrm{IV\_in}}$ 可以实现纯阻性。

由以上分析可得，通过 T 形电路可以将电流（或电压）源转换为与负载无关的恒压输出（或与负载无关的恒流输出），并且可以实现逆变器输出电压和电流零相角（zero phase angle，ZPA）。因此，S-S 拓扑可适用于 CC 模式，也就是说 CLC 电路可以将电压（或电流）源转换为 CC（或 CV）输出。为了形成 CLC 电路，应根据以下等式选择 C_{T} 和 C_{R} 的值：

$$\begin{cases} \dfrac{1}{\mathrm{j}\omega C_{\mathrm{T}}} + \mathrm{j}\omega L_{\mathrm{Tk}} = -\mathrm{j}\omega M \\ \dfrac{1}{\mathrm{j}\omega C_{\mathrm{R}}} + \mathrm{j}\omega L_{\mathrm{Rk}} = -\mathrm{j}\omega M \end{cases} \tag{4-2-8}$$

将式（4-2-1）代入式（4-2-8），可以得到

$$\begin{cases} C_{\mathrm{T}} = \dfrac{1}{\omega^2 L_{\mathrm{T}}} \\ C_{\mathrm{R}} = \dfrac{1}{\omega^2 L_{\mathrm{R}}} \end{cases} \tag{4-2-9}$$

然后，具有 CC 输出的 CLC 电路的增益 G_{VI} 和输入阻抗 $Z_{\mathrm{VI\_in}}$ 如下所示：

$$\begin{aligned} |G_{\mathrm{VI}}| &= \frac{I_{\mathrm{o}}}{V_{\mathrm{i}}} = \frac{1}{\omega M} \\ Z_{\mathrm{VI\_in}} &= \frac{(\omega M)^2}{R} \end{aligned} \tag{4-2-10}$$

等效交流负载 R（$R = 8R_{\mathrm{B}}/\pi^2$）由恒流源（$I_{\mathrm{o}} = V_{\mathrm{i}}/(\omega M)$）供电，其中，$R_{\mathrm{B}}$ 为电池的等效负载。只要整流桥的等效交流负载是纯阻性的，逆变器的等效输入阻抗就是纯阻性的，即系统可以在任何纯阻性负载下实现 ZPA。此外，流入负载的电流与负载无关，并且仅由给定输入电压下的系统互感和工作频率等参数决定。

如上所述，可以通过具有电压源的 CLC 电路来实现 CC 输出。根据对偶原理，LCL 电路具有与 CLC 电路相同的特性。现在，需要另一个 LCL/CLC 电路将电流源转换为 CV 输出。实际上，附加的 T 形拓扑可以放在发射端或接收端。如果它被放置在发射端，则需要通信将电压或电流信号从接收端传输到发射端并作为触发信号，从而实现恒流-恒压切换充电。因此，为了减少通信电路，LCL 电路放在接收端。由此形成的等效拓扑结构如图 4.12 所示。

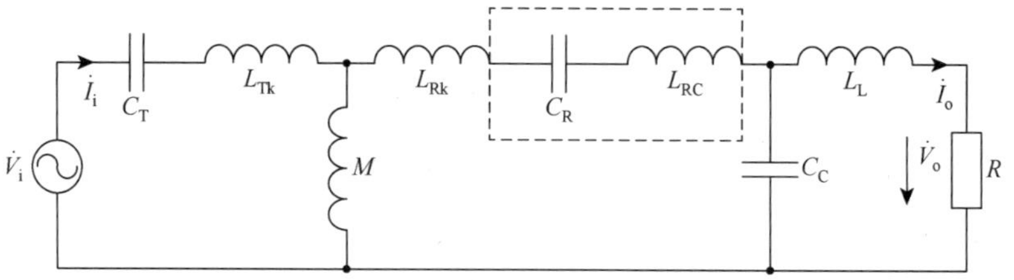

图 4.12　CLC 电路级联 LCL 电路的等效拓扑结构

通过上述分析，可以得到电压增益和等效阻抗为

$$
\begin{aligned}
G_{VV}\big|_{Z_{L_L}=-Z_C} &= \frac{\dot{V}_o}{\dot{V}_i} = -\frac{Z_C}{Z_M} \\
Z_{VV\_in}\big|_{Z_{L_L}=-Z_C} &= \left.\frac{RZ_M^2}{Z_C^2 - R(Z_C + Z_{L_{RC}})}\right|_{Z_{L_{RC}}=-Z_C} = R\left(\frac{Z_M}{Z_C}\right)^2
\end{aligned}
\qquad (4\text{-}2\text{-}11)
$$

式中，$Z_{L_L} = j\omega L_L$；$Z_C = 1/(j\omega C_C)$；$Z_{L_{RC}} = j\omega L_{RC}$。很明显，当 R 是纯阻性时，ZPA 可以通过 $Z_{L_{RC}} = -Z_C$ 来实现。进一步简化式（4-2-11）之后，从图 4.12 可以得出，电路的电压增益 G_{VV} 和输入阻抗 Z_{VV_in} 为

$$
\begin{aligned}
|G_{VV}| &= \frac{V_o}{V_i} = \frac{1}{\omega^2 C_C M} \\
Z_{VV\_in} &= R(\omega^2 C_C M)^2
\end{aligned}
\qquad (4\text{-}2\text{-}12)
$$

由于 CC 模式和 CV 模式的拓扑结构不同，所以需要使用 ACS[12]来改变两种模式之间的拓扑结构，如图 4.13 所示。考虑到双向谐振电流，采用两个 ACS 实现 CC 模式和 CV

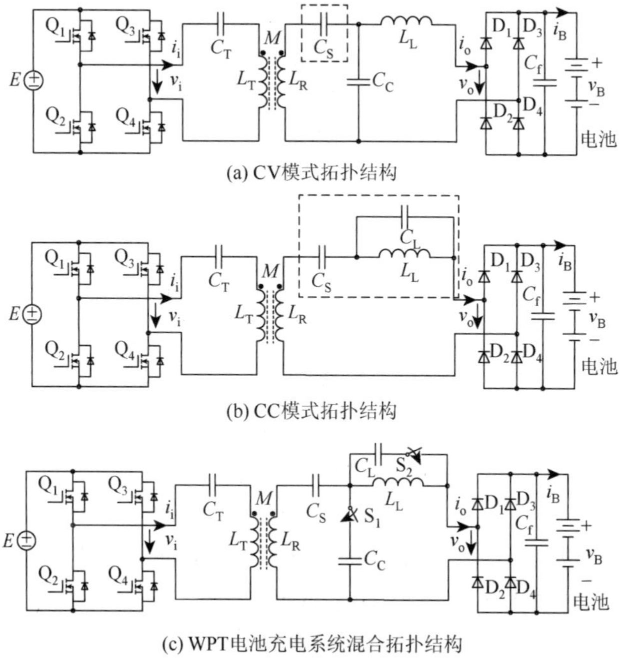

(a) CV模式拓扑结构

(b) CC模式拓扑结构

(c) WPT电池充电系统混合拓扑结构

图 4.13　系统电路拓扑结构

模式的切换。ACS 由两个开关管组成，如图 4.14 所示，两个反向串联的 MOSFET 或两个反向并联的 IGBT。

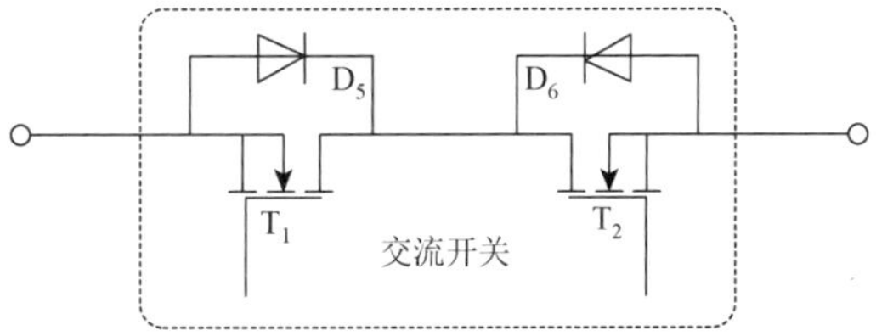

图 4.14　包含两个反向串联 MOSFET 的交流开关

根据 CV 模式下 LCL 电路的特性，可以得到

$$\mathrm{j}\omega L_{\mathrm{L}}=\mathrm{j}\omega L_{\mathrm{RC}}=-\frac{1}{\mathrm{j}\omega C_{\mathrm{C}}} \tag{4-2-13}$$

通过比较图 4.13（a）和图 4.12，虚线框部分的元件阻抗应相等，因此有

$$\frac{1}{\mathrm{j}\omega C_{\mathrm{S}}}=\frac{1}{\mathrm{j}\omega C_{\mathrm{R}}}+\mathrm{j}\omega L_{\mathrm{RC}} \tag{4-2-14}$$

类似地，通过比较图 4.13（b）和图 4.12，虚线框部分的元件阻抗应相等，因此有

$$\frac{1}{\mathrm{j}\omega C_{\mathrm{L}}+1/(\mathrm{j}\omega L_{\mathrm{L}})}+\frac{1}{\mathrm{j}\omega C_{\mathrm{S}}}=\frac{1}{\mathrm{j}\omega C_{\mathrm{R}}} \tag{4-2-15}$$

此外，CC 模式下不需要电容 C_{C}，因此 ACS S_1 应与电容 CC 串联。当电路工作在 CV 模式时，如图 4.13（a）所示，电容 C_{L} 是多余的。为了解决这个问题，在电路中添加了 ACS S_2，以便在不需要时断开 C_{L}。

WPT 电池充电系统从 CC 模式切换到 CV 模式，ACS S_1 和 S_2 的控制逻辑如图 4.15（a）所示。图 4.15（b）是混合拓扑的控制电路框图。如图 4.15（b）所示，v_{B} 为 WPT 电池充电系统的充电电压，而 $k_{\mathrm{v}}=V_{\mathrm{REF}}/V_{\mathrm{B}}$、$V_{\mathrm{REF}}$ 和 V_{B} 分别是电压变比、参考电压和充电电压。最初，WPT 电池充电系统以 CC 模式工作，具有恒定的输出电流 I_{B}，而 $v_{\mathrm{B}}<V_{\mathrm{B}}$。随着时间的推移，充电电压 v_{B} 逐渐增加。一旦达到充电电压 V_{B}，S_1 和 S_2 的控制逻辑就会切换，系统工作在 CV 模式下。在 CV 模式下，充电电压保持在 V_{B}，并且充电电流 i_{B} 开始减小，直到它达到充电截止电流。当 S_1 关闭且 S_2 打开时，WPT 电池充电系统以 CC 模式运行；当 S_1 打开且 S_2 关闭时，WPT 电池充电系统以 CV 模式运行。

由式（4-2-10）和式（4-2-12）可知，一旦确定 WPT 电池充电系统的参数，系统输出电流和输出电压由高频逆变器的输出电压 V_{i} 确定。此外，每个混合拓扑都可以实现 ZPA，并且只需要一个逆变器而不是多个逆变器来同时为多个负载充电，可以降低系统成本，如图 4.16 所示。由于发射线圈彼此远离，可忽略发射线圈之间交叉耦合的影响，仅考虑每个 WPT 电池充电系统的发射线圈和相应接收线圈之间的互感 M_k。

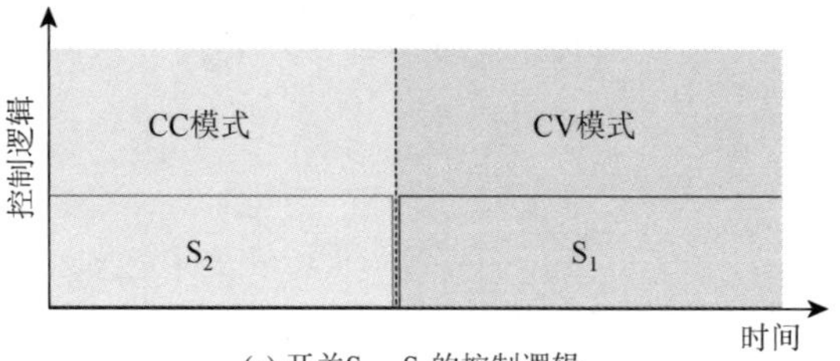

(a) 开关S_1、S_2的控制逻辑

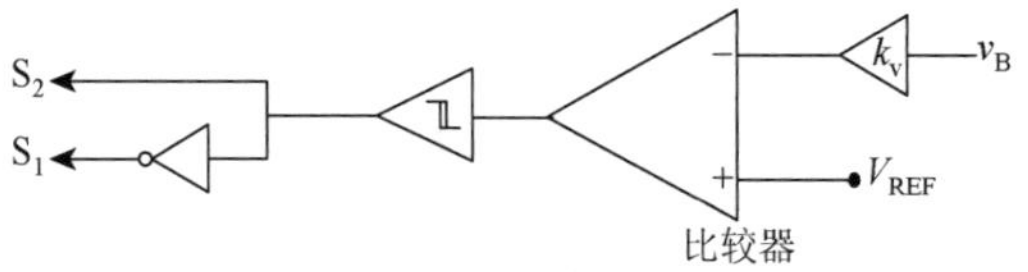

(b) 混合拓扑的控制电路框图

图 4.15　系统控制示意图

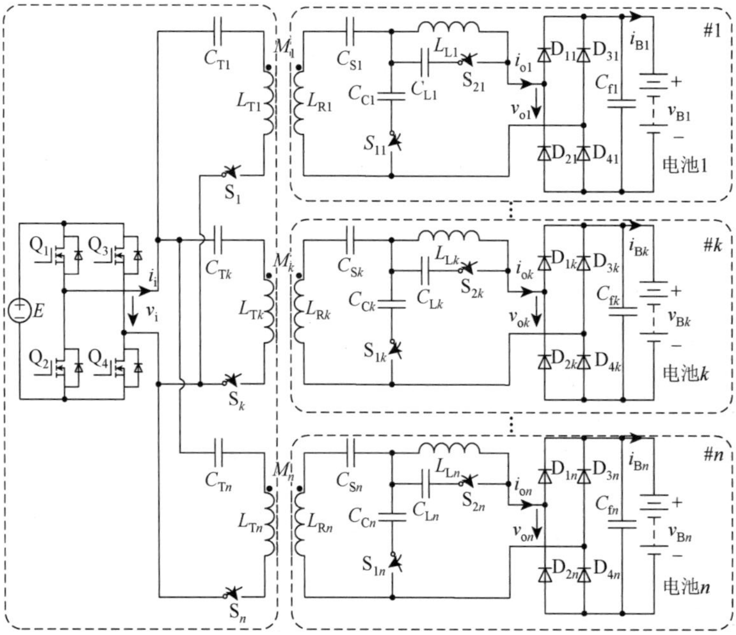

图 4.16　单个逆变器对多个负载充电的混合拓扑

4.2.2　混合拓扑电路的参数设计

以图 4.13（c）的拓扑结构为例，下面详细介绍如何设计 WPT 电池充电系统参数。

逆变器输入直流电压为 E 并以 50%占空比工作，那么逆变器输出电压的基波幅值 V_{i} 可表示为

$$V_{\mathrm{i}}=\frac{2\sqrt{2}E}{\pi} \tag{4-2-16}$$

整流桥的交流输入电压有效值 V_{o} 与直流输出电压 V_{B} 之间的关系为

$$V_o = \frac{2\sqrt{2}V_B}{\pi} \tag{4-2-17}$$

接收端交流电流 I_o 的有效值与电池的充电电流 I_B 的关系可以表示为

$$I_o = \frac{\pi\sqrt{2}I_B}{4} \tag{4-2-18}$$

将式（4-2-16）和式（4-2-18）代入式（4-2-10），可得

$$|G_{VI}| = \frac{I_o}{V_i} = \frac{1}{\omega M} = \frac{I_B\pi^2}{8E} \tag{4-2-19}$$

通过求解式（4-2-19），LCT 的互感由式（4-2-20）给出

$$M = \frac{8E}{\omega I_B \pi^2} \tag{4-2-20}$$

可以看出，互感由输入电压和输出电流以及工作角频率决定。

类似地，通过将式（4-2-16）和式（4-2-17）代入式（4-2-12），可得电压增益如下：

$$|G_{VV}| = \frac{V_o}{V_i} = \frac{1}{\omega^2 C_C M} = \frac{V_B}{E} \tag{4-2-21}$$

通过将式（4-2-20）代入式（4-2-21），得出电容 C_C 为

$$C_C = \frac{I_B\pi^2}{8\omega V_B} \tag{4-2-22}$$

根据式（4-2-13）和式（4-2-22），可以计算出电感 L_L 的值为

$$L_L = \frac{1}{\omega^2 C_C} = \frac{8V_B}{\pi^2 \omega I_B} \tag{4-2-23}$$

根据式（4-2-9）、式（4-2-13）、式（4-2-14）和式（4-2-22），可通过计算得出电容 C_S 为

$$C_S = \frac{C_C}{\omega^2 C_C L_R - 1} = \frac{\pi^2 I_B}{\omega\left(\pi^2 \omega I_B L_R - 8V_B\right)} \tag{4-2-24}$$

将式（4-2-1）代入式（4-2-8），电容 C_T 由式（4-2-25）给出

$$C_T = \frac{1}{\omega^2 L_T} \tag{4-2-25}$$

根据式（4-2-9）、式（4-2-15）、式（4-2-23）和式（4-2-24），电容 C_L 由式（4-2-26）给出

$$C_L = \frac{1}{L_L\omega^2} - \frac{C_R C_S}{C_R - C_R} = \frac{\pi^2 I_B}{4\omega V_B} \tag{4-2-26}$$

利用给定的电池 I_B 和 V_B 的值以及 E、L_T 和 L_R 的值，按照式（4-2-20）、式（4-2-22）～式（4-2-26），可以相应地确定 WPT 电池充电系统的元件参数。

4.2.3　实验验证

采用如图 4.16 所示的混合拓扑，建立两个 WPT 电池充电系统原理样机#1 和#2，二者并联到同一个逆变器输出端口，并且充电参数都为：2A 充电电流和 96V 充电电压。装

置如图 4.17 所示，系统规格参数值见表 4.2。系统中开关器件是 Q_1-Q_4 = C2M0080120D 和 S_{11}（S_{21}）-S_{12}（S_{22}）= APT56F50L。工作频率设置为 500kHz。发射线圈和接收线圈之间的气隙为 20mm，发射线圈和接收线圈均为具有双层的 DD 形结构。每个 D 形结构线圈（线圈直径为 75mm）有 10 匝（利兹线为 0.04mm/1500 股），PC40 铁氧体磁芯的尺寸为 75mm×150mm×10mm，位于发射线圈下方。采用电子负载模拟电池充电曲线。

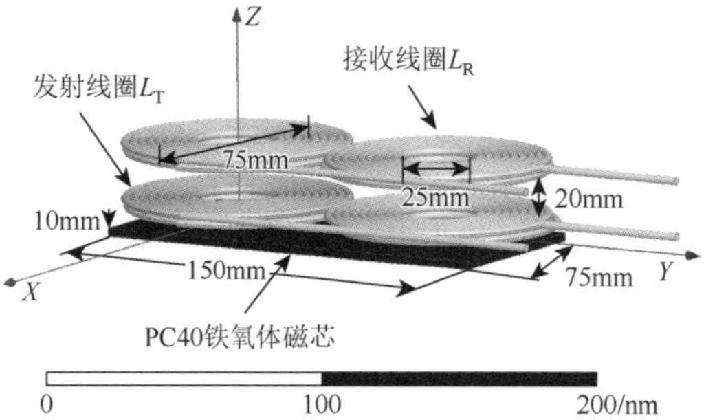

(a) 线圈结构图

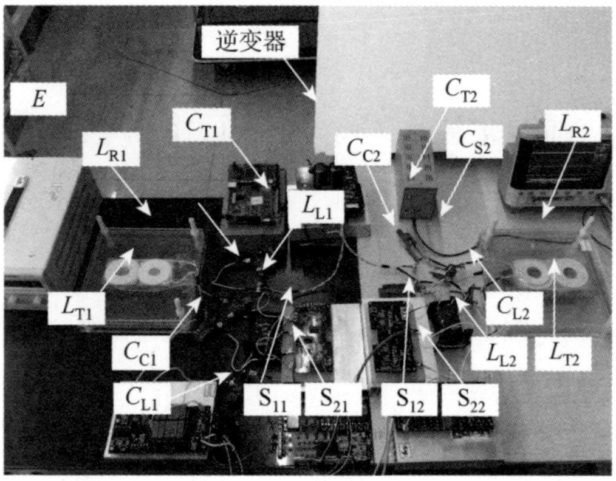

(b) 充电系统整体图

图 4.17　实验装置图

表 4.2　系统规格和参数值

WPT 电池充电系统#1		WPT 电池充电系统#2	
E	110V	E	110V
C_{T1}	1.89nF	C_{T2}	1.84nF
L_{T1}	54.14μH	L_{T2}	55.04μH
L_{R1}	35.51μH	L_{R2}	35.64μH
M_1	13.71μH	M_2	13.84μH
C_{S1}	4.31nF	C_{S2}	4.36nF
C_{C1}	8.32nF	C_{C2}	8.19nF
C_{L1}	16.49nF	C_{L2}	16.47nF
L_{L1}	12.09μH	L_{L2}	12.25μH

1. WPT 电池充电系统#1 的实验结果

图 4.18 为当 S_{11} 关闭和 S_{21} 打开时，CC 模式下逆变器的输出电压 v_i 和输出电流 i_i，充电电流 i_{B1} 和充电电压 v_{B1} 的波形。在 CC 模式下，电池等效电阻从 36Ω 增加到 48Ω，同时充电电流保持在所需的 2A，充电电压 v_B 从 72V 增加到 96V。i_i 几乎与 v_i 同相。v_{B1} 增加到 96V，然后通过关闭 S_{21} 并打开 S_{11} 将系统切换到 CV 模式。从 CC 模式切换到 CV 模式的瞬态波形如图 4.19 所示。当从 CC 模式切换到 CV 模式时，i_i 的值略微减小，并且在 CV 模式下 ACS S_{11} 的开关导通损耗小于 CC 模式下的开关导通损耗。在切换前后，充电电流

和充电电压几乎恒定，如图 4.19（b）所示，逆变器的输出电压 v_i 和输出电流 i_i 的波形。CV 模式下 $R_{B1} = 48\Omega$ 和 96Ω 的充电电流 i_{B1} 和充电电压 v_{B1} 分别如图 4.20（a）和图 4.20（b）所示。很明显，充电电压几乎保持恒定，无功功率几乎为零。

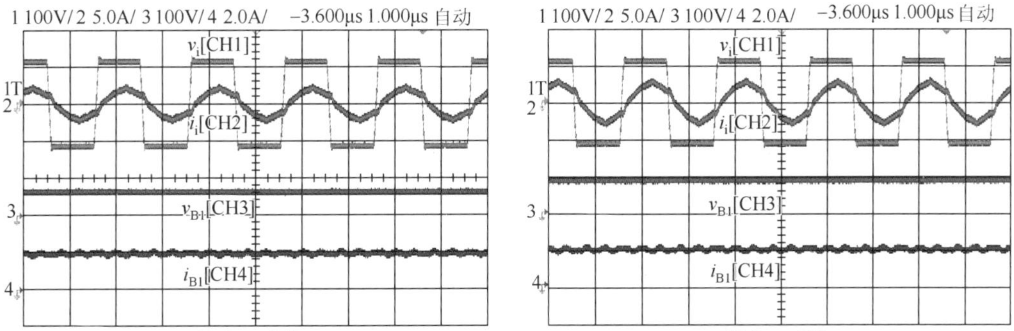

(a) $R_{B1} = 36\Omega$　　(b) $R_{B1} = 48\Omega$

图 4.18　CC 模式下的 v_i、i_i、v_{B1} 和 i_{B1} 的实验波形

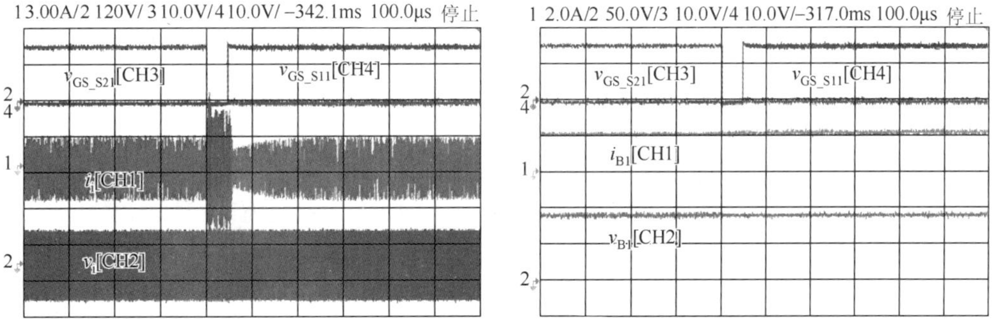

(a) ACS S_{11} 和 S_{21} 的栅极驱动信号 $v_{Gs\text{-}S11}$ 和 $v_{Gs\text{-}S11}$ 的波形　　(b) i_{B1} 和 v_{B1} 的波形

图 4.19　CC 模式切换到 CV 模式的瞬态波形

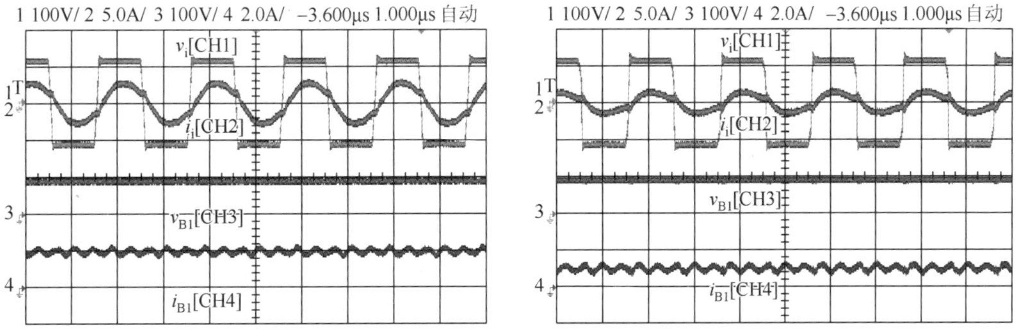

(a) $R_{B1} = 48\Omega$　　(b) $R_{B1} = 96\Omega$

图 4.20　CV 模式下的 v_i、i_i、v_{B1} 和 i_{B1} 的实验波形

WPT 电池充电系统的充电电流和充电电压与负载 $\lg(R_{B1})$ 的充电曲线如图 4.21 所示。测量的逆变器直流输入和电池的直流输出功率、效率，如图 4.22 所示。在 CC 模式下，

系统效率随着充电功率的增加而升高。在 CV 模式下，系统效率随着所需功率的减少而降低。系统充电效率最高达 92.81%，在输出功率小于 20W 时效率较低，只有 68.19%。

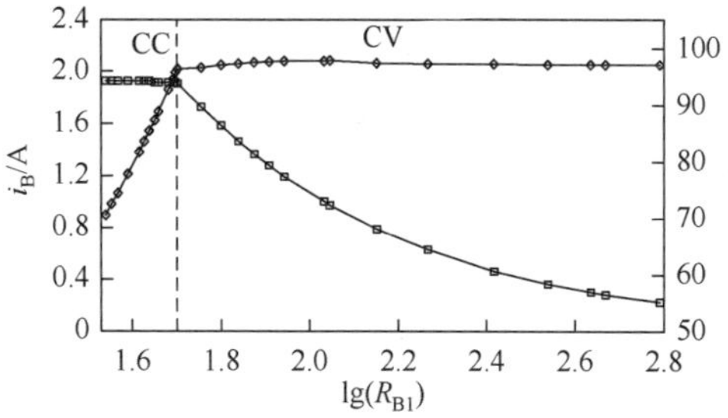

图 4.21　i_B、v_B 和 lg（R_{B1}）充电曲线

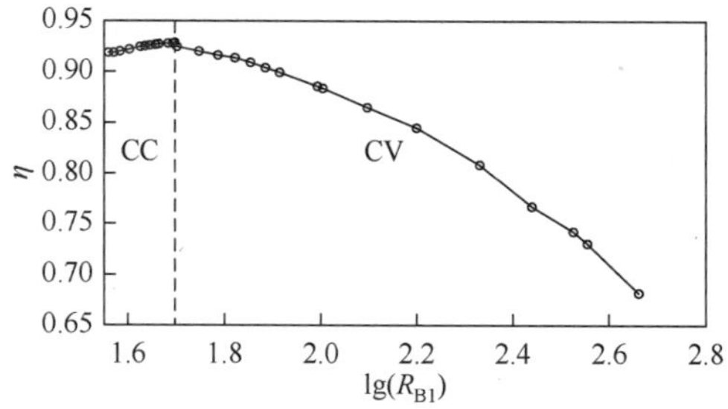

图 4.22　CC 和 CV 模式下测量的电池充电系统效率

2. WPT 电池充电系统#1 和#2 的实验结果

图 4.23 为逆变器的输出电压 v_i 和输出电流 i_i，以及 CC 模式下#1 的充电电流 i_{B1} 和#2 的充电电流 i_{B2} 的实验波形。图 4.24 给出逆变器的输出电压 v_i 和输出电流 i_i，以及 CV 模式下#1 的充电电压 v_{B1} 和 CC 模式下#2 的充电电流 i_{B2}。图 4.25 为逆变器的输出电压 v_i 和输出电流 i_i，以及 CV 模式下#1 的充电电压 v_{B1} 和#2 的充电电压 v_{B2} 的实验波形。

CC 模式：在图 4.23（a）中，#1 的充电电流 i_{B1} 在 $R_{B1} = 36\Omega$ 时为 2.05A，#2 的充电电流 i_{B2} 在 $R_{B2} = 37.5\Omega$ 时为 2.04A。在图 4.23（b）中，#1 的充电电流 i_{B1} 在 $R_{B1} = 47.3\Omega$ 时为 2.01A，#2 的充电电流 i_{B2} 在 $R_{B2} = 48\Omega$ 时为 2.01A。充电电流的波动幅度小于 2%。

CC 模式和 CV 模式：在图 4.24 中，#1 的充电电压 v_{B1} 在 $R_{B1} = 50\Omega$ 时为 96.64V，并且#2 的充电电流 i_{B2} 在 $R_{B2} = 48\Omega$ 时为 2.01A。两个 WPT 电池充电系统在不同的充电模式下同时工作。

CV 模式：如图 4.25（a）所示，#1 的充电电压 v_{B1} 在 $R_{B1} = 48\Omega$ 时为 96.48V，#2 的充电电压 v_{B2} 在 $R_{B2} = 50\Omega$ 时为 96.65V。在图 4.25（b）中#1 的充电电压 v_{B1} 在 $R_{B1} = 96\Omega$ 时为 97.98V，在 $R_{B2} = 100\Omega$ 时#2 的充电电压 v_{B2} 为 98.01V。充电电压的波动幅度小于 2%。

从图 4.23～图 4.25 可以看出，两个 WPT 电池充电系统在 CC 模式下具有恒定的输出电流，在 CV 模式下具有恒定的输出电压。可见，该方法可以适用于单个逆变器同时为多个电池负载充电的情况。

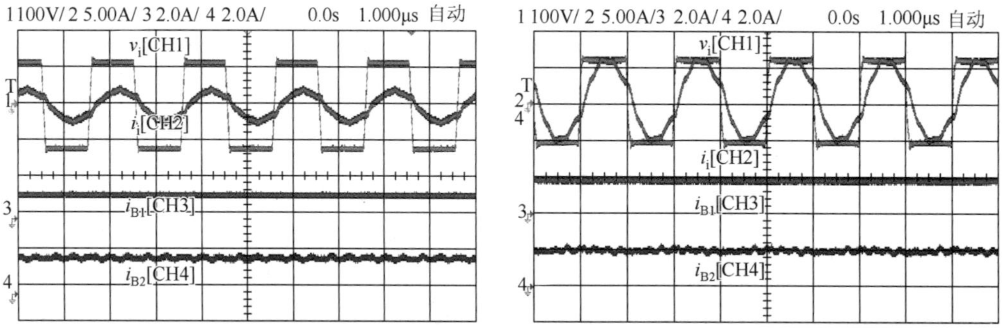

(a) $R_{B1} = 36\Omega$, $R_{B2} = 37\Omega$　　(b) $R_{B1} = 48\Omega$, $R_{B2} = 47\Omega$

图 4.23　CC 模式下的 v_i、i_i、i_{B1} 和 i_{B2} 的实验波形

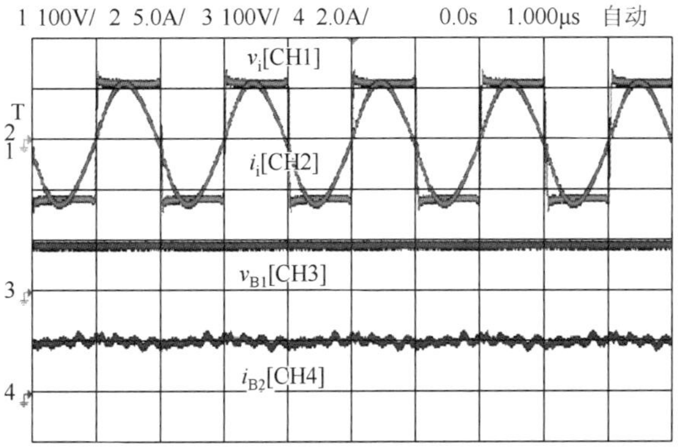

图 4.24　v_i、i_i 及在 CV 模式下 $R_{B1}=50\Omega$ 时 v_{B1} 和在 CC 模式下 $R_{B2}=48\Omega$ 时 i_{B2} 的实验波形

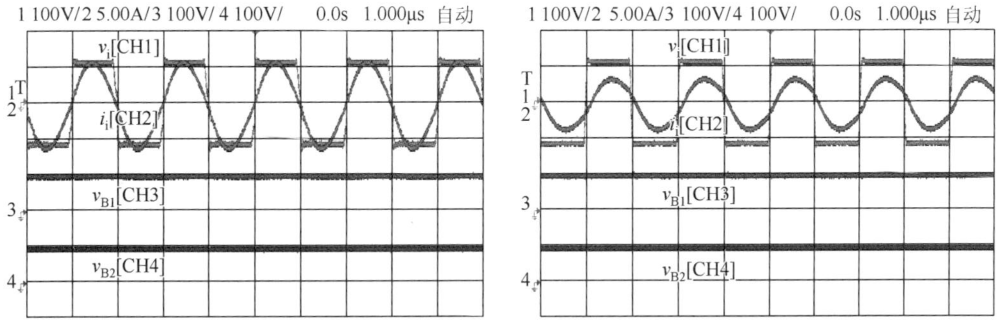

(a) $R_{B1}=48\Omega$, $R_{B2}=50\Omega$　(b) $R_{B1}=96\Omega$, $R_{B2}=100\Omega$

图 4.25　CV 模式下 v_i、i_i、v_{B1} 和 v_{B2} 的实验波形

4.3　基于混合重构拓扑的抗偏移恒流-恒压输出研究

采用具有恒流和恒压输出特性的补偿拓扑可以实现 CC-CV 充电[9-11, 13]，但是此类方法需要耦合机构的位置相对固定。否则，偏移会导致系统输出改变，严重时引起系统失效。WPT 系统的发射端和接收端之间的位置难以保持不变，所以提高系统的抗偏移能力是十分重要的。耦合线圈之间的偏移会导致传输功率低、损耗增加和系统工作不稳定等问题。为了提高 WPT 系统的抗偏移能力，学者围绕线圈设计和补偿拓扑优化设计做出了许多努力[14-18]，然而大多数研究都没有涉及抗偏移恒流-恒压充电领域。

本节将介绍一种基于混合重构拓扑的 WPT 系统，该系统不仅能够抵抗耦合系数变化，还能实现 CC 模式和 CV 模式切换输出。该方法在 X 轴上具有很强的抗偏移能力，但是其在 Y 轴方向上的抗偏移能力较弱，限制了它的应用。对于车辆，因为车的方向与 Y 轴平行，所以 Y 轴方向的偏移（前后方向）比较容易调整。这样一来，额外需要一个能提示当前偏移位置的传感器，或者在司机的帮助下就能轻易地使 Y 轴偏移降低到可接受的程度。此外，在轨道交通中，Y 轴方向偏移几乎不存在，因此该方法也可以用于有轨电车。

4.3.1 混合重构拓扑电路

图 4.26 为所提出的混合重构拓扑电路，该混合重构拓扑电路包含了一个混合拓扑和一个重构拓扑。混合拓扑由一个 LCC-S 拓扑和一个 S-LCC 拓扑组成。其中，LCC 表示电感-电容-电容补偿网络，S 表示电容与发射端线圈或接收端线圈串联补偿网络。这两个拓扑在发射端并联于同一个逆变器的输出端口，在接收端串联起来。重构拓扑包含一个 LCL 拓扑、两个 ACS 和一个附加的电容。其中，一个交流开关与 LCL 中的电容串联；另一个交流开关与额外的附加电容串联，同时与 LCL 的最后一个电感并联。全桥高频逆变器包含 4 个功率 MOSFET（Q_1～Q_4）。L_0、C_0 和 C_1（L_5、C_5 和 C_4）组成了 LCC 补偿网络，C_3（C_2）是 S 补偿网络的一部分，它们共同组成了 LCC-S（S-LCC）拓扑。L_L、C_C 和 L_C 组成了 LCL 拓扑，结合 C_V、ACS、S_1 和 S_2 又共同组成了重构拓扑。四个线圈之间的互感为 M_{12}、M_{13}、M_{14}、M_{23}、M_{24} 和 M_{34}。整流器包含 4 个二极管（D_1～D_4）和一个滤波电容 C_f。假设谐振环中无效率损耗（等效串联阻抗为零），且半导体开关是理想元件。

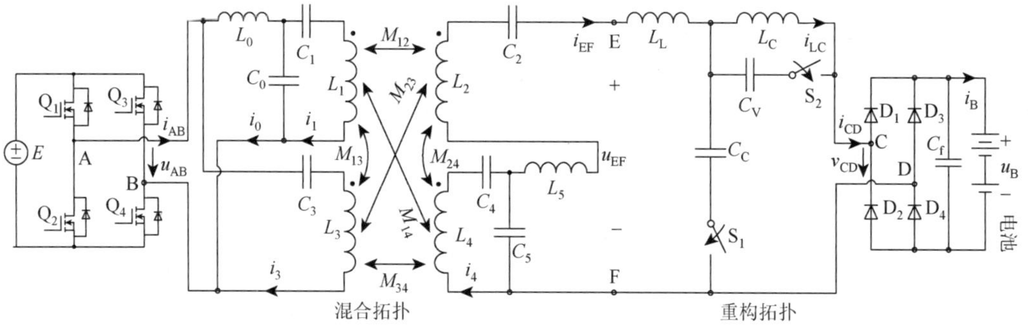

图 4.26 混合重构拓扑电路

1. 混合拓扑的分析

为方便分析，现将混合拓扑和重构拓扑分开，混合拓扑电路如图 4.27 所示。电路由一个角频率为 ω 的正弦电压源驱动。电路谐振关系可由式（4-3-1）表示：

$$\begin{cases} \mathrm{j}\omega L_1 + 1/(\mathrm{j}\omega C_1) = \mathrm{j}\omega L_0 = -1/(\mathrm{j}\omega C_0) \\ \mathrm{j}\omega L_2 = -1/(\mathrm{j}\omega C_2) \\ \mathrm{j}\omega L_4 + 1/(\mathrm{j}\omega C_4) = \mathrm{j}\omega L_5 = -1/(\mathrm{j}\omega C_5) \\ \mathrm{j}\omega L_3 = -1/(\mathrm{j}\omega C_3) \end{cases} \tag{4-3-1}$$

根据基尔霍夫定律，混合拓扑可描述为

$$\begin{bmatrix} \dot{U}_{AB} \\ 0 \\ 0 \\ \dot{U}_{AB} \\ 0 \end{bmatrix} = \begin{bmatrix} Z_{00} & Z_{01} & Z_{02} & Z_{03} & Z_{04} \\ Z_{10} & Z_{11} & Z_{12} & Z_{13} & Z_{14} \\ Z_{20} & Z_{21} & Z_{22} & Z_{23} & Z_{24} \\ Z_{30} & Z_{31} & Z_{32} & Z_{33} & Z_{34} \\ Z_{40} & Z_{41} & Z_{42} & Z_{43} & Z_{44} \end{bmatrix} \begin{bmatrix} \dot{I}_0 \\ \dot{I}_1 \\ \dot{I}_{EF} \\ \dot{I}_3 \\ \dot{I}_4 \end{bmatrix} \tag{4-3-2}$$

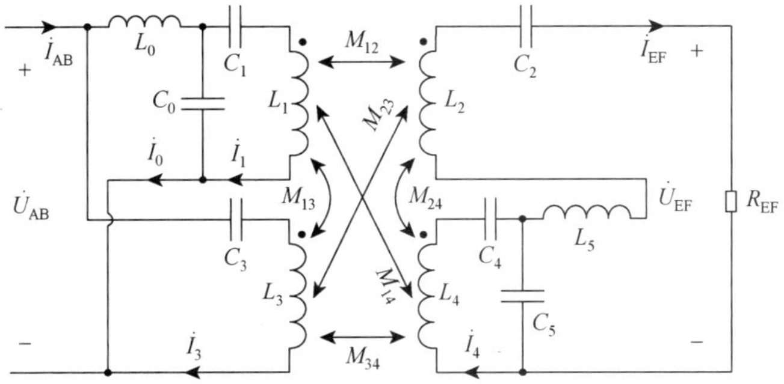

图 4.27　电压源驱动的混合拓扑电路

其中，

$$
\begin{aligned}
&Z_{00}=\mathrm{j}\omega L_0+1/(\mathrm{j}\omega C_0),\quad Z_{01}=Z_{10}=-1/(\mathrm{j}\omega C_0)\\
&Z_{02}=Z_{20}=0,\quad Z_{03}=Z_{30}=0,\quad Z_{04}=Z_{40}=0\\
&Z_{11}=1/(\mathrm{j}\omega C_0)+1/(\mathrm{j}\omega C_1)+\mathrm{j}\omega L_1,\quad Z_{12}=Z_{21}=-\mathrm{j}\omega M_{12}\\
&Z_{13}=Z_{31}=\mathrm{j}\omega M_{13},\quad Z_{14}=Z_{41}=-\mathrm{j}\omega M_{14}\\
&Z_{22}=\mathrm{j}\omega L_2+1/(\mathrm{j}\omega C_2)+\mathrm{j}\omega L_5+1/(\mathrm{j}\omega C_5)+R_{EF}\\
&Z_{23}=Z_{32}=-\mathrm{j}\omega M_{23},\quad Z_{24}=Z_{42}=\mathrm{j}\omega M_{24}-1/(\mathrm{j}\omega C_5)\\
&Z_{33}=\mathrm{j}\omega L_3+1/(\mathrm{j}\omega C_3),\quad Z_{34}=Z_{43}=-\mathrm{j}\omega M_{34}\\
&Z_{44}=\mathrm{j}\omega L_4+1/(\mathrm{j}\omega C_4)+1/(\mathrm{j}\omega C_5)
\end{aligned}
\tag{4-3-3}
$$

通过选择合适的磁耦合机构，设计线圈结构可以使得交叉耦合（M_{13}、M_{14}、M_{23}、M_{24}）远远小于主互感（M_{12}、M_{34}），这将在 4.3.2 节讨论。因此，交叉耦合（M_{13}、M_{14}、M_{23}、M_{24}）的作用可忽略不计。求解式（4-3-2）可得

$$
\begin{cases}
\dot{I}_0=\dfrac{(M_{12}M_{34}+L_0L_5)M_{12}\dot{U}_{AB}}{M_{34}R_{EF}L_0^2}\\
\dot{I}_{EF}=\dfrac{(M_{12}M_{34}+L_0L_5)\dot{U}_{AB}}{M_{34}R_{EF}L_0}\\
\dot{I}_3=\dfrac{(M_{12}M_{34}+L_0L_5)\omega L_5\dot{U}_{AB}}{\omega R_{EF}L_0M_{34}^2}
\end{cases}
\tag{4-3-4}
$$

然后，得出混合拓扑的电压增益 G_{VVh} 为

$$
G_{VVh}=\frac{\dot{I}_{EF}R_{EF}}{\dot{U}_{AB}}=\frac{M_{12}}{L_0}+\frac{L_5}{M_{34}}
\tag{4-3-5}
$$

结果表明：忽略交叉耦合后，混合拓扑的输出电压与负载无关。LCC-S 拓扑的输出电压随互感的减小而增加，S-LCC 拓扑的输出电压随互感的减小而减小。当耦合线圈发生偏移时，主互感 M_{12} 和 M_{34} 会减小，进而导致 M_{12}/L_0 减小和 L_5/M_{34} 增加。如果合理地选择参数，M_{12} 和 M_{34} 增加或减小的影响可被消除，电压增益 G_{VVh} 可以在一定范围内维持恒定。

系统输入电流 $\dot{I}_{AB}$ 可推导得出

$$\dot{I}_{AB}=\dot{I}_0+\dot{I}_3=\frac{\dot{U}_{AB}(M_{12}M_{34}+L_0L_5)^2}{R_{EF}L_0^2M_{34}^2} \tag{4-3-6}$$

输入等效阻抗 Z_{ABh} 可表示为

$$Z_{ABh}=\frac{\dot{U}_{AB}}{\dot{I}_{AB}}=\frac{R_{EF}L_0^2M_{34}^2}{(M_{12}M_{34}+L_0L_5)^2} \tag{4-3-7}$$

其值为纯阻性，说明电流 i_{AB} 和电压 v_{AB} 可以实现 ZPA。

2. 重构拓扑分析

电压源驱动的重构拓扑如图 4.28 所示，当交流开关 S_1 打开而 S_2 关闭时，电路工作在 CC 模式，可得

$$\begin{bmatrix}\dot{U}_{EF}\\0\end{bmatrix}=\begin{bmatrix}j\omega L_L+\dfrac{1}{j\omega C_C} & \dfrac{-1}{j\omega C_C}\\ \dfrac{-1}{j\omega C_C} & \dfrac{1}{j\omega C_C}+j\omega L_C+R_{CD}\end{bmatrix}\begin{bmatrix}\dot{I}_{EF}\\ \dot{I}_{CD}\end{bmatrix} \tag{4-3-8}$$

电感 L_L、L_C 和电容 C_C 之间的关系为

$$\begin{cases}j\omega L_L+\dfrac{1}{j\omega C_C}=0\\ j\omega L_C+\dfrac{1}{j\omega C_C}=0\end{cases} \tag{4-3-9}$$

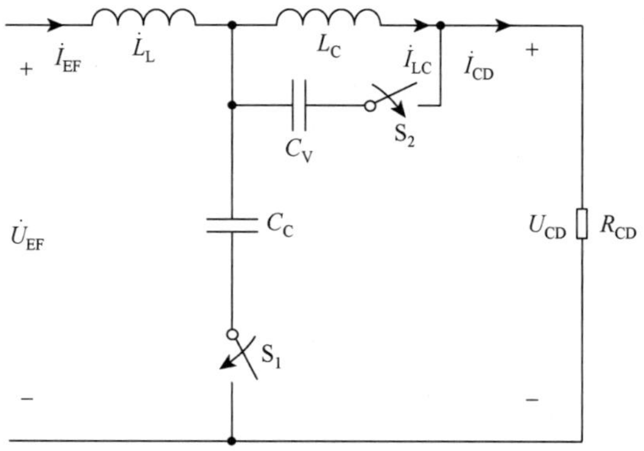

图 4.28　电压源驱动的重构拓扑

对式（4-3-8）求解，输入电流 $\dot{I}_{EF}$ 和输出电流 $\dot{I}_{CD}$ 为

$$\begin{cases}\dot{I}_{EF}=\dot{U}_{EF}R_{CD}\omega^2C_C^2\\ \dot{I}_{CD}=-j\omega C_C\dot{U}_{EF}\end{cases} \tag{4-3-10}$$

因此可得重构拓扑在恒流模式下的电流增益 G_{VIr_CC} 为

$$G_{VIr\_CC}=\frac{\dot{I}_{CD}}{\dot{U}_{EF}}=-j\omega C_C \tag{4-3-11}$$

输入等效阻抗 Z_{EFr_CC} 表示为

$$Z_{\mathrm{EFr\_CC}} = \frac{\dot{U}_{\mathrm{EF}}}{\dot{I}_{\mathrm{EF}}} = \frac{1}{R_{\mathrm{CD}}\omega^2 C_{\mathrm{C}}^2} \tag{4-3-12}$$

当交流开关 S_1 关闭而 S_2 打开时，电路工作在恒压模式。电感 L_L、L_C 和电容 C_V 之间关系为

$$\mathrm{j}\omega L_{\mathrm{L}} + \frac{1}{\mathrm{j}\omega C_{\mathrm{V}} + 1/(\mathrm{j}\omega L_{\mathrm{C}})} = 0 \tag{4-3-13}$$

这说明电感 L_L、L_C 和电容 C_V 组成串联谐振。重构拓扑在恒压模式下的电压增益 G_{VVr_CV} 为

$$G_{\mathrm{VVr\_CV}} = 1 \tag{4-3-14}$$

输入等效阻抗 Z_{EFr_CV} 可表示为

$$Z_{\mathrm{EFr\_CV}} = R_{\mathrm{CD}} \tag{4-3-15}$$

3. 混合拓扑与重构拓扑组合分析

混合重构拓扑是由混合拓扑与重构拓扑共同组成的，如图 4.29 所示。与图 4.26 相比，图 4.29 中标注的元件 C_E（或 L_E）的等效阻抗是用于替代电感 L_L、L_5 和电容 C_2 的等效阻抗。元件 C_E（或 L_E）可以是一个电感 L_E 或一个电容 C_E，即

$$\mathrm{j}\omega L_{\mathrm{L}} + \mathrm{j}\omega L_5 + \frac{1}{\mathrm{j}\omega C_2} = \mathrm{j}\omega L_{\mathrm{E}} \tag{4-3-16}$$

或

$$\mathrm{j}\omega L_{\mathrm{L}} + \mathrm{j}\omega L_5 + \frac{1}{\mathrm{j}\omega C_2} = \frac{1}{\mathrm{j}\omega C_{\mathrm{E}}} \tag{4-3-17}$$

在本节中，为了简化分析，元件 C_E（或 L_E）视为一个电容 C_E。

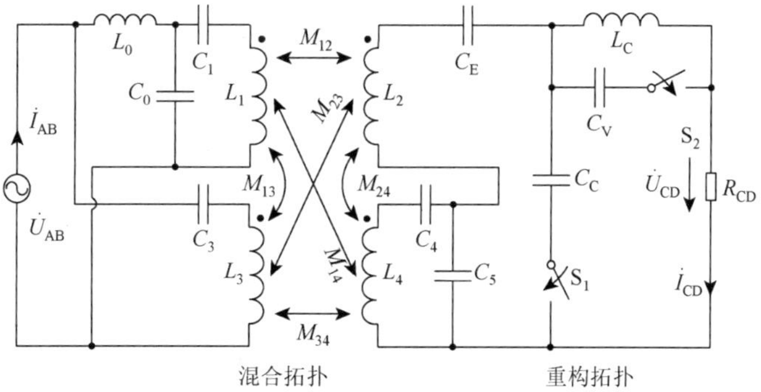

图 4.29　混合拓扑与重构拓扑的组合

CC 模式：根据式（4-3-5）和式（4-3-11），混合重构拓扑的电流增益 G_{VI} 表示为

$$G_{\mathrm{VI}} = G_{\mathrm{VVh}} \cdot G_{\mathrm{VIr\_CC}} = -\mathrm{j}\omega C_{\mathrm{C}} \left(\frac{M_{12}}{L_0} + \frac{L_5}{M_{34}} \right) \tag{4-3-18}$$

其相应的输入阻抗 Z_{AB_CC} 为

$$Z_{AB\_CC}=\frac{L_0^2M_{34}^2}{R_{CD}\omega^2C_C^2(M_{12}M_{34}+L_0L_5)^2} \tag{4-3-19}$$

恒压模式：根据式（4-3-5）和式（4-3-14），混合重构拓扑的电压增益 G_{VV} 表示为

$$G_{VV}=G_{VVh}\cdot G_{VVr\_CV}=\frac{M_{12}}{L_0}+\frac{L_5}{M_{34}} \tag{4-3-20}$$

其相应的输入阻抗 Z_{AB_CV} 为

$$Z_{AB\_CV}=\frac{R_{CD}L_0^2M_{34}^2}{(M_{12}M_{34}+L_0L_5)^2} \tag{4-3-21}$$

上述结果表明，混合重构系统在 CC 模式和 CV 模式下的输入阻抗均为纯阻性，说明可以实现 ZPA。

4.3.2　混合重构拓扑的参数设计

1. DDQ 形线圈的抗偏移性分析

如图 4.30 所示的耦合机构由两个 DDQ 形线圈组成。线圈之间的偏移可以是纵向的（X）、横向的（Y）或是垂直的（Z）。通过分别在纵向、横向和垂直方向移动接收端线圈，测量该耦合机构的互感。接收端线圈的额定工作点（nominal operating point，NOP）置于发射端线圈正上方 150mm 处。

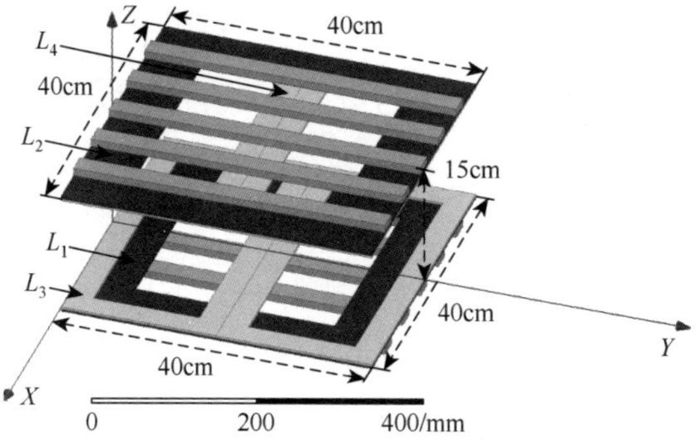

图 4.30　DDQ 形线圈的结构示意图

图 4.31 为接收端线圈在 X、Y 和 Z 轴方向上偏移时的互感变化情况。结果显示：主互感（M_{12}、M_{34}）在 X 轴和 Z 轴有显著变化，而交叉耦合（M_{13}、M_{14}、M_{23}、M_{24}）都非常小，以至于可以忽略不计。为了使这些交叉耦合很小，发射端或接收端的 Q 形线圈和 DD 形线圈必须安放在耦合机构不同层的正中间。此外，发射端和接收端的 DDQ 形线圈也必须相互对齐。交叉耦合 M_{23} 和 M_{14} 受到 Y 轴方向偏移的影响很大且不能忽略，所以采用 DDQ 形线圈的方法在 Y 轴方向上抗偏移性能较弱。

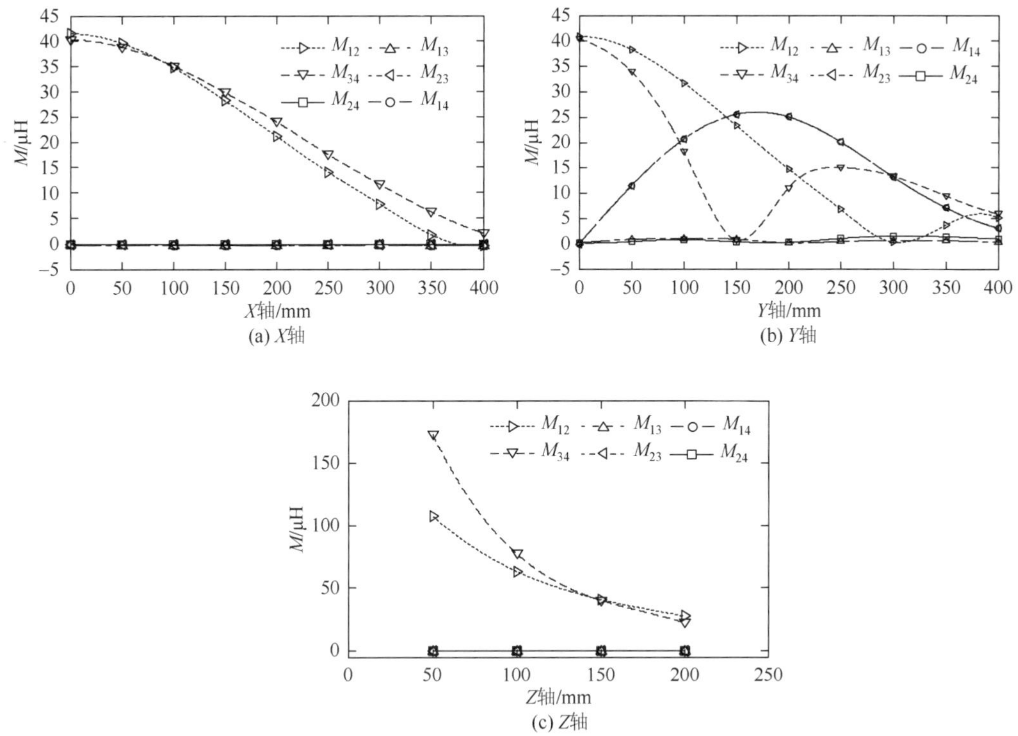

图 4.31　互感随偏移的曲线

2. 参数设计

在设计参数之前，一些参数需要提前给定，如输入直流电压 E、输出直流电压/电流 U_B/I_B、线圈在 NOP 的互感 M_{34_nop}、输出直流电压误差 Δ。

高频全桥逆变器的输入直流电压 E 和输出交流电压 U_{AB} 的关系表示为

$$U_{AB}=\frac{2\sqrt{2}E}{\pi} \quad (4\text{-}3\text{-}22)$$

全桥二极管整流器的输入交流电压/电流（U_{CD}/I_{CD}）和输出直流电压/电流（U_B/I_B）之间的关系为

$$U_B=\frac{\pi\sqrt{2}}{4}U_{CD},\quad I_B=\frac{2\sqrt{2}}{\pi}I_{CD} \quad (4\text{-}3\text{-}23)$$

因此，额定电压增益 G_{VVN} 和额定电流增益 G_{VIN} 表示为

$$\begin{cases} G_{VVN}=\dfrac{U_{CD}}{U_{AB}}=\dfrac{U_B}{E} \\ G_{VIN}=\dfrac{I_{CD}}{U_{AB}}=\dfrac{\pi^2 I_B}{8E} \end{cases} \quad (4\text{-}3\text{-}24)$$

通过 MATLAB 软件，主互感 M_{12} 和 M_{34} 在一定偏移范围内的变化关系可由函数 $M_{12}=f(M_{34})$ 表示。根据图 4.31（a），M_{12} 和 M_{34} 的关系可近似为一个线性函数模型：

$$M_{12}=aM_{34}+b \quad (4\text{-}3\text{-}25)$$

将式（4-3-25）代入式（4-3-20）中，可得

$$G_{VV}=\frac{aM_{34}+b}{L_0}+\frac{L_5}{M_{34}} \tag{4-3-26}$$

G_{VV}和M_{34}的关系如图4.32所示，Δ表示输出直流电压误差。M_{34_nop}、M_{34_max}分别是在额定工作点的互感值和最大互感值，而G_{VVN}是NOP对应的电压增益。当发生偏移时，M_{34}减小到M_{34_mid}，电压增益会减到最小值（1−Δ）G_{VVN}。然后，M_{34}继续下降直到最小M_{34_min}，此时的电压增益达到最大值（1 + Δ）G_{VVN}。

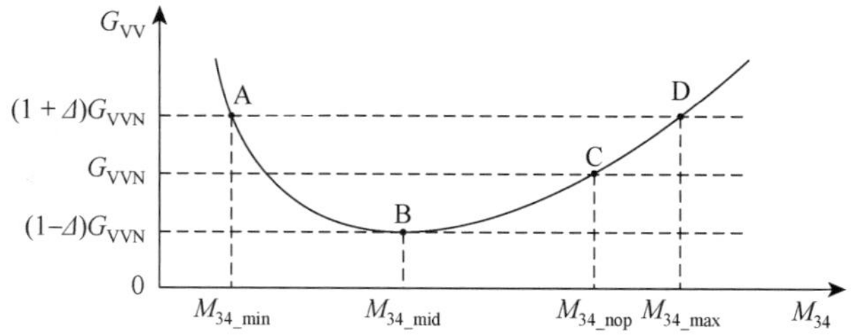

图4.32　G_{VV}和M_{34}的关系图

将G_{VV}的导数设置为0，可以推导出M_{34_mid}的值为

$$\frac{dG_{VV}}{dM_{34}}=0 \tag{4-3-27}$$

对式（4-3-27）求解可得

$$M_{34\_mid}=\sqrt{\frac{L_0L_5}{a}} \tag{4-3-28}$$

将点B（M_{34_mid}，（1−Δ）G_{VVN}）和点C（M_{34_nop}，G_{VVN}）代入式（4-3-26）中可得

$$\begin{cases} G_{VV}\big|_{M_{34\_mid}}=\dfrac{aM_{34\_mid}+b}{L_0}+\dfrac{L_5}{M_{34\_mid}}=(1-\Delta)G_{VVN} \\ G_{VV}\big|_{M_{34\_nop}}=\dfrac{aM_{34\_nop}+b}{L_0}+\dfrac{L_5}{M_{34\_nop}}=G_{VVN} \end{cases} \tag{4-3-29}$$

求解式（4-3-29），得到L_0和L_5的值为

$$\begin{cases} L_0=\dfrac{A(b+aB)}{G_{VVN}(A+M_{34\_mid}\Delta)} \\ L_5=\dfrac{M_{34\_nop}M_{34\_mid}G_{VVN}(aA-b\Delta-M_{34\_nop}a\Delta)}{A(b+aB)} \end{cases} \tag{4-3-30}$$

其中，$A=M_{34\_nop}-M_{34\_mid}$；$B=M_{34\_nop}+M_{34\_mid}$。

根据式（4-3-18）、式（4-3-25），可得到C_C的值，即

$$C_C=G_{VIN}\Bigg/\left[\omega\left(\frac{aM_{34\_nop}+b}{L_0}+\frac{L_5}{M_{34\_nop}}\right)\right] \tag{4-3-31}$$

然后，根据式（4-3-1）、式（4-3-9）、式（4-3-13）、式（4-3-16）和式（4-3-17），可计算出各元件C_0、C_1、C_2、C_3、C_4、C_5、L_C、L_L、C_V和C_E的参数值。

4.3.3　实验验证

为了验证所提方法的正确性，搭建了一个混合重构 WPT 系统的原理样机，如图 4.33 所示。开关器件 Q_1～Q_4 的型号为 C2M0080120D，S_1 和 S_2 型号为 APT56F50L。系统参数如表 4.3 所示。

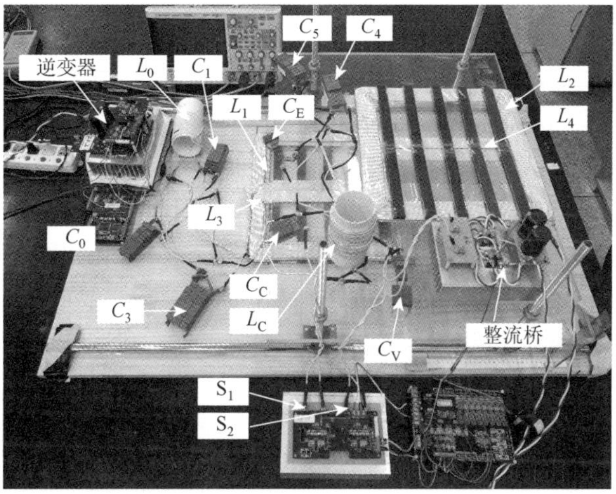

(a) 装置整体图

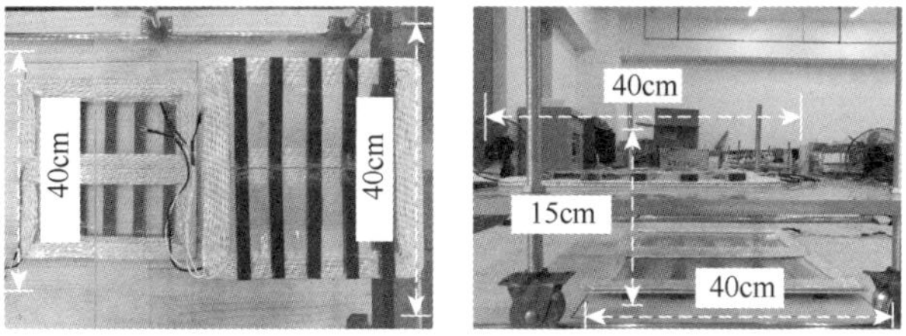

(b) 耦合线圈结构图

图 4.33　混合重构 WPT 系统原理样机

表 4.3　系统参数配置

参数	取值	参数	取值
V_B	220V	I_B	4.6A
f	85kHz	Δ	5%
a	1.188	b	-5.88×10^{-6}
E	110V	M_{34_nop}	40.1μH
L_0	32.2μH	C_0	108.4nF
C_1	19.1nF	L_1	217.1μH
L_2	217.7μH	C_E	31.6nF
C_3	15.1nF	L_3	233.6μH

续表

参数	取值	参数	取值
L_4	233.7μH	C_4	17.5nF
C_5	110.8nF	C_C	48.7nF
L_C	71.4μH	C_V	98.1nF

1. WPT 系统在 NOP 的实验结果

1）电子负载测试结果

在恒流模式下，电子负载从 36Ω 变化到 48Ω；在恒压模式下，电子负载从 48Ω 变化到 480Ω。图 4.34 展示系统在恒流模式且负载 $R_B = 36\Omega$ 时，以及在恒压模式且负载 $R_B = 50\Omega$ 时高频逆变器的输出电压 u_{AB} 和输出电流 i_{AB}、输出电压 u_B 和输出电流 i_B 的稳态波形，波形表明系统实现了 ZPA，表明系统无功功率几乎为零。系统从恒流模式切换到恒压模式的暂态波形如图 4.35 所示。在暂态切换过程中出现了振荡，大约 2ms 后恢复到稳态状态。在充电模式切换后，输出 u_B 和 i_B 几乎保持不变，而高频逆变器的输出电流 i_{AB} 也基本保持不变。

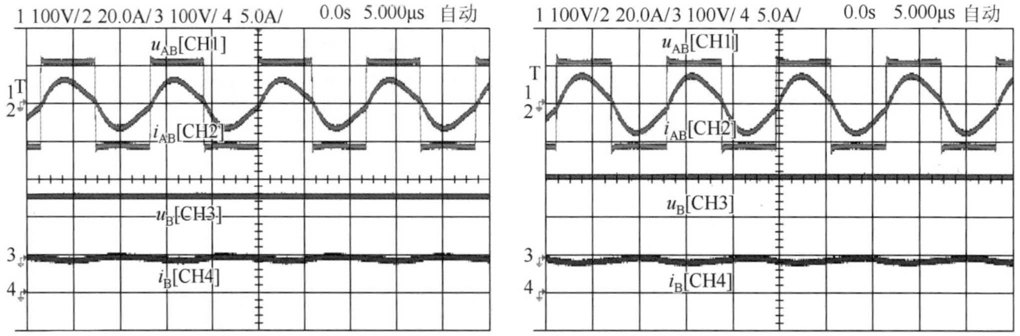

(a) 恒流模式下$R_B = 36\Omega$　　(b) 恒压模式下$R_B = 50\Omega$

图 4.34　NOP 的 u_{AB}、i_{AB}、u_B、i_B 稳态波形

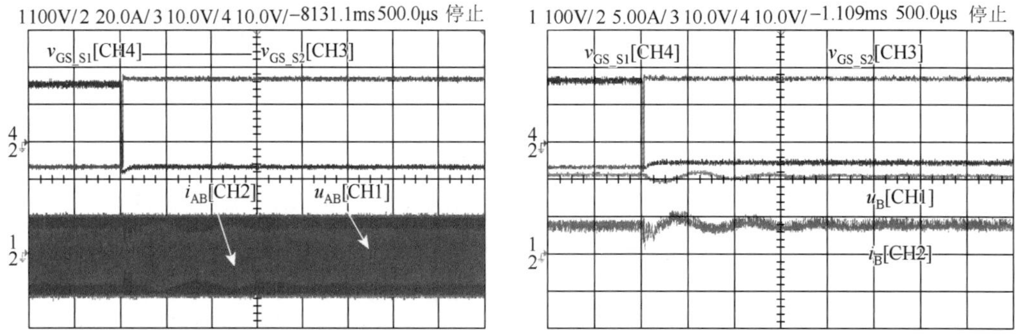

(a) 交流开关S1和S2的门驱动信号 v_{GS_S1}和v_{GS_S2}波形，i_{AB}和u_{AB}波形　　(b) i_B和u_B波形

图 4.35　WPT 系统从恒流模式切换为恒压模式的暂态波形

如图 4.36 所示，为整个充电过程中的充电电流 i_B 和充电电压 u_B。在恒流模式下，充

电电流 i_B 的波动范围在 5%以内；在恒压模式下，充电电压 u_{AB} 的波动也小于 5%。测量的混合重构 WPT 系统的效率如图 4.37 所示，WPT 系统在恒流模式下的效率由 92.4%下降到 91.7%，在恒压模式下系统的效率先从 92.7%上升到 93.9%，最后下降到 85.7%。

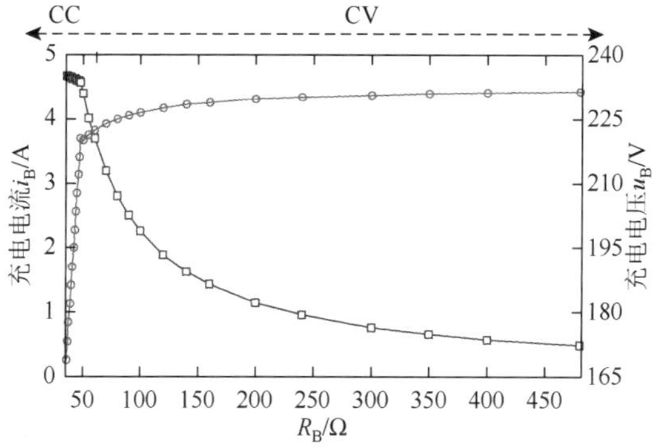

图 4.36　系统充电曲线随负载 R_B 变化的情况

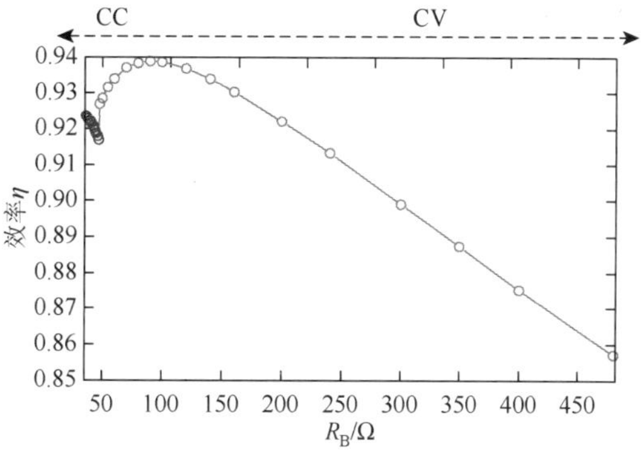

图 4.37　混合重构 WPT 系统的效率

2）铅蓄电池充电结果

为了证明使用电子负载替代电池充电的简化方式是可行的，在实验中又对铅蓄电池进行充电。因为铅蓄电池（4×6-DZM-12）的额定容量为 48V/12AH，所以将系统输入电压从 110V 调节到 24V（110V-220V/4.6A→24V-48V/1A）为电池充电。电池的初始充电电压为 44V，在 1A 的恒定充电电流下，充电电压逐渐上升。当充电电压达到 48V 时，充电模式将从恒流模式切换到恒压模式。在恒压模式下，充电电流逐渐衰减，直到充电截止电流（在本节中设置为 0.1A）。混合重构 WPT 系统对电子负载和铅蓄电池充电的实验结果如图 4.38 所示，二者的充电电流和充电电压基本一致。结果表明，采用电子负载代替电池进行实验的方法是可行的。

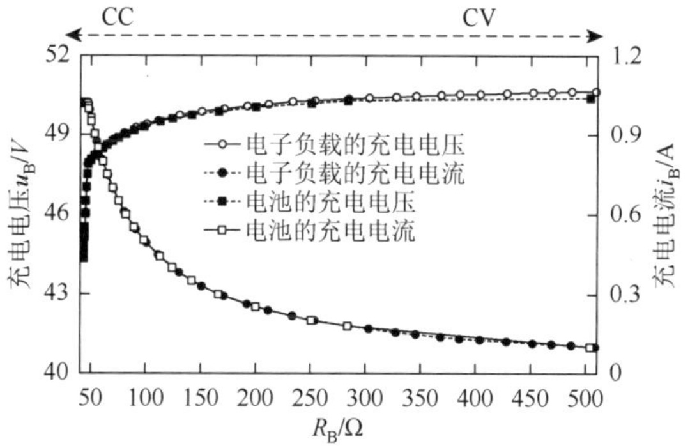

图 4.38　电子负载和铅蓄电池的充电曲线

电池充电的测量效率曲线如图 4.39 所示，使用电子负载的效率与使用铅酸电池的效率基本吻合。在整个充电过程中，效率由 91.2%上升到 92.5%，然后下降到 85%，此时输出功率为 5.1W。

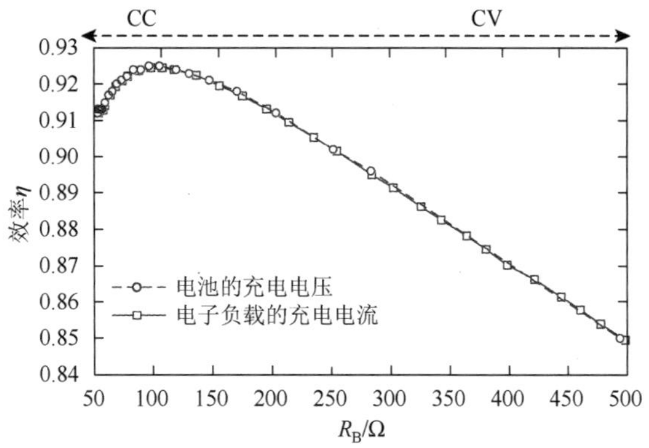

图 4.39　电子负载和电池充电的效率曲线

2. WPT 系统偏移时的实验结果

如图 4.40 所示，为混合重构 WPT 系统在偏移时对变化负载的输出电流 i_B 和输出电压 u_B。实验结果表明：输出电流 i_B 和输出电压 u_B 的波动都在预设的 $\varDelta$ 内，即 5%以内。系统在 CC 模式和 CV 模式下 X 轴方向的最大偏移可达到 50%，而负载变化范围为 36～480Ω。WPT 系统在 CC 模式和 CV 模式下 X 轴方向偏移时的效率如图 4.41 所示。NOP 下的最大效率为 93.9%，偏移 50%负载 $R_B=480\Omega$ 时的最低效率为 75.1%。如图 4.42 所示，为 X 轴方向偏移 20cm，CC 模式 $R_B=36\Omega$ 时和 CV 模式 $R_B=50\Omega$ 时 u_{AB}、i_{AB}、u_B 和 i_B 的实验波形。i_B 落后于 u_B 一个小相位，表明高频逆变器的开关管实现了零电压开通。

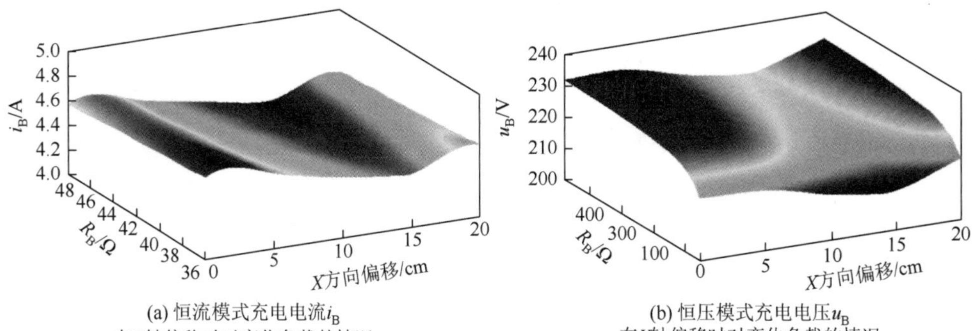

(a) 恒流模式充电电流i_B在X轴偏移时对变化负载的情况　(b) 恒压模式充电电压u_B在X轴偏移时对变化负载的情况

图 4.40　系统偏移下充电电流电压变化情况

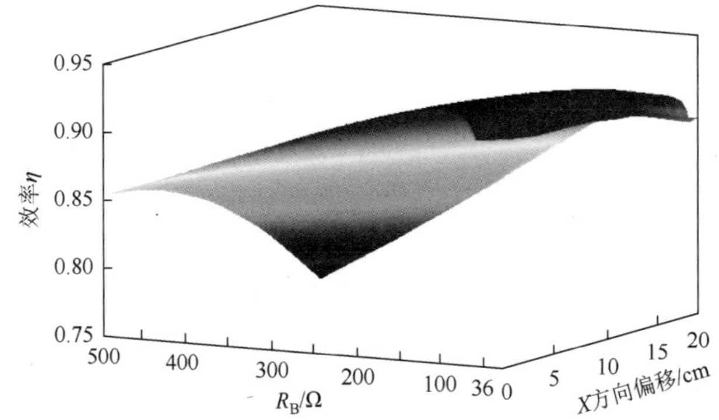

图 4.41　WPT 系统恒流和恒压模式下在 X 轴方向偏移的测量效率

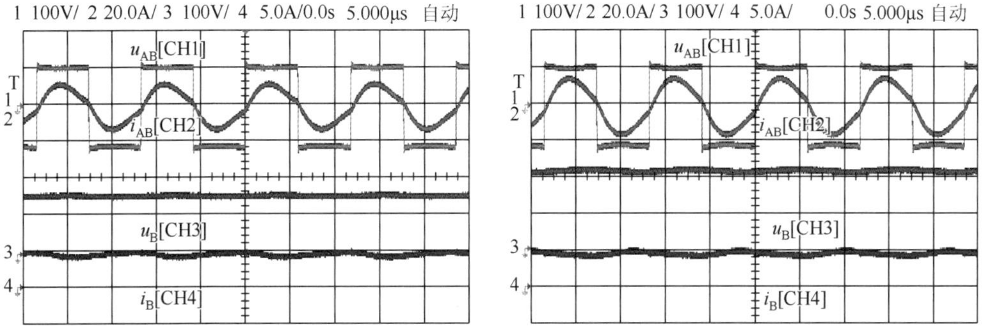

(a) 恒流模式下$R_B = 36\Omega$　　(b) 恒压模式下$R_B = 50\Omega$

图 4.42　在 X 轴方向偏移 20cm 的 u_{AB}、i_{AB}、u_B 和 i_B 的实验波形

类似地，考察了 Y 轴和 Z 轴方向的偏移情况。Y 轴方向偏移，所设计的 WPT 系统只能抗横向偏移 5cm，即偏移比例为 12.5%。其抗偏移距离比 X 轴方向小的原因是由于交叉耦合随着 Y 轴偏移而变得不可忽略。WPT 系统在 Z 轴方向的偏移比例为±33.3%，也就是说接收端线圈在垂直方向可升高到 200mm 或是降低到 100mm。

4.4　基于串联第三线圈的抗偏移恒定输出方法研究

采用具有恒流-恒压输出特性的不同混合拓扑可以提高 WPT 系统的抗偏移能力[10, 17, 19]，但是受限于混合拓扑采用的耦合机构，此类方法在 X 轴方向上的抗偏移能力较强，但是在 Y 轴方向上的抗偏移能力相对较弱。本节将介绍通过在 WPT 系统中加入一个第三线圈以提高系统抗偏移能力的方法。该方法不影响原 WPT 系统补偿拓扑本身的输出特性，同时可以大大增强 WPT 系统在 X 轴方向和 Y 轴方向上的抗偏移能力。

4.4.1　加入第三线圈的耦合机构分析

为了简化接收端的结构，将第三线圈放置在发射端，如图 4.43 所示。L_P 和 L_S 是 LCT 的发射端线圈和接收端线圈，发射端线圈 L_P 和第三线圈 L_T 反向串联起来，即发射端线圈的电流 I_P 流入发射端线圈 L_P 的同名端，然后从第三线圈 L_T 的同名端流出。$\dot{U}_P$ ($\dot{U}_S$) 和 $\dot{I}_P$ ($\dot{I}_S$) 是 LCT 的输入（输出）电压和电流，M_{PT}、M_{PS} 和 M_{TS} 分别是发射端线圈、第三线圈和接收端线圈之间相应的互感。

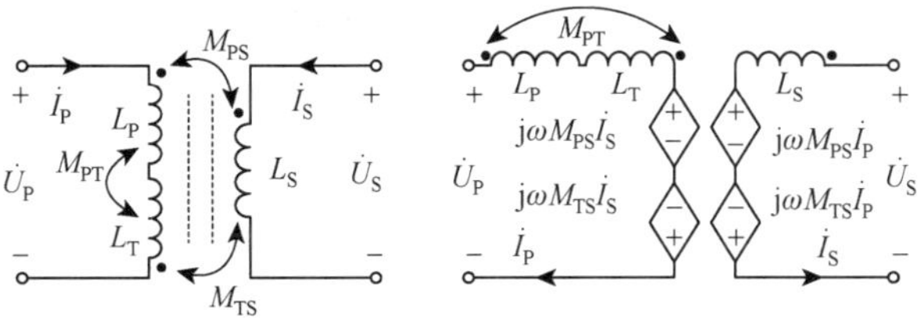

(a) 发射端加入第三线圈的LCT示意图　　(b) 互感耦合模型

图 4.43　加入第三线圈的模型

根据基尔霍夫定律，LCT 的 M 模型可表示为

$$\begin{bmatrix} \dot{U}_P \\ \dot{U}_S \end{bmatrix} = \begin{bmatrix} j\omega(L_P + L_T - 2M_{PT}) & j\omega(M_{PS} - M_{TS}) \\ j\omega(M_{PS} - M_{TS}) & j\omega L_S \end{bmatrix} \begin{bmatrix} \dot{I}_P \\ \dot{I}_S \end{bmatrix} \tag{4-4-1}$$

将 $L_P + L_T - 2M_{PT}$ 和 $M_{PS} - M_{TS}$ 用 L_{Pe} 和 M_e 代替可得

$$\begin{bmatrix} \dot{U}_P \\ \dot{U}_S \end{bmatrix} = \begin{bmatrix} j\omega L_{Pe} & j\omega M_e \\ j\omega M_e & j\omega L_S \end{bmatrix} \begin{bmatrix} \dot{I}_P \\ \dot{I}_S \end{bmatrix} \tag{4-4-2}$$

相应的 LCT 等效电路如图 4.44 所示，这与传统的 LCT 一样。因此，常用的几种补偿拓扑，如 S-S、S-P、LCL、LCC 等，都可以用来补偿所提出的串联第三线圈的 LCT（LCT with a third-coil，LCT-TC）的自感。此外，这些补偿拓扑的输出特性不会被影响，也就是说，若补偿拓扑具有恒流（或恒压）输出的优点，当 LCT 被替换为 LCT-TC 时，补偿拓扑依然具有恒流（或恒压）特性。

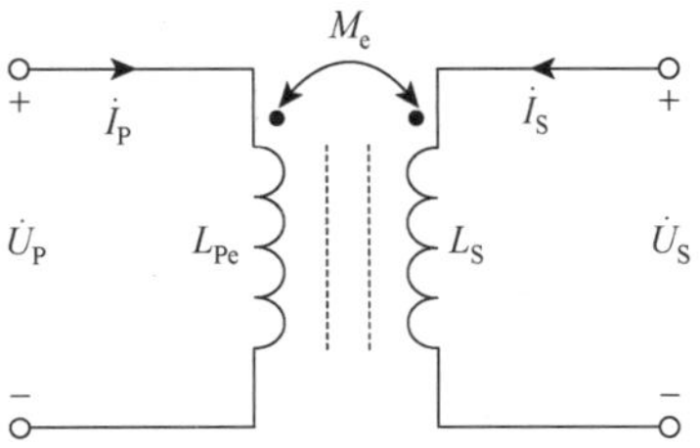

图 4.44　LCT-TC 的等效模型

当发生偏移时，互感 M_{PS} 和 M_{TS} 都会随着偏移过程减小。如果 M_{PS} 和 M_{TS} 在一定偏移范围内的减小程度是一样的，则 M_{PS} 和 M_{TS} 之差，即等效互感 M_e（$M_e = M_{PS} - M_{TS}$）就可以保持相对不变。如此一来，LCT-TC 的输出就不会受到耦合机构偏移变化的影响，从而提高 WPT 系统的抗偏移能力。

4.4.2　串联第三线圈的松耦合变压器设计

为了提高在 X 轴和 Y 轴方向上的抗偏移能力，LCT-TC 的线圈必须是对称的。一般在 WPT 系统中使用的都是正方形或圆形线圈。为使 LCT-TC 获得更佳的抗偏移效果，发射端线圈、第三线圈和接收端线圈形状分别采用正方形、圆形和正方形[20]。使用 ANSYS Maxwell 软件来辅助设计 LCT-TC，设计出的 LCT-TC 的结构和尺寸示意图如图 4.45 所示。发射端线圈和接收端线圈都需要相同尺寸的铁氧体磁芯。

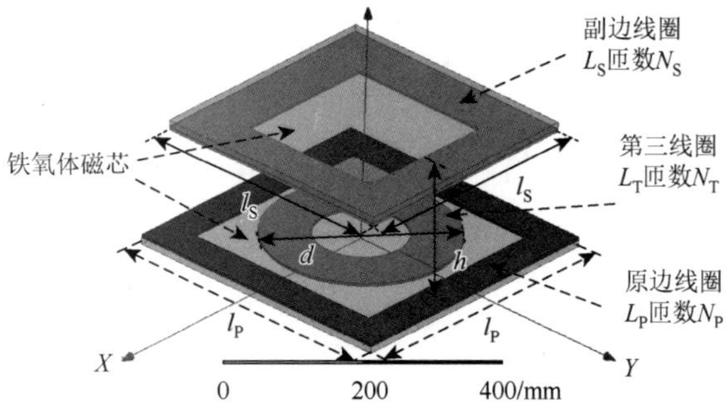

图 4.45　LCT-TC 的结构和尺寸示意图

LCT-TC 的设计流程图如图 4.46 所示。以下给出一个 LCT-TC 的设计例子。所设计的 LCT-TC 的工作频率、尺寸大小都根据 SAE J2954[21]选择确定。系统工作频率为 $f_0 = 90\text{kHz}$；

发射端线圈和接收端线圈的尺寸大小分别为 $l_P = 450\text{mm}$ 和 $l_S = 400\text{mm}$，二者的间距为 $h = 150\text{mm}$，所需的互感值为 $M_{PS0} = 80\mu\text{H}$ 和 $M_{TS0} = 60\mu\text{H}$；AWG38 型的利兹线直径为 $a = 3.9\text{mm}$；第三线圈直径的增长步长大小为 $\Delta d = 20\text{mm}$。根据如图 4.46 所示流程，经过仿真获得的结果为 $d = 300\text{mm}$，$N_P = 14$，$N_T = 21$，$N_S = 20$，$M_{PS} = 80.6\mu\text{H}$，$M_{TS} = 59.7\mu\text{H}$。互感随偏移过程的仿真值和测量值如图 4.47 所示。在偏移过程中，M_{PS}、M_{TS} 和 M_e 的仿真值和测量值的最大误差分别是 2.1%、2.0%和 4.5%。这些误差都在可接受的范围。此外，在 180mm 的偏移距离内，M_e 的波动为 2.8%，而在 200mm 的偏移距离下波动是 6.4%。如果 M_e 的波动大小要求在 5%以内，那么所设计 LCT-TC 的最大偏移距离为 180mm（占发射端线圈尺寸的 40%）。偏移百分比被定义为偏移距离与发射端线圈边长的百分比。由于该 LCT-TC 是对称的，所以 WPT 系统在 X 轴和 Y 轴方向上都具有同样的抗偏移特性。

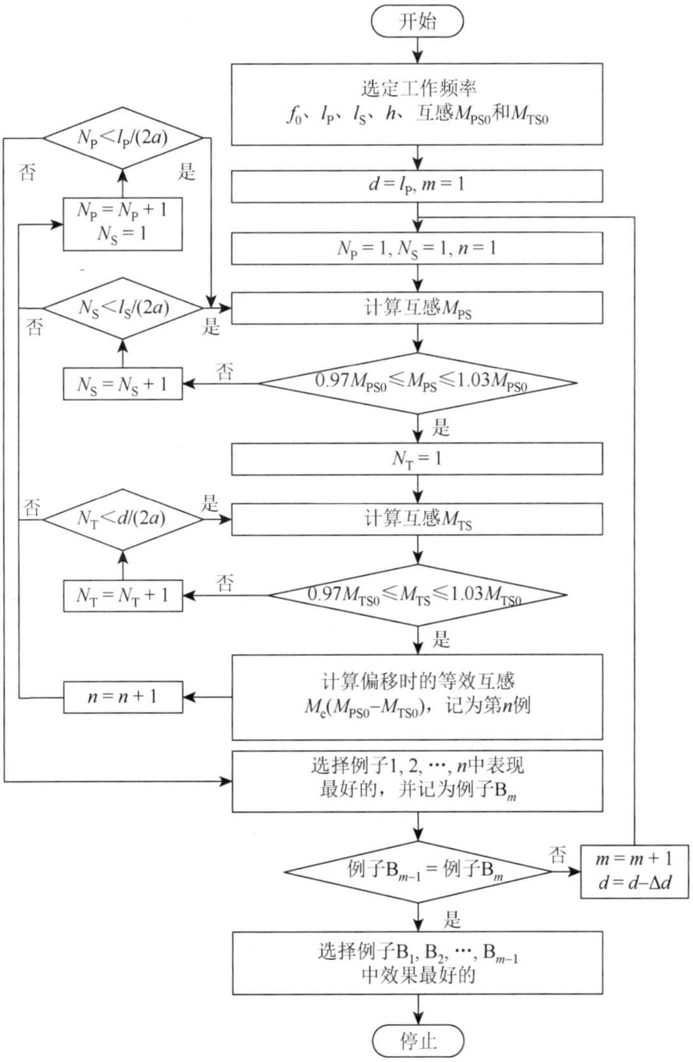

图 4.46　LCT-TC 的设计流程图

a 和 Δd 是利兹线的直径和第三线圈直径 d 增长的步长，M_{PS0} 和 M_{TS0} 是所需的互感值

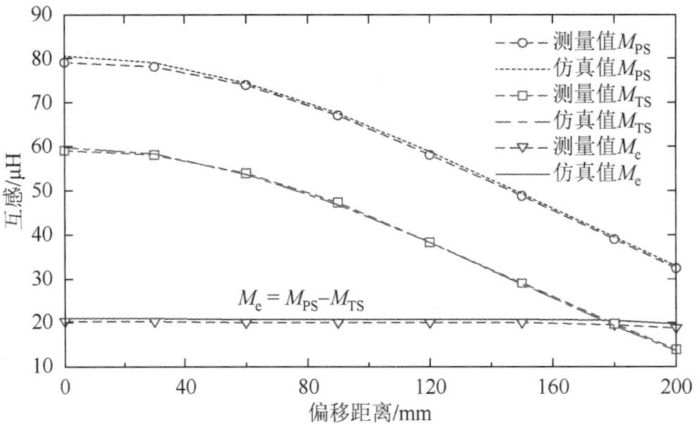

图 4.47　互感随偏移过程的仿真值和测量值

4.4.3　实验验证

为了验证所提方法的正确性和可行性，本节选择以 LCC-LCC 补偿拓扑为例和 LCT-TC 一起搭建 WPT 原理样机，电路如图 4.48 所示。补偿参数计算方式与传统的双边 LCC 拓扑一致[22]。

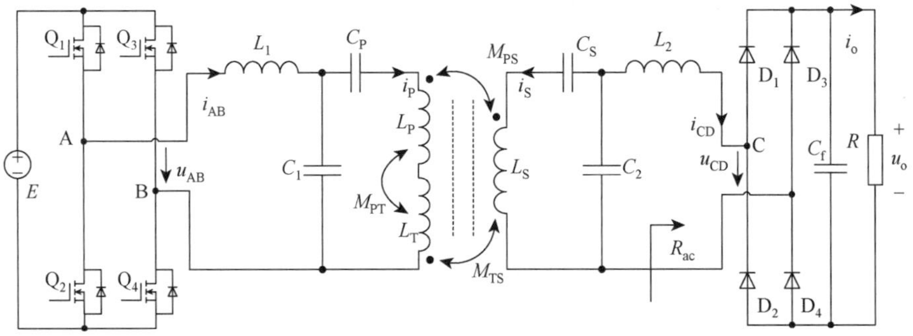

图 4.48　带有 LCT-TC 的双边 LCC 补偿 WPT 系统

图 4.49 为一个 3.4kW 的实验原理样机。表 4.4 中列出该 WPT 系统的相关参数，逆变器开关器件 Q_1～Q_4 为 C2M0080120D，整流桥二极管 D_1～D_4 为 DSEI2x61-06C，用于分析 WPT 系统功率和效率的数字功率分析仪是 HIOKI PW6001，用于测试恒流效果的电子负载为 IT8816B。

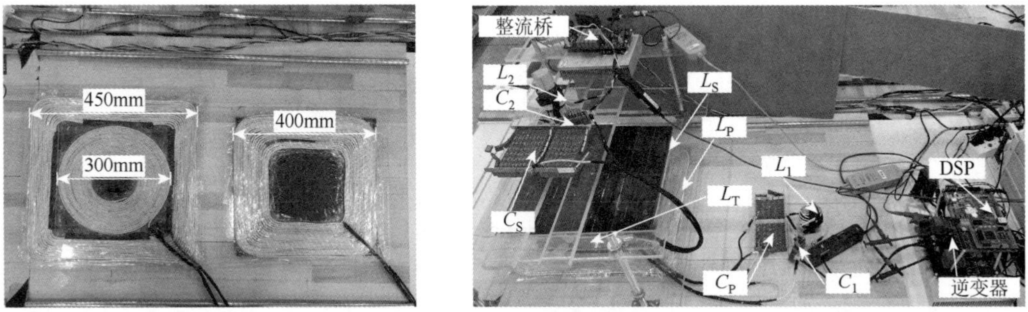

(a) LCT-TC图　　(b) LCC-LCC补偿的WPT系统整体图

图 4.49　实验原理样机

表 4.4　WPT 系统相关参数

参数	取值	参数	取值	参数	取值
E	400V	C_P	13.8nF	M_{TS}	59.0μH
f	90kHz	L_P	216.8μH	L_S	342.2μH
I_o	10A	L_T	169.2μH	C_S	10.0nF
L_1	35.3μH	M_{PT}	67.5μH	C_2	104.3nF
C_1	88.6nF	M_{PS}	79.1μH	L_2	28.9μH

图 4.50 展示在线圈对齐时和发生偏移时，逆变器的输出电流/电压和整流器的输入电流/电压的实验波形，相应的负载为 $R = 34\Omega$。图 4.50 中电流 i_{AB} 滞后于 u_{AB} 一定的相位角，表明逆变器开关器件实现了零电压开关（zero voltage switching，ZVS）。而且在偏移情况下，也能够达到软开关。所以，系统效率依然会相对较高。

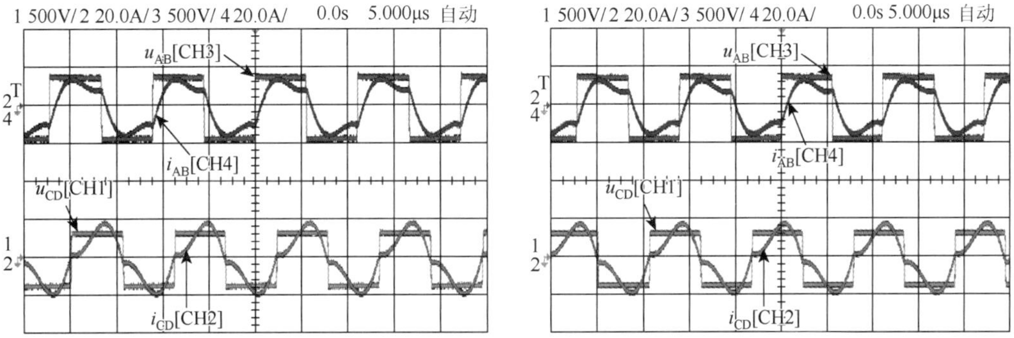

(a) 对齐情况　　(b) 偏移180mm情况

图 4.50　$R = 34\Omega$ 时 u_{AB}、i_{AB}、i_{CD} 和 u_{CD} 的实验波形

图 4.51 为 $R = 34\Omega$ 时 WPT 系统随偏移距离变化的输出功率和端对端（DC-DC）效率变化情况。在偏移 180mm 时，输出功率降低到 3307W，占完全对齐时所得值（3443W）的 96%。同样的情况下，WPT 系统的整体效率依然保持在 92%以上。结果表明，所提方法具有很好的抗偏移能力。

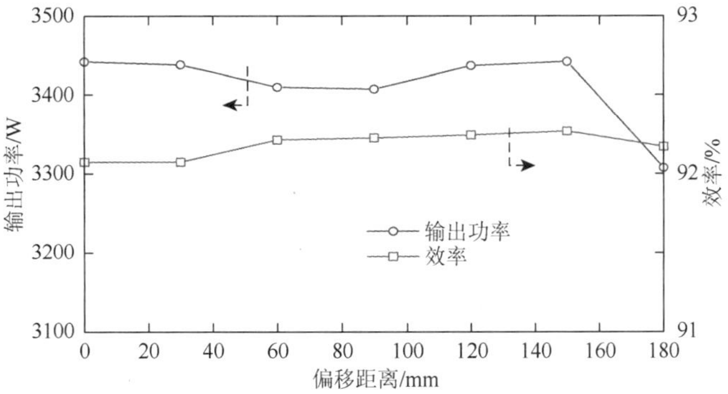

图 4.51　偏移时测量的输出功率和效率

图 4.52 显示双边 LCC 补偿 WPT 系统随负载和偏移距离变化的情况。在 180mm（40%）的偏移下，当负载由 15Ω 变化到 34Ω，输出电流的波动为–2%～5%。这说明，即使发生偏移，采用 LCT-TC 的 WPT 系统依然能保持较好的恒流输出特性。

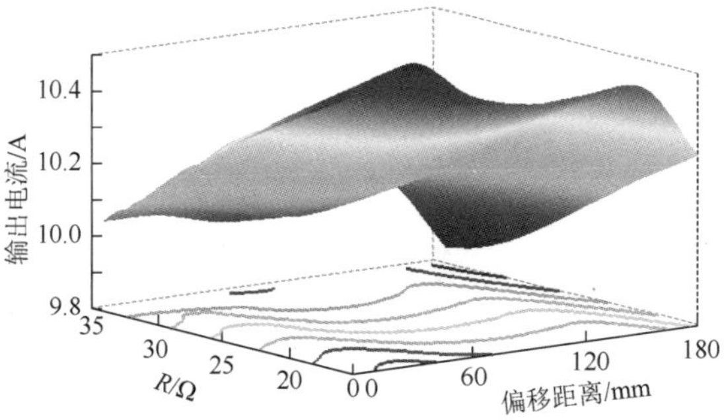

图 4.52　输出电流随偏移和负载变化的测量值

为了与传统两线圈耦合机构进行对比，移除了 LCT-TC 的第三线圈，以构成一个传统的两线圈耦合机构。在完全正对时的电流为 10A（$R = 34\Omega$）。将偏移距离设置为 180mm，得到的对照结果如表 4.5 所示。由此可得，虽然提出的 LCT-TC 系统的效率比两线圈系统低了 3.4%，且该结构会使用更多利兹线，但是其偏移 180mm 时的系统输出电流（功率）可以维持在正对时的 97%（96%）。LCT-TC 的系统效率之所以比两线圈系统低，是因为第三线圈的等效串联阻抗和等效互感较小。然而，两线圈系统在 180mm 偏移时的输出电流（功率）仅为完全正对时的 43%（18%）。LCT-TC 和两线圈系统在偏移时的输出电流/功率如图 4.53 所示。很明显，LCT-TC 可以显著提高 WPT 系统的抗偏移能力。

表 4.5　与传统两线圈系统的对比

系统	情况	输出电流/A	输出功率/W	效率/%
LCT-TC 系统	对齐状态	10.1	3443	92.1
	偏移状态	9.8	3307	92.2
传统两线圈系统	对齐状态	10.1	3443	95.5
	偏移状态	4.3	632	94.9

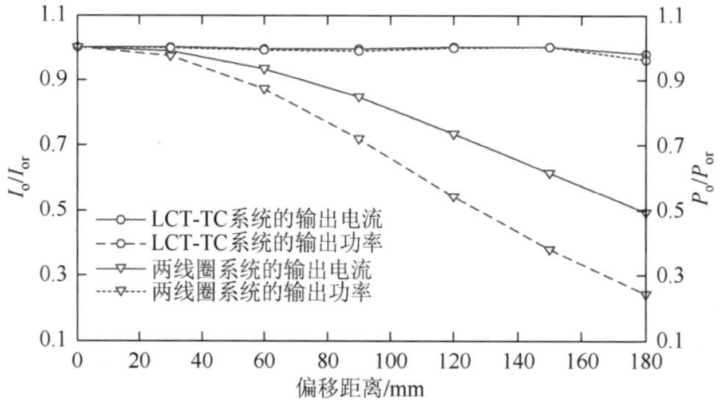

图 4.53　LCT-TC 和两线圈系统在偏移时的输出电流/功率（I_{or} 和 P_{or} 是额定输出电流和额定输出功率）

4.5 本章小结

本章针对补偿拓扑分析和研究了实现 WPT 系统恒流-恒压输出及抗偏移的方法，以提高系统开环输出平稳性。从补偿参数角度入手，在系统发射端电路加入交流开关，通过交流开关的切换改变补偿电容参数，可以实现 WPT 系统的恒流-恒压切换充电；研究了基于重构拓扑的多负载恒流-恒压充电方法，通过两个交流开关实现 S-S 拓扑 S-LCL 拓扑切换，从而获得不同的恒流和恒压输出特性；基于 S-LCC 和 LCC-S 补偿拓扑的电路特性，将二者输入并联、输出串联形成混合拓扑，提升系统抗偏移能力，在混合拓扑的基础上再增加一个重构拓扑，就可以实现 WPT 系统抗偏移恒流-恒压充电，无须闭环控制；在传统的两线圈耦合机构中增加一个与发射端线圈反向串联的第三线圈，保证等效互感在一定偏移范围内相对不变，从而保证系统输出平稳，提高 WPT 系统的抗偏移能力。

参考文献

[1] Buja G，Bertoluzzo M，Mude K N. Design and experimentation of WPT charger for electric city car[J]. IEEE Transactions on Industrial Electronics，2015，62（12）：7436-7447.

[2] Wang C S，Stielau O H，Covic G A. Design considerations for a contactless electric vehicle battery charger[J]. IEEE Transactions on Industrial Electronics，2005，52（5）：1308-1314.

[3] Budhia M，Covic G A，Boys J T. Design and optimization of circular magnetic structures for lumped inductive power transfer systems[J]. IEEE Transactions on Power Electronics，2011，26（11）：3096-3108.

[4] Li H，Li J，Wang K，et al. A maximum efficiency point tracking control scheme for wireless power transfer systems using magnetic resonant coupling[J]. IEEE Transactions on Power Electronics，2015，30（7）：3998-4008.

[5] Berger A，Agostinelli M，Vesti S，et al. A wireless charging system applying phase-shift and amplitude control to maximize efficiency and extractable power[J]. IEEE Transactions on Power Electronics，2015，30（11）：6338-6348.

[6] Zhang W，Wong S C，Chi K T，et al. Design for efficiency optimization and voltage controllability of series-series compensated inductive power transfer systems[J]. IEEE Transactions on Power Electronics，2013，29（1）：191-200.

[7] Wang C S，Covic G，Stielau O H. Power transfer capability and bifurcation phenomena of loosely coupled inductive power transfer systems[J]. IEEE Transactions on Industrial Electronics，2004，51（1）：148-157.

[8] 麦瑞坤，陈阳，刘野然. 基于变补偿参数的 IPT 恒流恒压电池充电研究[J]. 中国电机工程学报，2016，36(21)：5816-5821，6024.

[9] Mai R，Chen Y，Li Y，et al. Inductive power transfer for massive electric bicycles charging based on hybrid topology switching with a single inverter[J]. IEEE Transactions on Power Electronics，2017，32（8）：5897-5906.

[10] Chen Y，Yang B，Kou Z，et al. Hybrid and reconfigurable IPT systems with high-misalignment tolerance for constant-current and constant-voltage battery charging[J]. IEEE Transactions on Power Electronics，2018，33（10）：8259-8269.

[11] Chen Y，Mai R，Zhang Y，et al. Improving misalignment tolerance for IPT system using a third-coil[J]. IEEE Transactions on Power Electronics，2018，34（4）：3009-3013.

[12] Nguyen B D，Crébier J C，Mitova R，et al. AC switches with integrated gate driver supplies[C]. 2005 European Conference on Power Electronics and Applications，Dresden，2005.

[13] Qu X，Han H，Wong S C，et al. Hybrid IPT topologies with constant current or constant voltage output for battery charging applications[J]. IEEE Transactions on Power Electronics，2015，30（11）：6329-6337.

[14] Villa J L，Sallan J，Osorio J F S，et al. High-misalignment tolerant compensation topology for ICPT systems[J]. IEEE Transactions on Industrial Electronics，2011，59（2）：945-951.

[15]　Zhu Q，Guo Y，Wang L，et al. Improving the misalignment tolerance of wireless charging system by optimizing the compensate capacitor[J]. IEEE Transactions on Industrial Electronics，2015，62（8）：4832-4836.

[16]　Raabe S，Covic G A. Practical design considerations for contactless power transfer quadrature pick-ups[J]. IEEE Transactions on Industrial Electronics，2011，60（1）：400-409.

[17]　Zhao L，Thrimawithana D J，Madawala U K. Hybrid bidirectional wireless EV charging system tolerant to pad misalignment[J]. IEEE Transactions on Industrial Electronics，2017，64（9）：7079-7086.

[18]　Feng H，Cai T，Duan S，et al. A dual-side-detuned series-series compensated resonant converter for wide charging region in a wireless power transfer system[J]. IEEE Transactions on Industrial Electronics，2017，65（3）：2177-2188.

[19]　Zhao L，Thrimawithana D J，Madawala U K，et al. A misalignment-tolerant series-hybrid wireless EV charging system with integrated magnetics[J]. IEEE Transactions on Power Electronics，2018，34（2）：1276-1285.

[20]　Dalal A，Joy T P E R，Kumar P. Mutual inductance computation method for coils of different geometries and misalignments[C]. 2015 IEEE Power & Energy Society General Meeting，Denver，2015.

[21]　Schneider J. Wireless power transfer for light-duty plug-in electric vehicles and alignment methodology：SAE J2954 [S]. Warrendale：SAE International J2954 Taskforce，2016.

[22]　Li W，Zhao H，Li S，et al. Integrated LCC compensation topology for wireless charger in electric and plug-in electric vehicles[J]. IEEE Transactions on Industrial Electronics，2014，62（7）：4215-4225.

第 5 章　无线供电系统效率优化方法研究

系统效率是无线供电系统的一个关键指标。一方面，在系统大功率以及长时间运行过程中，较高的系统效率能够节约大量的电能；另一方面，系统效率的降低意味着有大量的电能在传输过程中被消耗并转化为热量。而热量的累积会导致系统温度升高，从而影响系统器件的性能。若为了减小温升而增加散热设备，则会相应增加系统的体积与成本[1, 2]。例如，对于一个功率为 500kW 的无线供电系统，1%的效率损耗意味着有 5kW 的功率以热量的形式散失，这些热量将集中在高频变流器、发射-接收线圈等系统关键部件中，这将给系统散热带来巨大挑战，如果处理不得当，可能会导致变流器开关管损耗或者线圈融化等问题，从而影响系统正常工作。因此，需要把系统效率作为大功率系统的重点优化指标[3-5]。

对于无线电能传输系统，系统效率主要是考虑从发射端直流侧到接收端直流侧的功率传输环节。在这一传输过程中，包括发射端逆变器 DC-AC 变换环节，发射端高频交流侧到接收端高频交流侧 AC-AC 变换环节，以及接收端整流器 AC-DC 变换环节，如图 5.1 所示。在发射端逆变器 DC-AC 变换环节，损耗主要分为直流支撑电容上的损耗和逆变器损耗，而逆变器损耗占绝大部分。逆变器损耗包括开关管导通损耗和开关管开关损耗，以及反并联续流二极管的导通损耗和反向恢复损耗。采用新型宽禁开关器件如 SiC MOSFET 或者 GaN MOSFET 可以有效地降低开关管导通损耗和开关损耗。对于 MOSFET 器件采用零电压开关技术，对于 IGBT 器件采用零电流开关（zero current switching，ZCS）技术，可以有效降低器件的开关损耗。在发射端高频交流侧到接收端高频交流侧 AC-AC 变换环节，损耗主要包括谐振电容上等效串联电阻（equivalent series resistor，ESR）及耦合线圈的铜损和磁芯损耗。在接收端整流器 AC-DC 变换环节，损耗主要包括整流二极管导通损耗和反向恢复损耗，以及直流侧电容损耗。

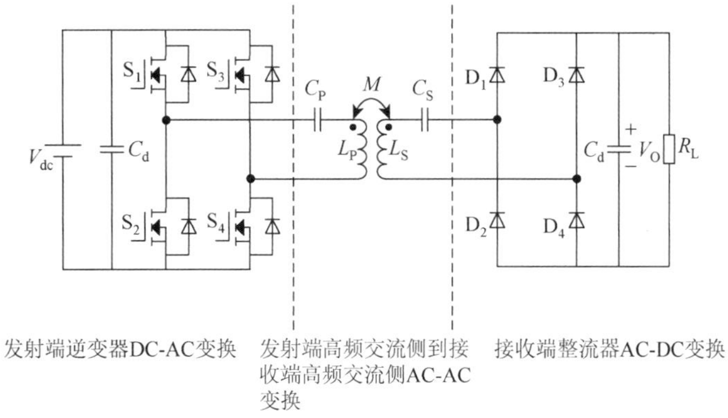

图 5.1　一个典型的无线电能传输系统及其功率变换环节

无线电能传输系统损耗因素较多，难以直接对其进行一个综合性优化。而 AC-AC 变换环节的损耗占系统总体损耗的 1/2 以上，因此本书主要集中针对 AC-AC 变换环节的效率优化方法进行讨论。在许多应用场合，AC-AC 变换环节的效率随负载等系统工况变化而变化。例如，在对电动汽车电池充放电过程中，电池所具有的伏安特性是变化的；在对有轨电车进行在线供电过程中，电机作为负载，也会表现出不同的负载特性。这些工况变化会导致发射线圈和接收线圈上的电流变化，从而影响效率。

与此同时，在动态无线电能传输系统中，通常使用多发射-多接收线圈传输方案，以使系统在动态运行过程中输出稳定。当这些多发射-多接收线圈同时工作时，线圈上的电流通常设置或控制为同相同幅。然而，由于线圈互感的变化，每组发射-接收线圈所传输的功率不尽相同。换句话说，相同线圈电流所传递的功率不同，而这将导致一些传输较小功率的耦合线圈损耗增加。对于多发射-多接收线圈传输方案，如何分配各线圈上的电流及所传输的功率还有待优化。

基于以上研究现状和存在的问题，本章将重点介绍基于变换器控制的无线供电系统效率优化方法，分别针对单发射-单接收系统、双发射-单接收系统、单发射-双接收系统的效率优化方法进行介绍，提出相适应的控制方法，以提高系统在负载变化和互感变化下的系统效率。

5.1 基于最优负载电阻的单发射-单接收系统效率优化

单发射-单接收系统是最常见的一种无线电能传输系统，可应用于静态和动态系统中。本节针对单发射-单接收系统在负载变化情况下难以保持较高效率运行的问题，提出一种基于半控整流桥的系统效率优化控制方法，详细分析系统效率与交流负载电阻的关系，分析半控整流桥对直流侧负载电阻的控制变换作用，给出在保证系统恒压输出条件下实现系统效率优化的控制策略，最后给出相应的实验结果[2]。

5.1.1 电路模型与分析

1. 串联谐振补偿电路模型

S-S 补偿方式是无线电能传输系统四种基本的补偿拓扑之一。在这种电路拓扑中，发射端和接收端的谐振补偿电容分别与发射端和接收端线圈串联，如图 5.2（a）所示。串联电路结构简单，在线圈互感减小时，能够保证系统的功率输出能力，因此本节采用串联补偿的无线电能传输系统进行电路分析。

设系统交流电源有效值为 V_{in}，谐振角频率为 ω；L_P 为发射端线圈等效电感；C_P 为发射端谐振补偿电容；L_S 为接收端线圈等效电感；C_S 为接收端谐振补偿电容；R_{La} 为交流负载电阻；M 为发射端和接收端线圈间互感，且有

$$M = k\sqrt{L_1 L_2} \tag{5-1-1}$$

式中，k 为两线圈间的耦合系数。

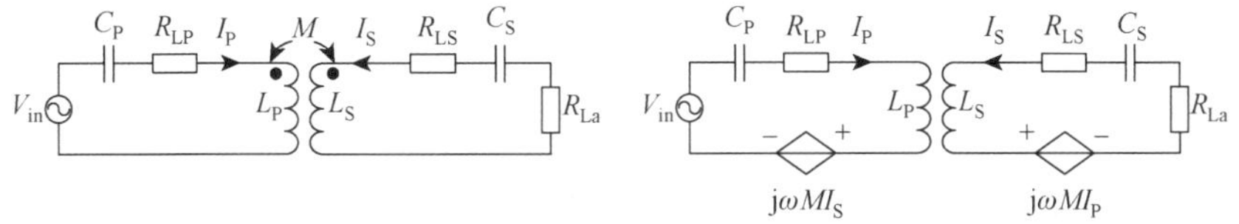

(a) 系统原理图　(b) 系统解耦等效电路

图 5.2　S-S 型无线电能传输系统电路拓扑

同时，为了分析系统的效率，需要对线圈的等效内阻进行考虑。R_{LP} 为发射端线圈的等效内阻；R_{LS} 为接收端线圈的等效内阻。

利用受控电压源将耦合的发射端和接收端电路进行解耦等效，如图 5.2（b）所示。对解耦的发射端和接收端电路列写基尔霍夫电压方程，可以得到

$$\begin{cases}\dot{V}_{in}=Z_{11}\dot{I}_P+\mathrm{j}\omega M\dot{I}_S \\ 0=Z_{22}\dot{I}_S+\mathrm{j}\omega M\dot{I}_P\end{cases} \tag{5-1-2}$$

式中，Z_{11} 和 Z_{22} 分别为发射端和接收端电路的自阻抗，且可以表示为

$$Z_{11}=\mathrm{j}\omega ML_P-\mathrm{j}\frac{1}{\omega C_P}+R_{LP} \tag{5-1-3}$$

$$Z_{22}=\mathrm{j}\omega ML_S-\mathrm{j}\frac{1}{\omega C_S}+R_{LS}+R_{La} \tag{5-1-4}$$

为了简化分析，假设发射端和接收端电路的谐振频率一致，且谐振角频率都为 ω。则当系统处于谐振状态时，可以由式（5-1-2）～式（5-1-4）得到发射端和接收端的电流表达式为

$$\dot{I}_P=\frac{R_{LS}+R_{LP}}{M^2\omega^2+R_{LP}R_{LS}+R_{LP}R_{La}}\dot{V}_{in} \tag{5-1-5}$$

$$\dot{I}_S=-\mathrm{j}\frac{\omega M}{M^2\omega^2+R_{LP}R_{LS}+R_{LP}R_{La}}\dot{V}_{in} \tag{5-1-6}$$

2. 系统输出功率与效率

根据式（5-1-6），容易得到系统在阻性负载下的输出电压和输出功率表达式为

$$\dot{V}_{out}=-\mathrm{j}\frac{\omega M\dot{V}_{in}R_{La}}{M^2\omega^2+R_{LP}R_{LS}+R_{LP}R_{La}} \tag{5-1-7}$$

$$P_{out}=I_S^2R_{La} \tag{5-1-8}$$

同时，系统的输入功率可以表示为

$$P_{in} = \mathrm{Re}(\dot{V}_{in}\dot{I}_P^*) = \frac{V_{in}^2(R_{LS}+R_{La})}{M^2\omega^2 + R_{LP}R_{LS} + R_{LP}R_{La}} \tag{5-1-9}$$

式中，(·) *和 Re (·) 分别为取共轭运算以及取实部运算。由式（5-1-8）和式（5-1-9）可以得到考虑线圈等效内阻的 S-S 型无线电能传输系统的效率为

$$\eta = \frac{P_{out}}{P_{in}} = \frac{M^2\omega^2 R_{La}}{(R_{LS}+R_{La})(M^2\omega^2 + R_{LP}R_{LS} + R_{LP}R_{La})} \tag{5-1-10}$$

可以看出，当系统处于谐振状态时，系统效率与系统谐振角频率 ω、发射端和接收端线圈间的互感 M、发射端线圈的等效内阻 R_{LP}、接收端线圈的等效内阻 R_{LS} 以及交流负载电阻 R_{La} 有关。对于一个特定的无线电能传输系统，系统谐振角频率 ω、线圈内阻 R_{LP} 与 R_{LS} 通常是固定不变的。因此，交流负载电阻 R_{La} 和线圈互感 M 这两个变量是影响系统效率的主要因素。本节将针对负载电阻来对系统效率进行分析和优化。

根据式（5-1-10），得到系统效率与交流负载电阻大小关系如图 5.3 所示。可以看出，存在一个最优交流负载电阻使系统效率达到最大，而交流负载电阻大于或小于最优交流负载电阻，系统效率都会降低。因此，保证系统负载持续运行在该最优交流负载电阻附近有利于提高整个系统的效率。

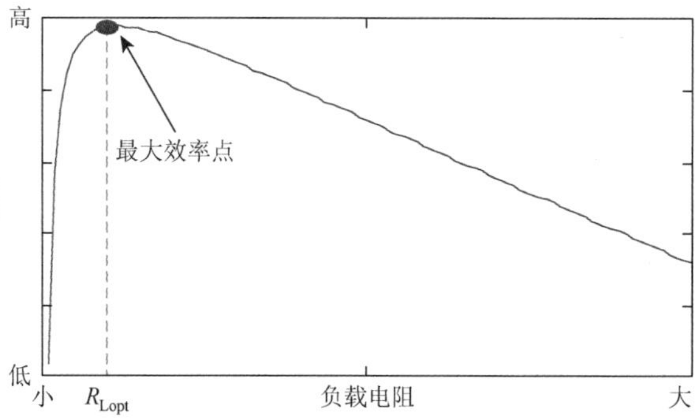

图 5.3　系统效率与负载电阻大小关系

3. 最大效率下的最优交流负载电阻

为了找到系统最大效率所对应的最优交流负载电阻，对式（5-1-10）求导，并令其导数为 0，即

$$\frac{d\eta}{dR_{La}} = 0 \tag{5-1-11}$$

由式（5-1-11）可以解得最优交流负载电阻为

$$R_{\text{Lopt}}=\frac{\sqrt{R_{\text{LS}}}\sqrt{M^2\omega^2+R_{\text{LP}}R_{\text{LS}}}}{\sqrt{R_{\text{LP}}}} \tag{5-1-12}$$

系统效率在交流负载电阻为最优交流负载电阻时达到最大，即

$$\eta_{\max}=\eta\Big|_{R_{\text{La}}=R_{\text{Lopt}}} \tag{5-1-13}$$

然而，对于电池充电以及电机牵引等应用场合，负载大小总是随着工况的变化而变化，很难恰好满足最优交流负载电阻。因此，在大部分时间中，系统不能以一个最高或者较高的效率运行。由于系统参数，如谐振角频率 ω 和线圈内阻 R_{LP} 与 R_{LS} 在系统制作完成后基本已经固定，所以很难通过改变系统参数来改变系统的最优交流负载电阻。因此，提高实际无线电能传输系统在不同工况和负载阻值下的效率，关键在于能否对负载的交流等效电阻进行控制，使负载的交流等效电阻始终等于最优交流负载电阻。

5.1.2 半控整流系统及其控制方法

1. 基于半控整流桥的无线电能传输系统

在实际的无线电能传输系统中，通常需要在接收端加上整流电路以将高频交流电转换为直流电供负载使用，此时，与图 5.2 中交流负载电阻 R_{La} 对应的是整流桥交流侧等效电阻。当整流桥交流侧等效电阻等于最优交流负载电阻时，无线电能传输系统效率达到最大。

欲使系统在不同负载下，保持整流桥交流侧等效电阻为最优交流负载电阻，同时对系统输出进行控制，需要在系统中增加一个控制自由度。加入 DC-DC 电路能提供一个控制自由度，但是增加了额外的功率电路。而采用半控整流桥替代二极管整流桥，能提供一个控制自由度，而且不额外增加功率电路。

基于半控整流桥的无线电能传输系统如图 5.4 所示。在发射端，直流电源电压为 V_{dc}；开关管 S_1～S_4 组成发射端的逆变桥；发射端线圈电感 L_{P} 与谐振补偿电容 C_{P} 组成发射端的谐振电路。在接收端，接收端线圈电感 L_{S} 与谐振补偿电容 C_{S} 组成接收端的谐振电路；二极管 D_1～D_4 和开关管 S_5、S_6 组成半控整流桥；C_{d} 为直流输出滤波电容；R_{L} 为直流侧负载电阻。逆变桥输出电压为 v_{inv}，发射端电流为 i_{P}，接收端电流为 i_{S}，整流桥输入电压为 v_{rec}，整流桥输出电流为 i_{ro}，直流输出电压和电流分别为 V_{o} 和 I_{o}。

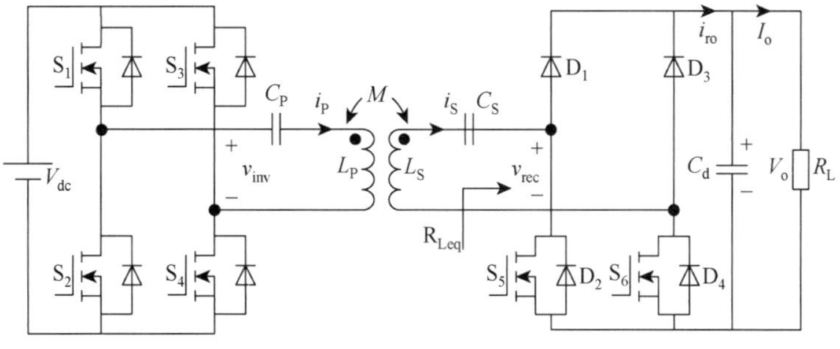

图 5.4　基于半控整流桥的无线电能传输系统

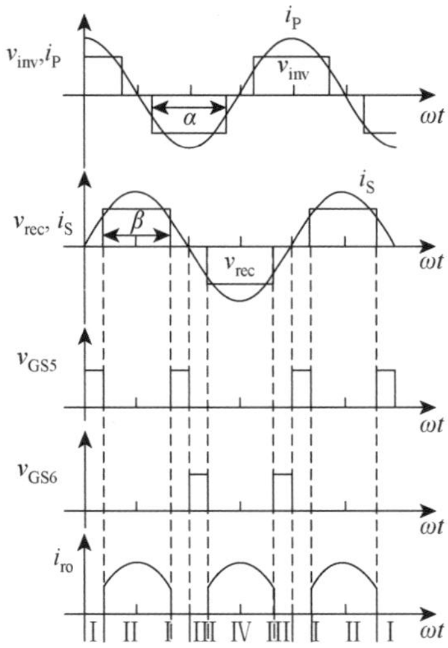

图 5.5　基于半控整流桥的无线电能传输系统主要波形

假设所有的开关管和二极管是理想的，系统工作在谐振状态，则该电路的主要波形如图 5.5 所示。其中，α 为逆变桥的导通角，β 为整流桥的导通角。发射端逆变器和接收端整流器都通过移相方式来控制其导通角。下面将主要分析半控整流桥开关管和二极管的导通模式：

[模式 I]：开关管 S_5 和二极管 D_4 导通，二极管 D_1 被开关管 S_5 短路。能量以无功的形式在谐振电容与线圈电感之间转化，不向负载传递；

[模式 II]：二极管 D_1 和二极管 D_4 自然导通，开关管 S_5 和 S_6 关断。正向的接收端电流 i_S 向电容充电的同时传递能量给负载；

[模式III]：开关管 S_6 和二极管 D_2 导通，二极管 D_3 被开关管 S_6 短路。能量以无功的形式在谐振电容与线圈电感之间转化，不向负载传递；

[模式IV]：二极管 D_2 和二极管 D_3 自然导通，开关管 S_5 和 S_6 关断。负向的接收端电流 i_S 向电容充电的同时传递能量给负载。

由图 5.5 可以看出，半控整流桥的导通滞后于发射端逆变器 90°，且整流桥输入电压和开关管 S_5、S_6 的驱动信号 v_{GS5} 与 v_{GS6} 在半个周期内对称。这样不仅能够通过改变开关管的导通时间来改变整流桥的导通角 β，而且能够保证整流桥输入电压 v_{rec} 与接收端电流 i_S 始终保持同相，从而使整流桥输入阻抗可等效为一个电阻。

根据图 5.5，整流桥输入电压为

$$v_{rec}=\begin{cases}0, & 2k\pi-\dfrac{\beta}{2}<\omega t<2k\pi+\dfrac{\beta}{2}\\ V_o, & 2k\pi+\dfrac{\beta}{2}<\omega t<2k\pi+\pi-\dfrac{\beta}{2}\\ 0, & 2k\pi+\pi-\dfrac{\beta}{2}<\omega t<2k\pi+\pi+\dfrac{\beta}{2}\\ -V_o, & 2k\pi+\pi+\dfrac{\beta}{2}<\omega t<2k\pi+2\pi-\dfrac{\beta}{2}\end{cases} \tag{5-1-14}$$

当电路谐振时，对输入电压 v_{rec} 进行傅里叶分解，利用其一阶分量可以很好地对 v_{rec} 进行近似，输入电压 v_{rec} 的一阶分量有效值可以表示为

$$V_{1,rec}=\frac{2\sqrt{2}}{\pi}V_o\sin\left(\frac{\beta}{2}\right) \tag{5-1-15}$$

同理可得逆变桥输出电压一阶分量的有效值为

$$V_{1,inv}=\frac{2\sqrt{2}}{\pi}V_{dc}\sin\left(\frac{\alpha}{2}\right) \tag{5-1-16}$$

2. 效率优化控制

根据图 5.5 中整流桥的输出电流 i_{ro} 的波形，可以得到经过直流输出滤波电容 C_d 滤波后的直流输出电流为

$$\begin{aligned} I_{out} &= \frac{1}{\pi}\int_{\frac{\pi}{2}-\frac{\beta}{2}}^{\frac{\pi}{2}+\frac{\beta}{2}} \sqrt{2} I_S \sin(\omega t) d(\omega t) \\ &= \frac{2\sqrt{2}}{\pi} I_S \sin\left(\frac{\beta}{2}\right) \end{aligned} \tag{5-1-17}$$

式中，I_S 为接收端电流 i_S 的有效值。根据式（5-1-15）和式（5-1-17），可以得到在输入电压和电流同相时，如图 5.4 所示的整流桥交流等效电阻 R_{Leq} 为

$$\begin{aligned} R_{Leq} &= \frac{V_{1,rec}}{I_S} \\ &= \frac{8}{\pi^2}\frac{V_o}{I_o}\sin^2\left(\frac{\beta}{2}\right) \\ &= \frac{8}{\pi^2} R_L \sin^2\left(\frac{\beta}{2}\right) \end{aligned} \tag{5-1-18}$$

由式（5-1-18）可以看出，在直流负载电阻一定的情况下，通过改变半控整流桥的导通角 β，能够改变整流桥交流侧等效电阻。将式（5-1-18）代入式（5-1-10）中，可以得到系统效率与直流负载电阻 R_L 及半控整流桥导通角 β 的关系。根据表 5.1 数据，画出其关系如图 5.6 所示。可以看出，在较大的直流负载电阻范围内，对于每个直流负载阻值，都对应有一个特定的整流桥导通角 β，能使得系统效率达到最大。也就是说，通过改变整流桥导通角 β，能够在不同直流负载阻值下，使得整流桥交流等效负载电阻保持最优交流负载电阻不变，从而使得系统效率达到最大。这体现出半控整流桥对负载，以及对系统效率跟踪控制的作用。

表 5.1　系统电路参数

参数	取值
直流输入电压 V_{dc}/V	160
逆变频率 f/kHz	30
发射端线圈电感 L_P/μH	258
发射端谐振补偿电容 C_P/nF	109
线圈互感 M/μH	75.8
接收端线圈电感 L_S/μH	238
接收端谐振补偿电容 C_S/nF	118
发射端线圈等效电阻 R_P/Ω	0.1
接收端线圈等效电阻 R_S/Ω	0.1
接收端直流输出滤波电容 C_d/μF	4700

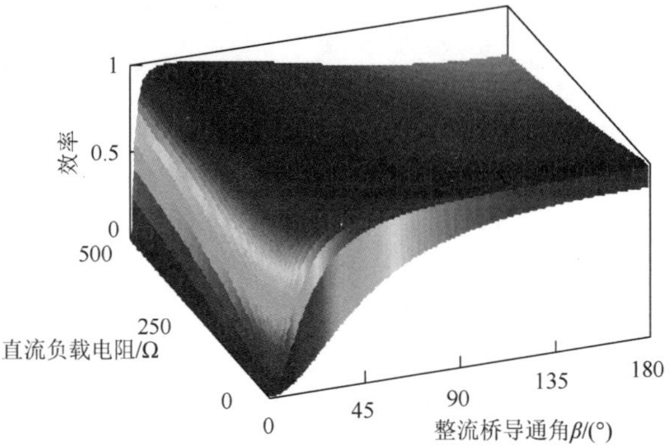

图 5.6　系统效率与直流负载电阻及 β 的关系

由图 5.6 也可以看出，当直流负载电阻 R_L 很小时，系统效率并不能达到最高，并且直流负载电阻越小，系统效率越低。这说明半控整流桥对直流负载电阻的调节控制有一定的范围。根据式（5-1-18），当直流负载电阻很小时，即使整流桥导通角 β 为 180°，整流桥交流等效电阻也只是实际直流负载电阻的 $8/\pi^2$，若系统的最优交流负载电阻大于该值，则无论整流桥导通角怎样变化，都无法使整流桥交流等效负载电阻达到最优值。因此，能实现效率优化控制的直流负载电阻应满足

$$R_L \geqslant \frac{\pi^2}{8} R_{Lopt} \tag{5-1-19}$$

图 5.7 为基于半控整流桥实现效率优化控制及输出恒压控制的系统框图。在系统接收端，通过检测直流输出电压 V_o 和电流 I_o，以及给定需要控制的最优负载参考值，根据式（5-1-18）计算得到半控整流桥导通角 β，实现效率优化控制，同时将直流输出电压 V_o 以无线通信的方式传递给发射端控制器；在系统发射端，通过一个 PI 控制器来实现对系统直流输出电压的控制。

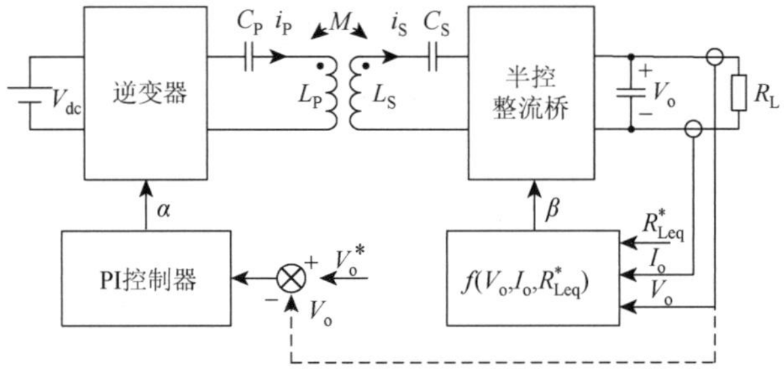

图 5.7　效率优化控制框图

5.1.3　实验验证

采用表 5.1 所示的电路参数，按照图 5.4 所示的结构图搭建了基于半控整流桥的无线电能传输系统，实验装置图如图 5.8 所示。控制芯片选择为 TMS320F28335 型 DSP，开关管选择为 APT30F50B，功率二极管选择为 DSEI 2x30-04C。发射端和接收端线圈使用利

兹线绕制在双 U 形磁芯上，线圈间距离为 7cm，其结构和几何参数如图 5.9 所示。实验过程中，该无线电能传输系统直流输入电压保持在 160V，直流输出电压通过发射端逆变器的控制恒定在 140V。系统的额定输出功率为 1kW，最大输出功率为 1.2kW。使用 Agilent DSO-X 3034A 示波器进行录波，使用 YOKOGAW WT1800 功率分析仪对系统输出功率及效率进行测量，使用 IT8518B 电子负载。

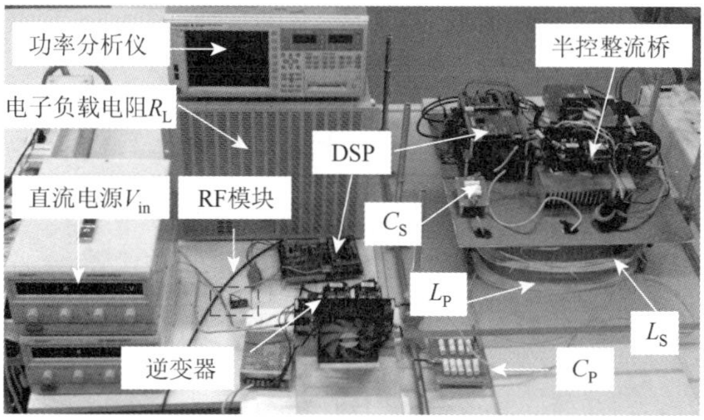

图 5.8　半控整流桥无线电能传输系统实验装置图

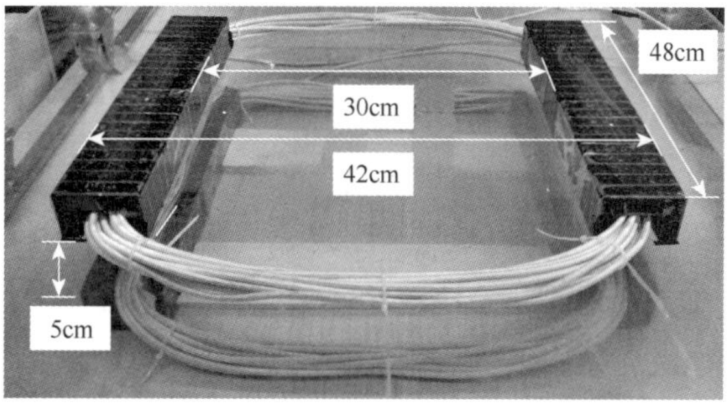

图 5.9　发射端和接收端线圈结构图

根据表 5.1 所示系统参数以及式（5-1-12），可以计算出本系统最优交流负载电阻为 14.3Ω，根据式（5-1-19），可以计算出系统能实现最优效率跟踪控制所对应的最小可控负载为 17.6Ω。实验过程中，在系统 140V 恒压输出的情况下，通过改变电子负载阻值大小来实现系统输出功率的变化。当系统输出功率为额定的 1000W 时，所对应的负载电阻为 19.6Ω，处于系统的可控范围内。同时，为了验证说明负载电阻存在一个效率可控的最小值，本节设计了一个功率为 1200W 的实验，此时对应的负载电阻为 16Ω，超过了可控负载的最小值，不再有效率优化作用，下面的实验将会对此情况进行说明。

图 5.10 为无线电能传输系统在不同输出功率下，逆变桥输出电压 v_{inv} 和电流 i_P、整流桥输入电压 v_{rec} 和电流 i_S 的稳态波形。可以看出，随着系统输出功率的减小，即负载电阻的增加，半控整流桥导通角逐渐减小，以使整流桥交流等效电阻始终等于系统最优交流负载电阻，而发射端的逆变桥也逐渐减小导通角，从而在输出功率变化的情况下，保持 140V 的恒压输出。

为了便于观察对整流桥交流等效电阻的控制情况，接收端 DSP 通过数模转换器（digital to analog converter，DAC）将所计算得到的负载电阻和整流桥交流等效电阻转换为 1/10 的模拟电压信号发出来。图 5.11 为输出电压参考值由 80V 变为 120V 时，输出电压和 DSP 所计算得到的负载电阻和整流桥交流等效电阻 DAC 信号的波形。可以看出，由于负载电阻没有改变，所以系统输出电压的改变基本对整流桥输入电阻没有影响。

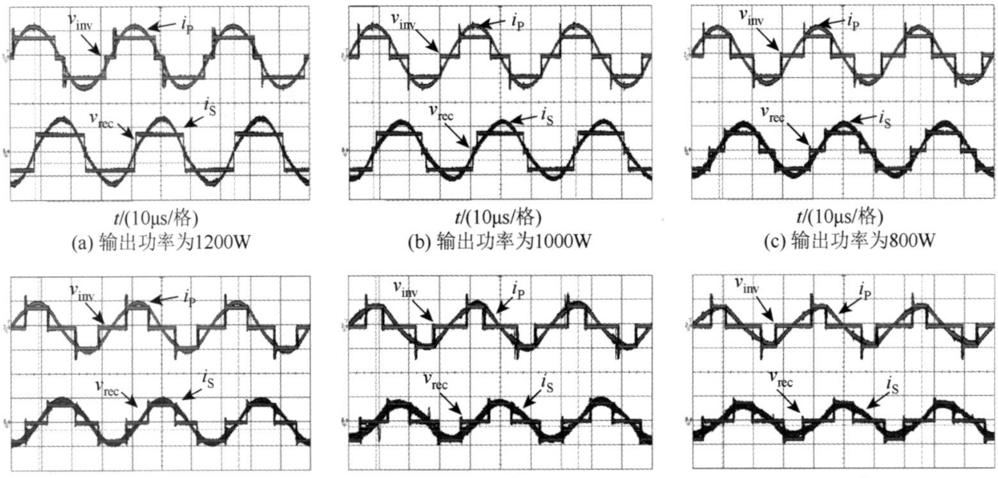

(a) 输出功率为1200W　(b) 输出功率为1000W　(c) 输出功率为800W

(d) 输出功率为600W　(e) 输出功率为400W　(f)输出功率为300W

图 5.10　不同输出功率下逆变桥输出电压电流与整流桥输入电压电流稳态波形

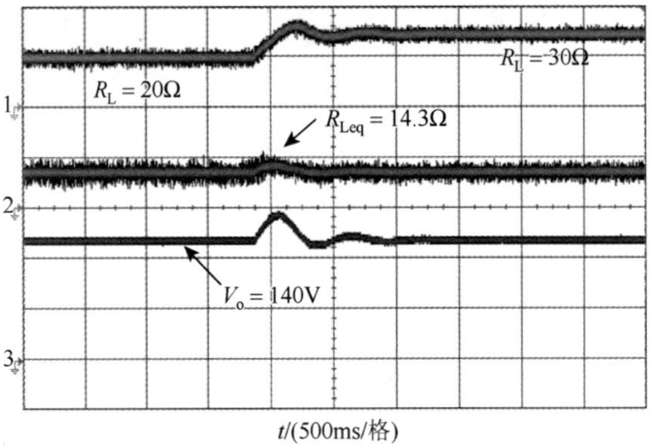

图 5.11　输出电压由 80V 变为 120V 时，R_L、R_{Leq} 及 V_o 波形

为了验证通过半控整流桥实现系统效率优化控制的效果，本节在不同输出功率下，对采用半控整流桥与采用传统二极管整流的 DC-DC 系统效率进行对比。两种方式下，所有电路参数都相同，都通过发射端逆变桥来实现 140V 的恒压输出，得到结果如图 5.12 所示。可以看出，在输出功率大于 1000W 时，两种方式下系统效率基本相同，这是由于负载电阻已经接近或小于能够实现效率优化控制的最小负载电阻，此时的半控整流桥导通角已经

为 180°，与二极管整流没有差别；而当输出功率小于 1000W 时，由于半控整流桥能够始终控制整流桥交流等效电阻为最优交流负载电阻，实现系统效率优化控制，因此系统效率较传统二极管整流方式要高，特别是在输出功率为 300W 时，系统效率提高了 22%。

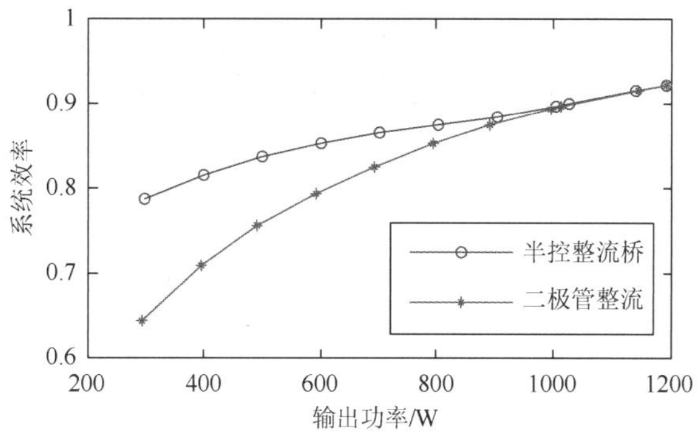

图 5.12　半控整流与二极管整流下系统 DC-DC 效率对比

5.2　基于电流分配的双发射-单接收系统效率优化

双发射-单接收无线供电系统，即采用两个独立供电的发射线圈和单个的接收线圈组成的无线供电系统。这种耦合线圈组合结构，常用于无线供电应用场景中。对于无线供电系统，其最重要的是保证在接收端移动过程中负载功率的稳定性。对于传统的单发射-单接收系统，在接收线圈移动过程中，发射线圈与接收线圈之间的互感变化十分剧烈，能够从最大互感值降低至零。为了补偿这种在动态过程中互感快速下降为零的缺陷，有学者提出了双发射线圈的供电方案[6]。这种双发射线圈结构及其互感分布如图 5.13 和图 5.14 所示。发射线圈与接收线圈之间的互感变化规律可以用三角函数近似表示为

$$\begin{cases} M_{\mathrm{AS}} = M_{\mathrm{A0}} \,|\cos(2\pi x / l_{\mathrm{DD}})| \\ M_{\mathrm{BS}} = M_{\mathrm{B0}} \,|\sin(2\pi x / l_{\mathrm{DD}})| \end{cases} \tag{5-2-1}$$

两个发射线圈的互感呈现互补的规律，当一个发射线圈与接收线圈的互感下降时，另一个发射线圈与接收线圈的互感上升。这样，通过两个发射线圈的互感互补，使得在接收线圈上的感应电压不会出现大幅的下降。

为了保证两个发射线圈的磁场强度，现有技术只是简单地给两个发射线圈注入相同的电流。然而，在这种技术方案下，当一个发射线圈与接收线圈互感较小时，所传递的能量小，发射线圈上的电流却很大，导致过多的能量消耗。如果能根据每个发射线圈所传递的功率，来自动调节该发射线圈的电流大小，将有效地减小发射线圈的能量损耗，从而提高系统效率。因此，本节将针对这种双发射-单接收系统的能量损耗进行分析，提出相应的效率优化控制方案[7]。

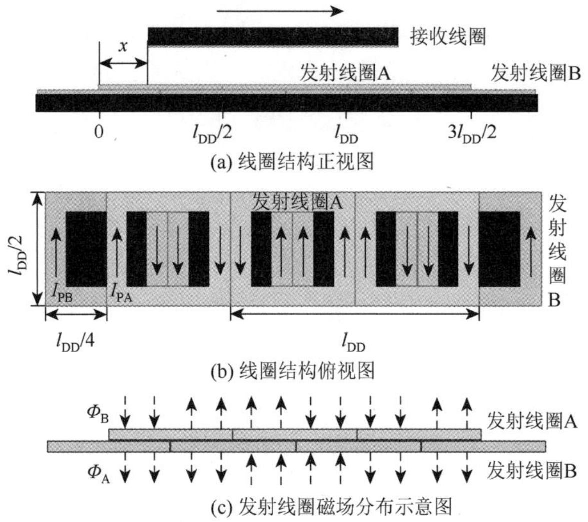

图 5.13　重叠 DD 形发射线圈与 DD 形接收线圈结构

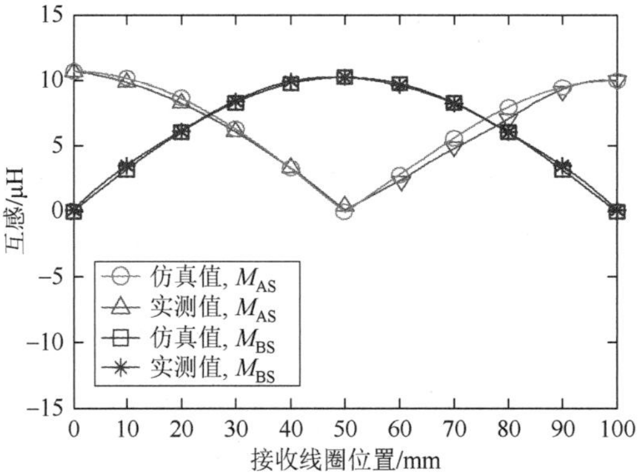

图 5.14　发射线圈与接收线圈互感变化曲线

5.2.1　电路模型与分析

图 5.15（a）为双发射-单接收系统所对应的电路原理图。每个发射线圈由一个全桥逆变器和一个 LCL 谐振补偿电路进行供电。由于 LCL 谐振拓扑具有很好的恒电流输出特性，不会因为互感下降而产生短路情况，在这里其被选为发射线圈的谐振补偿电路。每个发射支路的 LCL 谐振补偿电路包括发射线圈自感 L_{TA}（L_{TB}）、谐振电感 L_{PA}（L_{PB}）、谐振补偿电容 C_{PA}（C_{PB}）和 C_{TA}（C_{TB}）。M_{AS} 和 M_{BS} 分别是发射线圈 A 和发射线圈 B 与接收线圈之间的互感。图 5.15（b）为系统基波等效电路。为了分析发射线圈内阻对系统效率的影响情况，设发射线圈 A、发射线圈 B 以及接收线圈的内阻分别为 R_{TA}、R_{TB} 和 R_S。根据基尔霍夫电压定律，可以列写图 5.15（b）的基波等效电路方程为

$$\begin{cases}\dot{V}_{PA} = \dot{I}_{PA} \cdot j\omega L_{PA} - j(\dot{I}_{PA} - \dot{I}_{TA})/(\omega C_{PA}) \\ 0 = \dot{I}_{TA}(j\omega L'_{TA} + R_{TA}) - \dot{I}_S \cdot j\omega M_{AS} - j(\dot{I}_{PA} - \dot{I}_{TA})/(\omega C_{PA}) \\ \dot{V}_{PB} = \dot{I}_{PB} \cdot j\omega L_{PB} - j(\dot{I}_{PB} - \dot{I}_{TB})/(\omega C_{PB}) \\ 0 = \dot{I}_{TB}(j\omega L'_{TB} + R_{TB}) - \dot{I}_S \cdot j\omega M_{BS} - j(\dot{I}_{PB} - \dot{I}_{TB})/(\omega C_{PB}) \\ 0 = -\dot{I}_{TA} \cdot j\omega M_{AS} - \dot{I}_{TB} \cdot j\omega M_{BS} + \dot{I}_S(j\omega L_S + R_S - j1/(\omega C_S) + R_{Leq})\end{cases} \tag{5-2-2}$$

式中，$\dot{V}_{PA}$（$\dot{V}_{PB}$）是逆变器 A（B）在基波频率下的输出电压。

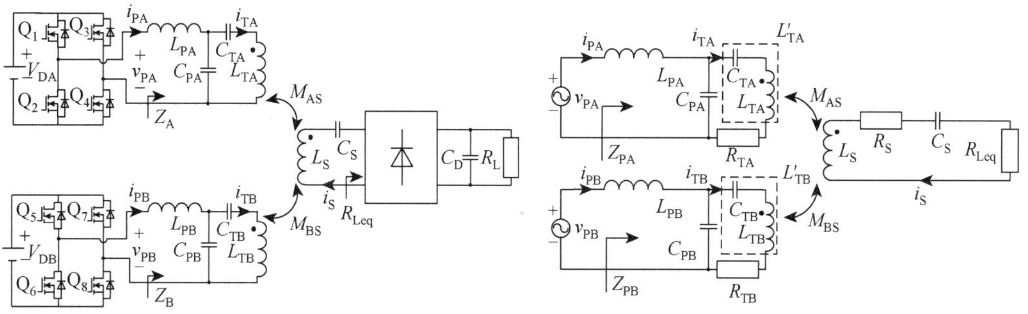

(a) 电路原理图　　(b)系统基波等效电路

图 5.15　双发射系统电路模型

通过求解方程（5-2-2），得到逆变器 A（B）的输出电压与输出电流、接收线圈的电流为

$$\begin{cases}\dot{V}_{PA} = j\omega L_{PA}\dot{I}_{TA} \\ \dot{V}_{PB} = j\omega L_{PB}\dot{I}_{TB}\end{cases} \tag{5-2-3}$$

$$\begin{cases}\dot{I}_{PA} = j\dfrac{(\omega^2 M_{AS}^2 + R_{TA}R_S + R_{TA}R_{Leq})\dot{I}_{TA}^2 + \omega^2 M_{AS}M_{BS}\dot{I}_{TB}^2}{\omega L_{PA}(R_{Leq} + R_S)} \\ \dot{I}_{PB} = j\dfrac{\omega^2 M_{AS}M_{BS}\dot{I}_{TA}^2 + (\omega^2 M_{BS}^2 + R_{TB}R_S + R_{TB}R_{Leq})\dot{I}_{TB}^2}{\omega L_{PB}(R_{Leq} + R_S)} \\ \dot{I}_S = j\dfrac{\omega(M_{AS}\dot{I}_{TA} + M_{BS}\dot{I}_{TB})}{(R_{Leq} + R_S)}\end{cases} \tag{5-2-4}$$

根据求解的逆变器输出电压与电流表达式，可以得到两个发射电路的输入视在功率为

$$\begin{aligned} S_{PA} &= \dot{V}_{PA}\dot{I}_{PA}^* \\ &= \frac{(\omega^2 M_{AS}^2 + R_{Leq}R_{TA} + R_S R_{TA})\dot{I}_{TA}^2 + \omega^2 M_{AS}M_{BS}\dot{I}_{TA}\dot{I}_{TB}}{R_{Leq} + R_S} \\ S_{PB} &= \dot{V}_{PB}\dot{I}_{PB}^* \\ &= \frac{(\omega^2 M_{BS}^2 + R_{Leq}R_{TB} + R_S R_{TB})\dot{I}_{TB}^2 + \omega^2 M_{AS}M_{BS}\dot{I}_{TA}\dot{I}_{TB}}{R_{Leq} + R_S} \end{aligned} \tag{5-2-5}$$

用符号 θ 来代表两个发射线圈电流之间的相位差。设发射线圈 A 的线圈电流相位为

参考零相位，发射线圈 B 的线圈电流相位为 θ，两个发射线圈的输入视在功率可以变换为

$$\begin{aligned}
S_{\mathrm{PA}} &= \frac{(\omega^2 M_{\mathrm{AS}}^2 + R_{\mathrm{Leq}}R_{\mathrm{TA}} + R_{\mathrm{S}}R_{\mathrm{TA}})I_{\mathrm{TA}}^2 + \omega^2 M_{\mathrm{AS}}M_{\mathrm{BS}}I_{\mathrm{TA}}I_{\mathrm{TB}}\cos\theta}{R_{\mathrm{Leq}} + R_{\mathrm{S}}} \\
&\quad + \mathrm{j}\frac{\omega^2 M_{\mathrm{AS}}M_{\mathrm{BS}}I_{\mathrm{TA}}I_{\mathrm{TB}}\sin\theta}{R_{\mathrm{Leq}} + R_{\mathrm{S}}} \\
&= P_{\mathrm{PA}} + \mathrm{j}Q_{\mathrm{PA}} \\
S_{\mathrm{PB}} &= \frac{(\omega^2 M_{\mathrm{BS}}^2 + R_{\mathrm{Leq}}R_{\mathrm{TB}} + R_{\mathrm{S}}R_{\mathrm{TB}})I_{\mathrm{TB}}^2 + \omega^2 M_{\mathrm{AS}}M_{\mathrm{BS}}I_{\mathrm{TA}}I_{\mathrm{TB}}\cos\theta}{R_{\mathrm{Leq}} + R_{\mathrm{S}}} \\
&\quad - \mathrm{j}\frac{\omega^2 M_{\mathrm{AS}}M_{\mathrm{BS}}I_{\mathrm{TA}}I_{\mathrm{TB}}\sin\theta}{R_{\mathrm{Leq}} + R_{\mathrm{S}}} \\
&= P_{\mathrm{PB}} + \mathrm{j}Q_{\mathrm{PB}}
\end{aligned} \tag{5-2-6}$$

式中，P_{PA}（P_{PB}）和 Q_{PA}（Q_{PB}）分别为发射线圈 A（B）的有功功率和无功功率。

同时，系统的输出功率可以表示为

$$\begin{aligned}
P_{\mathrm{out}} &= \dot{I}_{\mathrm{S}}\dot{I}_{\mathrm{S}}^{*}R_{\mathrm{Leq}} \\
&= \frac{\omega^2 R_{\mathrm{Leq}}(M_{\mathrm{AS}}^2 I_{\mathrm{TA}}^2 + M_{\mathrm{BS}}^2 I_{\mathrm{TB}}^2 + 2M_{\mathrm{AS}}M_{\mathrm{BS}}I_{\mathrm{TA}}I_{\mathrm{TB}}\cos\theta)}{R_{\mathrm{Leq}} + R_{\mathrm{S}}}
\end{aligned} \tag{5-2-7}$$

5.2.2 最优效率工作点

通过系统输出功率与两个发射线圈输入功率的比值，可以得到系统效率的表达式为

$$\eta = \frac{P_{\mathrm{out}}}{P_{\mathrm{PA}} + P_{\mathrm{PB}}} \tag{5-2-8}$$

发射线圈 A 和发射线圈 B 的电流相位和幅值均会影响系统效率。首先分析电流相位对系统效率的影响情况。图 5.16 为当 θ 分别等于 0° 和 90° 时，在不同输出功率下，系统效率的仿真值和理论值。可以看出，当两个发射线圈电流同相时，系统效率更高。因此，在逆变器控制过程中，需要始终保证发射线圈的电流相位是同相的。

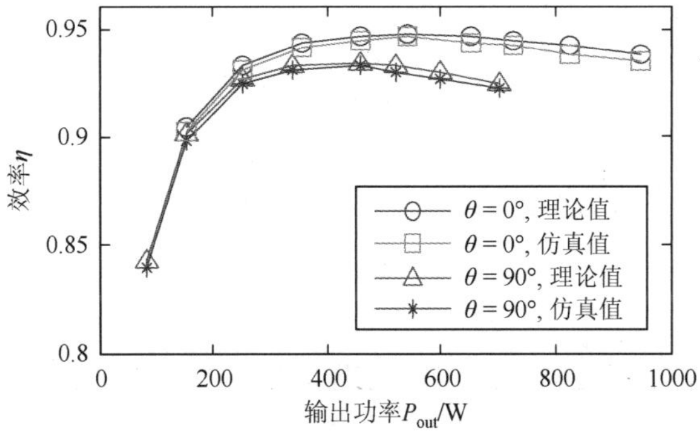

图 5.16　在不同发射线圈电流相位下的系统效率

当两个发射线圈电流设为同相时，系统效率可以表示为

$$\begin{aligned}\eta &= \frac{P_{\text{out}}}{P_{\text{inA}} + P_{\text{inB}}} \\ &= \frac{\omega^2 R_{\text{Leq}}(M_{\text{AS}}I_{\text{TA}} + M_{\text{BS}}I_{\text{TB}})^2}{(R_{\text{Leq}} + R_{\text{S}})[K_1 I_{\text{TA}}^2 + K_2 I_{\text{TB}}^2 + 2\omega^2 M_{\text{AS}} M_{\text{BS}} I_{\text{TA}} I_{\text{TB}}]}\end{aligned} \tag{5-2-9}$$

式中，

$$\begin{cases} K_1 = \omega^2 M_{\text{AS}}^2 + R_{\text{Leq}} R_{\text{TA}} + R_{\text{S}} R_{\text{TA}} \\ K_2 = \omega^2 M_{\text{BS}}^2 + R_{\text{Leq}} R_{\text{TB}} + R_{\text{S}} R_{\text{TB}} \end{cases} \tag{5-2-10}$$

可以看出，系统效率不仅与工作角频率 ω、线圈内阻、互感以及等效负载电阻有关，而且与两个发射线圈 I_{TA} 和 I_{TB} 有关。当系统完成设计后，系统的工作角频率和线圈内阻都将确定；当接收线圈沿着发射线圈动态移动时，发射线圈与接收线圈之间的互感也会按照图 5.14 所示的规律变化。因此，对于一个完成参数设计的系统，其在工作运行过程中，可以通过控制两个发射线圈 I_{TA} 和 I_{TB} 的幅值，来对系统效率进行优化。

为了便于分析讨论，本节将两个发射线圈电流的幅值比设为

$$\begin{cases} I_{\text{TB}} = \gamma \cdot I_{\text{TA}}, & M_{\text{AS}} \geqslant M_{\text{BS}} \\ I_{\text{TA}} = \gamma \cdot I_{\text{TB}}, & M_{\text{AS}} < M_{\text{BS}} \end{cases} \tag{5-2-11}$$

式中，γ 代表了两个发射线圈电流有效值的比值。画出在不同电流比值 γ 及接收线圈位置 x 下的系统效率，如图 5.17 所示。

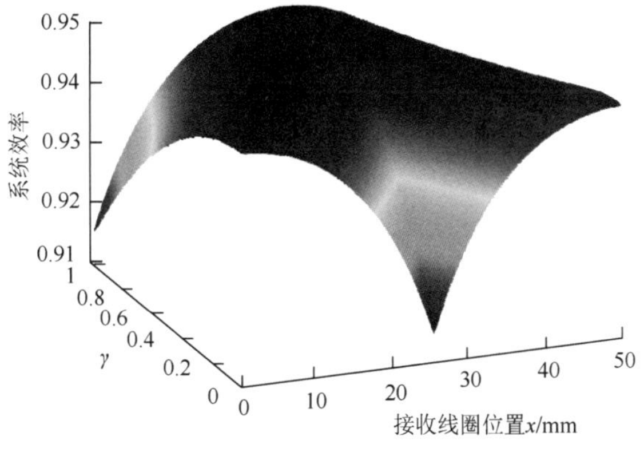

图 5.17　不同接收线圈位置 x 和不同电流比值 γ 下的系统效率

可以看出，当接收线圈处于某一个位置时，存在一个电流比值 γ 使得系统效率达到最优。这个最优效率点，正是需要求出的最优电流比值。令系统效率式（5-2-9）关于 γ 的导数等于零，即

$$\frac{\mathrm{d}\eta}{\mathrm{d}\gamma} = 0 \tag{5-2-12}$$

通过求解该方程，可以求出最优电流比值为

$$\begin{cases} \gamma_{\rm m} = \dfrac{M_{\rm BS} R_{\rm TA}}{M_{\rm AS} R_{\rm TB}}, & M_{\rm AS} \geqslant M_{\rm BS} \\ \gamma_{\rm m} = \dfrac{M_{\rm AS} R_{\rm TB}}{M_{\rm BS} R_{\rm TA}}, & M_{\rm AS} < M_{\rm BS} \end{cases} \tag{5-2-13}$$

也就是说，当两个发射线圈电流比值达到$\gamma_{\rm m}$时，系统效率将达到最优。

5.2.3 控制方法

由 5.2.2 节分析可知，通过合理配置两个发射线圈电流比值$\gamma_{\rm m}$，可以在接收线圈移动、互感变化过程中优化系统效率。然而，$\gamma_{\rm m}$是与两个发射线圈和接收线圈间互感有关的值。当接收线圈沿着发射线圈的方向移动时，难以直接对线圈间的互感进行测量，因此很难直接将电流比值控制为$\gamma_{\rm m}$。于是，需要找一个替代判据来等效实现对$\gamma_{\rm m}$的跟踪控制。当电流比值$\gamma = \gamma_{\rm m}$时，两个发射端电路中，逆变器的输出阻抗可以表示为

$$\begin{cases} Z_{\rm A} = \dfrac{\dot{V}_{\rm PA}}{\dot{I}_{\rm PA}} = \dfrac{\omega^2 L_{\rm PA}^2 R_{\rm TB}^2 (R_{\rm o} + R_{\rm S})}{\omega^2 M_{\rm AS}^2 R_{\rm TB} + \omega^2 M_{\rm BS}^2 R_{\rm TA} + R_{\rm TA} R_{\rm TB} (R_{\rm o} + R_{\rm S})} \\ Z_{\rm B} = \dfrac{\dot{V}_{\rm PB}}{\dot{I}_{\rm PB}} = \dfrac{\omega^2 L_{\rm PB}^2 R_{\rm TA}^2 (R_{\rm o} + R_{\rm S})}{\omega^2 M_{\rm AS}^2 R_{\rm TB} + \omega^2 M_{\rm BS}^2 R_{\rm TA} + R_{\rm TA} R_{\rm TB} (R_{\rm o} + R_{\rm S})} \end{cases} \tag{5-2-14}$$

式中，$\dot{V}_{\rm PA}$（$\dot{V}_{\rm PB}$）和$\dot{I}_{\rm PA}$（$\dot{I}_{\rm PB}$）为逆变器 A（B）的输出电压和输出电流。当系统谐振时，$\dot{V}_{\rm PA}$（$\dot{V}_{\rm PB}$）和$\dot{I}_{\rm PA}$（$\dot{I}_{\rm PB}$）是同相的。此时，$Z_{\rm A}$和$Z_{\rm B}$的比值可以表示为

$$Z_{\rm opt} = \left.\frac{Z_{\rm A}}{Z_{\rm B}}\right|_{\gamma=\gamma_{\rm m}} = \frac{L_{\rm PA}^2 R_{\rm TB}}{L_{\rm PB}^2 R_{\rm TA}} \tag{5-2-15}$$

在这里，$Z_{\rm opt}$定义为满足$\gamma = \gamma_{\rm m}$条件的最优$Z_{\rm A}$和$Z_{\rm B}$的比值。也就是说，如果$Z_{\rm A}$和$Z_{\rm B}$的比值能够控制为$Z_{\rm opt}$，则$\gamma = \gamma_{\rm m}$就自然满足，两个发射线圈电流比值能达到最优。可以看出，$Z_{\rm opt}$只与谐振电感$L_{\rm PA}$（$L_{\rm PB}$）以及发射线圈内阻$R_{\rm TA}$（$R_{\rm TB}$）有关。而这两个参数在系统设计完成时，即可确定并作为常量使用。因此，$Z_{\rm opt}$在接收线圈动态移动过程中不受互感$M_{\rm AS}$和$M_{\rm BS}$变化的影响。$Z_{\rm opt}$可以作为控制发射线圈电流比值γ的控制参考量。

然而，对交流阻抗$Z_{\rm A}$和$Z_{\rm B}$直接进行测量也较为困难。为了便于闭环控制系统的实现，还需要进一步对$Z_{\rm A}$和$Z_{\rm B}$进行转化。因为系统处于谐振状态，所以$Z_{\rm A}$和$Z_{\rm B}$实际上只有电阻部分$R_{\rm A}$和$R_{\rm B}$。对于逆变器，其输入输出电阻满足以下关系：

$$R_{\rm A(B)} = \frac{8}{\pi^2} R_{\rm DA(DB)} \sin^2(\alpha_{\rm A0(B0)} / 2) \tag{5-2-16}$$

式中，$R_{\rm A\,(B)}$和$R_{\rm DA\,(DB)}$分别为逆变器 A（B）的输出电阻和输入电阻。$\alpha_{\rm A0\,(B0)}$是逆变器移相控制下的脉宽。通过测量$R_{\rm DA\,(DB)}$可以等效地得到$R_{\rm A}$和$R_{\rm B}$的比值。因此，控制参考量可以转化为

$$\left.\frac{R_{\rm DA}}{R_{\rm DB}}\right|_{\gamma=\gamma_{\rm m}} = R_{\rm opt} = \frac{L_{\rm PA}^2 R_{\rm TB} \sin^2(\alpha_{\rm B0}/2)}{L_{\rm PB}^2 R_{\rm TA} \sin^2(\alpha_{\rm A0}/2)} \tag{5-2-17}$$

也就是说，当$R_{\rm DA}$与$R_{\rm DB}$的比值满足$R_{\rm opt}$时，发射线圈的电流比值为最优的$\gamma_{\rm m}$，且$R_{\rm opt}$与

两个互感 M_{AS} 和 M_{BS} 无关，不会受到接收线圈动态移动的影响，适用于在动态移动过程中，作为发射线圈电流比值的控制判据。等效控制的框图为图 5.18 中的浅色部分。

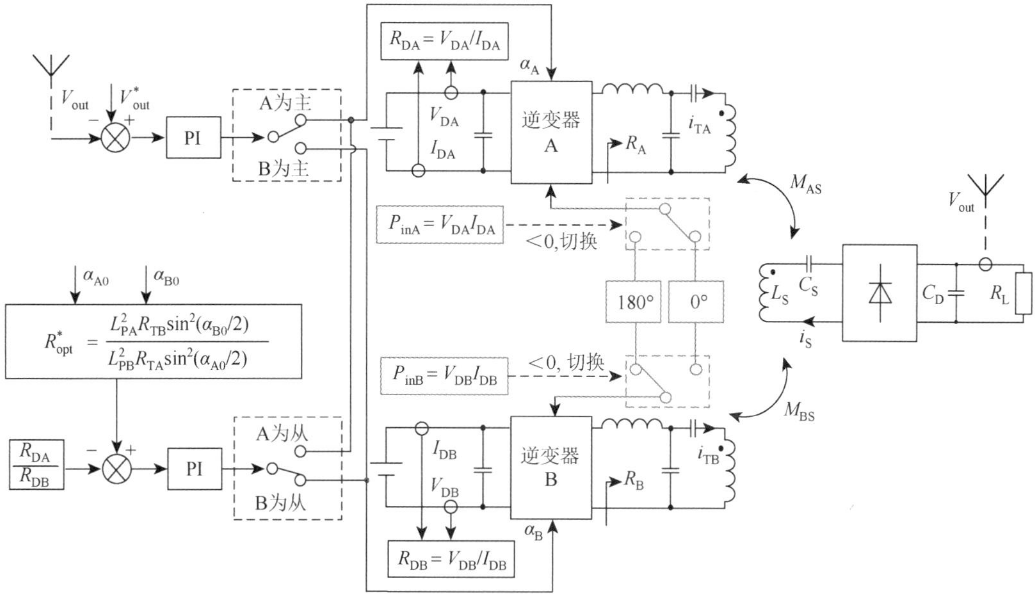

图 5.18　双发射系统控制框图

5.2.4　实验验证

搭建实验平台对上述控制方法进行验证。图 5.19 给出接收线圈移动过程中输出电压 v_{out}、发射线圈 A 的电流 i_{TA}，以及发射线圈 B 的电流 i_{TB} 的变化情况。在所述方法控制下，接收端的输出电压能够在动态移动条件下保持不变；而两个发射线圈的电流根据接收线圈的位置不同而变化，以满足最优效率条件，从而减少线圈能量损耗。

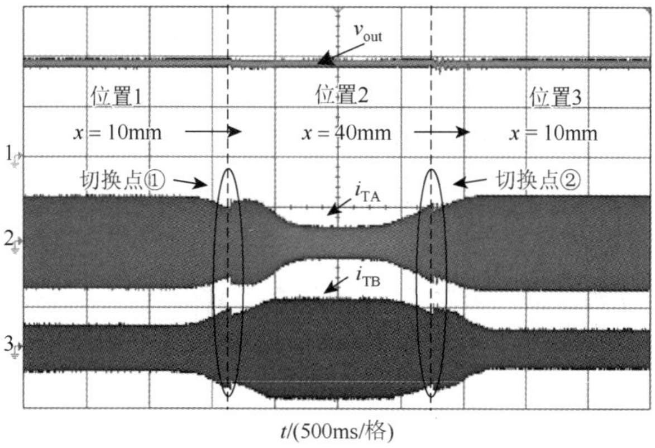

图 5.19　接收线圈移动过程中输出电压与发射线圈电流变化情况

5.3 基于电流分配的单发射-双接收系统效率优化

5.3.1 电路模型与分析

双发射线圈系统能够通过两个互相交叠的发射线圈形成互补的互感曲线，从而补偿单个发射线圈所不可避免的互感跌落。然而，对于无线供电系统，发射线圈长度通常大于接收线圈长度。采用两个重叠的发射线圈，将使总的发射线圈长度增加，使得发射线圈的成本增加一倍[8]。

为了减少发射线圈的长度和成本，且同时保证不受单个发射线圈互感跌落的影响，本节提出采用 DDQ 形接收线圈结构，而发射端仅采用单个 DD 形线圈结构。DDQ 形接收线圈本质上是 5.2 节重叠 DD 形发射线圈在接收端的对偶，单发射-双接收线圈的结构如图 5.20 所示。在发射端，每个 D 形线圈具有相同的尺寸且绕线方向相反；在接收端，DDQ 形接收线圈形成两个接收电路，DD 形线圈作为接收电路 A，Q 形线圈作为接收电路 B。根据 DDQ 形线圈的性质，DD 形线圈与 Q 形线圈之间的互感理论上为零，实际中也非常小。因此，接收电路 A 和接收电路 B 是互相解耦、独立工作的。当 DD 形线圈与发射线圈正对时，DD 形线圈与发射线圈之间的互感 M_{TA} 达到最大，Q 形线圈与发射线圈之间的互感 M_{TB} 趋近于零；当 Q 形线圈与发射线圈正对时，Q 形线圈与发射线圈之间的互感 M_{TB} 达到最大，DD 形线圈与发射线圈之间的互感 M_{TA} 趋近于零。当 DDQ 形接收线圈沿发射线圈方向移动时，M_{TA} 与 M_{TB} 的变化情况可近似用三角函数表示为

$$\begin{cases} M_{\mathrm{TA}} = M_{\mathrm{A0}} \left| \sin(2\pi x / l_{\mathrm{DD}}) \right| \\ M_{\mathrm{TB}} = M_{\mathrm{B0}} \left| \cos(2\pi x / l_{\mathrm{DD}}) \right| \end{cases} \tag{5-3-1}$$

式中，M_{A0} 和 M_{B0} 分别为发射线圈与接收线圈 A 和 B 的最大互感；l_{DD} 为单个 DD 形线圈的长度；x 为接收线圈在发射线圈上的相对位置。可以仿真得到 M_{TA} 与 M_{TB} 的互感变化曲线如图 5.21 所示。

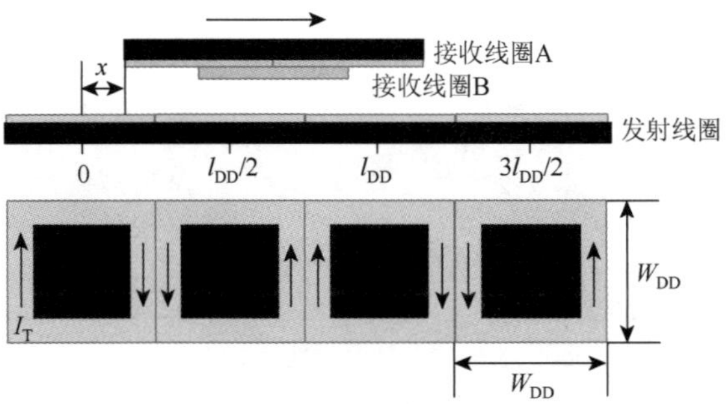

图 5.20 DD 形发射线圈与 DDQ 形接收线圈结构

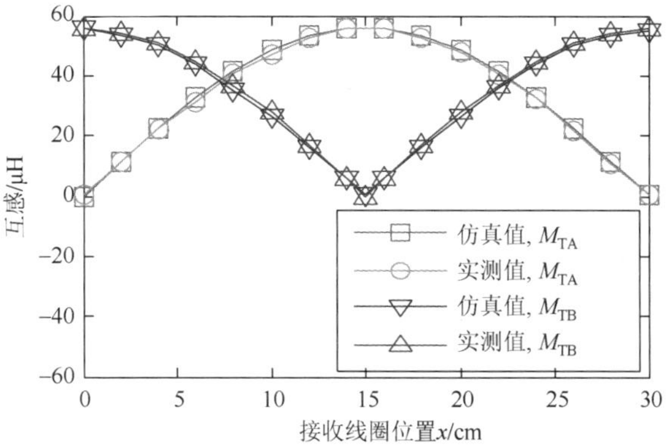

图 5.21　DD 形发射线圈与 DDQ 形接收线圈互感变化曲线

基于上述 DD 形单发射线圈与 DDQ 形双接收线圈的无线供电系统电路原理图及其基波等效电路如图 5.22 所示。与直流电源相连的全桥逆变器作为电源为发射线圈提供高频电流；因 LCC 谐振网络具有良好的恒流输出特性，选用其作为发射端电路的谐振补偿网络。LCC 谐振网络包括一个谐振电感 L_P、一个并联的谐振电容 C_P、一个与发射线圈 L_T 串联的电容 C_T。在接收端，DD 形接收线圈等效为一个电感 L_{RA} 和一个内阻 R_{LA}；Q 形接收线圈等效为一个电感 L_{RB} 和一个内阻 R_{LB}。在两个接收电路中，都使用串联谐振电容进行补偿；经过高频二极管整流电路后，各自串接一个 Boost 变换器用于控制每个接收电路向负载输出的功率。M_{TA} 和 M_{TB} 为两个接收线圈与发射线圈间的互感。因为 DDQ 形线圈是互相解耦的，所以两个接收线圈间的互感忽略不计。

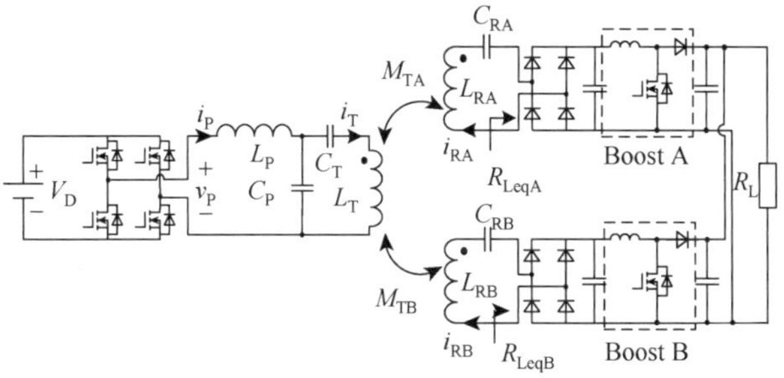

(a) 电路原理图

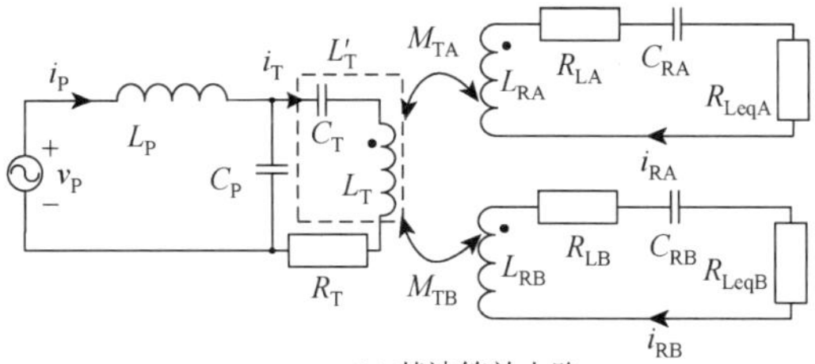

(b) 基波等效电路

图 5.22　双接收系统电路模型

基于基波等效分析方法，建立系统的基波等效电路如图 5.22（b）所示。直流电源及逆变器等效为一个角频率为 ω 的理想正弦电压源 v_P。L'_T 为 L_T 与 C_T 的串联等效电感，且

配置 L'_{T} 等于 L_{P}。为了简化表达式的复杂度，这里的分析先忽略了线圈内阻。将在 5.3.2 节效率模型中专门进行分析。在两个接收电路中，将整流桥及 Boost 变换器等效为负载电阻 R_{LeqA} 与 R_{LeqB}。R_{LeqA} 与 R_{LeqB} 可以用于对两个接收电路的功率分配情况进行分析。

根据网孔电流法，列写等效电路的电路方程为

$$\begin{cases}\dot{V}_{\mathrm{P}}=\dot{I}_{\mathrm{P}}\cdot \mathrm{j}\omega L_{\mathrm{P}}-\mathrm{j}(\dot{I}_{\mathrm{P}}-\dot{I}_{\mathrm{T}})/(\omega C_{\mathrm{P}})\\ 0=\dot{I}_{\mathrm{T}}\cdot \mathrm{j}\omega L'_{\mathrm{TA}}-\mathrm{j}\omega(\dot{I}_{\mathrm{RA}}M_{\mathrm{TA}}+\dot{I}_{\mathrm{RB}}M_{\mathrm{TB}})-\mathrm{j}(\dot{I}_{\mathrm{P}}-\dot{I}_{\mathrm{T}})/(\omega C_{\mathrm{P}})\\ 0=-\dot{I}_{\mathrm{T}}\cdot \mathrm{j}\omega M_{\mathrm{TA}}+\dot{I}_{\mathrm{RA}}(\mathrm{j}\omega L_{\mathrm{RA}}-\mathrm{j}/(\omega C_{\mathrm{RA}})+R_{\mathrm{LeqA}})\\ 0=-\dot{I}_{\mathrm{T}}\cdot \mathrm{j}\omega M_{\mathrm{TB}}+\dot{I}_{\mathrm{RB}}(\mathrm{j}\omega L_{\mathrm{RB}}-\mathrm{j}/(\omega C_{\mathrm{RB}})+R_{\mathrm{LeqB}})\end{cases}\tag{5-3-2}$$

当系统工作在谐振状态时，C_{P} 完全补偿 L_{P}，C_{RA}（C_{RB}）完全补偿 L_{RA}（L_{RB}），则可以求出发射端与接收端的电流为

$$\begin{cases}\dot{I}_{\mathrm{P}}=\dfrac{\dot{V}_{\mathrm{P}}(R_{\mathrm{LeqA}}M_{\mathrm{TB}}^{2}+R_{\mathrm{LeqB}}M_{\mathrm{TA}}^{2})}{L_{\mathrm{P}}^{2}R_{\mathrm{LeqA}}R_{\mathrm{LeqB}}}\\ \dot{I}_{\mathrm{T}}=-\mathrm{j}\dfrac{\dot{V}_{\mathrm{P}}}{\omega L_{\mathrm{P}}}\\ \dot{I}_{\mathrm{RA}}=\dfrac{\dot{V}_{\mathrm{P}}M_{\mathrm{TA}}}{L_{\mathrm{P}}R_{\mathrm{LeqA}}}=\dfrac{\omega M_{\mathrm{TA}}}{R_{\mathrm{LeqA}}}\dot{I}_{\mathrm{T}}\\ \dot{I}_{\mathrm{RB}}=\dfrac{\dot{V}_{\mathrm{P}}M_{\mathrm{TB}}}{L_{\mathrm{P}}R_{\mathrm{LeqB}}}=\dfrac{\omega M_{\mathrm{TB}}}{R_{\mathrm{LeqB}}}\dot{I}_{\mathrm{T}}\end{cases}\tag{5-3-3}$$

为了便于进行分析，将 R_{LeqA} 与 R_{LeqB} 重新定义为

$$\begin{cases}R_{\mathrm{LeqA}}=R_{\mathrm{Leq0}}\\ R_{\mathrm{LeqB}}=\zeta R_{\mathrm{Leq0}}\end{cases}\tag{5-3-4}$$

式中，ζ 为 R_{LeqA} 与 R_{LeqB} 的电阻比值。R_{Leq0} 表示与系统输出功率大小有关的归一化等效负载电阻大小。

基于式（5-3-4）的定义，可以将每个接收电路输出的功率表示为

$$\begin{cases}P_{\mathrm{RA}}=\dot{I}_{\mathrm{RA}}\dot{I}_{\mathrm{RA}}^{*}R_{\mathrm{LeqA}}=\dfrac{\omega^{2}I_{\mathrm{T}}^{2}M_{\mathrm{TA}}^{2}}{R_{\mathrm{Leq0}}}\\ P_{\mathrm{RB}}=\dot{I}_{\mathrm{RB}}\dot{I}_{\mathrm{RB}}^{*}R_{\mathrm{LeqB}}=\dfrac{\omega^{2}I_{\mathrm{T}}^{2}M_{\mathrm{TB}}^{2}}{\zeta\cdot R_{\mathrm{Leq0}}}\end{cases}\tag{5-3-5}$$

则系统总的输出功率可以表示为

$$P_{\mathrm{out}}=P_{\mathrm{RA}}+P_{\mathrm{RB}}=\frac{\omega^{2}I_{\mathrm{T}}^{2}(\zeta\cdot M_{\mathrm{TA}}^{2}+M_{\mathrm{TB}}^{2})}{\zeta\cdot R_{\mathrm{Leq0}}}\tag{5-3-6}$$

对于一个给定的输出功率 P_{out}，R_{Leq0} 可以求解为

$$R_{\mathrm{Leq0}}=\frac{\omega^{2}I_{\mathrm{T}}^{2}(\zeta\cdot M_{\mathrm{TA}}^{2}+M_{\mathrm{TB}}^{2})}{\zeta\cdot P_{\mathrm{out}}}\tag{5-3-7}$$

基于式（5-3-7）和式（5-3-5），可以得到每个接收电路的输出功率为

$$\begin{cases} P_{\mathrm{RA}} = \dfrac{\zeta \cdot M_{\mathrm{TA}}^2}{\zeta \cdot M_{\mathrm{TA}}^2 + M_{\mathrm{TB}}^2} \cdot P_{\mathrm{out}} \\ P_{\mathrm{RB}} = \dfrac{M_{\mathrm{TB}}^2}{\zeta \cdot M_{\mathrm{TA}}^2 + M_{\mathrm{TB}}^2} \cdot P_{\mathrm{out}} \end{cases} \tag{5-3-8}$$

由式（5-3-8）可以看出，每个接收电路输出功率的大小与互感（接收位置）和 ζ 有关。当一个接收线圈与发射线圈的互感越大时，这个接收电路向负载传递的功率越大。当 ζ 越大，更多的功率从接收电路 A 向负载传递。

5.3.2　最优效率工作点

根据式（5-3-5）和式（5-3-7），在给定输出功率下，两个接收电路的电流可以求解得到

$$\begin{cases} I_{\mathrm{RA}} = \dfrac{\zeta P_{\mathrm{out}} M_{\mathrm{TA}}}{\omega I_{\mathrm{T}}(\zeta \cdot M_{\mathrm{TA}}^2 + M_{\mathrm{TB}}^2)} \\ I_{\mathrm{RB}} = \dfrac{P_{\mathrm{out}} M_{\mathrm{TB}}}{\omega I_{\mathrm{T}}(\zeta \cdot M_{\mathrm{TA}}^2 + M_{\mathrm{TB}}^2)} \end{cases} \tag{5-3-9}$$

设两个接收线圈的等效内阻为 R_{LA} 与 R_{LB}，则两个接收线圈上的功率损耗可以表示为

$$\begin{cases} P_{\mathrm{lossA}} = \dot{I}_{\mathrm{RA}} \dot{I}_{\mathrm{RA}}^* R_{\mathrm{LA}} = \dfrac{P_{\mathrm{out}}^2 M_{\mathrm{TA}}^2 R_{\mathrm{LA}}}{\omega^2 I_{\mathrm{T}}^2 \left(\zeta \cdot M_{\mathrm{TA}}^2 + M_{\mathrm{TB}}^2\right)^2} \\ P_{\mathrm{lossB}} = \dot{I}_{\mathrm{RB}} \dot{I}_{\mathrm{RB}}^* R_{\mathrm{LB}} = \dfrac{P_{\mathrm{out}}^2 M_{\mathrm{TB}}^2 R_{\mathrm{LB}}}{\omega^2 I_{\mathrm{T}}^2 \left(\zeta \cdot M_{\mathrm{TA}}^2 + M_{\mathrm{TB}}^2\right)^2} \end{cases} \tag{5-3-10}$$

图 5.23 为在不同 ζ 下两个接收电路功率损耗及总损耗。此时，$x = 5\mathrm{cm}$，两个互感 M_{TA} 和 M_{TB} 分别为 27.9μH 和 47.9μH，输出功率为 800W。当 ζ 小于 1 时，功率损耗主要由接收电路 B 产生，因为此时更多的功率由接收电路 B 提供。当 ζ 接近于 0 时，接收电路 A 近似短路，几乎所有功率都由接收电路 B 传递给负载。接收电路 A 上的功率损耗随着 ζ 的增加而增加。当 ζ 接近于无穷大时，接收电路 B 可看作开路，只有接收电路 A 传输能量。可以看出，当 ζ 变化时，存在一个最优的 ζ，使得总损耗降到最低。

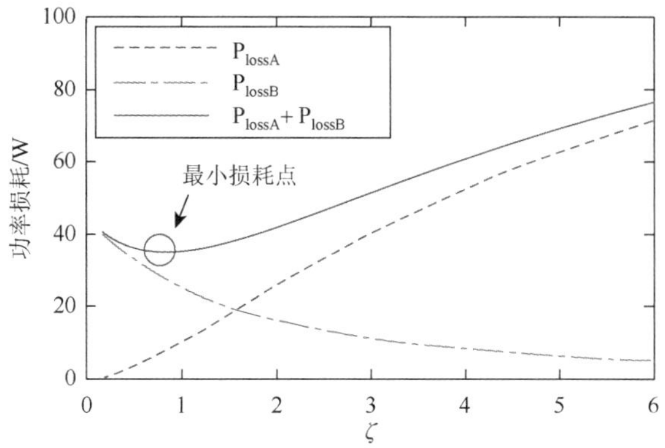

图 5.23　不同 ζ 下两个接收电路功率损耗情况

对于一个给定的输出功率 P_{out}，存在多个 ζ 使得系统总的输出功率维持在 P_{out}。因此，在保证系统输出功率恒定的同时，使 ζ 为对应功率损耗最小的值，可以找出系统的最优效率工作点。

为了找出系统最优效率下的 ζ 值，首先建立系统效率的表达式为

$$\eta = \frac{P_{out}}{P_{out} + P_{lossT} + P_{lossA} + P_{lossB}} \tag{5-3-11}$$

式中，P_{lossT} 为发射线圈上的功率损耗。由于发射线圈与发射端 LCC 电路连接，发射线圈上的电流是恒定的，不受接收线圈移动和负载电阻变化的影响，因此 P_{lossT} 可以看作一个常数。

通过使系统效率关于 ζ 的导数等于零：

$$\frac{d\eta}{d\zeta} = 0 \tag{5-3-12}$$

可以求解出系统效率极值，也就是最大系统效率所对应的 ζ 值为

$$\zeta_m = \frac{R_{LB}}{R_{LA}} \tag{5-3-13}$$

可以看出，最优等效电阻比值 ζ_m 是两个接收线圈内阻 R_{LA} 与 R_{LB} 的比值，而与线圈之间的互感及接收线圈的位置无关。这是一个与接收线圈运动无关的量，不需要接收线圈的位置信息和互感信息，非常有利于无线供电系统的控制实现。

图 5.24 为在不同 ζ 值下，系统效率随接收线圈位置变化的曲线。可以看出，当 ζ 值取为 ζ_m 时，无论在哪个位置，系统效率都达到了最高。所有的效率曲线都在 $x = 0$cm 以及 $x = 15$cm 这两个点相交。这是因为，在这两个位置有一个接收线圈与发射线圈的互感下降为零，而只有一个接收线圈传递能量。因此，ζ 值在这两个位置下没有意义。当 $x = 0$cm 时，M_{TA} 为零而 M_{TB} 达到最大，功率只通过接收电路 B 向负载传递。当 $x = 15$cm 时，M_{TB} 为零而 M_{TA} 达到最大，功率只通过接收电路 A 向负载传递。由于接收线圈内阻 R_{LA}（0.72Ω）大于接收线圈 B 的内阻 R_{LB}（0.6Ω），系统效率在 $x = 0$cm 位置时要大于 $x = 15$cm 位置时的。当接收线圈处于 $x = [0，15]$cm 或 $x = [15，30]$cm 时，接收电路 A 和接收电路 B 同时向负载传递能量，因此系统效率介于最高（$x = 0$cm）和最低（$x = 15$cm）之间。

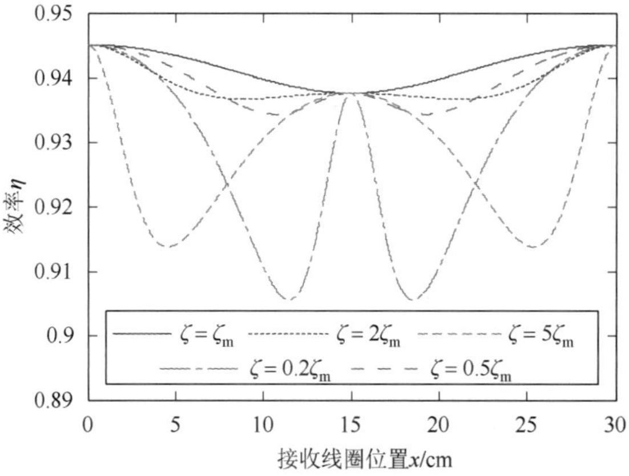

图 5.24　不同 ζ 及不同接收位置下的系统效率

5.3.3 控制方法

由 5.3.2 节分析可知，当两个接收电路各自的等效负载电阻比值控制为 ζ_m 时，两个接收电路的总损耗最小，系统效率达到最优。通常在无线电能传输系统中，可控整流器和 DC-DC 变换器都是接收端常用于控制的主动变换器。对于可控整流器，由于其需要保证相位与接收端电流同相，因此需要同步电路用于产生可控整流器开关的驱动信号。然而，当接收线圈移动时，接收端电流可能会畸变且幅值变小，此时很难产生正确相位的驱动信号给可控整流器。因此，本节选择在二极管整流器后增加一个 DC-DC 变换器，如 Boost 变换器，作为控制等效负载电阻比值的功率级，从而避免同步问题。

为了便于控制的实现，Boost 变换器设计为始终工作在连续导通模式，则此时 Boost 变换器的电压转换比为

$$V_{\mathrm{RA(RB)}}=(1-D_{\mathrm{A(B)}})V_{\mathrm{OA(OB)}} \tag{5-3-14}$$

式中，$V_{\mathrm{RA(RB)}}$ 和 $V_{\mathrm{OA(OB)}}$ 分别为 Boost 变换器 A（B）的输入输出电压；$D_{\mathrm{A(B)}}$ 为 Boost 变换器 A（B）的占空比。而 Boost 变换器 A（B）的输入输出电流可以表示为

$$I_{\mathrm{ROA(ROB)}}=\frac{1}{1-D_{\mathrm{A(B)}}}I_{\mathrm{OA(OB)}} \tag{5-3-15}$$

由式（5-3-14）和式（5-3-15），可以得到 Boost 变换器 A（B）的输入等效电阻 $R_{\mathrm{RA(RB)}}$ 为

$$R_{\mathrm{RA(RB)}}=\frac{V_{\mathrm{RA(RB)}}}{I_{\mathrm{ROA(ROB)}}}=(1-D_{\mathrm{A(B)}})^2R_{\mathrm{OA(OB)}} \tag{5-3-16}$$

由式（5-3-16）可以看出，当改变 Boost 变换器 A（B）的占空比 $D_{\mathrm{A(B)}}$ 时，相应的 Boost 变换器 A（B）的输入等效电阻也会发生变化。当各自的实际负载电阻不变时，$D_{\mathrm{A(B)}}$ 越大，$R_{\mathrm{RA(RB)}}$ 越大。

对于二极管整流器，其交流侧等效输入电阻和直流侧等效输出电阻有如下关系：

$$R_{\mathrm{LeqA(LeqB)}}=\frac{\pi^2}{8}R_{\mathrm{RA(RB)}} \tag{5-3-17}$$

因此，可以得到接收端交流等效负载电阻与 Boost 变换器输出直流等效电阻之间的关系为

$$R_{\mathrm{LeqA(LeqB)}}=\frac{\pi^2}{8}(1-D_{\mathrm{A(B)}})^2R_{\mathrm{OA(OB)}} \tag{5-3-18}$$

可以通过控制 Boost 变换器 A（B）的占空比 $D_{\mathrm{A(B)}}$ 来控制 R_{LeqA} 与 R_{LeqB} 的比值 ζ_m。相应的控制框图如图 5.25 中的红色部分所示。通过测量 Boost 变换器 A（B）的输出电压 $V_{\mathrm{OA(OB)}}$ 和输出电流 $I_{\mathrm{OA(OB)}}$ 来计算其输出电阻为

$$R_{\mathrm{OA(OB)}}=\frac{V_{\mathrm{OA(OB)}}}{I_{\mathrm{OA(OB)}}} \tag{5-3-19}$$

之后，则根据式（5-3-19）来估算各接收电路实际的交流等效电阻值。通过一个 PI 控制器来控制 R_{LeqA} 与 R_{LeqB} 的比值为 ζ_m。

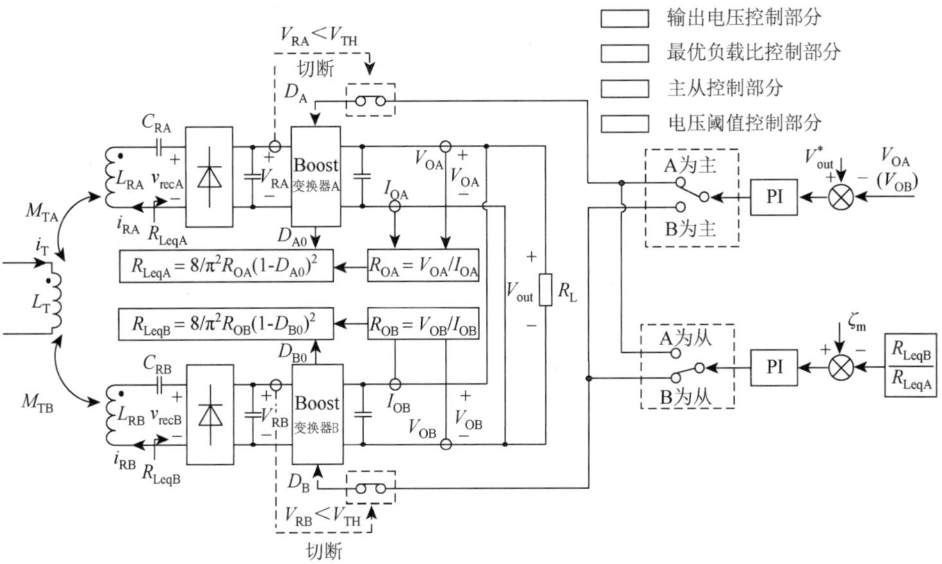

图 5.25　双接收系统控制框图

由于在接收线圈移动过程中，两个接收线圈与发射线圈的互感是交替变化的，当接收线圈 A 互感大时，主要由接收电路 A 传递能量；当接收线圈 B 互感大时，主要由接收电路 B 传递能量。为了保证控制的稳定性，在控制策略中将线圈互感大的接收电路称为主接收电路，而另一个小互感接收电路称为从接收电路。主接收电路用于控制系统的输出电压，其控制框图如图 5.25 绿色部分所示；而从接收电路，通过控制自己电路中 Boost 变换器的占空比来保证两个接收电路的等效负载电阻比值为 ζ_m，如图 5.25 红色部分所示。

在系统启动阶段，需要确定两个接收电路的主从关系。开始时，两个 Boost 变换器的占空比都设为 0。此时，两个 Boost 变换器的电压增益均为 1。对于有更高感应电压的接收电路，其 Boost 变换器导通，而另一个 Boost 变换器的二极管截止。因此，有电流输出的 Boost 变换器所在电路被选择为主接收电路。在系统运行过程中，测量两个接收电路的二极管整流器输出电压 V_{RA} 和 V_{RB}。因为二极管整流器输出电压与接收线圈感应电压呈正比，有更高二极管整流器输出电压的接收电路对应的线圈感应电压更高，即此线圈的互感更大，所以选择此接收电路为主接收电路。

从接收电路对应互感小的接收线圈。由于在接收线圈移动过程中，从接收电路互感可能很小，此时 Boost 变换器的占空比将会很大，电流也会增加很多，导致 Boost 变换器的效率急剧下降。此时，需要切除从接收电路，只由主接收电路来供电。因此，在控制策略中，当检测到从接收电路二极管整流器的输出电压小于某个阈值时，将从接收电路 Boost 变换器的占空比设为 0。此时，Boost 变换器二极管反偏截止，从接收电路自动切除。

5.3.4　实验验证

搭建实验平台对上述控制方法进行验证。图 5.26 显示接收线圈在移动过程中输出电压 v_{out}、接收线圈 A 的电流 i_{RA}，以及接收线圈 B 的电流 i_{RB} 的变化情况。在所述控制方法控制下，接收端的输出电压能够在动态移动条件下保持不变；而两个接收线圈的电流根据系统所处状态，根据上述控制判据变化，以满足最优效率条件，减少线圈能量损耗。

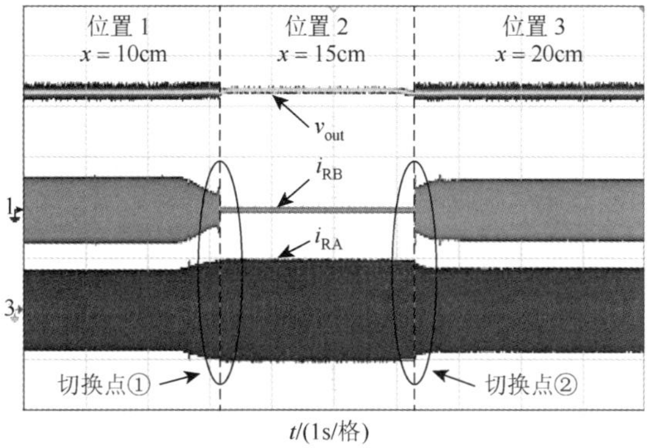

图 5.26　接收线圈移动过程中的输出电压与接收线圈电流变化情况

5.4　本 章 小 结

本章分别针对无线供电系统中的单发射-单接收系统、双发射-单接收系统、单发射-双接收系统的效率优化方法进行了介绍。从最优阻抗配置的角度，针对系统在负载变化和互感变化工况，找出了各类型系统的最优工作条件。利用半控整流桥对等效负载的变换作用，实现了单发射-单接收系统的最优负载阻抗跟踪控制；根据逆变器等效输出阻抗关系，找出了双发射系统逆变器最优效率下的阻抗比，通过对逆变器等效输出阻抗的控制，实现了双发射-单接收系统的效率优化控制；根据双接收系统整流器最优输入阻抗关系，利用整流侧 DC-DC 变换器对等效负载阻抗的控制作用，实现了单发射-双接收系统的效率优化控制。理论分析和实验结果表明，采用最优等效阻抗比的分析方式，能够实现对多个线圈配置类型的系统进行最优效率条件分析；同时，采用逆变器、可控整流器、DC-DC 变换器的有源控制方法，能够实现对系统最优效率条件的跟踪控制。在实际系统中，可根据线圈的配置形式选择相应的效率优化控制方法对系统的运行条件进行控制。

参 考 文 献

[1]　Hui S Y R，Zhong W，Lee C K . A critical review of recent progress in mid-range wireless power transfer[J]. IEEE Transactions on Power Electronics，2014，29（9）：4500-4511.

[2]　麦瑞坤，刘野然，陈阳. 基于最优等效负载控制的感应电能传输系统效率优化方法研究[J]. 中国电机工程学报，2016（23）：167-174，312.

[3] Diekhans T，de Doncker R W. A dual-side controlled inductive power transfer system optimized for large coupling factor variations and partial load[J]. IEEE Transactions on Power Electronics，2015，30（11）：6320-6328.

[4] Berger A，Agostinelli M，Vesti S，et al. A wireless charging system applying phase-shift and amplitude control to maximize efficiency and extractable power[J]. IEEE Transactions on Power Electronics，2015，30（11）：6338-6348.

[5] Zhong W X，Hui S Y R. Maximum energy efficiency tracking for wireless power transfer systems[J]. IEEE Transactions on Power Electronics，2015，30（7）：4025-4034.

[6] Park C，Lee S，Jeong S Y，et al. Uniform power I-type inductive power transfer system with DQ-power supply rails for on-line electric vehicles[J]. IEEE Transactions on Power Electronics，2015，30（11）：6446-6455.

[7] Liu Y R，Mai R K，Liu D W，et al. Efficiency optimization for wireless dynamic charging system with overlapped DD coil arrays [J]. IEEE Transactions on Power Electronics，2018，33（4）：2832-2846.

[8] Liu Y R，Mai R K，Liu D W，et al. Optimal load ratio control for dual-receiver dynamic wireless power transfer maintaining stable output voltage[J]. IEEE Transactions on Power Electronics，2019，12（10）：2669-2677.

第 6 章　无线供电系统输出波动抑制方法

在无线供电系统运行过程中，轨道交通车辆处于运动状态，系统发射线圈与接收线圈的耦合状态不断变化，导致系统的输出容易出现大范围波动。而系统输出的稳定性是无线供电系统的关键技术指标，直接关系到车辆负载设备能否正常工作。因此，研究无线供电系统输出波动抑制方法显得尤为重要[1-8]。本章将从耦合机构设计与系统控制器设计两方面，各自提出相应的解决方案，用于实现无线供电系统的输出波动抑制。

6.1　基于发射端耦合机构优化的输出波动抑制方法

在无线供电系统中，当接收线圈沿着发射线圈运动时，接收线圈和发射线圈之间的互感在不断变化，导致接收线圈感应电压出现周期性波动，严重影响了系统输出的稳定性。考虑上述因素，本节从三相无线供电系统出发，通过三相发射线圈的磁场叠加来抑制系统输出的波动，首先对无线供电系统三相发射线圈模型进行详细分析，从理论上推导出接收线圈感应电压的影响因素；然后提出一种将相邻发射线圈进行重叠以减小发射线圈与接收线圈互感波动的优化方法，并将线圈重叠长度作为优化参数，寻找线圈最优重叠长度[9]。

6.1.1　三相无线供电系统电磁耦合机构设计及优化

基于单接收线圈的三相无线供电系统电磁耦合机构结构图如图 6.1 所示，A 相、B 相和 C 相发射线圈依次沿接收线圈移动方向排列，相邻两相发射线圈紧密排列，发射端、接收端线圈放置在磁芯上以增加线圈之间的互感。发射线圈和接收线圈均采用长为 l 的方形线圈，接收线圈与发射轨道的相对位置表示为 x。

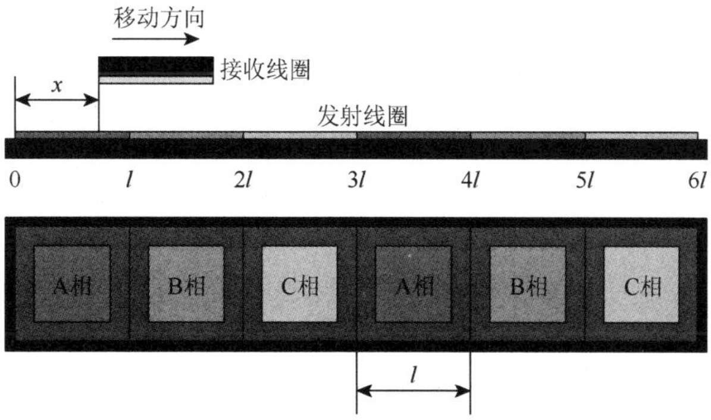

图 6.1　电磁耦合机构结构图

用受控源表示互感电压的电磁耦合机构等效电路图如图 6.2 所示，A 相、B 相和 C 相发射线圈产生的磁场在接收线圈上感应出的电压 $\dot{V}_{AS}$ 、 $\dot{V}_{BS}$ 和 $\dot{V}_{CS}$ 可以分别表示为

$$\begin{cases}\dot{V}_{AS}=j\omega M_{AS}\dot{I}_{TA}\\\dot{V}_{BS}=j\omega M_{BS}\dot{I}_{TB}\\\dot{V}_{CS}=j\omega M_{CS}\dot{I}_{TC}\end{cases}\tag{6-1-1}$$

式中，ω 为系统角频率；$\dot{I}_{TA}$ 为流过 A 相发射线圈的电流；$\dot{I}_{TB}$ 为流过 B 相发射线圈的电流；$\dot{I}_{TC}$ 为流过 C 相发射线圈的电流。

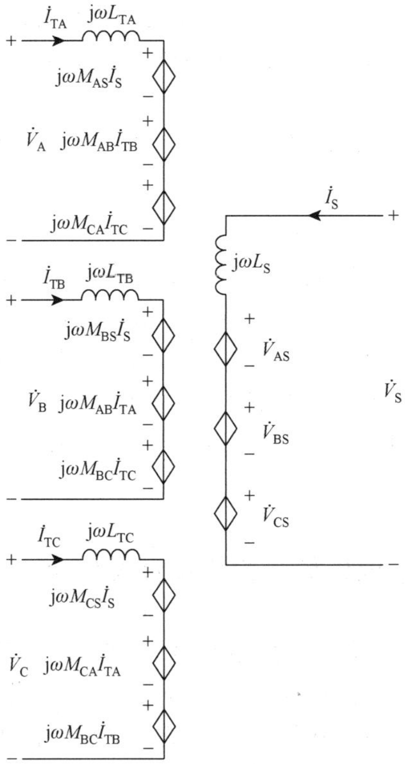

图 6.2　电磁耦合机构等效电路图

因此，接收线圈总的感应电压可以表示为

$$\dot{V}_S=j\omega M_{AS}\dot{I}_{TA}+j\omega M_{BS}\dot{I}_{TB}+j\omega M_{CS}\dot{I}_{TC}\tag{6-1-2}$$

假设流过不同发射线圈的电流 $\dot{I}_{TA}$ 、 $\dot{I}_{TB}$ 和 $\dot{I}_{TC}$ 的幅值是相等的，相位依次相差 120°，则可以表示为

$$\begin{cases}\dot{I}_{TA}=I_{T0}\angle 0^\circ\\\dot{I}_{TB}=I_{T0}\angle 120^\circ\\\dot{I}_{TC}=I_{T0}\angle 240^\circ\end{cases}\tag{6-1-3}$$

式中，I_{T0} 为流过发射线圈电流的有效值。接收线圈的总感应电压振幅值 $|\dot{V}_S|$ 可以化简为

$$
\begin{aligned}
|\dot{V}_{\mathrm{S}}| &= |\mathrm{j}\omega M_{\mathrm{AS}} I_{\mathrm{TA}} + \mathrm{j}\omega M_{\mathrm{BS}} I_{\mathrm{TB}} + \mathrm{j}\omega M_{\mathrm{CS}} I_{\mathrm{TC}}| \\
&= \left| \mathrm{j}\omega I_{\mathrm{T0}} \left(M_{\mathrm{AS}} + M_{\mathrm{BS}} \mathrm{e}^{\mathrm{j}\frac{2}{3}\pi} + M_{\mathrm{CS}} \mathrm{e}^{\mathrm{j}\frac{4}{3}\pi} \right) \right|
\end{aligned} \tag{6-1-4}
$$

由式（6-1-4）可以得出，当系统角频率 ω 和发射线圈电流有效值 I_{T0} 大小一定时，接收线圈感应电压振幅值 $|\dot{V}_{\mathrm{S}}|$ 只与发射线圈和接收线圈间的互感和有关。当接收线圈沿着发射线圈轨道运动时，发射线圈和接收线圈间的互感和也会发生相应的变化，从而导致接收线圈的感应电压发生波动，影响系统输出的稳定性。本节将通过对电磁耦合机构的结构进行优化设计，以减少移动过程中发射线圈和接收线圈间互感和的波动，提高系统输出的稳定性。

利用电磁有限元分析软件 Maxwell 对所提出的电磁耦合机构进行仿真分析，在 Maxwell 中搭建电磁耦合机构模型，仿真分析接收线圈沿发射线圈轨道运动时，发射线圈和接收线圈间互感的变化情况。仿真分析建模参数如表 6.1 所示，按照表中所示参数仿真相对位置 x 从 0mm 变化到 1000mm 时不同发射线圈和接收线圈互感的变化情况，具体趋势如图 6.3 所示。

表 6.1　电磁耦合机构仿真分析建模参数

参数	取值
方形线圈长度 l/mm	200
气隙高度 l_{G}/mm	70
A 相发射线圈匝数 N_{A}	17
B 相发射线圈匝数 N_{B}	17
C 相发射线圈匝数 N_{C}	17
接收线圈匝数 N_{R}	17
相对位置 x/mm	[0，1000]

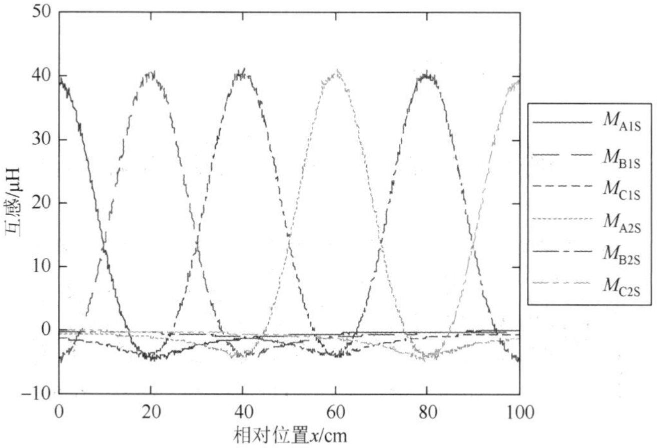

图 6.3　不同相对位置互感变化趋势

从图 6.3 中可以看出，当接收线圈位于发射线圈正上方时，两线圈之间的互感达到最大值，随着接收线圈离开发射线圈，两线圈之间的互感逐渐减小，最后趋近于 0。为了简化分析，令三组发射线圈与接收线圈间的互感和为 F_S，可表示为

$$F_S = M_{AS} + M_{BS}e^{j\frac{2}{3}\pi} + M_{CS}e^{j\frac{4}{3}\pi} \tag{6-1-5}$$

通过式（6-1-5），对电磁仿真得到的互感数据进行处理，可以得到接收线圈运动到不同位置时，发射线圈与接收线圈间互感和的变化情况，如图 6.4 所示。当接收线圈沿着发射线圈轨道运动时，发射线圈与接收线圈间互感和会呈现大幅度周期性波动，在这种情况下，接收线圈的感应电压也会呈现大幅度周期性波动，导致系统输出不稳定。

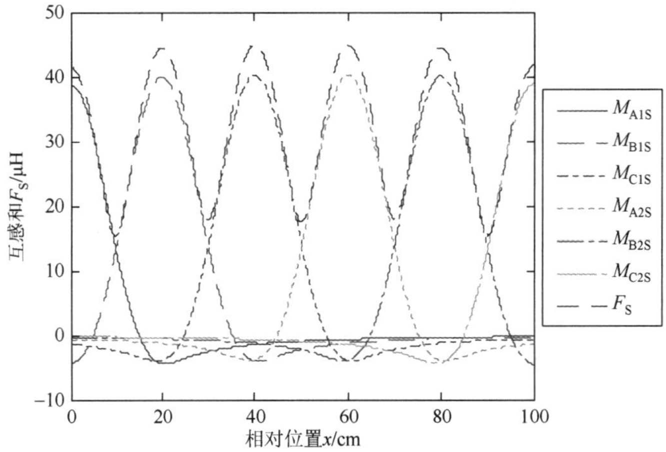

图 6.4　不同相对位置互感和的变化趋势

在电磁耦合机构仿真分析中发现，通过将两相邻发射线圈进行重叠可以有效地减小发射线圈与接收线圈间互感和的波动，相邻两发射线圈重叠后的电磁耦合机构结构图如图 6.5 所示。任意两相邻发射线圈重叠程度均相同，重叠长度为 L_O。

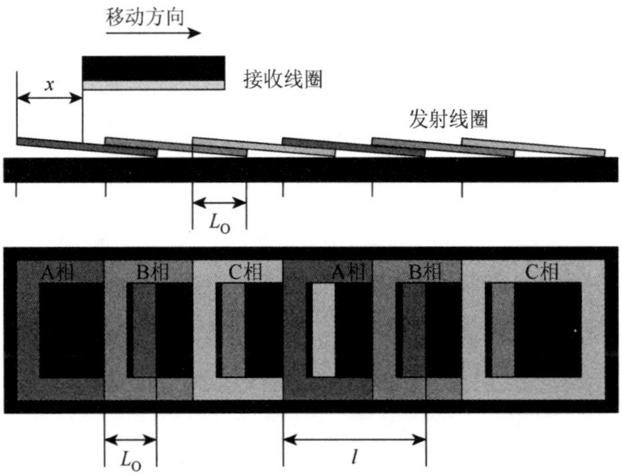

图 6.5　相邻两发射线圈重叠后的电磁耦合机构结构图

当相邻两发射线圈重叠长度改变时，发射线圈与接收线圈间互感和的波动也将随之改变，如图 6.6 所示。当发射线圈间重叠长度为 6cm 时，发射线圈与接收线圈间互感和在 30～40μH 波动，当发射线圈间重叠长度增加到 9cm 时，发射线圈与接收线圈间互感和的波动幅度明显减小，但是随着重叠长度增加到 15cm，发射线圈与接收线圈间互感和的波动幅度变大。因此，存在一个特定的重叠长度，使得发射线圈与接收线圈间互感和的波动达到最小。

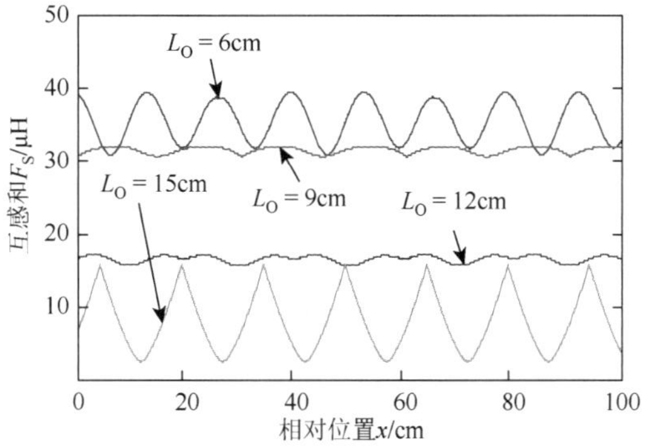

图 6.6　不同重叠长度互感和的波动

本节中用互感和的方差 σ^2（F_S）来衡量互感和的波动程度，对于每个确定的重叠长度 L_O，当接收线圈沿发射线圈轨道运动时，可以计算出一个对应的方差。不同重叠长度与线圈长度的比值对应的方差大小如图 6.7 所示。

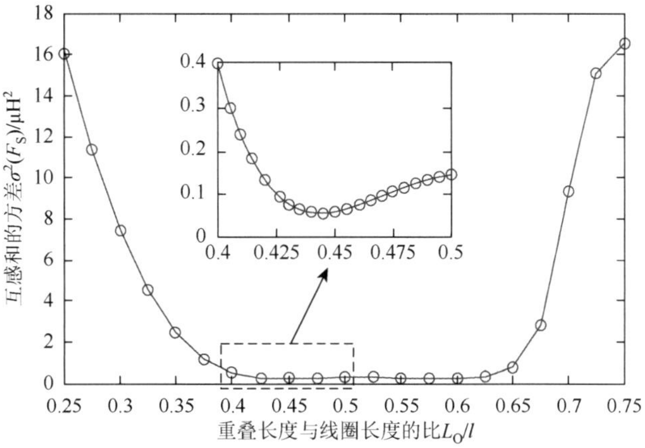

图 6.7　不同重叠长度与线圈长度的比值对应的方差大小

如图 6.7 所示，当两相邻发射线圈重叠长度与线圈长度的比值不断增大时，互感和的方差逐渐减小，表明在接收线圈移动过程中，互感和的波动逐渐降低，此时接收线圈的感应电压波动越来越小，系统输出的波动也越来越小。当发射线圈间重叠长度与线圈长度的比值为 0.45 时，互感和的方差达到最小值，随着重叠长度与线圈长度的比值的增加，互感和的方差又逐渐变大，由此可以得到该电磁耦合机构重叠长度与线圈长度的比值的最优参数，即当相邻两发射线圈重叠长度与线圈长度的比值为 0.45 时，互感和的方差达到最小值，此时互感和的波动幅度最小，接收线圈上的感应电压波动最小，系统输出趋于稳定。

6.1.2　三相无线供电系统电路模型分析

基于单接收线圈的三相无线供电系统结构图如图 6.8 所示。图 6.8 中 V_{dc} 表示系统直流源输入电压，直流源通过一个三相全桥逆变器产生三相高频电源。v_{PA}、v_{PB} 和 v_{PC} 分别为三相逆变器的三个输出电压，发射端谐振电路拓扑采用 LCL 谐振网络，每个发射线圈均采用独立的补偿网络。L_{TA}、L_{TB} 和 L_{TC} 分别为三相发射线圈的自感，L_{PA}、L_{PB} 和 L_{PC} 分别为三个谐振网络的谐振电感，C_{PA}、C_{PB} 和 C_{PC} 分别为谐振补偿电容，C_{TA}、C_{TB} 和 C_{TC} 分别为三相发射线圈的补偿电容，L_S 为接收线圈的自感，C_S 为接收线圈的谐振补偿电容，整流器输出与负载 R 相连，C_D 为整流器滤波电容。M_{AS}、M_{BS} 和 M_{CS} 分别为三相发射线圈与接收线圈间的互感，M_{AB}、M_{BC} 和 M_{CA} 分别为两发射线圈间的互感。

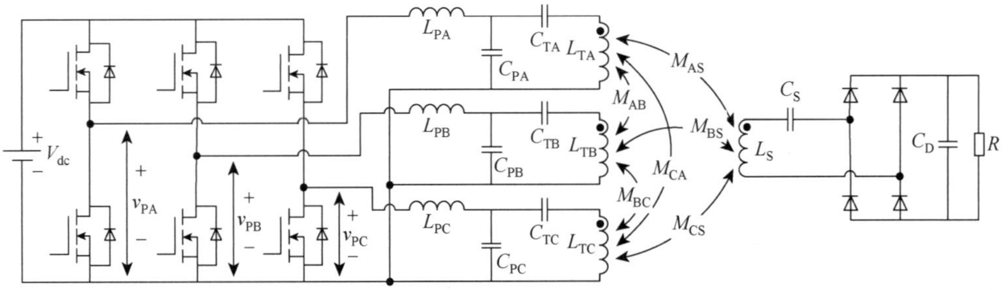

图 6.8　基于单接收线圈的三相无线供电系统结构图

三相无线供电系统等效电路图如图 6.9 所示。R_{TA}、R_{TB} 和 R_{TC} 分别为发射线圈等效串联内阻，R_S 为接收线圈的等效内阻。R_{Leq} 为整流器后直流负载 R 的等效交流电阻，等效交流电阻 R_{Leq} 和直流负载 R 的关系可以表示为

$$R_{Leq}=\frac{8R}{\pi^2} \tag{6-1-6}$$

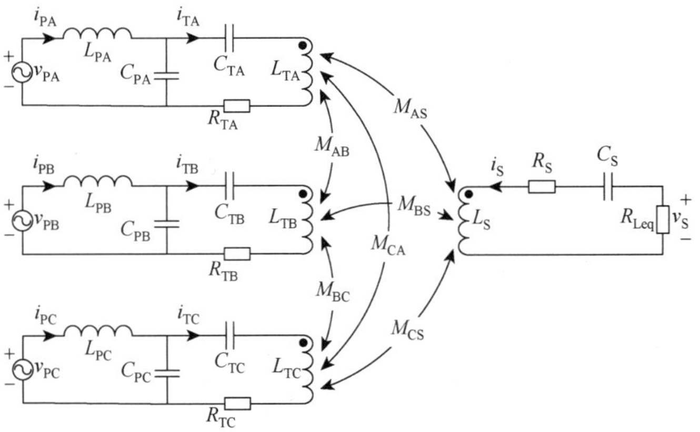

图 6.9　三相无线供电系统等效电路图

根据基尔霍夫电压定律，系统的状态方程可以表示为

$$\begin{bmatrix} \dot{V}_{PA} \\ 0 \\ \dot{V}_{PB} \\ 0 \\ \dot{V}_{PC} \\ 0 \\ 0 \end{bmatrix} = \begin{bmatrix} Z_{PA1} & -\dfrac{j}{\omega C_{PA}} & 0 & 0 & 0 & 0 & 0 \\ -\dfrac{j}{\omega C_{PA}} & Z_{PA2} & 0 & j\omega M_{AB} & 0 & j\omega M_{CA} & j\omega M_{AS} \\ 0 & 0 & Z_{PB1} & -\dfrac{j}{\omega C_{PB}} & 0 & 0 & 0 \\ 0 & j\omega M_{AB} & -\dfrac{j}{\omega C_{PB}} & Z_{PB2} & 0 & j\omega M_{BC} & j\omega M_{BS} \\ 0 & 0 & 0 & 0 & Z_{PC1} & -\dfrac{j}{\omega C_{PC}} & 0 \\ 0 & j\omega M_{CA} & 0 & j\omega M_{BC} & -\dfrac{j}{\omega C_{PC}} & Z_{PC2} & j\omega M_{CS} \\ 0 & j\omega M_{AS} & 0 & j\omega M_{BS} & 0 & j\omega M_{CS} & Z_S \end{bmatrix} \begin{bmatrix} \dot{I}_{PA} \\ \dot{I}_{TA} \\ \dot{I}_{PB} \\ \dot{I}_{TB} \\ \dot{I}_{PC} \\ \dot{I}_{TC} \\ \dot{I}_S \end{bmatrix} \tag{6-1-7}$$

式中，Z_{PA1} 和 Z_{PA2} 为 A 相初级侧两环路阻抗；Z_{PB1} 和 Z_{PB2} 为 B 相初级侧两环路阻抗；Z_{PC1} 和 Z_{PC2} 为 C 相初级侧两环路阻抗；Z_S 为次级侧的环路阻抗。其分别表示为

$$\begin{cases} Z_{PA1} = j\omega L_{PA} + \dfrac{1}{j\omega C_{PA}} \\ Z_{PA2} = \dfrac{1}{j\omega C_{TA}} + j\omega L_{TA} + R_{TA} + \dfrac{1}{j\omega C_{PA}} \\ Z_{PB1} = j\omega L_{PB} + \dfrac{1}{j\omega C_{PB}} \\ Z_{PB2} = \dfrac{1}{j\omega C_{TB}} + j\omega L_{TB} + R_{TB} + \dfrac{1}{j\omega C_{PB}} \\ Z_{PC1} = j\omega L_{PC} + \dfrac{1}{j\omega C_{PC}} \\ Z_{PC2} = \dfrac{1}{j\omega C_{TC}} + j\omega L_{TC} + R_{TC} + \dfrac{1}{j\omega C_{PC}} \\ Z_S = j\omega L_S + R_S + \dfrac{1}{j\omega C_S} + R_{Leq} \end{cases} \tag{6-1-8}$$

为了保证系统输出电压的稳定性，在配置参数时将不同发射线圈的补偿电路参数配置成相同值，不同发射线圈补偿电路参数关系如式（6-1-9）所示：

$$\begin{cases} L_{PA} = L_{PB} = L_{PC} \\ C_{PA} = C_{PB} = C_{PC} \\ C_{TA} = C_{TB} = C_{TC} \\ L_{TA} = L_{TB} = L_{TC} \\ R_{TA} = R_{TB} = R_{TC} \end{cases} \tag{6-1-9}$$

当配置谐振补偿电容参数时，只补偿线圈的自感，根据式（6-1-10）计算出补偿的电容值：

$$\begin{cases} C_{\mathrm{PA}} = \dfrac{1}{\omega^2 L_{\mathrm{PA}}} \\ C_{\mathrm{TA}} = \dfrac{1}{\omega^2 [L_{\mathrm{TA}} - 1/(\omega^2 C_{\mathrm{PA}})]} \\ C_{\mathrm{S}} = \dfrac{1}{\omega^2 L_{\mathrm{S}}} \end{cases} \tag{6-1-10}$$

按照上述参数关系，通过式（6-1-7）可以求得系统输出电压为

$$\begin{aligned} \dot{V}_{\mathrm{S}} &= -R_{\mathrm{Leq}} \times \dot{I}_{\mathrm{S}} \\ &= \frac{8R(\dot{V}_{\mathrm{PA}} M_{\mathrm{AS}} + \dot{V}_{\mathrm{PB}} M_{\mathrm{BS}} + \dot{V}_{\mathrm{PC}} M_{\mathrm{CS}})}{L_{\mathrm{PA}}(8R + \pi^2 R_{\mathrm{S}})} \end{aligned} \tag{6-1-11}$$

式中，$\dot{V}_{\mathrm{PA}}$、$\dot{V}_{\mathrm{PB}}$ 和 $\dot{V}_{\mathrm{PC}}$ 为三相全桥逆变器的输出电压，关系如下：

$$\begin{cases} \dot{V}_{\mathrm{PB}} = \dot{V}_{\mathrm{PA}} \mathrm{e}^{\mathrm{j}\frac{2}{3}\pi} \\ \dot{V}_{\mathrm{PC}} = \dot{V}_{\mathrm{PA}} \mathrm{e}^{\mathrm{j}\frac{4}{3}\pi} \end{cases} \tag{6-1-12}$$

将式（6-1-12）代入式（6-1-11）中，整理可得系统输出电压表达式为

$$\dot{V}_{\mathrm{S}} = \frac{8R\dot{V}_{\mathrm{PA}}\left(M_{\mathrm{AS}} + M_{\mathrm{BS}}\mathrm{e}^{\mathrm{j}\frac{2}{3}\pi} + M_{\mathrm{CS}}\mathrm{e}^{\mathrm{j}\frac{4}{3}\pi}\right)}{L_{\mathrm{PA}}(8R + \pi^2 R_{\mathrm{S}})} \tag{6-1-13}$$

由式（6-1-13）可以发现，当负载电阻 R、谐振电感 L_{PA} 和逆变器输出电压 $\dot{V}_{\mathrm{PA}}$ 保持一定时，系统输出电压 $\dot{V}_{\mathrm{S}}$ 只与发射线圈和接收线圈的互感和 F_{S} 有关。根据式（6-1-5）的分析，当相邻两发射线圈间重叠长度与线圈长度的比值为 0.45 时，互感和 F_{S} 的方差达到最小值，即当接收线圈沿发射线圈轨道运动时，互感和的波动幅度最小，系统输出电压的波动也达到最小，系统输出较为稳定。

6.1.3　实验验证

为了验证上述理论推导的准确性，本小节搭建了一个额定输出为 500W 的三相系统，实验装置如图 6.10 所示。六个发射线圈和接收线圈的尺寸均相同，每个发射线圈具有独立的补偿网络，不同发射线圈并联在一个三相全桥逆变器上，线圈的尺寸、匝数等参数与表 6.1 中仿真参数保持一致。系统气隙高度为 70mm，即发射线圈与接收线圈的距离为 70mm，接收线圈的补偿电路通过整流器连接在直流负载上。

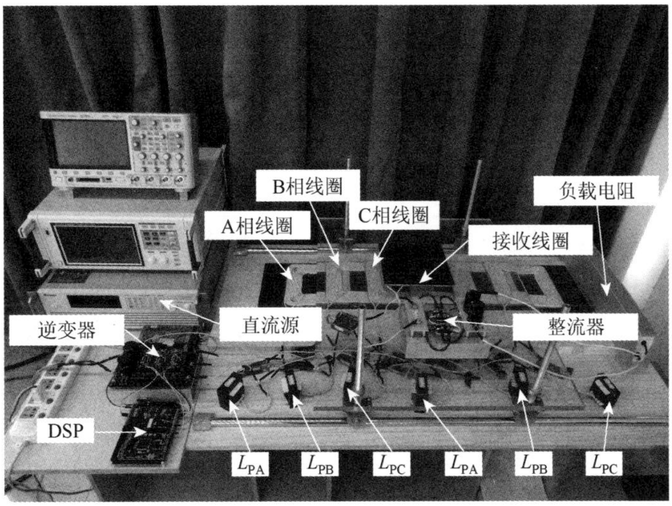

图6.10　基于单接收线圈的三相无线供电系统实验装置

当接收线圈相对位置 x 为555mm时，即接收线圈位于C相发射线圈的正上方，系统稳态波形如图6.11所示。v_{PC} 为三相逆变器C相输出电压，i_{PC} 为C相输出电流，u_{rec} 为整流桥输入电压，i_S 为接收线圈电流。此时直流电源输出电压为233.8V，输出电流为2.4A，直流负载两端电压为72.1V，流过负载的电流为7A，系统输出功率为503W，直流电源到直流负载的效率为89.94%。

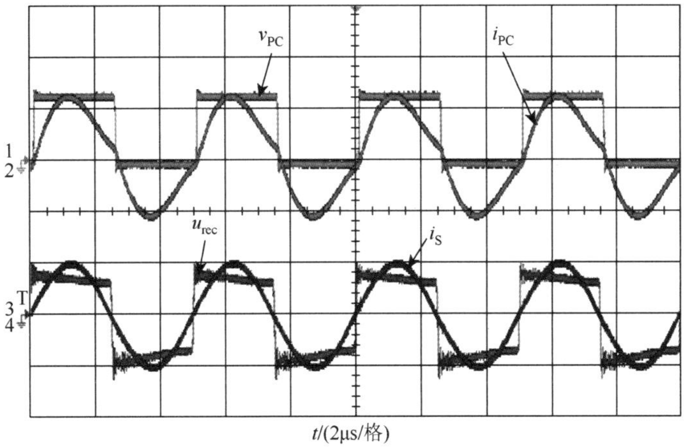

图6.11　相对位置 $x = 555$mm 时，系统稳态波形

当接收线圈沿着发射线圈轨道运动时，三相逆变器输出电流波形如图6.12所示。当相对位置 $x = 222$mm 时，接收线圈位于C相发射线圈的正上方，C相发射线圈和接收线圈间的互感 M_{CS} 远大于其他两相发射线圈和接收线圈的互感 M_{AS} 和 M_{BS}，所以三相逆变器的C相输出电流 i_{PC} 远大于其他两相输出电流 i_{PA} 和 i_{PB}，并且 i_{PA} 和 i_{PB} 大小几乎是相等

的。随着相对位置 x 的增加，接收线圈逐渐远离 C 相发射线圈，靠近 A 相发射线圈，C 相发射线圈和接收线圈的互感 M_{CS} 逐渐减小，A 相发射线圈和接收线圈的互感 M_{AS} 逐渐增大，这时三相逆变器 C 相输出电流逐渐减小，A 相输出电流逐渐增大。当接收线圈继续运动时，系统将按照上述规律循环往复工作。

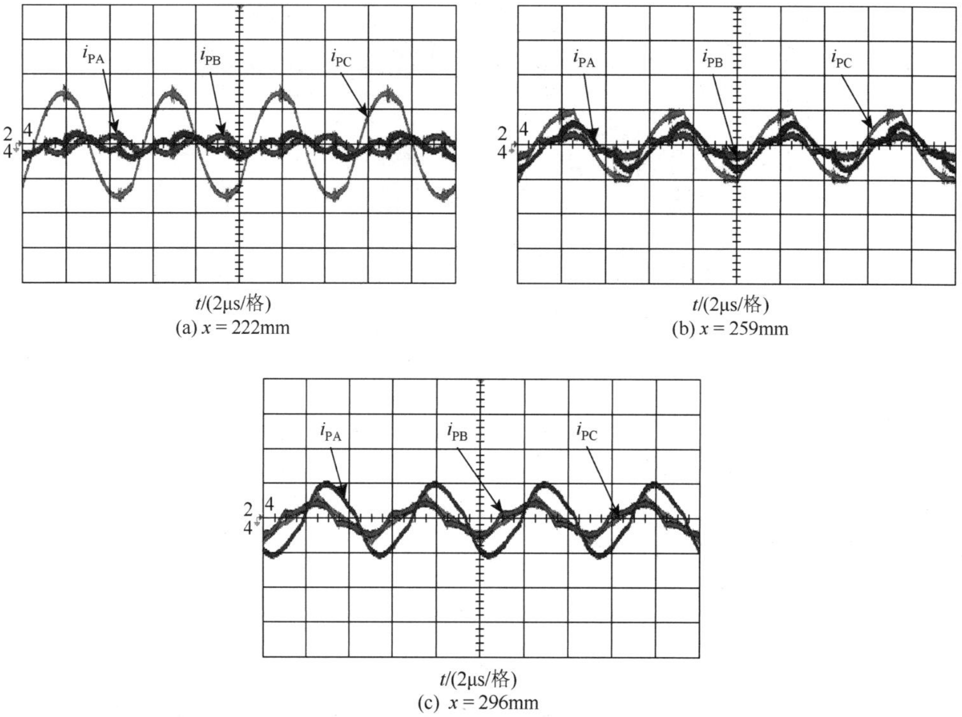

图 6.12　三相逆变器输出电流波形

系统直流输入电压保持 315V 不变，用功率分析仪记录接收线圈沿发射线圈轨道运动时，系统输出电压和系统效率变化曲线如图 6.13 所示。在实际应用中，发射线圈

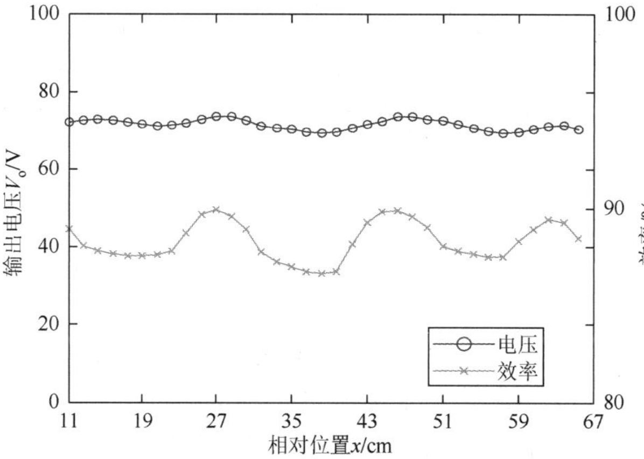

图 6.13　系统输出电压和系统效率变化曲线

轨道应为无限长，但在本实验中，受实验场地的限制，发射线圈轨道仅由六个发射线圈构成，当接收线圈位于发射线圈轨道边缘时，系统输出将会明显降低，所以本实验中仅考虑相对位置 x 从 11cm 变化到 66cm 的情况，忽略发射线圈轨道边缘的影响。从图 6.13 中可以发现，当接收线圈沿发射线圈轨道运动时，系统输出电压在 72V 左右波动，波动率为±3.05%。系统效率最高为 89.94%，系统效率最低为 86.67%，并且系统效率的变化规律和系统输出电压的变化规律保持一致，即当系统输出电压升高时，系统效率也随之升高，当系统输出电压降低时，系统效率也随之降低。在接收线圈整个运动过程中，系统输出电压在 72V 左右波动，波动幅度较小，系统输出稳定性得到了有效提高。

6.2　基于接收端耦合机构优化的输出波动抑制方法

6.1 节详细介绍了一种三相无线供电系统输出波动抑制方法，其可以有效地降低系统输出电压的波动。但当采用重叠发射线圈的优化方法时，会带来一些问题，彼此重叠的发射线圈间互感会变大，虽然不会影响接收线圈感应电压的大小，但是会在发射线圈之间产生无功交换，增大逆变器输出的无功功率。此外，重叠的发射线圈会降低材料的利用率，铺设相同长度的线圈轨道需要更多的材料。

为了解决上述问题，本节提出一种具有双接收线圈结构的三相无线供电系统，通过对双接收线圈电磁耦合机构模型的分析，推导影响系统感应电压的关键因素，详细对比讨论双接收线圈间不同连接方式的电路参数特性，并对接收线圈的尺寸进行优化设计以减小感应电压的波动，在对双接收线圈无线供电系统模型进行分析的基础上，通过实验验证所提出方法的准确性[10]。

6.2.1　双接收线圈的电磁耦合机构设计及优化

基于双接收线圈的三相无线供电系统电磁耦合机构结构图如图 6.14 所示，A 相、B 相和 C 相发射线圈依次沿接收线圈运动方向排列，相邻两发射线圈紧密排列，不同相的发射线圈几何尺寸相同，均采用长为 l_P 的方形线圈。双接收线圈几何尺寸相同，采用长为 l_S、宽为 l_P 的矩形线圈，双接收线圈紧密排列位于发射线圈正上方，图 6.14 中俯视图为清楚描述线圈结构，双接收线圈并没有位于三相发射线圈正上方，在实际系统中，接收线圈一直在发射线圈正上方移动。发射线圈和接收线圈均放置在平板磁芯上以增加线圈间的互感。l_G 表示发射线圈与接收线圈之间的高度，即气隙高度，x 表示接收线圈与发射线圈轨道的相对位置。

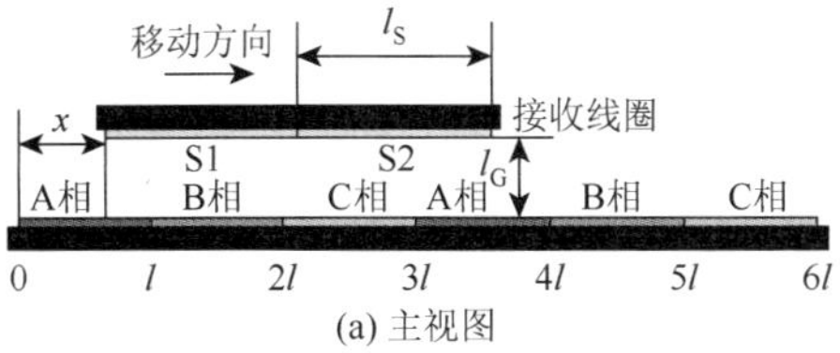

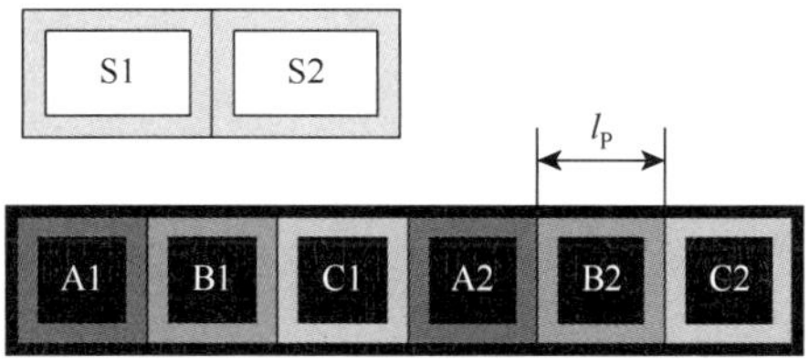

图 6.14　双接收线圈的三相无线供电系统电磁耦合机构结构图

用受控源表示互感电压的双接收线圈电磁耦合机构等效电路如图 6.15 所示，A 相、B 相和 C 相发射线圈产生的磁场在接收线圈 S1 上感应出的电压$\dot{V}_{AS1}$、$\dot{V}_{BS1}$和$\dot{V}_{CS1}$可以分别表示为

$$\begin{cases} \dot{V}_{AS1} = j\omega M_{AS1}\dot{I}_{TA} \\ \dot{V}_{BS1} = j\omega M_{BS1}\dot{I}_{TB} \\ \dot{V}_{CS1} = j\omega M_{CS1}\dot{I}_{TC} \end{cases} \tag{6-2-1}$$

式中，ω 为系统角频率；$\dot{I}_{TA}$ 为流过 A 相发射线圈的电流；$\dot{I}_{TB}$ 为流过 B 相发射线圈的电流；$\dot{I}_{TC}$ 为流过 C 相发射线圈的电流。同样地，A 相、B 相和 C 相发射线圈产生的磁场在接收线圈 S2 上感应出的电压$\dot{V}_{AS1}$、$\dot{V}_{BS1}$ 和$\dot{V}_{CS1}$ 可以分别表示为

$$\begin{cases} \dot{V}_{AS2} = j\omega M_{AS2}\dot{I}_{TA} \\ \dot{V}_{BS2} = j\omega M_{BS2}\dot{I}_{TB} \\ \dot{V}_{CS2} = j\omega M_{CS2}\dot{I}_{TC} \end{cases} \tag{6-2-2}$$

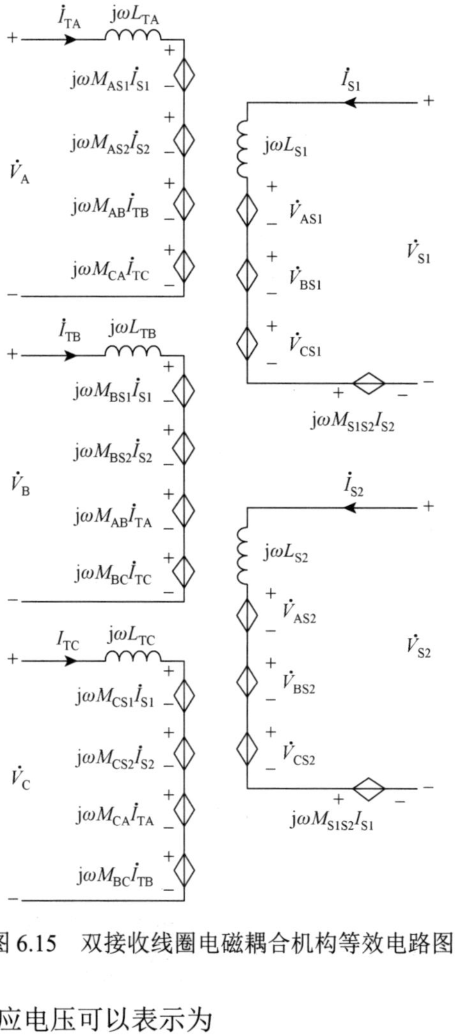

图 6.15　双接收线圈电磁耦合机构等效电路图

双接收线圈上总的感应电压可以表示为

$$\begin{cases}\dot{V}_{S1}=j\omega M_{AS1}\dot{I}_{TA}+j\omega M_{BS1}\dot{I}_{TB}+j\omega M_{CS1}\dot{I}_{TC}+j\omega M_{S1S2}\dot{I}_{S2}\\ \dot{V}_{S2}=j\omega M_{AS2}\dot{I}_{TA}+j\omega M_{BS2}\dot{I}_{TB}+j\omega M_{CS2}\dot{I}_{TC}+j\omega M_{S1S2}\dot{I}_{S1}\end{cases}\tag{6-2-3}$$

假设流过不同相发射线圈的电流 $\dot{I}_{TA}$、$\dot{I}_{TB}$ 和 $\dot{I}_{TC}$ 的幅值是相等的，则其关系可以表示为

$$\begin{cases}\dot{I}_{TA}=I_{T0}\angle 0^\circ\\ \dot{I}_{TB}=I_{T0}\angle 120^\circ\\ \dot{I}_{TC}=I_{T0}\angle 240^\circ\end{cases}\tag{6-2-4}$$

式中，I_{T0} 为流过发射线圈电流的有效值。双接收线圈的总感应电压振幅值 $|\dot{V}_{S1}|$ 和 $|\dot{V}_{S2}|$ 可以分别化简为

$$\begin{aligned}\left|\dot{V}_{S1}\right|&=\left|j\omega M_{AS1}I_{TA}+j\omega M_{BS1}I_{TB}+j\omega M_{CS1}I_{TC}+j\omega M_{S1S2}I_{S2}\right|\\&=\left|j\omega I_{T0}\left(M_{AS1}+M_{BS1}e^{j\frac{2}{3}\pi}+M_{CS1}e^{j\frac{4}{3}\pi}\right)+j\omega M_{S1S2}I_{S2}\right|\end{aligned}\tag{6-2-5}$$

$$\begin{aligned}\left|\dot{V}_{S2}\right|&=\left|j\omega M_{AS2}I_{TA}+j\omega M_{BS2}I_{TB}+j\omega M_{CS2}I_{TC}+j\omega M_{S1S2}I_{S1}\right|\\&=\left|j\omega I_{T0}\left(M_{AS2}+M_{BS2}e^{j\frac{2}{3}\pi}+M_{CS2}e^{j\frac{4}{3}\pi}\right)+j\omega M_{S1S2}I_{S1}\right|\end{aligned}\tag{6-2-6}$$

由于双接收线圈间的互感 M_{S1S2} 远小于发射线圈与接收线圈间的互感，因此当系统角频率 ω 和发射线圈电流的有效值 I_{T0} 一定时，双接收线圈的感应电压振幅值 $|\dot{V}_{S1}|$ 和 $|\dot{V}_{S2}|$ 仅与发射线圈和接收线圈间的互感和有关。当双接收线圈沿发射线圈轨道运动时，发射线圈和接收线圈间的互感会发生周期性波动，从而导致双接收线圈上各自的感应电压发生波动，影响系统输出的稳定性。本节通过对双接收线圈的连接方式进行分析，以及对电磁耦合机构参数进行优化设计，以减少接收线圈移动过程中系统输出电压的波动。

为了简化分析，令双接收线圈和发射线圈的互感和分别为 F_{S1} 和 F_{S2}，可以表示为

$$\left|F_{S1}\right|=\left|M_{AS1}+M_{BS1}e^{j\frac{2}{3}\pi}+M_{CS1}e^{j\frac{4}{3}\pi}\right|\tag{6-2-7}$$

$$\left|F_{S2}\right|=\left|M_{AS2}+M_{BS2}e^{j\frac{2}{3}\pi}+M_{CS2}e^{j\frac{4}{3}\pi}\right|\tag{6-2-8}$$

利用电磁有限元仿真分析软件 Maxwell 对双接收线圈的电磁耦合机构进行仿真分析，在 Maxwell 中搭建双接收线圈仿真模型，仿真分析双接收线圈沿三相发射线圈轨道运动时发射线圈和接收线圈间互感的变化情况。其仿真分析模型参数如表 6.2 所示。

表 6.2　双接收线圈电磁耦合机构仿真分析模型参数

参数	取值
系统工作频率 f/kHz	85
方形发射线圈长度 l_P/mm	200
气隙高度 l_G/mm	70

续表

参数	取值
A 相发射线圈匝数 N_A	17
B 相发射线圈匝数 N_B	17
C 相发射线圈匝数 N_C	17
接收线圈 S1 匝数 N_{S1}	17
接收线圈 S2 匝数 N_{S2}	17
相对位置 x/mm	[0，600]

关于接收线圈的尺寸，先假定接收线圈的长度为发射线圈长度的 1.5 倍，即 $l_S = 300$mm。按照表 6.2 中所示模型参数，仿真了相对位置 x 从 0mm 变化到 600mm 时不同发射线圈和接收线圈 S1 间互感的变化情况，具体趋势如图 6.16 所示。从图 6.16 中可以看出，当接收线圈位于发射线圈正上方时，两线圈间的互感达到最大值，随着接收线圈远离发射线圈，两线圈间的互感逐渐减小，逐渐趋近于 0。由于各发射线圈的几何尺寸及匝数均相同，所以不同发射线圈与接收线圈 S1 间互感的最大值和变化趋势基本相同。通过式（6-2-7），对电磁仿真得到的互感数据进行处理，可以得到接收线圈 S1 运动到不同位置时，发射线圈与接收线圈 S1 间互感和 F_{S1} 的变化情况，如图 6.16 中实线所示。随着接收线圈 S1 沿着发射线圈轨道运动，发射线圈与接收线圈 S1 的互感和会出现周期性波动，在这种情况下，接收线圈 S1 的感应电压也会呈现周期性波动。

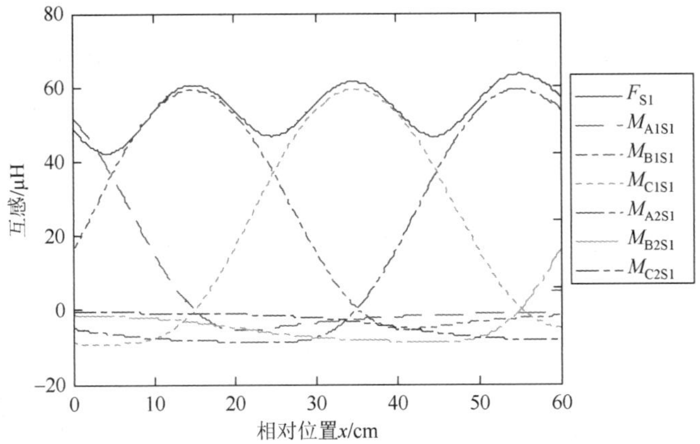

图 6.16　接收线圈 S1 和发射线圈间互感变化情况

按照上述方法，可以仿真得到不同发射线圈与接收线圈 S2 间互感变化情况，如图 6.17 所示。与上述情况相似，发射线圈与接收线圈的互感会随着接收线圈位置的变化而变化。通过式（6-2-8），可以得到接收线圈 S2 与发射线圈间互感和 F_{S2} 的变化曲线，随着互感和 F_{S2} 的周期性波动，接收线圈 S2 的感应电压也将出现周期性波动。

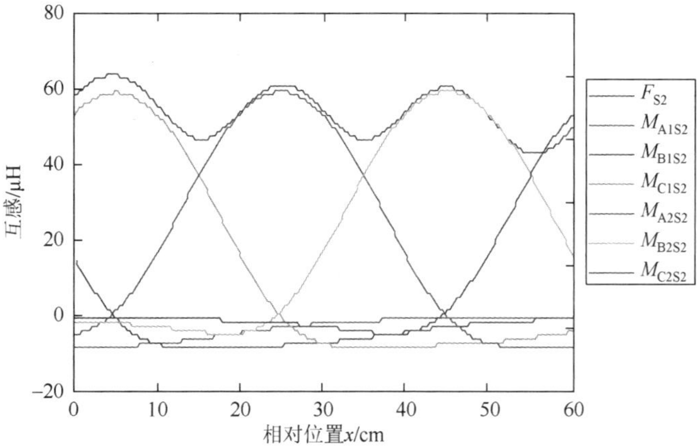

图 6.17　接收线圈 S2 和发射线圈间互感变化情况

从上述分析可以发现，两个接收线圈上的感应电压都出现了周期性的波动，这将严重影响系统输出的稳定性。为了减小系统输出的波动，可以将双接收线圈的输出进行串联，这时存在两种连接方式，方法一是将接收线圈 S1 感应电压 $\dot{V}_{S1}$ 的负极与接收线圈 S2 感应电压 $\dot{V}_{S2}$ 的正极连接，即双接收线圈正向串联，这时系统总的感应电压与$|F_{S1}+F_{S2}|$有关；方法二是将接收线圈 S1 感应电压 $\dot{V}_{S1}$ 的负极与接收线圈 S2 感应电压 $\dot{V}_{S2}$ 的负极连接，即双接收线圈反向串联，这时系统总的感应电压与$|F_{S1}-F_{S2}|$有关。运用 Maxwell 有限元仿真软件对不同连接方式进行仿真分析，得到不同连接方式互感和的波动曲线如图 6.18 所示。

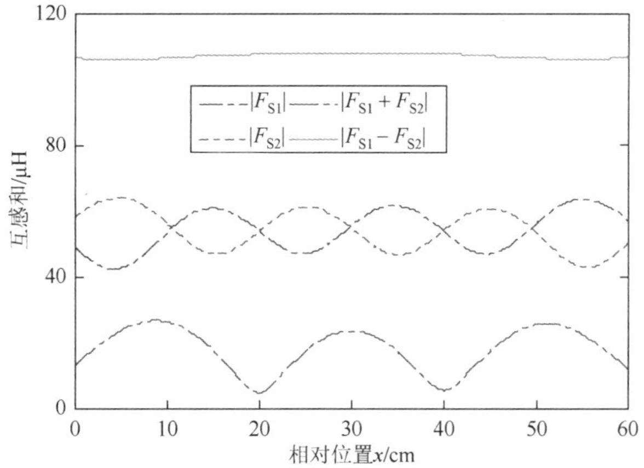

图 6.18　不同连接方式互感和的波动曲线

从图 6.18 中可以看出，当接收线圈沿发射线圈轨道运动时，双接收线圈与发射线圈间互感和会呈现周期性波动，当接收线圈 S1 与发射线圈间互感和$|F_{S1}|$逐渐增大时，接收线圈 S2 与发射线圈间互感和$|F_{S2}|$逐渐减小，并且当$|F_{S1}|$达到最大值时，$|F_{S2}|$恰好达到最小值；当$|F_{S1}|$达到最小值时，$|F_{S2}|$恰好达到最大值。当双接收线圈采用正向串联的连接方式时，两个互感和的和$|F_{S1}+F_{S2}|$如图 6.18 中点划线所示，此时总的互感和$|F_{S1}+F_{S2}|$的波动情况要明显大于单一接收线圈互感和$|F_{S1}|$及$|F_{S1}|$的波动，这种连接方式反而会增大系统接收线圈感应电压的波动。当双接收线圈采用反向串联的连接方式时，两个互感和的差

$|F_{S1}-F_{S2}|$如图 6.18 中实线所示，此时总的互感和$|F_{S1}-F_{S2}|$的波动明显小于单一接收线圈互感和$|F_{S1}|$及$|F_{S1}|$的波动，这时接收线圈的感应电压波动明显减小，系统输出较为稳定。

通过对不同连接方式的比较分析发现，双接收线圈反向串联时可以明显地减小接收线圈总的感应电压的波动，所以双接收线圈的连接方式采用反向串联。这时，接收线圈等效电路图如图 6.19 所示。由于双接收线圈反向串联在一起，所以流过双接收线圈的电流相等，接收线圈的总感应电压振幅值$|\dot{V}_S|$可以表示为

$$\begin{aligned}\left|\dot{V}_S\right| &= \left|\dot{V}_{S1}-\dot{V}_{S2}\right| \\ &= \left|j\omega I_{T0}\left(M_{AS1}+M_{BS1}e^{j\frac{2}{3}\pi}+M_{CS1}e^{j\frac{4}{3}\pi}-M_{AS2}-M_{BS2}e^{j\frac{2}{3}\pi}-M_{CS2}e^{j\frac{4}{3}\pi}\right)\right| \\ &= \left|j\omega I_{T0}(F_{S1}-F_{S2})\right|\end{aligned} \tag{6-2-9}$$

当系统角频率 ω 和发射线圈电流的有效值 I_{T0} 一定时，接收线圈的总感应电压振幅值$|\dot{V}_S|$只与两个互感和的差$|F_{S1}-F_{S2}|$有关。在上述分析中，接收线圈的长度 $l_S=300$mm，双接收线圈反向串联后，两个互感和的差$|F_{S1}-F_{S2}|$波动非常小，基本可以保持稳定，那么对于不同长度的接收线圈是否具有相同的效果？能否找出一个最佳的接收线圈长度 l_S，使得两个互感和的差$|F_{S1}-F_{S2}|$波动最小？接下来将对接收线圈长度 l_S 进行优化设计。

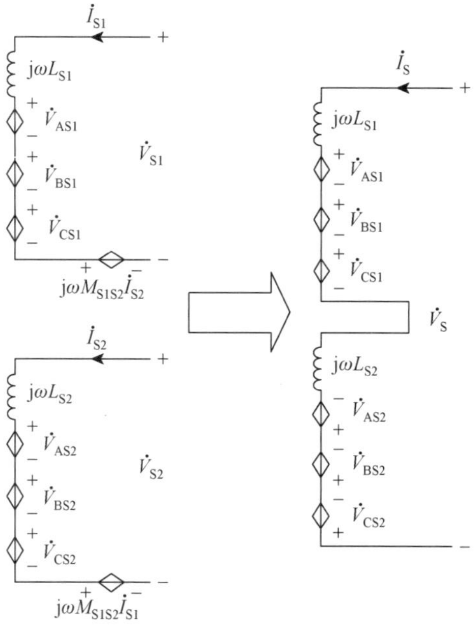

图 6.19　接收线圈等效电路图

当双接收线圈的长度不为 300mm 时，互感和的差$|F_{S1}-F_{S2}|$的波动曲线如图 6.20 所示。当接收线圈长度缩短到 270mm 时，互感和的差波动程度变大，随着接收线圈长度继续缩短到 240mm，互感和的差波动程度变得更大。当接收线圈长度增加到 330mm 时，互感和的差波动也有所增加。

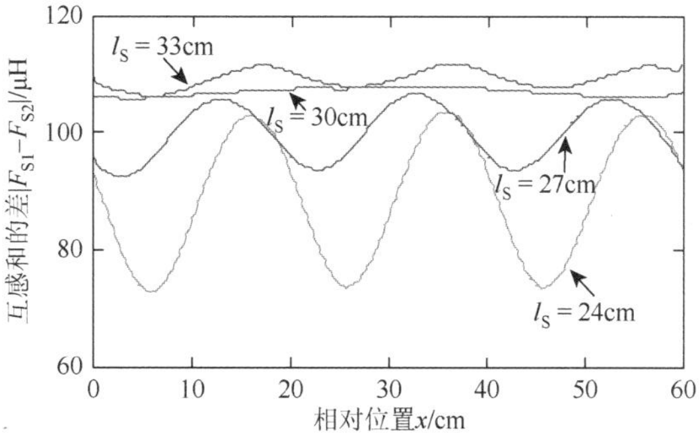

图 6.20　不同接收线圈长度$|F_{S1}-F_{S2}|$的波动曲线

本节中用互感和的差$|F_{S1}-F_{S2}|$的方差来衡量互感和的差$|F_{S1}-F_{S2}|$的波动程度，为了方便描述，互感和的差$|F_{S1}-F_{S2}|$用 S_M 表示：

$$S_M=|F_{S1}-F_{S2}|=\left|M_{AS1}+M_{BS1}e^{j\frac{2}{3}\pi}+M_{CS1}e^{j\frac{4}{3}\pi}-M_{AS2}-M_{BS2}e^{j\frac{2}{3}\pi}-M_{CS2}e^{j\frac{4}{3}\pi}\right| \quad (6\text{-}2\text{-}10)$$

对于每个确定的接收线圈长度 l_S，当接收线圈位于发射线圈轨道某一位置时，可以通过式（6-2-10）计算出一个互感和的差 S_M，当接收线圈运动到其他位置时，可以通过式（6-2-10）再计算出一个互感和的差 S_M，随着接收线圈沿发射线圈轨道的运动，可以计算出多个互感和的差。方差可以用来衡量一组数据与平均值的偏离程度，即方差越大，这组数据的变化幅度越大，方差越小，该组数据的变化幅度越小。互感和的差 S_M 的方差可表示为

$$\sigma^2(S_M)=\sigma^2|F_{S1}-F_{S2}|=\frac{1}{n}\sum_{i=0}^{n}(S_{Mi}-\mu)^2 \quad (6\text{-}2\text{-}11)$$

式中，μ 为一组数据 S_M 的平均值；本书中，每当接收线圈移动 1cm 时，计算一次 S_M 的值，S_{Mi} 表示当接收线圈相对位置 $x=i$cm 时计算得到的 S_M 值；n 为数据 S_M 的个数。当接收线圈相对位置 $x=0$cm 时，通过式（6-2-10）可以计算出 S_{M0}，相似地，S_{M10} 表示相对位置 $x=10$cm 时互感和的差的值。不同位置对应的 S_M 值示意图如图 6.21 所示。

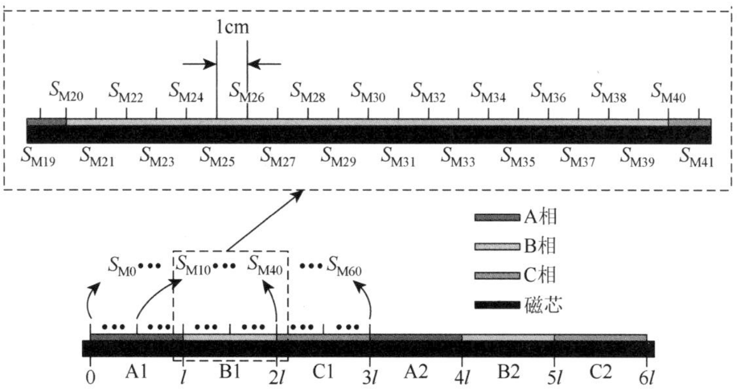

图 6.21　不同位置对应的 S_M 值示意图

对于每个确定的接收线圈长度 l_S，当接收线圈在发射线圈轨道上运动时，都可以通过式（6-2-11）计算出一个对应的方差值。不同接收线圈长度 l_S 与发射线圈长度 l_P 的比值对应的方差大小如图 6.22 所示。

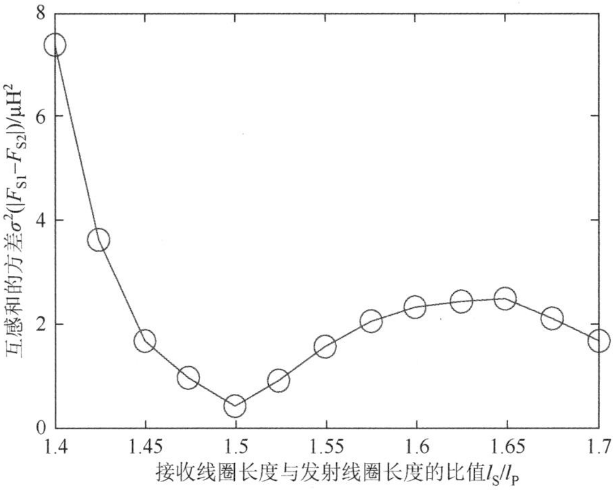

图 6.22　不同接收线圈长度与发射线圈长度的比值对应的方差大小

当接收线圈长度与发射线圈长度的比值不断增大时，S_M 的方差逐渐减小，说明在双接收线圈移动过程中，S_M 的波动逐渐降低，此时双接收线圈上总的感应电压波动越来越小，系统输出趋于稳定。当接收线圈长度与发射线圈长度的比值为 1.5 时，即接收线圈长度为 300mm，S_M 的方差达到最小值，随着接收线圈长度的增加，S_M 的方差又逐渐变大。由此可以得出，该电磁耦合机构接收线圈长度的最优参数，即当接收线圈长度与发射线圈长度的比值为 1.5 时，S_M 的方差达到最小，这时 S_M 的波动幅度最小，双接收线圈总的感应电压波动最小，系统输出稳定。

6.2.2　双接收线圈的无线供电系统电路模型分析

基于双接收线圈的三相无线供电系统结构如图 6.23 所示。图 6.23 中 V_{dc} 表示系统直流源输入电压，直流源通过一个三相全桥逆变器产生三相高频电源。v_{PA}、v_{PB} 和 v_{PC} 分别为三相逆变器的三个输出电压，发射端谐振电路拓扑采用 LCL 谐振网络，每个发射线圈均采用独立的补偿网络。L_{TA}、L_{TB} 和 L_{TC} 分别为三相发射线圈的自感，L_{PA}、L_{PB} 和 L_{PC} 分别为三个谐振网络的谐振电感，C_{PA}、C_{PB} 和 C_{PC} 分别为谐振补偿电容，C_{TA}、C_{TB} 和 C_{TC} 分别为三相发射线圈的补偿电容，L_{S1} 为接收线圈 S1 的自感，L_{S2} 为接收线圈 S2 的自感，C_{S1} 和 C_{S2} 为双接收线圈的谐振补偿电容，双接收线圈反向串联接入整流器，整流器输出与负载 R 相连，C_D 为整流器滤波电容。M_{AS1}、M_{BS1} 和 M_{CS1} 分别为三相发射线圈与接收线圈 S1 的互感，M_{AS2}、M_{BS2} 和 M_{CS2} 分别为三相发射线圈与接收线圈 S2 的互感，M_{AB}、M_{BC} 和 M_{CA} 分别为两发射线圈之间的互感。由 6.2.1 节的分析可知，当双接收线圈反向串联时，接收线圈 S1 上由双接收线圈的互感 M_{S1S2} 产生的感应电压与接收线圈 S2 上由双接收线圈的互感 M_{S1S2} 产生的感应电压大小相等，方向相反，可以相互抵消，所以可以忽略双接收线圈之间的互感 M_{S1S2} 对系统输出的影响。

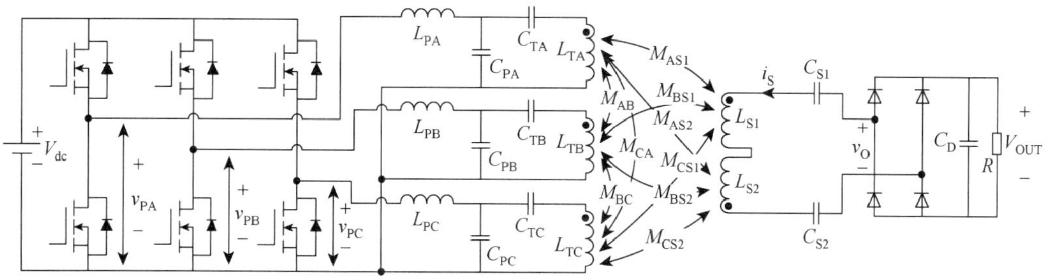

图 6.23　基于双接收线圈的三相无线供电系统结构

基于双接收线圈的三相无线供电系统等效电路图如图 6.24 所示。R_{TA}、R_{TB} 和 R_{TC} 分别为三相发射线圈等效串联内阻，R_{S1} 为接收线圈 S1 的等效内阻，R_{S2} 为接收线圈 S2 的等效内阻。R_{Leq} 为整流器后直流负载 R 的等效交流电阻，等效交流电阻 R_{Leq} 和直流负载 R 的关系可以表示为

$$R_{Leq}=\frac{8R}{\pi^2} \tag{6-2-12}$$

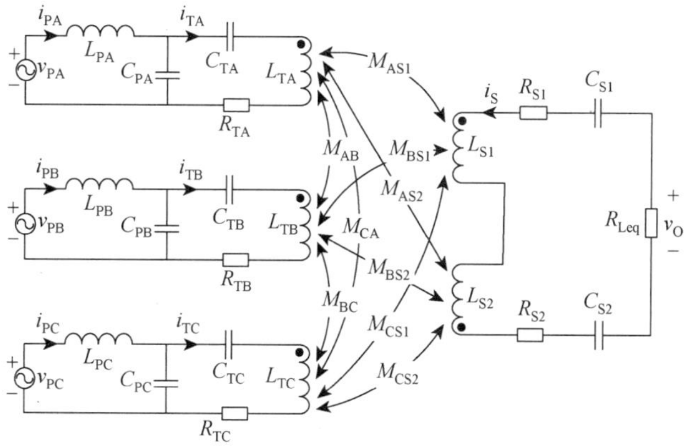

图 6.24　双接收线圈的三相无线供电系统等效电路图

根据基尔霍夫电压定律，系统的状态方程可以表示为

$$\begin{bmatrix}\dot{V}_{PA}\\0\\\dot{V}_{PB}\\0\\\dot{V}_{PC}\\0\\0\end{bmatrix}=\begin{bmatrix}Z_{PA1} & -\dfrac{j}{\omega C_{PA}} & 0 & 0 & 0 & 0 & 0\\ -\dfrac{j}{\omega C_{PA}} & Z_{PA2} & 0 & j\omega M_{AB} & 0 & j\omega M_{CA} & j\omega(M_{AS1}-M_{AS2})\\ 0 & 0 & Z_{PB1} & -\dfrac{j}{\omega C_{PB}} & 0 & 0 & 0\\ 0 & j\omega M_{AB} & -\dfrac{j}{\omega C_{PB}} & Z_{PB2} & 0 & j\omega M_{BC} & j\omega(M_{BS1}-M_{BS2})\\ 0 & 0 & 0 & 0 & Z_{PC1} & -\dfrac{j}{\omega C_{PC}} & 0\\ 0 & j\omega M_{CA} & 0 & j\omega M_{BC} & -\dfrac{j}{\omega C_{PC}} & Z_{PC2} & j\omega(M_{CS1}-M_{CS2})\\ 0 & j\omega(M_{AS1}-M_{AS2}) & 0 & j\omega(M_{BS1}-M_{BS2}) & 0 & j\omega(M_{CS1}-M_{CS2}) & Z_S\end{bmatrix}\begin{bmatrix}\dot{I}_{PA}\\\dot{I}_{TA}\\\dot{I}_{PB}\\\dot{I}_{TB}\\\dot{I}_{PC}\\\dot{I}_{TC}\\\dot{I}_S\end{bmatrix}$$

（6-2-13）

式中，Z_{PA1} 和 Z_{PA2} 为 A 相初级侧两环路阻抗；Z_{PB1} 和 Z_{PB2} 表示 B 相初级侧两环路阻抗；Z_{PC1} 和 Z_{PC2} 为 C 相初级侧两环路阻抗，Z_S 为次级侧的环路阻抗。其分别表示为

$$\begin{cases} Z_{PA1} = j\omega L_{PA} + 1/(j\omega C_{PA}) \\ Z_{PA2} = 1/(j\omega C_{TA}) + j\omega L_{TA} + R_{TA} + 1/(j\omega C_{PA}) \\ Z_{PB1} = j\omega L_{PB} + 1/(j\omega C_{PB}) \\ Z_{PB2} = 1/(j\omega C_{TB}) + j\omega L_{TB} + R_{TB} + 1/(j\omega C_{PB}) \\ Z_{PC1} = j\omega L_{PC} + 1/(j\omega C_{PC}) \\ Z_{PC2} = 1/(j\omega C_{TC}) + j\omega L_{TC} + R_{TC} + 1/(j\omega C_{PC}) \\ Z_S = j\omega L_{S1} + R_{S1} + 1/(j\omega C_{S1}) + j\omega L_{S2} + R_{S2} + 1/(j\omega C_{S2}) + R_{Leq} \end{cases} \tag{6-2-14}$$

为了降低系统输出的波动，在配置参数时将不同发射线圈的电路参数配置成相同值，不同发射线圈的补偿电路参数关系如式（6-2-15）所示：

$$\begin{cases} L_{PA} = L_{PB} = L_{PC} \\ C_{PA} = C_{PB} = C_{PC} \\ C_{TA} = C_{TB} = C_{TC} \\ L_{TA} = L_{TB} = L_{TC} \\ R_{TA} = R_{TB} = R_{TC} \end{cases} \tag{6-2-15}$$

在 6.2.1 节的分析中，两个接收线圈的尺寸和匝数均相同，所以双接收线圈的自感 L_{S1}、L_{S2} 大小基本相同，有如下关系：

$$\begin{cases} L_{S1} = L_{S2} \\ C_{S1} = C_{S2} \\ R_{S1} = R_{S2} \end{cases} \tag{6-2-16}$$

在配置谐振补偿电容参数时，不考虑发射线圈之间的互感，只补偿线圈的自感，电容值可由式（6-2-17）确定：

$$\begin{cases} C_{PA} = \dfrac{1}{\omega^2 L_{PA}} \\ C_{TA} = \dfrac{1}{\omega^2 [L_{TA} - 1/(\omega^2 C_{PA})]} \\ C_{S1} = \dfrac{1}{\omega^2 L_{S1}} \end{cases} \tag{6-2-17}$$

按照上述参数关系，通过式（6-2-13）可以求得系统输出电压为

$$\begin{aligned} \dot{V}_O &= -R_{Leq} \times \dot{I}_S \\ &= \frac{8R(\dot{V}_{PA} M_{AS1} - \dot{V}_{PA} M_{AS2} + \dot{V}_{PB} M_{BS1} - \dot{V}_{PB} M_{BS2} + \dot{V}_{PC} M_{CS1} - \dot{V}_{PC} M_{CS2})}{L_{PA}(8R + 2\pi^2 R_{S1})} \end{aligned} \tag{6-2-18}$$

式中，$\dot{V}_{PA}$、$\dot{V}_{PB}$ 和 $\dot{V}_{PC}$ 为三相全桥逆变器的输出电压，其关系如下：

$$\begin{cases} \dot{V}_{PB} = \dot{V}_{PA} e^{j\frac{2}{3}\pi} \\ \dot{V}_{PC} = \dot{V}_{PA} e^{j\frac{4}{3}\pi} \end{cases} \tag{6-2-19}$$

综合考虑式（6-2-18）和式（6-2-19），系统输出电压表达式可以化简为

$$\dot{V}_O = \frac{8R\dot{V}_{PA}\left(M_{AS1} + M_{BS1}e^{j\frac{2}{3}\pi} + M_{CS1}e^{j\frac{4}{3}\pi} - M_{AS2} - M_{BS2}e^{j\frac{2}{3}\pi} - M_{CS2}e^{j\frac{4}{3}\pi}\right)}{L_{PA}(8R + 2\pi^2 R_{S1})} \tag{6-2-20}$$

由式（6-2-20）可以发现，当双接收线圈沿发射线圈轨道运动时，负载电阻 R、谐振电感 L_{PA} 和逆变器输出电压 $\dot{V}_{PA}$ 保持不变，系统输出电压 $\dot{V}_O$ 只与发射线圈和接收线圈互感和的差 S_M 有关。根据图 6.23 的分析，当接收线圈的长度与发射线圈的长度比值为 1.5 时，即接收线圈长为 30cm，互感和的差 S_M 的方差达到最小值，当双接收线圈沿发射线圈轨道运动时，S_M 的波动幅度最小，系统输出电压的波动也达到最小，系统输出稳定性得到了有效提高。

6.2.3　实验验证

为了验证所提出耦合机构的有效性及理论分析的准确性，搭建一个基于双接收线圈的三相无线供电系统样机。六个方形发射线圈尺寸均相同，每个发射线圈具有独立的补偿网络，不同发射线圈并联在一个三相全桥逆变器上，发射线圈间紧密排列平铺在平板磁芯上。两个矩形接收线圈具有相同的尺寸，每个接收线圈具有单独的补偿电容，双接收线圈反向串联接入整流器，整流器输出连接直流负载。电磁耦合机构参数与表 6.2 中仿真参数保持一致，系统气隙高度为 70mm。

当接收线圈沿发射线圈轨道运动时，系统直流源输入电压保持 260V 不变，用功率分析仪记录当接收线圈沿整个发射线圈轨道运动时，系统输出电压和系统效率如图 6.25 所示。从图 6.25 中可以看出，当接收线圈沿整个发射线圈轨道运动时，考虑轨道边界效应，系统输出电压在 120V 左右波动，整体波动率为±2.71%。若忽略轨道边界效应的影响，仅考虑接收线圈从相对位置 $x = 20\text{cm}$ 运动到 $x = 40\text{cm}$ 的情况，输出电压波动率仅为±1.17%。系统效率最高为 93.4%，此时接收线圈的相对位置 $x = 20\text{cm}$；系统效率最低值为 92%，此时接收线圈的相对位置 $x = 13\text{cm}$。在整个运动过程中系统效率的变化规律和系统输出电压的变化规律基本保持一致，即当系统输出电压升高时，系统效率也随之升高；当系统输出电压降低时，系统效率也随之降低。在接收线圈整个运动过程中，系统输出电压在 120V 左右小范围波动，系统输出稳定性得到了有效提高。

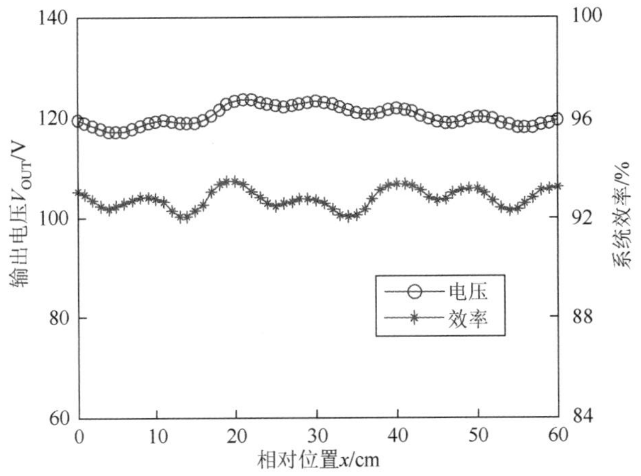

图 6.25　系统输出电压和系统效率

6.3　基于双自由度鲁棒控制的输出波动抑制方法

6.2 节基于双接收线圈的三相无线供电系统，旨在通过耦合机构设计实现无线供电系统电能传输的平稳性，其对线圈的机构与尺寸有严格要求，当运行环境及工况改变导致各线圈电磁耦合参数发生摄动时，这种磁场叠加补偿方法就会受到限制。

为解决上述问题，本节针对无线供电系统跨区段供电的输出平稳性问题，以 LCL 并联的谐振电路拓扑为研究对象，设计一种基于双自由度鲁棒控制的恒压输出策略。借助广义状态空间平均建模方法，结合跨区段处的互感扰动规律，建立参数不确定性模型；基于广义混合灵敏度指标，通过改变输出加权函数增益，得到快速抑制互感扰动影响的 H_∞ 鲁棒控制器；在此基础上，推导并设计出用于修正参考输入的前置滤波器；实验结果表明，双自由度鲁棒控制不仅对跨区段互感扰动影响具有较好的抑制作用，而且能明显改善对参考输入的跟踪响应性能[11]。

6.3.1　分段动态供电的互感摄动问题

无线供电系统分段供电示意图如图 6.26 所示：为了有效减小能量损耗，发射线圈分成多个供电段，各供电段只在接收线圈经过时才被激活，激活供电段产生的高频能量经由电磁耦合机构传递到负载侧。

在车辆接收线圈移动取电过程中，在相邻两供电区段的交接处，励磁磁场强度的分布不均，总会引起接收端功率的波动，影响系统的稳定性及性能。因此，有必要对跨区段供电时的互感扰动特性进行分析，并将互感摄动规律反映到系统数学模型中，以从本质上分析互感变化给系统稳定性及性能带来的影响。

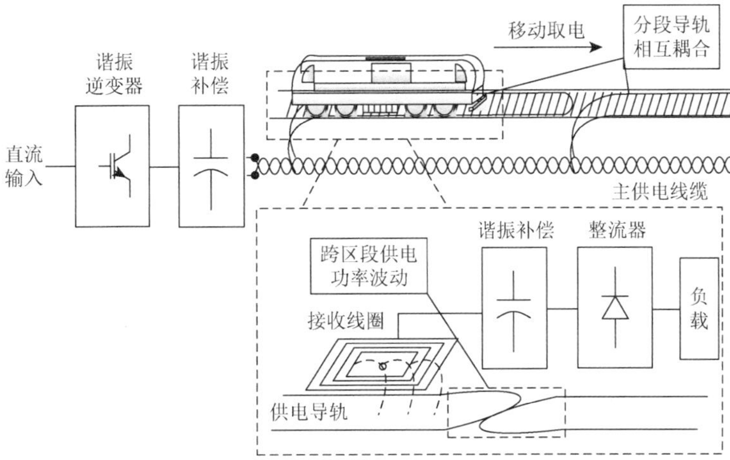

图 6.26　无线供电系统分段供电示意图

无线供电系统在采用图 6.27 所示的导轨型电磁耦合机构时，发射线圈与接收线圈之间的耦合强度会随着接收线圈的移动而发生变化，导致能量传输存在一定的功率波动，主要原因就在于互感（M_{1s}、M_{2s}）会随着负载侧接收线圈的移动而发生变化，如图 6.28 所示。

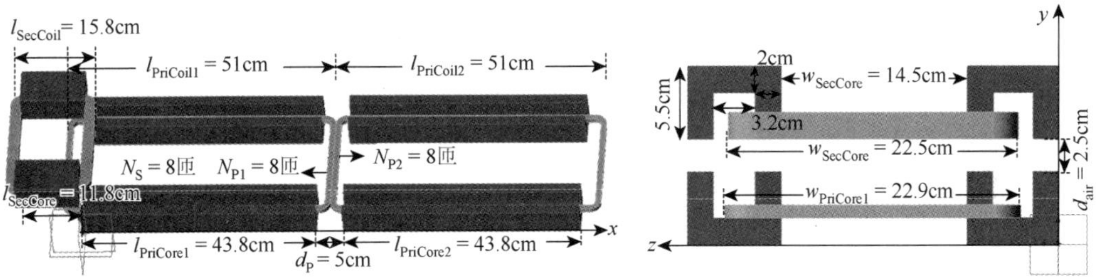

图 6.27　导轨型电磁耦合机构

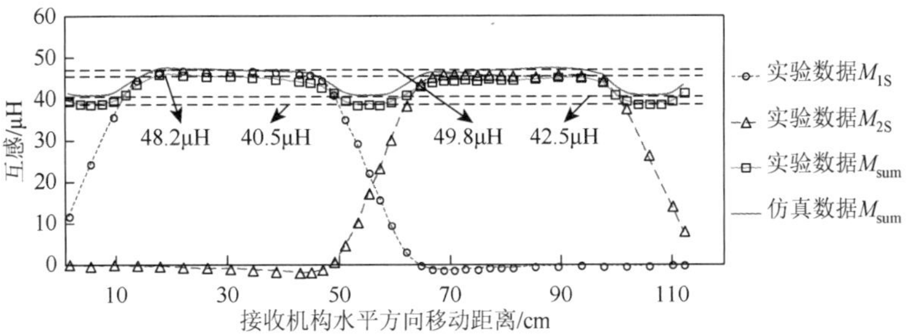

图 6.28　互感摄动变化规律

从图 6.28 可以看出，单个发射线圈与接收线圈间的互感大小近似呈梯形关系，而通过相邻两个发射线圈的磁场叠加（$M_{sum}=M_{1S}+M_{2S}$）后，可有效提升相邻发射线圈连接处的场强，电磁仿真结果与实验数据相近，误差在 5%以内。

虽然在移动取电过程中发射线圈与接收线圈间的互感总是在变化，很难用数学关系来表征互感的动态变化规律，但其摄动范围却是有界且确定的，即

$$
\begin{aligned}
-2.3\mu\text{H} &\leqslant M_{1\text{S}} \leqslant 49.1\mu\text{H} \\
-2.1\mu\text{H} &\leqslant M_{2\text{S}} \leqslant 48.9\mu\text{H} \\
40.5\mu\text{H} &\leqslant M_{\text{sum}} \leqslant 48.2\mu\text{H}
\end{aligned} \tag{6-3-1}
$$

以上的互感参数摄动是同时存在的，如果以 $M_{1\text{S}}$ 和 $M_{2\text{S}}$ 的摄动范围来定义互感不确定性，那么 M_{sum} 的摄动范围将扩大为[−4.4，98]μH。为降低对互感摄动描述的保守程度，定义 M_{sum} 和 $M_{1\text{S}}$ 为实摄动参数，并令 $M_{2\text{S}}=M_{\text{sum}}-M_{1\text{S}}$。其中，

$$M_{\text{sum}} = \text{ureal}('M_{\text{sum}}','M_{\text{sum0}}','\text{Range}',[M_{\text{sum\_L}},\ M_{\text{sum\_U}}])$$

$$M_{1\text{s}} = = \text{ureal}('M_{1\text{S}}','M_{1\text{S0}}','\text{Range}',[M_{1\text{S\_L}},\ M_{1\text{S\_U}}])$$

式中，ureal 为 MATLAB 鲁棒控制工具箱的实摄动参数创建命令；M_{sum0} 和 $M_{1\text{S0}}$ 分别为 M_{sum} 和 $M_{1\text{S}}$ 的标称值，$[M_{\text{sum\_L}}, M_{\text{sum\_U}}]$ 和 $[M_{1\text{S\_L}}, M_{1\text{S\_U}}]$ 分别为 M_{sum} 和 $M_{1\text{S}}$ 的摄动范围。

6.3.2　无线供电系统的广义状态空间平均建模

图 6.29 为 LCL 谐振电路并联的无线供电系统，其中，$\dot{U}_{\text{ac}}$ 和 $\dot{I}_{\text{ac}}$ 为 LCL 并联谐振网路的高频输入电压和电流，L_{P1}、L_{P2} 和 L_{S} 分别为两发射线圈及接收线圈的电感值，$\dot{I}_{\text{LP1}}$、$\dot{I}_{\text{LP2}}$ 和 $\dot{I}_{\text{LS}}$ 分别为对应流过的电流值，L_{t1}、C_{t1} 和 L_{t2}、C_{t2} 分别为发射端的滤波电感和滤波电容，C_{P1}、C_{P2} 和 C_{S} 分别为发射端与接收端的谐振补偿电容，R_{LP1}、R_{LP2}、R_{Lt1}、R_{Lt2}、R_{LS} 为对应电感线圈的等效内阻，C_{f} 为接收端整流桥后的滤波电容，R_{L} 为接收端负载，$M_{1\text{S}}$、$M_{2\text{S}}$ 和 M_{12} 分别为发射线圈与接收线圈、两发射线圈之间的互感。

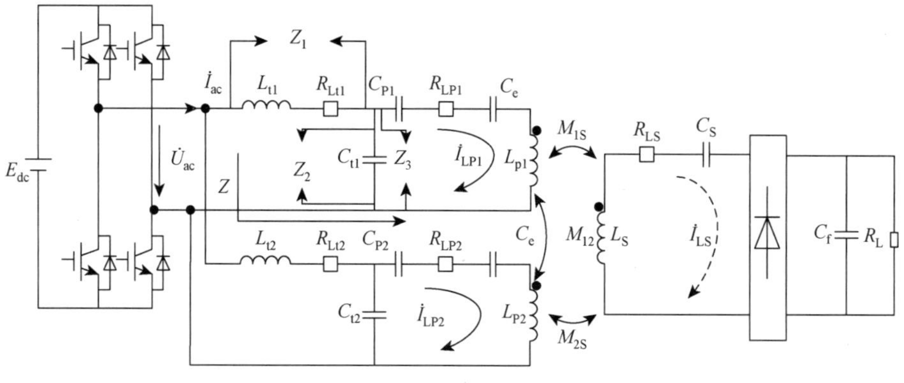

图 6.29　LCL 谐振电路并联的无线供电系统

根据互感耦合理论，两发射线圈的反射阻抗分别为

$$\begin{cases} Z_{r1}=\dfrac{\mathrm{j}\omega M_{12}\dot{I}_{LP2}-\mathrm{j}\omega M_{1S}\dot{I}_{LS}}{\dot{I}_{LP1}} \\ \quad =\dfrac{\omega^2 M_{1S}(M_{1S}+M_{2S})}{R_{ac}+R_{LS}}+\mathrm{j}\omega M_{12} \\ Z_{r2}=\dfrac{\mathrm{j}\omega M_{12}\dot{I}_{LP1}-\mathrm{j}\omega M_{2S}\dot{I}_{LS}}{\dot{I}_{LP2}} \\ \quad =\dfrac{\omega^2 M_{2S}(M_{1S}+M_{2S})}{R_{ac}+R_{LS}}+\mathrm{j}\omega M_{12} \end{cases} \tag{6-3-2}$$

R_{ac} 为接收端电路中的整流性负载等效电阻，在大电容滤波结构下，其大小为 $R_{ac}=8R_L/\pi^2$。由式（6-3-2）可知，两能量发射线圈之间的相互耦合就等价于对应支路中增加了一个感抗项 $\mathrm{j}\omega M_{12}$，故仅通过补偿单个能量发射线圈的自感，无法使逆变器的输出等效阻抗为纯阻性，还需在发射端电路中串联额外电容 C_e 来补偿两能量发射线圈之间的互感：

$$C_e=(\omega^2 M_{12})^{-1} \tag{6-3-3}$$

通过上述方法消除两能量发射线圈之间的耦合关系之后，发射端电路达到谐振状态的条件就是

$$\begin{cases} \omega L_{t1}=\dfrac{1}{\omega C_{t1}}=\omega L_{P1}-\dfrac{1}{\omega C_{P1}} \\ \omega L_{t2}=\dfrac{1}{\omega C_{t2}}=\omega L_{P2}-\dfrac{1}{\omega C_{P2}} \end{cases} \tag{6-3-4}$$

为简化描述系统高频逆变环节及整流环节的开关非线性行为，分别定义发射端及接收端的开关函数 $g_P(t)=\mathrm{sgn}[\sin(\omega t+\theta_P)]$ 和 $g_S(t)=\mathrm{sgn}[\sin(\omega t+\theta_S)]$。这样在图 6.30 中，发射端电路的逆变环节输出，即并联 LCL 谐振网络的输入就可由方波电压源等效，而接收端电路整流环节输入、输出则分别由方波电压源和直流电流源等效。

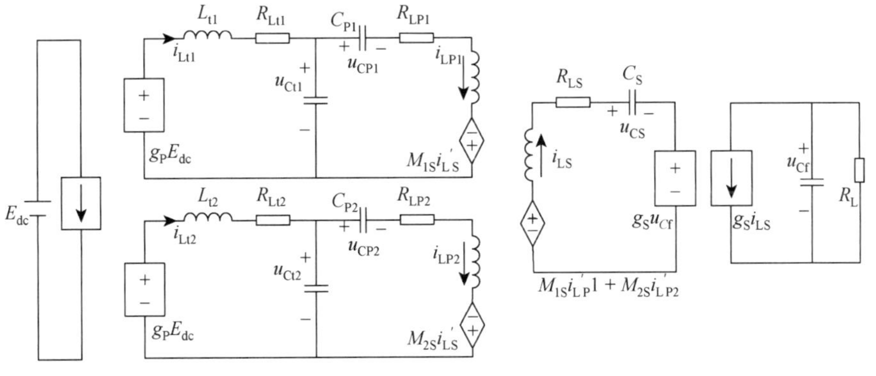

图 6.30　等效电路拓扑

若以开关函数 $g_P(t)$ 的相位 θ_P 为零参考相位，则由阻抗分析可知，开关函数 $g_S(t)$ 的相位 θ_S 大小为

$$\theta_{\mathrm{S}}=-\arctan\left[\frac{\gamma_{\mathrm{P1}}\gamma_{\mathrm{S}}\gamma_{\mathrm{t}}-\omega^{2}L_{\mathrm{t}}C_{\mathrm{P1}}\gamma_{\mathrm{S}}-M^{2}\omega^{4}C_{\mathrm{P1}}C_{\mathrm{S}}\gamma_{\mathrm{t}}}{\omega C_{\mathrm{S}}R_{\mathrm{L}}(\omega^{2}L_{\mathrm{t}}C_{\mathrm{P1}}-\gamma_{\mathrm{P1}}\gamma_{\mathrm{t}})}\right] \tag{6-3-5}$$

式中，$\gamma_{\mathrm{t}}=\omega^{2}L_{\mathrm{t}}C_{\mathrm{t}}-1$；$\gamma_{\mathrm{P1}}=\omega^{2}L_{\mathrm{P1}}C_{\mathrm{P1}}-1$；$\gamma_{\mathrm{S}}=\omega^{2}L_{\mathrm{S}}C_{\mathrm{S}}-1$。

从式（6-3-5）可知，只要满足$\gamma_{\mathrm{S}}=0$与$\gamma_{\mathrm{t}}=0$的谐振条件同时成立，开关函数$g_{\mathrm{S}}(t)$的相位即可简化为$\theta_{\mathrm{S}}=0$，这时互感和负载参数变化对开关函数$g_{\mathrm{S}}(t)$的相角大小就不会产生影响。

针对图6.30所示的等效电路拓扑，即可列写出系统的KVL和KCL方程。由于储能元件上的电容电压与电感电流都是具有有限能量的连续时间周期信号，所以可以分别采用一次谐波分量和零次谐波分量来近似系统的交直流变量，并将分解出的一阶及零阶傅里叶级数的系数作为系统的广义状态变量，再利用时域周期信号傅里叶级数的微分特性得到形如式（6-3-6）的复频域微分方程组。

$$\begin{aligned}
&\langle i_{\mathrm{Lt1}}\rangle_1'=L_{\mathrm{t1}}^{-1}(\langle g_{\mathrm{P}}\rangle_1E_{\mathrm{dc}}-\langle u_{\mathrm{Ct1}}\rangle_1-R_{\mathrm{Lt1}}\langle i_{\mathrm{Lt1}}\rangle_1)-\mathrm{j}\omega_0\langle i_{\mathrm{Lt1}}\rangle_1\\
&\langle u_{\mathrm{Ct1}}\rangle_1'=C_{\mathrm{t1}}^{-1}(\langle i_{\mathrm{Lt1}}\rangle_1-\langle i_{\mathrm{LP1}}\rangle_1)-\mathrm{j}\omega_0\langle u_{\mathrm{Ct1}}\rangle_1\\
&\langle i_{\mathrm{LP1}}\rangle_1'=\varsigma^{-1}\begin{pmatrix}\alpha\langle u_{\mathrm{Ct1}}\rangle_1-\alpha\langle u_{\mathrm{CP1}}\rangle_1+L_{\mathrm{P2}}M_{\mathrm{1S}}\langle u_{\mathrm{CS}}\rangle_1+M_{\mathrm{1S}}M_{\mathrm{2S}}\langle u_{\mathrm{CP2}}\rangle_1-M_{\mathrm{1S}}M_{\mathrm{2S}}\langle u_{\mathrm{Ct2}}\rangle_1\\-R_{\mathrm{LP1}}\alpha\langle i_{\mathrm{LP1}}\rangle_1+L_{\mathrm{P2}}M_{\mathrm{1S}}\langle g_{\mathrm{S}}u_{\mathrm{Cf}}\rangle_1+L_{\mathrm{P2}}M_{\mathrm{1S}}R_{\mathrm{LS}}\langle i_{\mathrm{LS}}\rangle_1+M_{\mathrm{1S}}M_{\mathrm{2S}}R_{\mathrm{LP2}}\langle i_{\mathrm{LP2}}\rangle_1\end{pmatrix}-\mathrm{j}\omega_0\langle i_{\mathrm{LP1}}\rangle_1\\
&\langle u_{\mathrm{CP1}}\rangle_1'=C_{\mathrm{P1}}^{-1}\langle i_{\mathrm{LP1}}\rangle_1-\mathrm{j}\omega_0\langle u_{\mathrm{CP1}}\rangle_1\\
&\langle i_{\mathrm{Lt2}}\rangle_1'=L_{\mathrm{t2}}^{-1}(\langle g_{\mathrm{P}}\rangle_1E_{\mathrm{dc}}-\langle u_{\mathrm{Ct2}}\rangle_1-R_{\mathrm{Lt2}}\langle i_{\mathrm{Lt2}}\rangle_1)-\mathrm{j}\omega_0\langle i_{\mathrm{Lt2}}\rangle_1\\
&\langle u_{\mathrm{Ct2}}\rangle_1'=C_{\mathrm{t2}}^{-1}(\langle i_{\mathrm{Lt2}}\rangle_1-\langle i_{\mathrm{LP2}}\rangle_1)-\mathrm{j}\omega_0\langle u_{\mathrm{Ct2}}\rangle_1\\
&\langle i_{\mathrm{LP2}}\rangle_1'=\varsigma^{-1}\begin{pmatrix}\beta\langle u_{\mathrm{Ct2}}\rangle_1-\beta\langle u_{\mathrm{CP2}}\rangle_1+L_{\mathrm{P1}}M_{\mathrm{2S}}\langle u_{\mathrm{CS}}\rangle_1+M_{\mathrm{1S}}M_{\mathrm{2S}}\langle u_{\mathrm{CP1}}\rangle_1-M_{\mathrm{1S}}M_{\mathrm{2S}}\langle u_{\mathrm{Ct1}}\rangle_1\\-R_{\mathrm{LP2}}\beta\langle i_{\mathrm{LP2}}\rangle_1+L_{\mathrm{P1}}M_{\mathrm{2S}}\langle g_{\mathrm{S}}u_{\mathrm{Cf}}\rangle_1+L_{\mathrm{P1}}M_{\mathrm{2S}}R_{\mathrm{LS}}\langle i_{\mathrm{LS}}\rangle_1+M_{\mathrm{1S}}M_{\mathrm{2S}}R_{\mathrm{LP1}}\langle i_{\mathrm{LP1}}\rangle_1\end{pmatrix}-\mathrm{j}\omega_0\langle i_{\mathrm{LP2}}\rangle_1\\
&\langle u_{\mathrm{CP2}}\rangle_1'=C_{\mathrm{P2}}^{-1}\langle i_{\mathrm{LP2}}\rangle_1-\mathrm{j}\omega_0\langle u_{\mathrm{CP2}}\rangle_1\\
&\langle i_{\mathrm{Ls}}\rangle_1'=\varsigma^{-1}\begin{pmatrix}L_{\mathrm{P1}}L_{\mathrm{P2}}\langle u_{\mathrm{CS}}\rangle_1+L_{\mathrm{P2}}M_{\mathrm{1S}}\langle u_{\mathrm{CP1}}\rangle_1+L_{\mathrm{P1}}M_{\mathrm{2S}}\langle u_{\mathrm{CP2}}\rangle_1-L_{\mathrm{P2}}M_{\mathrm{1S}}\langle u_{\mathrm{Ct1}}\rangle_1\\-L_{\mathrm{P1}}M_{\mathrm{2S}}\langle u_{\mathrm{Ct2}}\rangle_1+L_{\mathrm{P1}}L_{\mathrm{P2}}\langle \mathrm{g_s}\,u_{\mathrm{Cf}}\rangle_1+L_{\mathrm{P1}}L_{\mathrm{P2}}R_{\mathrm{LS}}\langle i_{\mathrm{LS}}\rangle_1+L_{\mathrm{P2}}M_{\mathrm{1S}}R_{\mathrm{LP1}}\langle i_{\mathrm{LP1}}\rangle_1\\+L_{\mathrm{P1}}M_{\mathrm{2S}}R_{\mathrm{LP2}}\langle i_{\mathrm{LP2}}\rangle_1\end{pmatrix}-\mathrm{j}\omega_0\langle i_{\mathrm{LS}}\rangle_1\\
&\langle u_{\mathrm{CS}}\rangle_1'=C_{\mathrm{S}}^{-1}\langle i_{\mathrm{LS}}\rangle_1-\mathrm{j}\omega_0\langle u_{\mathrm{CS}}\rangle_1\\
&\langle u_{\mathrm{Cf}}\rangle_0'=C_{\mathrm{f}}^{-1}(\langle g_{\mathrm{S}}i_{\mathrm{LS}}\rangle_0-R_{\mathrm{L}}^{-1}\langle u_{\mathrm{Cf}}\rangle_0)
\end{aligned} \tag{6-3-6}$$

式中，$\varsigma=L_{\mathrm{P2}}M_{\mathrm{1S}}^{2}+L_{\mathrm{P1}}M_{\mathrm{2S}}^{2}-L_{\mathrm{S}}L_{\mathrm{P1}}L_{\mathrm{P2}}$；$\alpha=(M_{\mathrm{2S}}{}^{2}-L_{\mathrm{S}}L_{\mathrm{P2}})$；$\beta=M_{\mathrm{1S}}{}^{2}-L_{\mathrm{S}}L_{\mathrm{P1}}$。

根据时域周期信号的相乘特性，可将式（6-3-6）中的开关非线性项$g_{\mathrm{S}}u_{\mathrm{Cf}}$和$g_{\mathrm{S}}i_{\mathrm{LS}}$，分别转换为傅里叶级数系数序列组成的离散卷积形式：

$$\begin{aligned}
&g_{\mathrm{S}}u_{\mathrm{Cf}}\xrightarrow{\text{傅里叶级数}}\langle g_{\mathrm{S}}u_{\mathrm{Cf}}\rangle_1=\sum_{l=-\infty}^{\infty}\langle g_{\mathrm{S}}\rangle_l\langle u_{\mathrm{Cf}}\rangle_{1-l}\approx\langle g_{\mathrm{S}}\rangle_1\langle u_{\mathrm{Cf}}\rangle_0\\
&g_{\mathrm{S}}i_{\mathrm{LS}}\xrightarrow{\text{傅里叶级数}}\langle g_{\mathrm{S}}i_{\mathrm{LS}}\rangle_0=\sum_{l=-\infty}^{\infty}\langle g_{\mathrm{S}}\rangle_l\langle i_{\mathrm{LS}}\rangle_{0-l}\approx\langle g_{\mathrm{S}}\rangle_{-1}\langle i_{\mathrm{LS}}\rangle_1+\langle g_{\mathrm{S}}\rangle_1\langle i_{\mathrm{LS}}\rangle_{-1}
\end{aligned} \tag{6-3-7}$$

式（6-3-7）中开关函数的一阶傅里叶级数系数表示为

$$\langle g_{\mathrm{P}}\rangle_1=\frac{2}{\pi \mathrm{j}}$$
$$\langle g_{\mathrm{S}}\rangle_1=\langle g_{\mathrm{P}}\rangle_1 \mathrm{e}^{\mathrm{j}\theta_{\mathrm{S}}}=\frac{2}{\pi}\sin\theta_{\mathrm{S}}-\mathrm{j}\frac{2}{\pi}\cos\theta_{\mathrm{S}} \tag{6-3-8}$$

联合式（6-3-6）～式（6-3-8），并将傅里叶级数系数对应的微分方程按照实虚部分开列写，同时考虑互感及负载参数的摄动范围，即可得到一个关于实频域变量的线性广义系统模型：

$$\begin{aligned}\dot{\boldsymbol{x}}&=\boldsymbol{A}\cdot\boldsymbol{x}+\boldsymbol{B}_1\cdot\boldsymbol{u}_{\mathrm{P}}+\boldsymbol{B}_2\cdot u\\ \boldsymbol{y}_{\mathrm{p}}&=\boldsymbol{C}_1\cdot\boldsymbol{x}+\boldsymbol{D}_{11}\cdot\boldsymbol{u}_{\mathrm{P}}+\boldsymbol{D}_{12}\cdot u\\ y&=\boldsymbol{C}_2\cdot\boldsymbol{x}+\boldsymbol{D}_{21}\cdot\boldsymbol{u}_{\mathrm{P}}+\boldsymbol{D}_{22}\cdot u\end{aligned} \tag{6-3-9}$$

式中，$\boldsymbol{A}$、$\boldsymbol{B}_1$、$\boldsymbol{B}_2$、$\boldsymbol{C}_1$、$\boldsymbol{C}_2$、$\boldsymbol{D}_{11}$、$\boldsymbol{D}_{12}$、$\boldsymbol{D}_{21}$、$\boldsymbol{D}_{22}$ 均为实系数矩阵；u 为输入信号 E_{dc}；y 为输出信号 $\langle u_{\mathrm{Cf}}\rangle_0$；$\boldsymbol{y}_{\mathrm{P}}$ 和 $\boldsymbol{u}_{\mathrm{P}}$ 分别为参数摄动矩阵的输入、输出信号；$\boldsymbol{x}$ 为广义系统状态变量，具体形式为

$$\begin{aligned}\boldsymbol{x}=[&\mathrm{Re}\langle i_{\mathrm{Lt1}}\rangle_1,\mathrm{Im}\langle i_{\mathrm{Lt1}}\rangle_1,\mathrm{Re}\langle u_{\mathrm{Ct1}}\rangle_1,\mathrm{Im}\langle u_{\mathrm{Ct1}}\rangle_1,\mathrm{Re}\langle i_{\mathrm{LP1}}\rangle_1,\mathrm{Im}\langle i_{\mathrm{LP1}}\rangle_1,\mathrm{Re}\langle u_{\mathrm{CP1}}\rangle_1,\\ &\mathrm{Im}\langle u_{\mathrm{CP1}}\rangle_1,\mathrm{Re}\langle i_{\mathrm{Lt2}}\rangle_1,\mathrm{Im}\langle i_{\mathrm{Lt2}}\rangle_1,\mathrm{Re}\langle u_{\mathrm{Ct2}}\rangle_1,\mathrm{Im}\langle u_{\mathrm{Ct2}}\rangle_1\ \mathrm{Re}\langle i_{\mathrm{LP2}}\rangle_1,\mathrm{Im}\langle i_{\mathrm{LP2}}\rangle_1,\\ &\mathrm{Re}\langle u_{\mathrm{CP2}}\rangle_1,\mathrm{Im}\langle u_{\mathrm{CP2}}\rangle_1,\mathrm{Re}\langle i_{\mathrm{LS}}\rangle_1,\mathrm{Im}\langle i_{\mathrm{LS}}\rangle_1,\mathrm{Re}\langle u_{\mathrm{CS}}\rangle_1,\mathrm{Im}\langle u_{\mathrm{CS}}\rangle_1,\langle u_{\mathrm{Cf}}\rangle_0]^{\mathrm{T}}\end{aligned} \tag{6-3-10}$$

由于在 LCL-S 拓扑结构下，互感及负载参数变化只能改变发射端电路中反射阻抗的实部，不会对系统频率产生影响，所以建模过程未考虑频率摄动。

6.3.3　双自由度鲁棒控制器设计

图 6.31 为闭环系统的 H∞鲁棒控制结构框图。其中，$r-y$ 是控制器的输入，d 为外部干扰，被控对象输入为

$$u=K_{\mathrm{y}}(s)(r-y) \tag{6-3-11}$$

被控对象模型可表示为

$$y=G(s)u+d \tag{6-3-12}$$

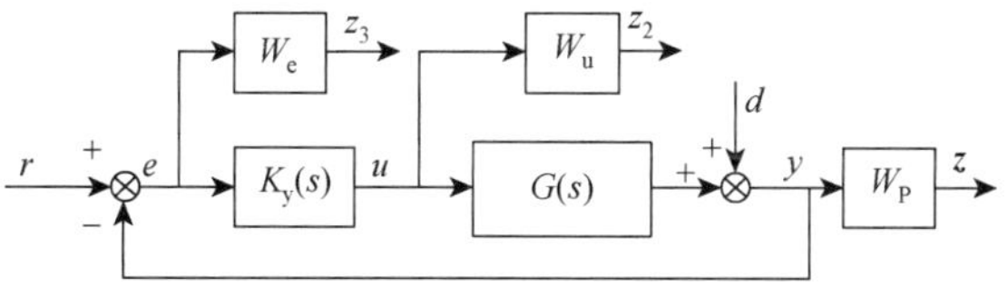

图 6.31　闭环系统的 H∞鲁棒控制结构框图

对于 H∞鲁棒控制器，将式（6-3-11）代入式（6-3-12），可得系统闭环响应为

$$y=(I+GK_{\mathrm{y}})^{-1}GK_{\mathrm{y}}r+(I+GK_{\mathrm{y}})^{-1}d \tag{6-3-13}$$

很显然，灵敏度函数 $S_{\mathrm{o}}=(I+GK_{\mathrm{y}})^{-1}$ 为扰动信号到系统输出的闭环传递函数，补灵敏度函数 $T_{\mathrm{o}}=(I+GK_{\mathrm{y}})^{-1}GK_{\mathrm{y}}$ 为参考输入信号到系统输出的闭环传递函数。

在图 6.31 所示的系统加权闭环框图中，从系统输入 $\boldsymbol{w}=[r,d]$ 到被调加权输出 $\boldsymbol{z}=[z_1,z_2,z_3]$ 的传递函数矩阵 $\boldsymbol{T}_{zw}$ 可表述为

$$\boldsymbol{T}_{zw}=\begin{bmatrix} W_P T_o & W_P S_o \\ W_u K_y S_o & -W_u K_y S_o \\ W_e S_o & -W_e S_o \end{bmatrix} \tag{6-3-14}$$

H_∞鲁棒控制器的设计目标是确定一个稳定的控制器 $K_y(s)$，使得传递函数矩阵 $\boldsymbol{T}_{zw}$ 的无穷范数满足

$$\|\boldsymbol{T}_{zw}\|_\infty < 1 \tag{6-3-15}$$

以式（6-3-15）所示的系统广义混合灵敏度为指标，通过改变输出加权函数 W_P 的增益，设计了 4 组 H_∞鲁棒控制器。其中，各灵敏度函数与加权函数倒数的幅频响应如图 6.32 所示。

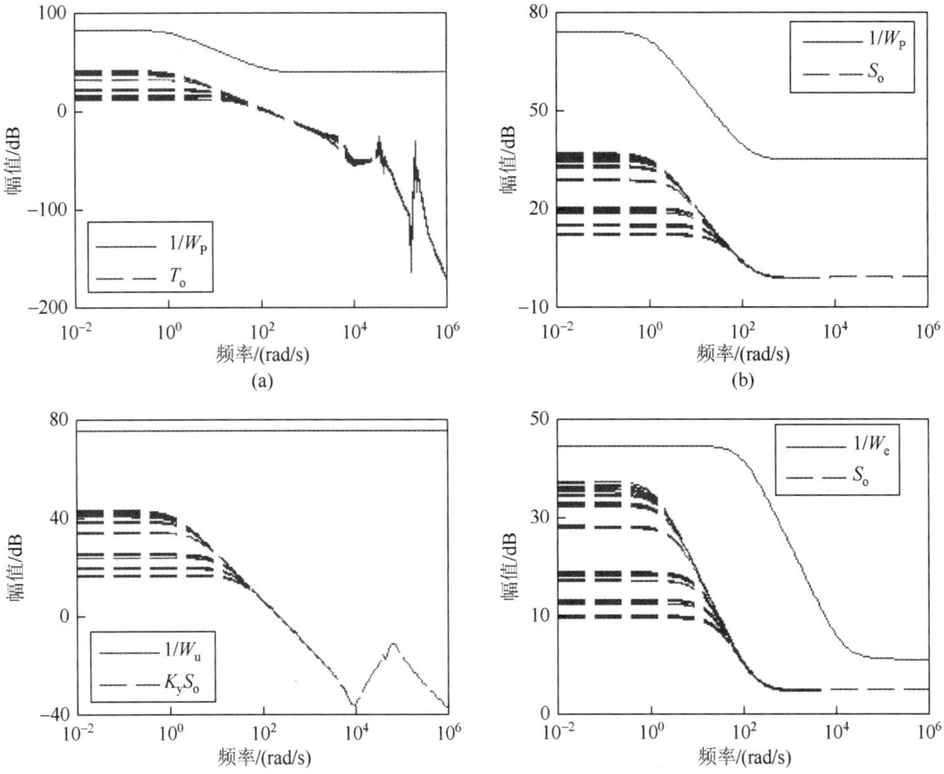

图 6.32　灵敏度函数与加权函数倒数的幅频响应

从图 6.32 可以看出，在$[10^{-2}, 10^6]$频响范围内，各加权函数倒数的幅值均大于对应灵敏度函数的幅值，保证了式（6-3-15）的成立。

在 H_∞鲁棒控制作用下，当互感参数按图 6.28 的摄动规律变化时，闭环系统输出响应特性如图 6.33 所示。

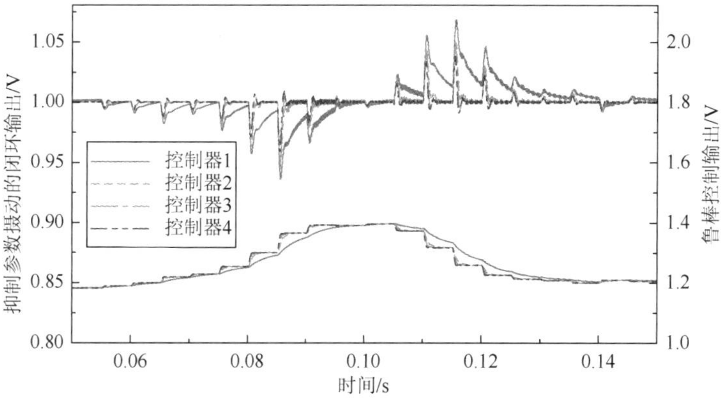

图 6.33 互感摄动下的鲁棒控制及系统输出

从图 6.33 中可以看出，4 组 H_∞鲁棒控制器对负载移动过程中互感参数变化都具有抑制作用，但由于输出加权函数选取的不同，各闭环系统对互感参数变化的灵敏度也不同，如表 6.3 所示。

表 6.3 4 组 H_∞鲁棒控制效果对比

控制器	输出摄动/%	恢复时间/ms	输出加权函数增益 W_P
1	≤6.9	＞5	10
2	≤5.2	≤3	50
3	≤4.8	≤2.5	100
4	≤3.9	≤2.5	300

显然，控制器 4 对互感参数摄动的抑制作用效果较优，此时各被调输出量的加权函数如下：

$$W_P = 30\frac{0.0001s+1}{10s+1},\quad W_u = 0.0001,\quad W_e = \frac{s+10}{2s+0.3} \tag{6-3-16}$$

其对应的鲁棒控制器经 Hankel-norm 近似处理，可由原来的 24 阶降为 5 阶：

$$K_y(s)=\frac{1.2\times10^4 s^4+5.2\times10^7 s^3+3.3\times10^{11} s^2+9.5\times10^{12} s+9.1\times10^{12}}{s^5+1.2\times10^4 s^4+9.3\times10^7 s^3+2.6\times10^9 s^2+2.7\times10^8 s+1.7\times10^6} \tag{6-3-17}$$

H_∞鲁棒控制器以抑制外部扰动和参数不确定性对系统输出影响为目的，然而控制系统常常还要求对预设参考信号的跟踪性能。由式（6-3-14）可知，外部扰动 d 到系统输出 z_1 和参考输入 r 到系统输出 z_1 的闭环传递函数 $T_{z_1d}=W_PS_o$、$T_{z_1r}=W_PT_o$，取决于灵敏度函数 S_o 与补灵敏度函数 T_o 的选取，但受限于 $S_o+T_o=I$，闭环系统的抗扰动性能与跟踪性能并不能兼顾。

为此，设计一个双自由度鲁棒控制器，对参考输入 r 和输出测量 y 分别进行处理，如图 6.34 所示。K_y 是控制器的反馈部分，用来减小外部扰动和参数不确定性的影响；K_r 是针对参考输入的前置滤波器，用于对参考输入 r 进行修正，此时有 $T_{z_1d,2}=W_PS_o$、$T_{z_1r,2}=W_PT_oK_r$。

从传递函数的形式上来看，双自由度鲁棒控制器并没有改变系统的抗扰动性能，其作用在于改善系统对参考输入的跟踪性能。

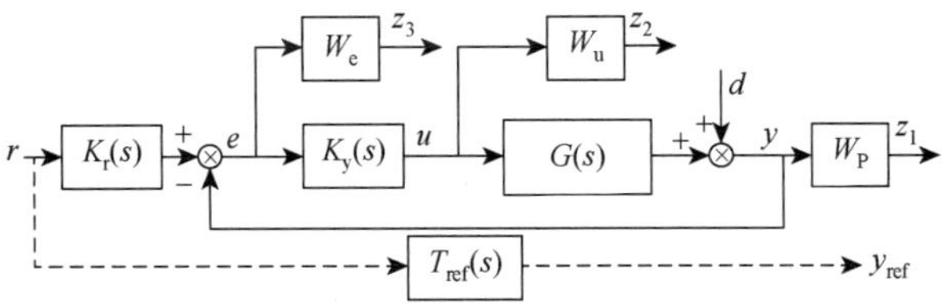

图 6.34　双自由度鲁棒控制

如果对于参考输入跟踪，期望的传递函数是 $T_{ref}(s)$，那么理想的参考输入前置滤波器 K_r 就应满足

$$K_r(s) = (W_P T_o)^{-1}(s) T_{ref}(s) \tag{6-3-18}$$

理论上可以通过设计 K_r 以获得任何期望的跟踪响应 $T_{ref}(s)$，但实际上由于系统被控对象 $G(s)$ 具有右半平面零点，如图 6.35 所示，导致计算出的 K_r 是不稳定的。

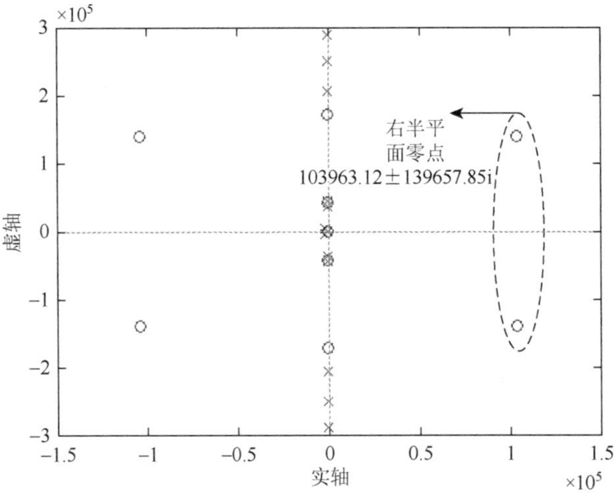

图 6.35　被控对象 $G(s)$ 的零极点分布

H_∞鲁棒控制器能够快速抑制互感扰动，却也导致闭环系统对参考输入的跟踪响应超调过大，为此前置滤波器 K_r 可以采用式（6-3-19）所示的滞后网络。在参数摄动条件下，分别测试 H_∞鲁棒控制与双自由度鲁棒控制的跟踪性能，如图 6.36 所示。

$$K_r(s) = \frac{\tau_{lead}s + 1}{\tau_{lag}s + 1} = \frac{1}{0.0012s + 1} \tag{6-3-19}$$

从图 6.36 中可以看出，H_∞鲁棒控制的系统跟踪输出响应最大超调超过了 20%，而增加滞后环节后，系统的跟踪响应基本无超调，调节时间约为 5ms。

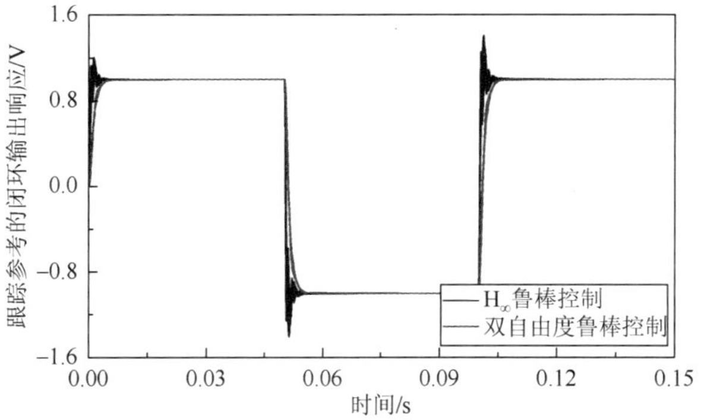

图 6.36　H∞鲁棒控制与双自由度鲁棒控制的跟踪性能对比

通过理论分析可知，在双自由度鲁棒控制器 $\boldsymbol{K}(s)=[K_y K_r, -K_y]$ 作用下，闭环系统不仅能有效抑制参数摄动影响，还能满足跟踪性能指标要求。

6.3.4　实验验证

采用如表 6.4 所示的标称电路参数，搭建 LCL 谐振电路并联的实验装置，如图 6.37 所示，并依据如表 6.5 所示的互感及负载参数摄动范围计算出双自由度鲁棒控制器，用于闭环系统实验验证。

表 6.4　标称电路参数

参数	描述	数值
f	系统工作频率	20kHz
L_{t1}	滤波电感 1	58.82μH
C_{t1}	滤波电容 1	1.09μF
L_{P1}	发射端线圈电感 1	168.93μH
R_{LP1}	L_{P1} 的内阻	11.80mΩ
C_{P1}	L_{P1} 的补偿电容	571.70nF
L_{t2}	滤波电感 2	57.96μH
C_{t2}	滤波电容 2	1.09μF
L_{P2}	发射端线圈电感 2	169.57μH
C_e	发射端互感补偿电容	8.18μF
R_{LP2}	L_{P2} 的内阻	11.80mΩ
C_{P2}	L_{P2} 的补偿电容	571.7nF
L_S	接收端线圈电感	284.56μH
C_S	L_S 的补偿电容	222.55nF
R_{LS}	L_S 的内阻	31.30mΩ
C_f	整流滤波电容	47μF
L_f	整流滤波电感	3.20mH
E_{dc}	直流电压源输入	50V

表 6.5　系统摄动参数

描述	设计标称值	扰动范围
M_{sum}	47.53μH	[40.5 48.2]
M_{1S}	47.53μH	[−2.3 49.1]
R_L	5Ω	±50%

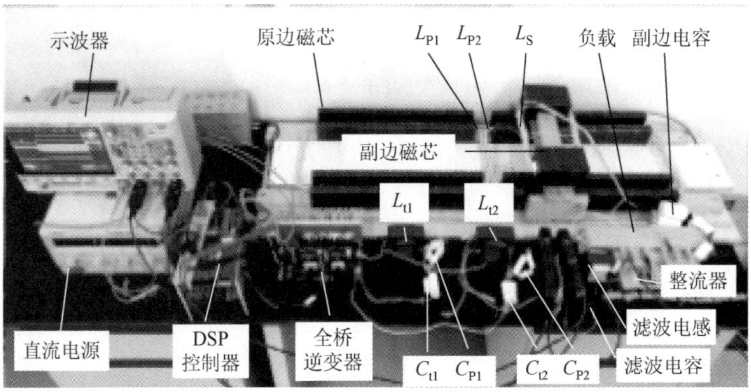

图 6.37　实验平台配置

该套实验装置以直流电压源作为输入，通过逆变桥的移相方式实现对系统的恒压输出控制。采用 DSP28335 数字控制平台进行信号的采集、控制算法的实现以及 PWM 波的生成。对于 H_∞鲁棒控制，DSP28335 只需要将输出电压参考值与测量值对比后，作为反馈控制器 K_y 的输入即可，而在采用双自由度鲁棒控制时，输出电压参考值要先经过前置滤波器 K_r，再与测量值对比后输送给 K_y。由于 K_y 的输出量 u 为直流输入电压值，还要根据式（6-3-20）转换成对应的移相控制角，最后由发射波的模块生成相应的 PWM 控制信号。

$$\alpha = 2\arcsin(u / E_{dc}) \tag{6-3-20}$$

为验证理论分析结论，分别对 LCL 谐振电路并联的系统采用单独的 H_∞鲁棒控制与双自由度鲁棒控制，在启动、参考跟踪、互感变化及负载跳变四种实验条件下，对比分析控制效果。

实验条件 1：设置 LCL 谐振电路并联的系统在 0～30V 进行启动，分别考察 H_∞鲁棒控制与双自由度鲁棒控制下的闭环系统启动性能，实验波形如图 6.38 所示。

从图 6.38 中可以看出，在 H_∞鲁棒控制下，系统启动时间为 6ms，超调为 29%；而双自由度鲁棒控制通过增加滞后环节的前置滤波器，使得启动时间缩短为 5ms，并且将超调降至 0%。

实验条件 2：设置输出电压参考值从 30V→20V→30V 进行跳变，分别考察 H_∞鲁棒控制与双自由度鲁棒控制下的闭环系统跟踪特性，实验波形如图 6.39 所示。

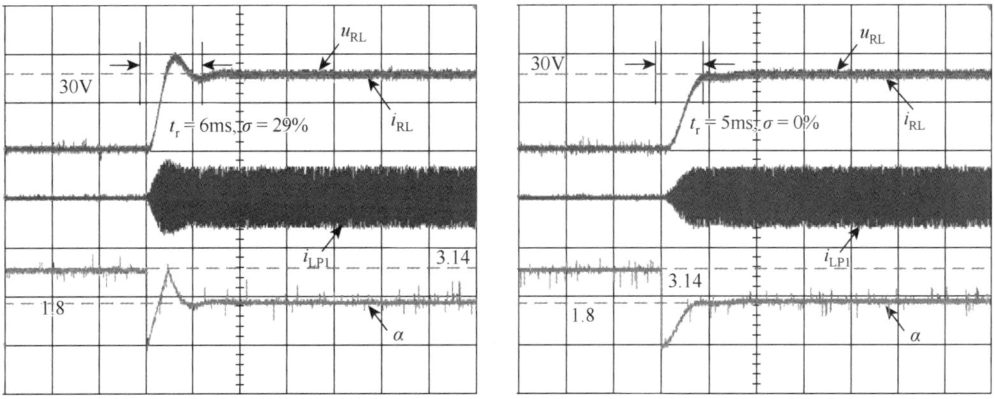

时间/(5ms/格)　　(a) H_∞鲁棒控制

时间/(5ms/格)　　(b) 双自由度鲁棒控制

图 6.38　系统启动瞬态波形

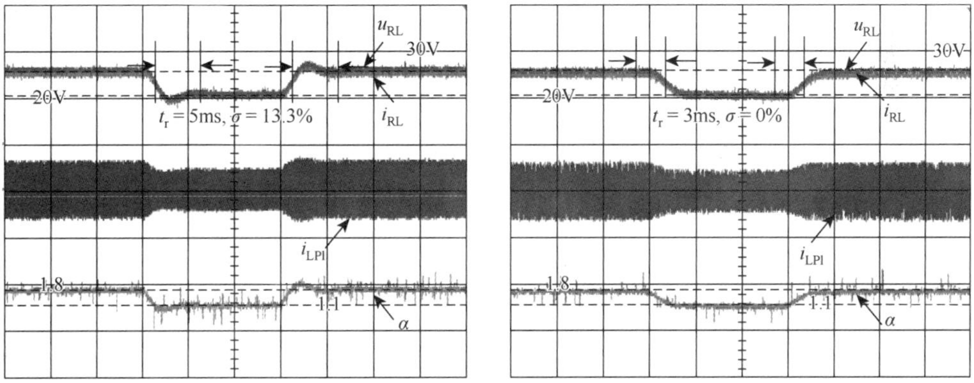

时间/(5ms/格)　　(a) H_∞鲁棒控制

时间/(5ms/格)　　(b) 双自由度鲁棒控制

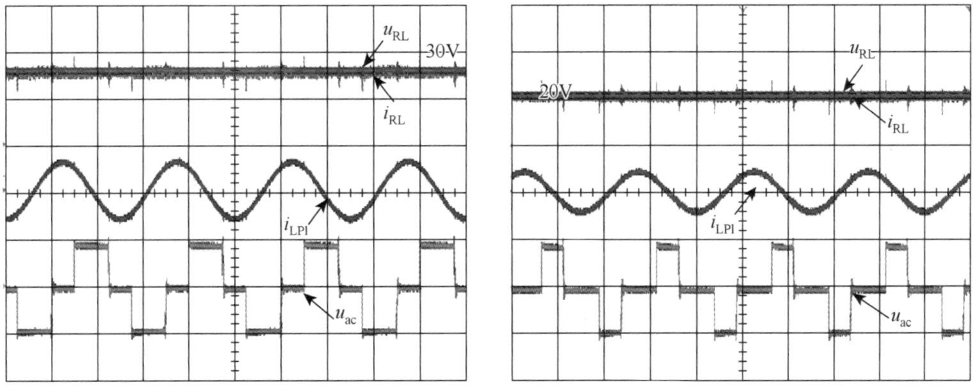

时间/(20μs/格)　　(c) 30V稳态输出波形(5Ω)

时间/(20μs/格)　　(d) 20V稳态输出波形(5Ω)

图 6.39　系统输出参考跟踪波形

从图 6.39 中可以看出，两种控制方式均具有一定的跟踪参考能力，但相对于单独的 H_∞ 鲁棒控制，双自由度鲁棒控制能够实现更快速且无超调的跟踪能力；另外，在移相控制方式下，30V（5Ω）和 20V（5Ω）两种稳态输出的能量发射线圈电流波形都呈现准谐振状态。

为了验证闭环系统对跨区段互感变化及负载跳变的抗扰动性能，分别设置了实验条件 3 和实验条件 4 进行测试。通过实验发现，双自由度鲁棒控制虽然可以明显改善闭环系统的参考跟踪性能，但在抗扰动性能方面与单独的 H_∞鲁棒控制效果是相同的。

以双自由度鲁棒控制为例，闭环系统的抗扰动性能测试如下。

实验条件 3：设置负载侧进行跨区段移动取电，考察在互感动态变化条件下各闭环系统的抗参数扰动性能，实验波形如图 6.40 所示。

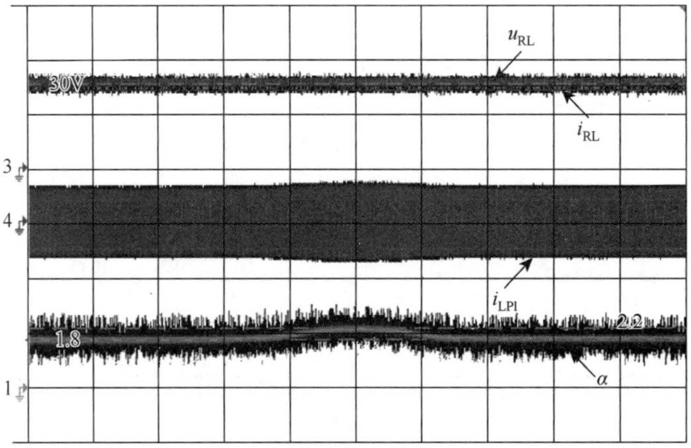

图 6.40　系统互感变化瞬态波形

从图 6.40 中可以看出，当负载在跨区段范围内移动取电时，互感摄动表现出下凹特性，鲁棒控制器通过对移相控制角的快速调节，保证了系统负载电压的稳定输出。

实验条件 4：设置负载阻值从 5Ω→3.3Ω→5Ω 进行跳变，考察负载阻值跳变条件下各闭环系统的抗参数扰动性能，实验波形如图 6.41 所示。

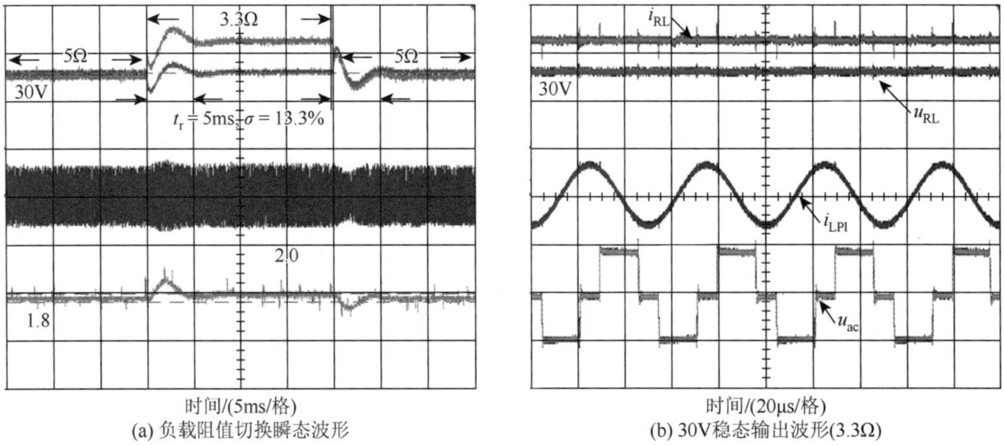

图 6.41　系统负载阻值跳变瞬态波形

从图 6.41 中可以看出，当负载阻值发生 5Ω→3.3Ω→5Ω 的跳变时，闭环系统重新恢复 30V 稳压输出的调节时间为 5ms，输出摄动为 13.3%；负载阻值由 5Ω 跳变为 3.3Ω 后，系统的谐振频率基本保持在 20kHz 不变，这与 LCL-S 形拓扑下负载大小不影响谐振频率的理论分析一致。

从上述实验可以看出，仅采用 H_∞鲁棒控制器只能保证闭环系统的抗扰动性能，而在启动及跟踪的动态响应性能方面，双自由度鲁棒控制器可以满足系统的指标要求。

6.4 本 章 小 结

为了降低无线供电系统的控制复杂性，抑制无线供电系统的输出波动，本章从耦合机构优化的角度，提出了基于发射端和接收端耦合机构的优化方法。以减小感应电压波动为目的，通过优化线圈结构及尺寸设计，实现了多种线圈形式下的动态供电系统输出稳定性。这些新型线圈配置形式，大大简化了由功率变换器带来的控制复杂性，保证了无线供电系统在接收端快速移动时的输出稳定性，对于轨道交通的动态无线供电具有实际应用价值。另外，考虑到实际分段动态供电系统的互感摄动问题，通过建立动态系统的广义状态空间模型，设计了双自由度鲁棒控制器，抑制了系统在过分段时的输出波动。

参 考 文 献

[1] Covic G A，Boys J T，Kissin M L G，et al. A three-phase inductive power transfer system for roadway-powered vehicles[J]. IEEE Transactions on Industrial Electronics，2007，54（6）：3370-3378.

[2] Kissin M L G，Hao H，Covic G A. A practical multiphase IPT system for AGV and roadway applications[C]. 2010 IEEE Energy Conversion Congress and Exposition，Atlanta，2010：1844-1850.

[3] Shin J，Shin S，Kim Y，et al. Design and implementation of shaped magnetic-resonance-based wireless power transfer system for roadway-powered moving electric vehicles[J]. IEEE Transactions on Industrial Electronics，2014，61（3）：1179-1192.

[4] Huh J，Lee S W，Lee W Y，et al. Narrow-width inductive power transfer system for online electrical vehicles[J]. IEEE Transactions on Power Electronics，2011，26（12）：3666-3679.

[5] Park C，Lee S，Jeong S Y，et al. Uniform power I-type inductive power transfer system with DQ-power supply rails for on-line electric vehicles[J]. IEEE Transactions on Power Electronics，2015，30（11）：6446-6455.

[6] 宋凯，朱春波，李阳，等. 用于电动汽车动态供电的多初级绕组并联无线电能传输技术[J]. 中国电机工程学报，2015，35（17）：4445-4453.

[7] Guo Y，Wang L，Zhu Q，et al. Switch-on modeling and analysis of dynamic wireless charging system used for electric vehicles[J]. IEEE Transactions on Industrial Electronics，2016，63（10）：6568-6579.

[8] Zhu Q，Wang L，Guo Y，et al. Applying LCC compensation network to dynamic wireless EV charging system[J]. IEEE Transactions on Industrial Electronics，2016，63（10）：6557-6567.

[9] Li H，Liu Y，Zhou K，et al. Uniform power IPT system with three-phase transmitter and bipolar receiver for dynamic charging[J]. IEEE Transactions on Power Electronics，2019，34（3）：2013-2017.

[10] Mai R，Li H，Liu Y，et al. A three-phase dynamic wireless charging system with constant output voltage [J]. Energies，2018，11（1）：45.

[11] 李砚玲，杨鸣凯，杜浩.感应电能传输系统分段供电的双自由度鲁棒控制[J].电工技术学报，2017，32（18）：62-72.

第 7 章　无线供电系统电磁兼容技术

7.1　引　　言

应用于轨道交通的无线供电系统利用 LCT 产生的高频电磁场传递能量。因 LCT 耦合系数小，电磁辐射不可避免，如图 7.1 所示。电磁辐射能侵害乘客的视觉系统，导致视力下降；危害人体免疫系统，诱发肿瘤和癌症；破坏人体心脑血管系统，使人体白细胞数量降低，免疫力下降。电磁辐射也能对车内电子设备和仪器仪表造成干扰，影响车辆安全运营，存在重大隐患。

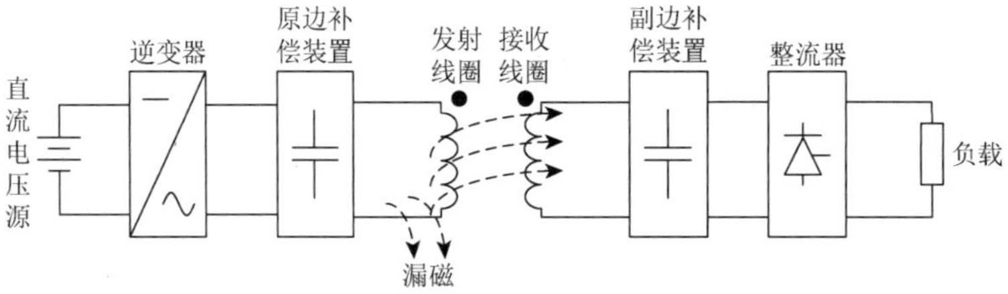

图 7.1　无线供电系统

为预防电磁辐射对周围环境造成危害，许多国家和组织制定了不同的条例和准则，试图将电磁辐射的安全值标准化和制度化，其中，国际非电离辐射防护委员会（The International Commission on Non-Ionizing Radiation Protection，ICNIRP）制定的如表 7.1 所示的《ICNIRP Guidelines for Limiting Exposure to Time-Varing Electric and Magnetic and Electromagnetic Fields》（时变电场和磁场曝露限制的 ICNIRP 导则）在国际上得到了广泛的认可和使用。此外，世界上第一个致力于推动无线充电技术标准化的组织——无线充电联盟（Wireless Power Consortium，WPC）推出的无线充电 Qi 标准以及 SAT 制定的 J2954 标准均针对无线电能传输系统的安全规范提出了相关要求。

表 7.1　时变电场和磁场曝露限制的 ICNIRP 导则

频率范围/Hz	电场强度 E/(kV/m)	磁场强度 H/(A/m)	磁感应强度 B/T
1～8	5	$3.2\times10^4/f^2$	$4\times10^{-2}/f^2$
8～25	5	$4\times10^3/f$	$5\times10^{-3}/f$
25～50	5	1.6×10^2	2×10^{-4}
50～400	$2.5\times10^2/f$	1.6×10^2	2×10^{-4}
400～3000	$2.5\times10^2/f$	$6.4\times10^4/f$	$8\times10^{-2}/f$
3000～100000	8.3×10^{-2}	21	2.7×10^{-5}

除制定相应的标准外，学者还采用了多种方法来抑制无线电能传输系统所产生的电磁辐射。总的来说，电磁屏蔽的方法可分为以下两类：①削弱辐射源漏磁；②阻断漏磁辐射路径。

削弱辐射源漏磁主要包括以下三种方法：①改变耦合线圈结构，如采用 DD 形线圈、S 形线圈、自相似结构线圈等；②改变耦合机构形状[1-3]，如图 7.2 所示，采用 E 形、I 形、S 形线圈；③采用分段供电，如将车辆的长导轨供电改为分段供电。

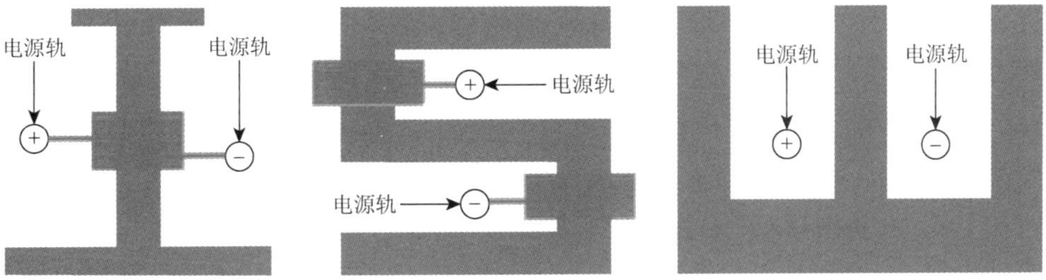

(a) I形线圈　(b) S形线圈　(c) E形线圈

图 7.2　改变耦合机构形状[1-3]

阻断漏磁辐射路径主要可分为以下三种方法：①采用高电导率材料，如常见的铝、铜等金属材料；②采用高导磁率材料，如铁、硅钢片、坡莫合金、铁氧体等材料，如图 7.3 所示；③采用屏蔽线圈，如有源非谐振型线圈、有源谐振型线圈、无源非谐振型线圈、无源谐振型线圈等。

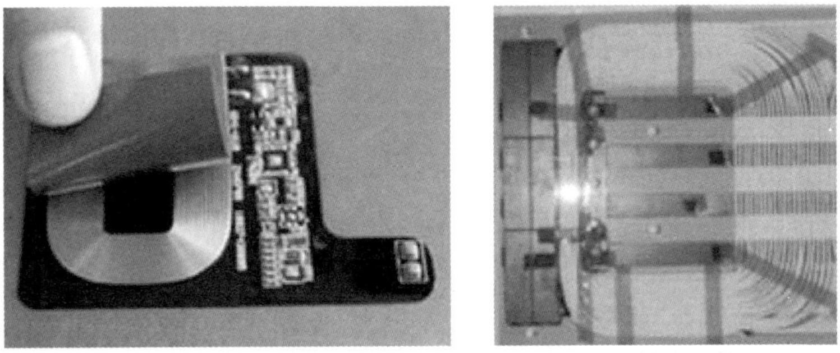

(a) 金属屏蔽壳　(b) 铁氧体屏蔽

图 7.3　阻断漏磁辐射路径[1-3]

7.2　基于削弱辐射源的无线供电系统电磁兼容技术

7.2.1　辐射源

无线电能传输系统包含发射端与接收端。在系统正常工作时，发射端和接收端均存在高频电流，进而在空间中产生高频电磁场，系统利用此高频电磁场进行能量传输。无线电能传输系统耦合系数低，存在部分电磁场分布在系统能量耦合路径之外。这些电磁场对系统周围生物体及电磁敏感设备皆会造成影响。因此，无线电能传输系统的发射端与接收端都属于辐射源。

7.2.2 削弱辐射源的具体方法

无线电能传输系统的发射端与接收端都属于辐射源，改变耦合线圈结构、改变耦合机构形状、分段励磁供电都是行之有效的削弱辐射源的方法，下面将对这三种方法进行详细介绍。

1. 改变耦合线圈结构

2010 年，新西兰奥克兰大学研究团队提出了如图 7.4（a）所示的左右对称且绕制方向相反的线圈结构，并将其命名为 DD 形线圈结构[4,5]，该结构可显著提高电磁耦合机构耦合系数。同时，由于 DD 形线圈结构线圈的绕制方向相反，两个 D 形线圈内产生的电磁场方向相反，从而形成闭合磁路，显著降低漏磁。在一定的偏移条件下，原副边 DD 形线圈会出现线圈进、出磁通完全抵消的情况，这导致 DD 形线圈存在感应盲区。为了消除感应盲区，新西兰奥克兰大学研究团队在 DD 形线圈基础上增加一个正交线圈，变成如图 7.4（b）所示的 DDQ 形线圈结构[6]。当原副边线圈完全正对时，Q 形线圈磁通为零；当线圈结构出现横向偏移时，Q 形线圈磁通增大，与 DD 形线圈中减小的磁通互补，进而在一定程度上保持原副边在偏移情况下的耦合程度不变，同时降低了系统漏磁。由于加入 Q 形线圈会增加材料使用，所以新西兰奥克兰大学研究团队又进一步提出了 BP 形线圈结构[7]，如图 7.4（c）所示。BP 形线圈将两个 D 形线圈部分重叠在一起，由于两侧未重叠部分产生的经过重叠部分的磁通与重叠部分自身产生的磁通相互抵消，所以 BP 形线圈和 DDQ 形线圈工作原理与电磁屏蔽效果相似。

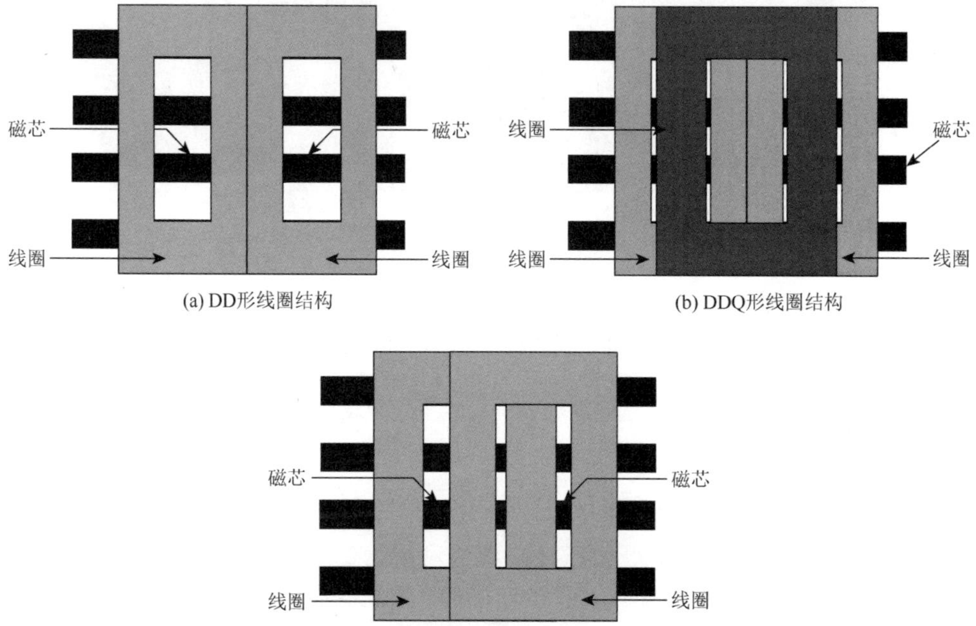

(a) DD形线圈结构　(b) DDQ形线圈结构

(c) BP形线圈结构

图 7.4　DD/DDQ/BP 形线圈结构[5-7]

在 DD 形线圈的基础上 KAIST 又进一步提出如图 7.5（a）所示的对角线圈结构，这种结构可视为 DD 形线圈结构的变形。将两组相位差为 90°的对角线型 DD 形线圈正交重叠放置，可使原边产生的磁场更加均匀。相较于单个矩形线圈，图 7.5（b）所示的线圈结构在保证漏磁较少的前提下，能提升横向和对角线方向抗偏移能力。

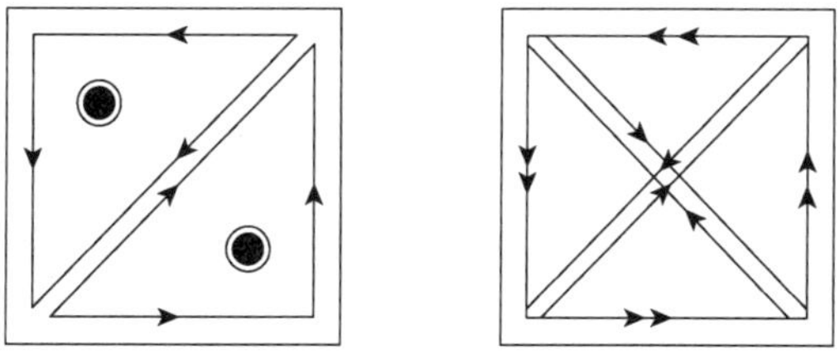

(a) 对角线圈结构　　(b) 两组相位差90°的对角线圈结构

图 7.5　KAIST 对角线圈结构[3]

2. 改变耦合机构形状

2011 年，KAIST 研究团队提出了一种 I 形耦合机构[1]，如图 7.6（a）所示。这种耦合机构宽度仅有 10cm，但可通过增加接收端耦合机构宽度增强系统抗偏移能力。通过沿线铺设极性交变的发射端耦合机构，使发射端磁路闭合，从而减少供电轨道产生漏磁场。

而后，KAIST 研究团队又提出了 S 形耦合机构[2]，如图 7.6（b）所示。相较于 I 形耦合机构，S 形耦合机构在保持原有抗偏移能力的前提下，具有更小的宽度。由于发射端的宽度变得更小，供电轨道产生的漏磁场显著减少。

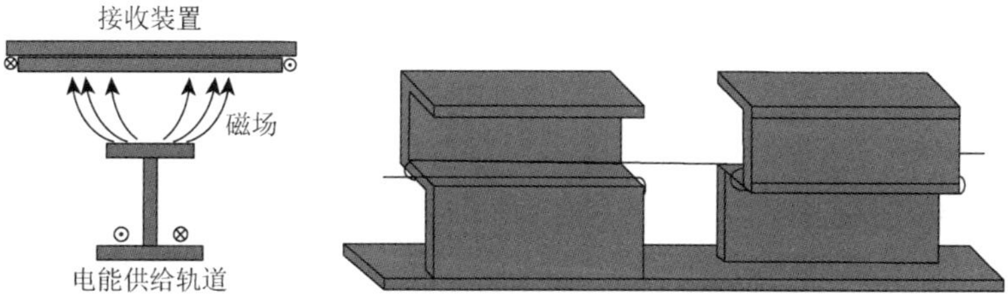

(a) I形耦合机构　　(b) S形耦合机构

图 7.6　KAIST 提出的耦合机构[1, 2]

3. 分段励磁供电

为了克服传统电动车辆续航里程短、充电时间长、电池笨重等缺点，有学者在传统静态无线电能传输技术的基础上提出了动态无线电能传输技术。最典型的做法是将发射线圈整体沿线路铺设。这种方法的缺点是电动车辆不能覆盖的区域电磁场漏漏严重。分段励磁供电是解决这一问题的有效方法。分段励磁供电将沿线路铺设的长导轨分割成首尾相连的分段导轨，并仅对电动车辆所经过的发射线圈通入高频交流。因此，采用分段励磁供电可避免非工作区的电磁辐射。

2013 年 KAIST 研究团队提出了一种新型的 X 形分段供电导轨[8]，如图 7.7 所示。这种导轨由两对电力电缆、铁芯、双向电子开关等器件组成，每根钢轨都与一个开关盒连接，开关盒可改变一对电力电缆中电流的方向。X 形分段供电导轨相较传统分段供电导轨可节省 1/2 的电力电缆，并保障行人和过往车辆的安全。

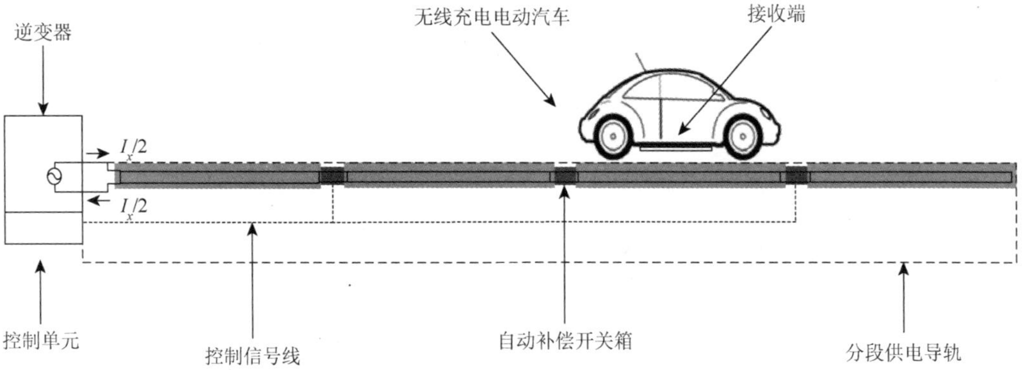

图 7.7　KAIST 研究团队提出的 X 形分段供电导轨[8]

7.2.3　基于阻断辐射路径的无线供电系统电磁屏蔽技术

在某些应用场合，很难仅通过削弱辐射源的方法来使得无线供电系统满足电磁安全要求。为解决这一问题，有学者提出了基于阻断辐射路径的无线供电系统电磁屏蔽技术。常用的基于阻断辐射路径的无线供电系统电磁屏蔽技术包括采用高电导率金属材料方法、采用高磁导率铁磁材料方法、采用屏蔽线圈方法。

1. *采用高电导率金属材料方法*

正常工作的无线供电系统会在空间中产生高频电磁场。高频电磁场会在高电导率金属材料中激发感应电动势，进而产生涡流。此涡流产生反向磁场以抵消无线供电系统产生的原始电磁场，从而达到抑制电磁辐射的目的。目前，常见的高电导率金属材料有铝、铜等。有学者研究了铝板在无线供电系统中的屏蔽效果[9]，结果表明涡流主要集中在铝板的边缘，且因为趋肤效应作用，涡流主要位于铝板边缘的上、下表面，如图 7.8 所示。

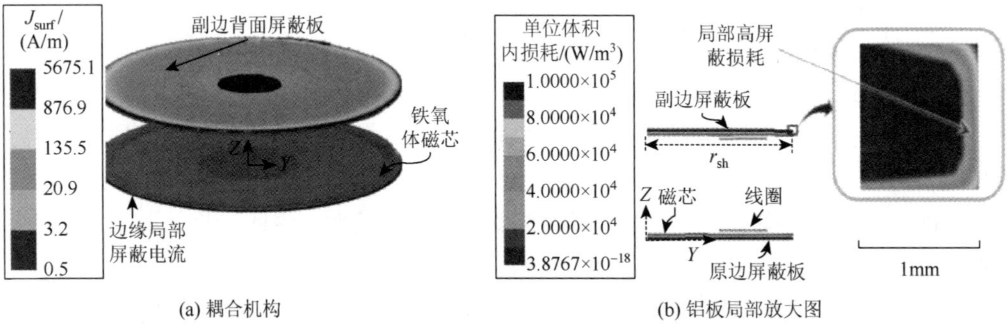

(a) 耦合机构　　(b) 铝板局部放大图

图 7.8　铝板中的涡流分布[9]

涡流会在铝板中产生一定的功率损耗，降低系统效率，因此可采用更高电导率的金属材料（如铜）降低涡流损耗。但是相同体积的铜板重量约为铝板重量的 3.3 倍且价格是铝板的 3.1 倍，因此可采用主体铝板-边缘铜环的组合形式降低无线供电系统的电磁辐射强度。

目前，最常见的电动车辆无线供电系统电磁屏蔽方法为在车辆底盘下方挂载铝板。这种方法简单，但铝板会增加车辆负荷。因此，学者为减少屏蔽结构重量，同时不影响屏蔽效果，设计了分布开孔式屏蔽铝板[10]，如图 7.9 所示。

图 7.9　分布开孔式屏蔽铝板[10]

2. 采用高磁导率铁磁材料方法

采用高电导率金属材料的屏蔽方法虽然具有简单易用的优点，但是也存在系统效率降低、屏蔽材料发热、材料笨重等缺点。对于频率在 100kHz 以下的磁场，可采用铁、硅钢片、坡莫合金、铁氧体等高磁导率的铁磁材料进行屏蔽。由于高磁导率铁磁材料的磁导率比空气大，磁阻小，当将该铁磁材料置于磁场中时，通过铁磁材料传播的磁场增多，而通过空气传播的磁场减少，从而实现电磁场屏蔽。

3. 采用屏蔽线圈方法

铁磁材料不仅可汇聚磁场，还可提高系统效率。但铁磁材料的磁导率随外加磁场强度、频率等因素的变化而变化。当外加磁场强度超过一定阈值时，铁磁材料饱和，失去磁屏蔽功能。当磁场频率增高时，铁磁材料磁性损耗增大，造成线圈品质因数下降。铁磁材料还存在易碎、价格高等缺点。为实现稳定、高效、廉价的电磁场电磁屏蔽，可采用外加屏蔽线圈方法。屏蔽线圈的工作原理是通过屏蔽线圈产生与漏磁场强度相同、方向相反的抵消磁场，使空间分布电磁场矢量和为零，进而实现电磁屏蔽。屏蔽线圈方法按照是否存在外加电源可分为有源线圈屏蔽方法、无源线圈屏蔽方法。无源线圈屏蔽方法按照屏蔽线圈是否谐振又可分为无源非谐振型线圈屏蔽方法和无源谐振型线圈屏蔽方法。

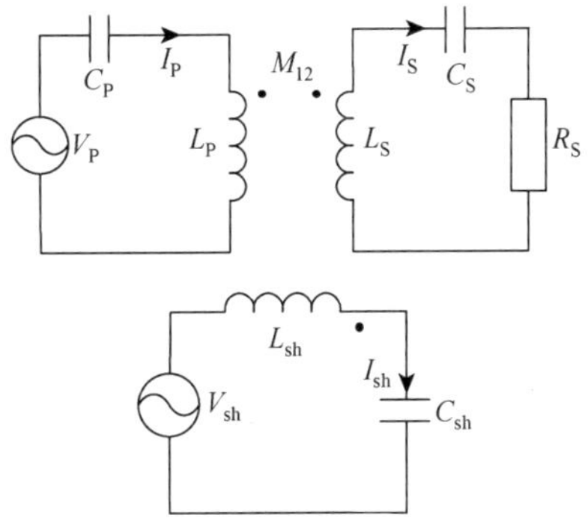

图 7.10　有源线圈屏蔽方法的 WPT 系统电路拓扑

有源线圈屏蔽方法利用外加电源在屏蔽线圈产生交变电流，进而产生与 WPT 系统漏磁场方向相反的磁场削弱电磁辐射。这种屏蔽方法因需外加交流电源从而降低系统整体效率，且外加交流电源会占用额外空间、增加成本。有源线圈屏蔽方法的 WPT 系统电路拓扑如图 7.10 所示。

无源线圈屏蔽方法与有源线圈屏蔽方法的主要区别是前者屏蔽线圈不需要外加交流电源。无源线圈屏蔽方法利用 WPT 系统的漏磁场在屏蔽线圈中产生感应电压从而得到感应电流，感应电流产生与 WPT 系统漏磁场方向相反的感应磁场，从而削弱电磁辐射。无源线圈屏蔽方法利用系统自身能量产生反向抵消磁场，不使用外加交流电源，降低了系统成本。无源线圈屏蔽方法包含无源非谐振型线圈屏蔽方法与无源谐振型线圈屏蔽方法。无源非谐振型线圈屏蔽方法如图 7.11 所示，其只存在一个屏蔽线圈，很难通过调节屏蔽线圈自身阻抗来调节其内部电流幅值实现最佳电磁屏蔽效果。

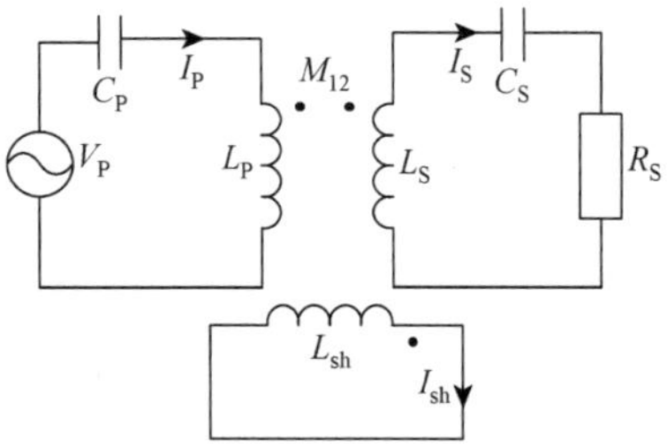

图 7.11 无源非谐振型线圈屏蔽方法

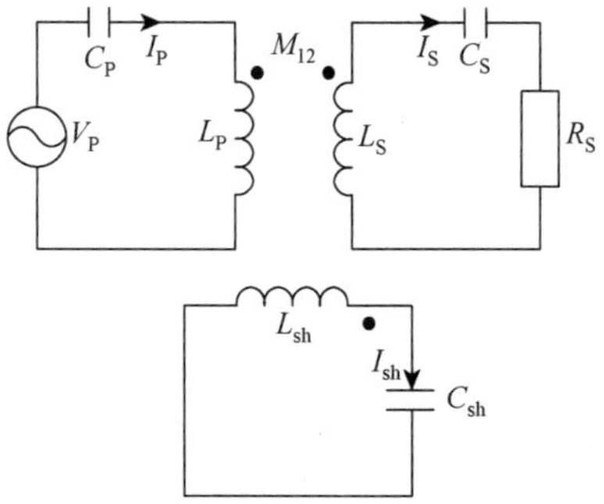

图 7.12 无源谐振型线圈屏蔽方法

无源谐振型线圈屏蔽方法如图 7.12 所示。无源谐振型线圈屏蔽方法与无源非谐振型线圈屏蔽方法的区别是无源谐振型屏蔽线圈与补偿电容相连接，可通过改变补偿电容值来调节屏蔽线圈阻抗实现最佳电磁屏蔽效果。

2014 年，KAIST 研究团队针对电动汽车静态无线充电的电磁辐射问题，提出一种如图 7.13 所示的单边无源谐振型电磁屏蔽线圈[11]。为在不同工况下实现最佳屏蔽效果，该屏蔽线圈通过切换电容阵列开关改变补偿电容值，进而调节屏蔽线圈阻抗。

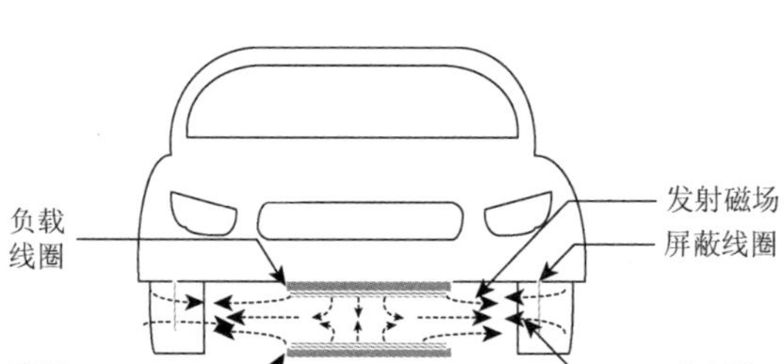

图 7.13 单边无源谐振型电磁屏蔽线圈[11]

KAIST 研究团队针对前面单一屏蔽线圈屏蔽效果不佳的问题，进一步提出在原有屏蔽线圈基础上增加一个距接收线圈更近的屏蔽线圈，如图 7.14 所示，这两个线圈相互配合可实现更好的电磁屏蔽效果[12]。

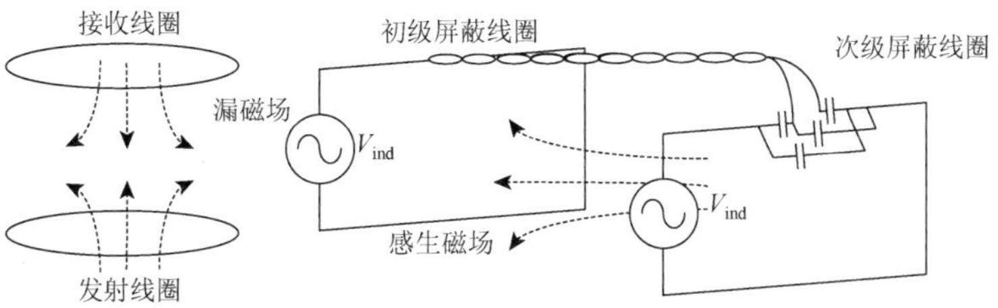

图 7.14　双屏蔽线圈[12]

上述研究均未考虑如何得到无源谐振型电磁屏蔽线圈最优阻抗（最优电感）。西南交通大学通过建立目标面磁感应强度平方和与等效电感的函数关系，揭示磁屏蔽效果与等效电感的关系。其计算出最优电感表达式，优化影响最优电感的相关参数，进而得到最终的最优电感，达到目标面磁屏蔽效果最优的目的。最后，根据仿真模型搭建实验样机，验证该方法的有效性和可行性[13]。

图 7.15 为基于 S-S 拓扑的 IPT 谐振型无功屏蔽系统等效电路。图 7.15 中，U_{in} 和 U_O 分别为直流输入电压和电池电压；S_1～S_4 组成高频逆变器；L_1、L_2、L_3 分别为原边线圈电感、副边线圈电感、屏蔽线圈电感；C_1、R_1、I_1 分别为原边线圈的谐振电容、等效内阻、电流；C_2、R_2、I_2 分别为副边线圈的谐振电容、等效内阻、电流；C_3、R_3、I_3 分别为屏蔽线圈的补偿电容、等效内阻、电流；M_{12}、M_{13}、M_{23} 分别为原边线圈和副边线圈的互感、原边线圈和屏蔽线圈的互感、副边线圈和屏蔽线圈的互感；D_1～D_4 组成整流器；C_D 为滤波电容；U_1 和 U_2 分别为逆变器输出端电压和整流器输入端电压。

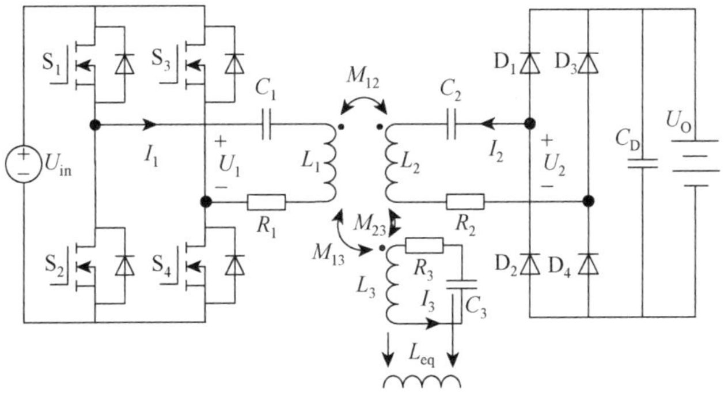

图 7.15　基于 S-S 拓扑的 IPT 谐振型无功屏蔽系统等效电路

为方便分析，如图 7.15 所示，将屏蔽线圈电感 L_3 与补偿电容 C_3 简化为一个等效电感 L_{eq}，即

$$L_{eq} = L_3 - \frac{1}{\omega^2 C_3} \tag{7-2-1}$$

根据基尔霍夫电压定律可列出回路电压方程为

$$\begin{cases} \mathrm{j}\omega M_{12}I_2 + \mathrm{j}\omega M_{13}I_3 = U_1 \\ \mathrm{j}\omega M_{12}I_1 + \mathrm{j}\omega M_{23}I_3 = U_2 \\ \mathrm{j}\omega M_{13}I_1 + \mathrm{j}\omega M_{23}I_2 = -\mathrm{j}\omega L_{\mathrm{eq}}I_3 \end{cases} \tag{7-2-2}$$

令 $M_{13} = \varepsilon M_{12}$、$M_{23} = \delta M_{12}$，结合式（7-2-2）可以得到原边线圈电流 I_1、副边线圈电流 I_2、屏蔽线圈电流 I_3：

$$\begin{cases} I_1 = -\mathrm{j}\dfrac{L_{\mathrm{eq}}U_2 + \delta^2 M_{12}U_1 - \varepsilon\delta M_{12}U_2}{\omega M_{12}(L_{\mathrm{eq}} - 2\varepsilon\delta M_{12})} \\ I_2 = -\mathrm{j}\dfrac{L_{\mathrm{eq}}U_1 + \delta^2 M_{12}U_2 - \varepsilon\delta M_{12}U_1}{\omega M_{12}(L_{\mathrm{eq}} - 2\varepsilon\delta M_{12})} \\ I_3 = \mathrm{j}\dfrac{\varepsilon U_2 + \delta U_1}{\omega(L_{\mathrm{eq}} - 2\varepsilon\delta M_{12})} \end{cases} \tag{7-2-3}$$

若 ε 和 δ 非常小，即屏蔽线圈和原副边线圈的耦合作用很小，则可近似认为：屏蔽线圈工作后，原系统并未发生改变，只是在屏蔽线圈中产生了电流 I_3。式（7-2-3）可以简化为

$$\begin{cases} I_1 = -\mathrm{j}\dfrac{U_2}{\omega M_{12}} \\ I_2 = -\mathrm{j}\dfrac{U_1}{\omega M_{12}} \\ I_3 = -\dfrac{M_{13}I_1}{L_{\mathrm{eq}}} - \dfrac{M_{23}I_2}{L_{\mathrm{eq}}} \end{cases} \tag{7-2-4}$$

如图 7.16 所示，空间中任意一点的磁感应强度 B_i（i 为位置不同的点的序号）在笛卡儿坐标系中可分解为 3 个不同空间维度的正交磁感应强度，即

$$\boldsymbol{B}_i = B_{xi}\boldsymbol{x} + B_{yi}\boldsymbol{y} + B_{zi}\boldsymbol{z} \tag{7-2-5}$$

式中，B_{xi}、B_{yi}、B_{zi} 分别为 $\boldsymbol{B}_i$ 在 x、y、z 这 3 个方向上的分量。

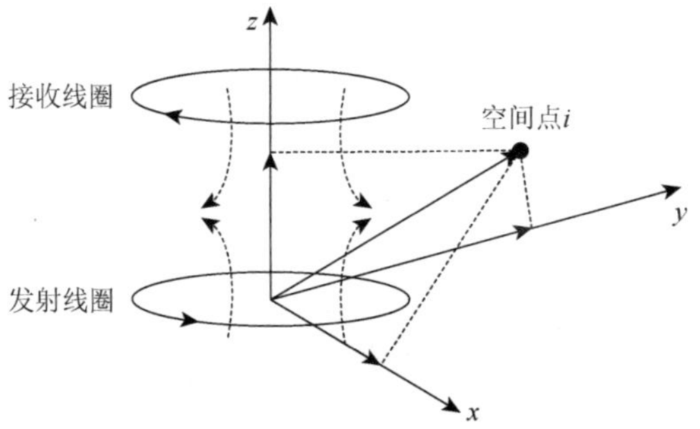

图 7.16　磁感应强度正交分解图

根据毕奥-萨伐尔定律，线圈中电流产生的磁感应强度与其电流成正比，经过正交分解，每个方向上的磁感应强度分量与线圈中的电流也成正比。当屏蔽线圈工作时，由式（7-2-4）可得空间中任意一点在 x 方向上的磁感应强度 B_{xi}：

$$B_{xi} = K_{x1i}I_1 + K_{x2i}I_2 + K_{x3i}I_3 = (K_{x1i} - K_{x3i}M_{13} / L_{eq})I_1 + (K_{x2i} - K_{x3i}M_{23} / L_{eq})I_2 \tag{7-2-6}$$

式中，K_{x3i} 为屏蔽线圈在空间中任意一点 x 方向上的系数。

同理，当屏蔽线圈工作时，空间中任意一点的磁感应强度大小 B_i 为

$$B_i = \left\{\left[\left(K_{x1i} - \frac{K_{x1i}M_{13}}{L_{eq}}\right)^2 + \left(K_{y1i} - \frac{K_{y1i}M_{13}}{L_{eq}}\right)^2 + \left(K_{z1i} - \frac{K_{z1i}M_{13}}{L_{eq}}\right)^2\right]I_{o1}{}^2 + \left[\left(K_{x2i} - \frac{K_{x2i}M_{13}}{L_{eq}}\right)^2 + \left(K_{y2i} - \frac{K_{y2i}M_{13}}{L_{eq}}\right)^2 + \left(K_{z2i} - \frac{K_{z2i}M_{13}}{L_{eq}}\right)^2\right]I_{o2}{}^2\right\}^{1/2} \tag{7-2-7}$$

磁感应强度依据方向划分有正有负，而且研究磁屏蔽效果时，不应仅局限于 1 个点或者某几个点的磁感应强度，因此为考察磁屏蔽效果的好坏，定义一个平面上所有点的磁感应强度平方和 A_S 如下：

$$A_S = \sum_{i=1}^{n} B_i^2 \tag{7-2-8}$$

若逆变器的输出电压 U_1 脉宽恒为 180°，则直流输入电压 U_{in}、逆变器输出电压基波有效值 U_1、全桥整流器的输入电压有效值 U_2、电池电压 U_O 满足

$$\begin{cases} U_1 = \dfrac{2\sqrt{2}U_{in}}{\pi} \\ U_2 = \dfrac{2\sqrt{2}U_O}{\pi} \end{cases} \tag{7-2-9}$$

将式（7-2-4）、式（7-2-7）、式（7-2-9）代入式（7-2-8）中，整理后可得

$$A_S = \sum_{i=1}^{n}\left\{\left[\left(K_{x1i} - \frac{K_{x1i}M_{13}}{L_{eq}}\right)^2 + \left(K_{y1i} - \frac{K_{y1i}M_{13}}{L_{eq}}\right)^2 + \left(K_{z1i} - \frac{K_{z1i}M_{13}}{L_{eq}}\right)^2\right]\frac{8U_O{}^2}{\pi^2\omega^2M_{12}{}^2} + \left[\left(K_{x2i} - \frac{K_{x2i}M_{13}}{L_{eq}}\right)^2 + \left(K_{y2i} - \frac{K_{y2i}M_{13}}{L_{eq}}\right)^2 + \left(K_{z2i} - \frac{K_{z2i}M_{13}}{L_{eq}}\right)^2\right]\frac{8U_{in}{}^2}{\pi^2\omega^2M_{12}{}^2}\right\}^{1/2} \tag{7-2-10}$$

为找到最优电感 L_{meq}，对 A_S 求导，并令其导数为 0，有

$$\frac{dA_S}{dL_{eq}} = 0 \tag{7-2-11}$$

由式（7-2-11）可得最优电感 L_{meq}：

$$L_{meq} = \frac{\alpha(M_{13}{}^2U_O^2 + M_{23}{}^2U_{in}^2)}{\beta M_{13}U_O^2 + \lambda M_{23}U_{in}^2} \tag{7-2-12}$$

式中，

$$\begin{cases}\alpha=\sum_{i=1}^{n}(K_{x3i}{}^{2}+K_{y3i}{}^{2}+K_{z3i}{}^{2})\\ \beta=\sum_{i=1}^{n}(K_{x1i}K_{x3i}+K_{y1i}K_{y3i}+K_{z1i}K_{z3i})\\ \lambda=\sum_{i=1}^{n}(K_{x2i}K_{x3i}+K_{y2i}K_{y3i}+K_{z2i}K_{z3i})\end{cases}\tag{7-2-13}$$

式（7-2-13）中各个系数均可通过 ANSYS Maxwell 软件仿真得到。ANSYS Maxwell 是一款利用有限元算法来解算静态、频域和时变电磁场的仿真软件，在无线电能传输领域受到研究者的广泛认可。使用 ANSYS Maxwell 软件建立如图 7.17 所示的耦合机构仿真模型（图 7.17 只给出了屏蔽线圈和目标面的位置与尺寸）。

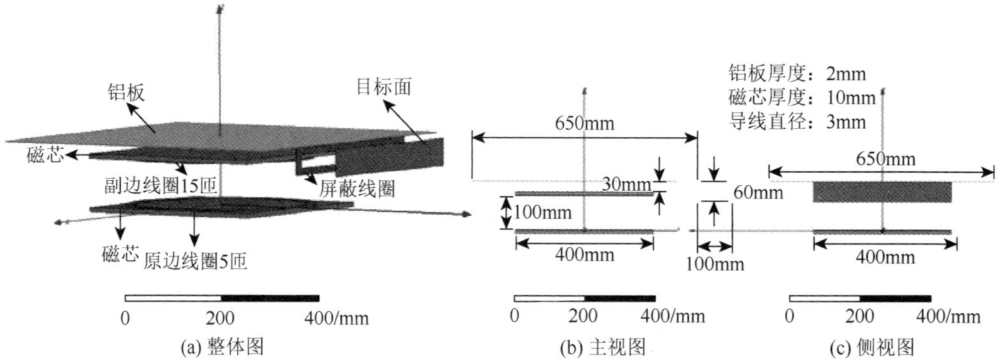

图 7.17　耦合机构仿真模型

为验证所提方法的可行性和有效性，根据图 7.17 仿真模型搭建如图 7.18 所示的一套输入电压和输出电压均为 80V 的实验原理样机。图 7.18 中，直流电压源为 Chroma 公司的 62150H-600；电子负载为 ITECH 公司的 IT8818BS；功率分析仪为 HIOKI 公司的 PW6001；高斯计为 F.W.BELL 公司的 8010；DSP 为 TI 公司的 TSM320F28335。

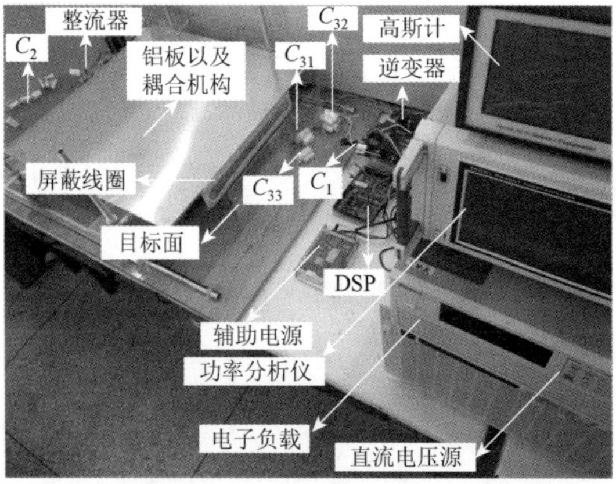

图 7.18　实验原理样机

使用 ANSYS Maxwell 软件，目标面上所有点的磁感应强度平方和 A_S 容易得出。然而在实验中，获取 A_S 几乎是不可能的。为了解决这一问题，在目标面上均匀地选取了 36 个测量点，如图 7.19 所示。通过这 36 个测量点的磁感应强度平方和来评估 A_S。

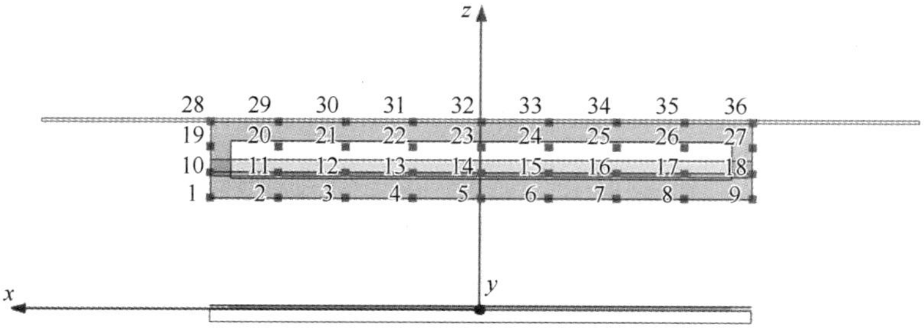

图 7.19　目标面上测量点分布图

为验证理论分析的正确性，将 1 倍 L_{meq}、2 倍 L_{meq}、50%L_{meq} 的值代入式（7-2-1），求得 1 号补偿电容 C_{31}、2 号补偿电容 C_{32}、3 号补偿电容 C_{33} 的值。图 7.20 为系统分别在无屏蔽线圈、1 号补偿电容 C_{31}、2 号补偿电容 C_{32}、3 号补偿电容 C_{33} 这四种情况下仿真和实测得到目标面上 36 个测量点的磁感应强度平方。从图 7.20 可以看出，绝大多数点的磁感应强度平方实测值比仿真值小，这是因为在之前的电路模型中，忽略了各元件内阻和由此损失的能量，这导致了流过副边线圈的电流 I_2 比理论值小。由式（7-2-7）可知，因为 I_2 的减小，所以各点的磁感应强度平方实测值比仿真值小。此外，磁感应强度的测量存在一定的误差，导致实测值和仿真值会有一定的出入，但是从总体上看，误差仍在允许范围之内。

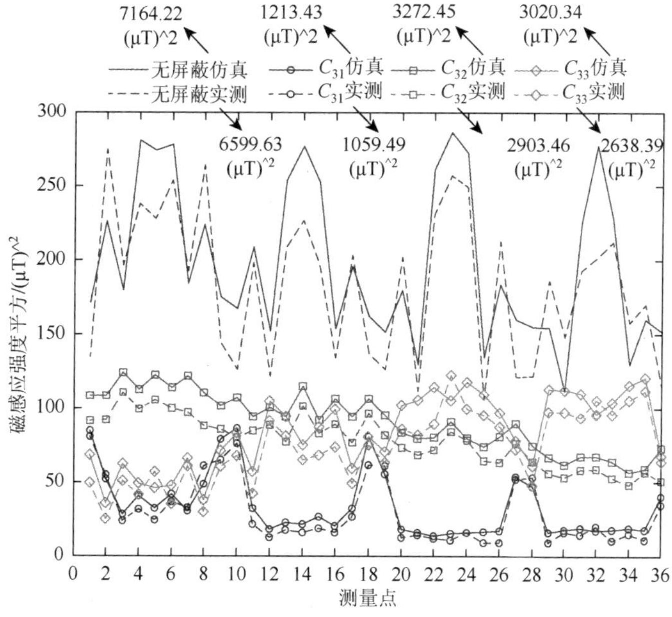

图 7.20　测量点的磁感应强度平方分布图

从图 7.20 可以看出，屏蔽线圈工作后，各点的磁感应强度都得到有效抑制，随着屏蔽线圈等效电感 L_{eq} 的减小，某些点的磁感应强度先减小后增大，与理论推导一致。

从图 7.20 可以看出，黑色箭头所指为该种情况下所有测量点的磁感应强度平方和，三种屏蔽状态的磁感应强度平方和均小于无屏蔽时的磁感应强度平方和。此外，当采用 1 号补偿电容 C_{31} 对应的屏蔽系统时，所有测量点的磁感应强度平方和最小，约占无屏蔽时的 16.05%。这些测量点的磁感应强度平方和有效评估了整个目标面的磁感应强度平方和，说明了屏蔽系统在等效电感为 L_{meq} 时，磁屏蔽效果最好。

7.2.4 电磁环境评价方法研究

电磁辐射对人体的危害已经越发引起人们的重视，如何准确有效地分析和测量电磁环境成为首要的问题。

无线电能传输系统电磁场分析方法主要有解析法和数值法。解析法包括分离变量法、积分变换法和镜像法等。当所求解电磁场具有规则边界时，解析解能清晰地反映各参数之间的关系和电磁场的变化规律。数值法包括有限元法、有限差分法和矩量法等，其适用于结构、边界和介质复杂的情况，但求解过程烦琐且计算量庞大。

由于测量对象和测量区域的不同，国内外对无线电能传输系统电磁环境的评估没有统一的测量方法。国际电工技术委员会制定的 IEC 62110 标准推荐使用单点法、三点法和五点法。单点法适用于均匀电磁场的测量，测量点位于距离地面 1m 处。三点法适用于非均匀电磁场的测量，测量点需布置在水平方向距待测设备 0.2m 处，当待测设备高度 $H \geqslant 1.5\text{m}$ 时，三个测量点高度分别为 0.5m、1m、1.5m；当待测设备高度 $H < 1.5\text{m}$ 时，三个测量点高度分别为 $H/3$、$2H/3$、H。五点法适用于设备安装在地下，而受到暴露的人体平躺在地面上的情况。此外，为了保证测量值的准确性，测量探头附近应远离铁磁材料，测量人员通过光纤连接探头和显示器进行读数[14]。

为有效、规范地抑制电磁辐射的影响，国内外均制定了一系列限制标准。其中，ICNIRP 制定了《ICNIRP Guidelines for Limiting Exposure to Time-Varing Electric and Magnetic and Electromagnetic Fields》、WPC 制定了 Qi 标准、SAE 制定了 SAE J2954 标准。我国环境保护部辐射环境监测技术中心制定了《电磁环境控制限值》（GB 8702-2014）。目前，国内尚缺乏一套统一的安全标准[15]。

7.2.5 无线供电系统对生物体的影响

无线供电系统通过高频交变电磁场在空气中传递能量，这不可避免地会在周围空间中产生电磁辐射。电磁辐射的危害主要体现在以下两方面：一是对设备的电磁干扰；二是对人体的危害。

空间中存在多种电磁辐射源，这些电磁辐射源通过空间把其信号耦合（干扰）到另一个电气网络，使电气设备不能正常工作，造成物质损失与人员伤害。一般来说电磁辐射源可分为自然辐射源与人为辐射源两大类。前者包括雷雨、闪电产生的天电噪声、太阳黑子爆炸和活动所产生的噪声及银河系统的宇宙噪声。人为辐射源是由机电或其他人工装置产生的电磁干扰，包括工业、科学和医用射频设备、交流高压输电线、汽车点火器、微波炉、转换开关、发射机等。当电磁辐射很强时，电磁感应效应会产生火花放电，可以引燃油类或气体，酿成火灾或爆炸事故。1997 年，某机场附近山头上的数十家无线寻呼台发射的电磁波对机场指挥塔的无线电通信系统造成严重干扰，使地对空指挥失灵，机场被迫关闭 2h[16]。1973～1993 年，美国食品药品监督管理局收到疑为电磁干扰引发医疗器械故障报告超过 100 件[17]，其中认定的事例有：

（1）心率/血氧仪受影响；

（2）救护车使用双向无线通信设备后，心脏起搏器失效；

（3）移动电话对婴儿培养箱、输液泵、人工透析机等装置产生干扰。

高频电磁场对人体产生的不良影响日益引起人们的重视。世界卫生组织最新公布电磁辐射已成 21 世纪人类健康的最大危害之一。联合国人类环境会议明确要求各国政府必须加强电磁辐射污染防治工作。

想要解决电磁辐射对人体的危害问题，首先需要了解电磁辐射危害人体的机理，电磁辐射对于人体的影响主要体现为热效应、非热效应和累积效应。

（1）热效应：水是人体主要的组成元素，生物水具有一对偶极子，当有电磁辐射时，偶极子会根据电场方向的取向排列；当电磁场交变时，偶极子的取向也随着变化。这种交变运动加剧了分子之间的相互摩擦而发热，所发之热来不及消散，使机体升温，从而会产生高温生理反应而引发各种不正常症状。

（2）非热效应：人体器官和组织都存在微弱的电磁场，这种电磁场通常情况下是稳定有序的，一旦受到外界电磁场的干扰，处于平衡状态下的微弱电磁场将遭到破坏，人体随之受到损害。当电磁辐射强度超过一定值，并长时间作用于人体时，虽然人体温度没有明显升高，但会引起人体细胞膜的共振，使细胞的活动能力受限。

（3）累积效应：热效应和非热效应作用于人体后，对人体的伤害尚未来得及修复之时，又再次受到电磁辐射，此时的伤害程度会发生累积，久而久之会成为永久性病态，甚至危及生命。

1998 年世界卫生组织调查显示，电磁辐射对体有五大危害[18]：

（1）电磁辐射是心血管疾病、糖尿病、癌突变的主要诱因。

（2）电磁辐射对人体生殖系统，神经系统和免疫系统造成直接伤害。

（3）电磁辐射是造成孕妇流产、不育、畸胎等病变的诱发因素。

（4）过量的电磁辐射直接影响大脑组织和骨骼发育；引起视力和造血功能下降；引发肝病，严重者可导致视网膜脱落。

（5）电磁辐射可使男性性功能下降，女性内分泌紊乱，月经失调。

电磁辐射对人类身体健康已构成极大的威胁，控制和治理电磁辐射污染已成为刻不容缓的社会问题。

7.3　本 章 小 结

本章主要介绍了无线供电系统电磁屏蔽的两种基本方法，即削弱辐射源和阻断辐射路径，进而详细介绍了改变耦合线圈结构、耦合机构形状，采取分段线圈供电，使用高电导率或高磁导率屏蔽材料及屏蔽线圈等电磁屏蔽方法。最后分析了无线供电系统电磁辐射对生物体的影响，并总结了国内外主流的电磁环境评价方法。

参 考 文 献

[1] Huh J，Lee S W，Lee W Y，et al. Narrow-width inductive power transfer system for online electrical vehicles[J]. IEEE Transactions on Power Electronics，2011，26（12）：3666-3679.

[2] Choi S Y，Jeong S Y，Gu B W，et al. Ultraslim S-type power supply rails for roadway-powered electric vehicles[J]. IEEE Transactions on Power Electronics，2015，30（11）：6456-6468.

[3] Patil D，Mcdonough M，Miller J，et al. Wireless power transfer for vehicular applications：Overview and challenges[J]. IEEE Transactions on Transportation Electrification，2018，4（1）：3-37.

[4] Lin F Y，Zaheer A，Budhia M，et al. Reducing leakage flux in IPT systems by modifying pad ferrite structures[C]. IEEE Energy Conversion Congress and Exposition，Pittsburgh，2014.

[5] Budhia M，Boys J T，Covic G A，et al. Development of a single-sided flux magnetic coupler for electric vehicle IPT charging systems[J]. IEEE Transactions on Industrial Electronics，2013，60（1）：318-328.

[6] Covic G A，Kissin M L G，Kacprzak D，et al. A bipolar primary pad topology for EV stationary charging and highway power by inductive coupling[C]. Energy Conversion Congress and Exposition，Phoenix，2011.

[7] Zaheer A，Hao H，Covic G A，et al. Investigation of multiple decoupled coil primary pad topologies in lumped IPT systems for interoperable electric vehicle charging[J]. IEEE Transactions on Power Electronics，2015，30（4）：1937-1955.

[8] Choi S，Huh J，Lee W Y，et al. New cross-segmented power supply rails for roadway-powered electric vehicles[J]. IEEE Transactions on Power Electronics，2013，28（12）：5832-5841.

[9] Mohammad M，Wodajo E T，Choi S，et al. Modeling and design of passive shield to limit EMF emission and to minimize shield loss in unipolar wireless charging system for EV[J]. IEEE Transactions on Power Electronics，2019，34（12）：12235-12245.

[10] 胥佳琦. 电动汽车动态无线供电的N型磁耦合机构电磁兼容研究[D]. 哈尔滨：哈尔滨工业大学，2017.

[11] Kim S，Park H H，Kim J，et al. Design and analysis of a resonant reactive shield for a wireless power electric vehicle[J]. IEEE Transactions on Microwave Theory and Techniques，2014，62（4）：1057-1066.

[12] Moon H，Kim S，Park H H，et al. Design of a resonant reactive shield with double coils and a phase shifter for wireless charging of electric vehicles[J]. IEEE Transactions on Magnetics，2015，51（3）：1-4.

[13] 许乔迪，徐叶飞，麦瑞坤. 具有目标面最优磁屏蔽效果的IPT谐振式无功屏蔽系统研究[J]. 中国电机工程学报，2019，39（18）：5490-5498，5597.

[14] 闻枫. 磁谐振式无线电能传输系统电磁环境与生物电磁曝露若干问题研究[D]. 南京：东南大学，2017.

[15] 周洪，蒋燕，胡文山，等. 磁共振式无线电能传输系统应用的电磁环境安全性研究及综述[J]. 电工技术学报，2016，31（2）：1-12.

[16] 颜锦，黄显吞，农高海. 中波发射塔周围中波电磁辐射影响及防护的探讨[J]. 硅谷，2008，（13）：29-30.

[17] 高静. 医疗器械生产企业在通过电磁兼容标准时所遇到的问题及改进措施[D]. 北京：北京理工大学，2015.

[18] 石昌智. 电磁辐射源危险性评价与防护管理研究[D]. 长沙：中南大学，2006.

第 8 章　新型电场耦合式无线电能传输技术

作为一种新型的无线电能传输方式，CPT 系统利用高频电场实现能量传输，不存在传统 IPT 系统中磁场对周围金属环境的影响；同时 CPT 系统耦合机构还具有重量轻、成本低等特点，受到了国内外科研团队的关注，是未来无线供电技术发展的重要方向。本章主要介绍本课题组对 CPT 系统研究的部分成果，包括 CPT 系统在大功率、远距离传输时存在的系统安全问题、耦合机构抗偏移性能、功率提升等方面的研究。CPT 系统利用高压电场实现能量传输，为了保障大功率传输时器件的安全可靠性，8.1 节提出 CPT 系统拓扑结构优化方法和功率提升策略，通过合理分配补偿器件的最大电压，实现系统安全运行；同时以增加发射端数量的方式提升系统总的传输功率。8.2 节介绍一种新型的可适用于大功率、远距离，同时具有高抗偏移性能要求的补偿拓扑结构。由于 CPT 耦合机构是容性的，需要额外的电感来调谐系统；而 IPT 耦合机构是感性的，需要额外的电容来补偿系统。因此，可以构建 CPT 和 IPT 的混合系统，实现两个耦合机构的相互补偿。8.3 节介绍一种新型的基于 IPT 和 CPT 结合的混合系统，该系统可通过 CPT 和 IPT 两个传输通道来实现系统传输功率的提升。

8.1　电场耦合式无线电能传输系统电压优化和功率提升方法

8.1.1　电场耦合式无线电能传输系统传输机理

CPT 四极板结构可等效为电流源并联电容模型，如图 8.1 所示[1]。其中，互容 C_M 是影响系统能量传输的关键因素。

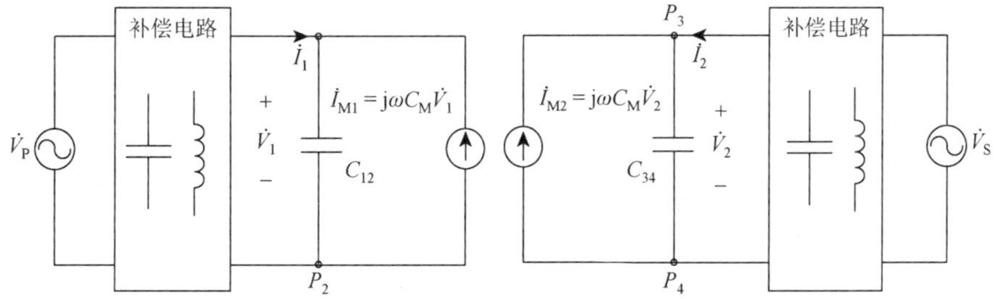

图 8.1　CPT 系统等效电路结构

图 8.1 中 $\dot{I}_{M1}$ 和 $\dot{I}_{M2}$ 分别代表发射端和接收端的等效受控电流源。S_1、S_2 分别代表发射端和接收端的视在功率，$\dot{V}_1$ 、$\dot{V}_2$ 分别代表发射端和接收端的端口电压，ω 为系统角频率。其中，S_1 可表示为

$$S_1 = \dot{V}_1(-\dot{I}_{M1})^* = \dot{V}_1(-j\omega C_M \dot{V}_2)^* \tag{8-1-1}$$

S_1 的实部和虚部分别为 P_1 和 Q_1，将 $\dot{V}_1$ 的电压相角选为参考值，V_2 与 V_1 之间相角差为 θ，$\dot{V}_2$ 可表示为

$$\dot{V}_2 = |V_2| \cdot (\cos\theta + j\sin\theta) \tag{8-1-2}$$

式中，V_2 为 $\dot{V}_2$ 的幅值。从而 S_1 可以进一步表示为

$$S_1 = P_1 + jQ_1 = \omega C_M V_1 V_2 \sin\theta + j\omega C_M V_1 V_2 \cos\theta \tag{8-1-3}$$

发射端的有功功率 P_1 和无功功率 Q_1 分别为

$$\begin{cases} P_1 = \omega C_M V_1 V_2 \sin\theta \\ Q_1 = \omega C_M V_1 V_2 \cos\theta \end{cases} \tag{8-1-4}$$

同理，接收端视在功率 S_2 可表示为

$$S_2 = \dot{V}_2(\dot{I}_{M2})^* = \dot{V}_2(j\omega C_M \dot{V}_1)^* \tag{8-1-5}$$

S_2 的实部和虚部分别为 P_2 和 Q_2。将 $\dot{V}_2$ 代入式（8-1-5），S_2 可以进一步表示为

$$S_2 = P_2 + jQ_2 = \omega C_M V_1 V_2 \sin\theta - j\omega C_M V_1 V_2 \cos\theta \tag{8-1-6}$$

接收端的有功功率 P_2 和无功功率 Q_2 分别为

$$\begin{cases} P_2 = \omega C_M V_1 V_2 \sin\theta \\ Q_2 = \omega C_M V_1 V_2 \cos\theta \end{cases} \tag{8-1-7}$$

由式（8-1-3）和式（8-1-6）可知，在忽略 CPT 系统内阻的情况下，发射端和接收端传输的有功功率相等，即 $P = P_1 = P_2$。系统传输的有功功率与互容 C_M、系统角频率 ω、发射端电压 V_1、接收端电压 V_2 均成正比。当 V_1 与 V_2 相角差 θ 为 90°时，系统的无功功率 Q 为零，传递的有功功率 P 最大为

$$P = \omega C_M V_1 V_2 \tag{8-1-8}$$

关于两块正方形极板组成的电容计算，在考虑极板边缘效应的情况下，单个电容大小 C_S 可表示为[2]

$$C_S = \left[1 + 2.343 \cdot \left(\frac{d}{l}\right)^{0.891}\right] \cdot \left(\frac{\varepsilon \cdot l^2}{d}\right) \tag{8-1-9}$$

式中，ε 为介质的介电常数 $\varepsilon = 8.85 \times 10^{-12}$F/m；$d$ 为两块极板之间的距离；l 为正方形极板的边长。

由式（8-1-10）可知，由于 CPT 系统的等效耦合电容较小（通常为 pF 级），这将导致系统的无源谐振元件承受较大电压。当功率等级提升到千瓦级别时，此问题将更加显著。过大的器件电压可能会击穿系统补偿元件和耦合机构，导致系统失稳，引发安全问题。因此，有必要对大功率 CPT 系统元件承受的电压应力进行分析和优化。

8.1.2 基于双边 CL 拓扑结构的电压优化系统设计方法

CPT 系统在大功率、远距离传输时，系统器件会承受较高的电压。为解决高电压给器件带来的安全隐患，本节基于双边 CL 拓扑结构，提出一种电压优化系统设计方法。该

方法可有效降低器件的最大电压，降低系统击穿风险，提升系统安全性[3]。

基于双边 CL 拓扑结构的 CPT 系统如图 8.2 所示。该系统由全桥逆变器、发射侧和接收侧谐振回路、耦合机构和整流器组成。谐振回路由两个谐振电感 L_P、L_S 和两个谐振电容 C_P、C_S 组成；全桥逆变器将直流电源逆变为高频交流电为谐振回路供电；接收侧利用全桥整流器将高频交流电逆变为直流电为负载供电。

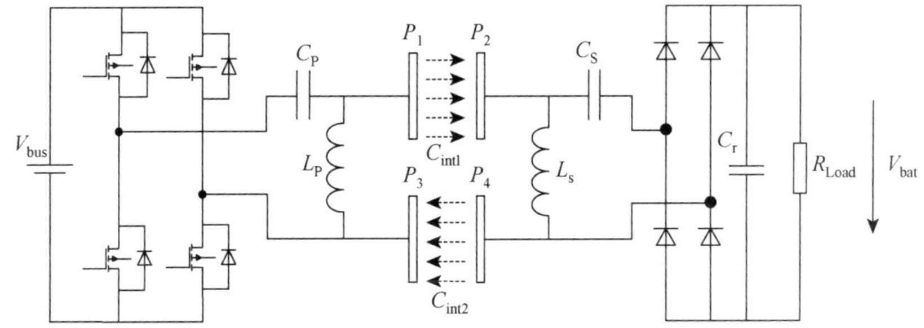

图 8.2　基于 CL 拓扑结构的 CPT 系统

图 8.2 中两个串联耦合电容可等效为电容 C_{EM}：

$$C_{EM} = \frac{C_{int1}C_{int2}}{C_{int1} + C_{int2}} \tag{8-1-10}$$

为了简化系统分析，图 8.3 给出基于双边 CL 拓扑结构的简化电路模型。利用基波近似法，逆变器输出方波电压可用正弦波源 V_{IN} 表示，映射到整流器前端的等效负载可用 R_O 表示。逆变器输出电压 V_{IN} 和整流器输入电压 V_O 与电源电压 V_{bus} 和负载电压 V_{bat} 的关系可以表示为

$$V_{IN} = \frac{2\sqrt{2}V_{bus}}{\pi} \tag{8-1-11}$$

$$V_O = \frac{2\sqrt{2}V_{bat}}{\pi} \tag{8-1-12}$$

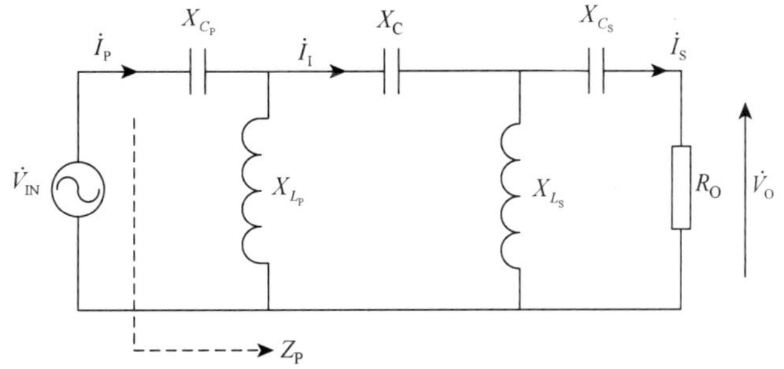

图 8.3　基于双边 CL 拓扑结构的简化电路模型

由于补偿元件中的寄生电阻远小于自身电抗，本节忽略了电路中的寄生电阻来简化系

统分析。电路各元件的电抗可表示为

$$\begin{cases} X_{\mathrm{C}} = -1/(\omega C_{\mathrm{EM}}) \\ X_{C_{\mathrm{S}}} = -1/(\omega C_{\mathrm{S}}) \\ X_{C_{\mathrm{P}}} = -1/(\omega C_{\mathrm{P}}) = \alpha X_{\mathrm{C}} \\ X_{L_{\mathrm{P}}} = \omega L_{\mathrm{P}} = -\alpha X_{\mathrm{C}} \\ X_{L_{\mathrm{S}}} = \omega L_{\mathrm{S}} = -\beta X_{\mathrm{C}} \end{cases} \tag{8-1-13}$$

式中，α 和 β 是 $X_{L_{\mathrm{P}}}$ 和 $X_{L_{\mathrm{S}}}$ 关于 X_{C} 的比例系数。由回路电流法可列写以下方程：

$$\begin{bmatrix} \dot{V}_{\mathrm{IN}} \\ \mathbf{0} \\ \mathbf{0} \end{bmatrix} = \begin{bmatrix} Z_{11} & Z_{12} & 0 \\ Z_{12} & Z_{22} & Z_{23} \\ 0 & Z_{23} & Z_{33} \end{bmatrix} \begin{bmatrix} \dot{I}_{\mathrm{P}} \\ \dot{I}_{\mathrm{I}} \\ \dot{I}_{\mathrm{S}} \end{bmatrix} \tag{8-1-14}$$

其中，

$$\begin{cases} Z_{11} = \mathrm{j}X_{C_{\mathrm{P}}} + \mathrm{j}X_{L_{\mathrm{P}}} \\ Z_{12} = -\mathrm{j}X_{L_{\mathrm{P}}} \\ Z_{22} = \mathrm{j}(X_{L_{\mathrm{P}}} + X_{\mathrm{C}} + X_{L_{\mathrm{S}}}) \\ Z_{23} = -\mathrm{j}X_{L_{\mathrm{S}}} \\ Z_{33} = \mathrm{j}(X_{L_{\mathrm{S}}} + X_{C_{\mathrm{S}}}) + R_{\mathrm{O}} \end{cases} \tag{8-1-15}$$

由式（8-1-15）可计算系统电流 $\dot{I}_P$，则进一步可计算出逆变器的输入阻抗：

$$Z_{\mathrm{P}} = \frac{\dot{V}_{\mathrm{IN}}}{\dot{I}_{\mathrm{P}}} = Z_{\mathrm{PR}} + \mathrm{j}Z_{\mathrm{PI}} \tag{8-1-16}$$

式中，Z_{PR} 和 Z_{PI} 分别为系统阻抗 Z_{P} 的实部和虚部，可表示为

$$\begin{aligned} Z_{\mathrm{PR}} &= \frac{R_{\mathrm{O}}\alpha^2\beta^2 X_{\mathrm{C}}}{D{R_{\mathrm{O}}}^2 + C} \\ Z_{\mathrm{PI}} &= \frac{A + B{R_{\mathrm{O}}}^2}{C + D{R_{\mathrm{O}}}^2} \end{aligned} \tag{8-1-17}$$

其中，

$$\begin{cases} A = (\alpha - 1)(\beta X_{\mathrm{C}} - X_{C_{\mathrm{S}}})^2 - \beta X_{\mathrm{S}}(\beta X_{\mathrm{C}} - X_{C_{\mathrm{S}}}) \\ B = \alpha^2 X_{\mathrm{C}}(\alpha + \beta - 1) \\ C = [(1-\alpha)\beta X_{\mathrm{C}} + (\alpha + \beta - 1)X_{C_{\mathrm{S}}}]^2 \\ D = (\alpha + \beta - 1)^2 \end{cases}$$

为了消除负载 R_{O} 对阻抗虚部 Z_{PI} 的影响，需要满足 $A = C = 0$ 和 $B = D = 0$ 两种情况。

1. $A=C=0$

$$\begin{cases}A=(\alpha-1)(\beta X_C-X_{C_S})^2-\beta X_S(\beta X_C-X_{C_S})=0\\C=[(1-\alpha)\beta X_C+(\alpha+\beta-1)X_{C_S}]^2=0\end{cases}\tag{8-1-18}$$

根据式（8-1-18）可知，参数β，α，X_{C_S}可分别求解，并分别用β_0，a_0，$X_{C_{S0}}$表示为

$$\beta_0=\frac{(1-\alpha)X_{C_S}}{X_{C_S}+(1-\alpha)X_C}\tag{8-1-19}$$

$$\alpha_0=\frac{\beta X_C+(\beta-1)X_{C_S}}{\beta X_C-X_{C_S}}\tag{8-1-20}$$

$$X_{C_{S0}}=-\frac{(1-\alpha)\beta X_C}{\alpha+\beta-1}\tag{8-1-21}$$

因此，仍有两种情况需要进一步讨论。

1）$\beta=\beta_0$

将式（8-1-19）代入式（8-1-17），Z_{PI}可以表示为

$$Z_{PI}=-\frac{\alpha^2[X_{C_S}+(1-\alpha)X_C]}{(\alpha-1)^2}\tag{8-1-22}$$

由于$\alpha<1$，Z_{PI}不等于 0，所以逆变器不能实现零相角。为实现系统谐振，重新定义式（8-1-14）中的X_{C_P}以消除Z_{PI}。

$$X_{C_P}=-Z_{PI}+\alpha X_C=\frac{\alpha[(1-\alpha)X_C+\alpha X_{C_S}]}{(\alpha-1)^2}\tag{8-1-23}$$

将式（8-1-23）代入式（8-1-15），则系统支路电流可表示为

$$\dot{I}_P=\frac{2\sqrt{2}(R_OV_{bus}\alpha^2-2R_OV_{bus}\alpha+R_OV_{bus})}{\pi\alpha^2X_{C_S}^2}\tag{8-1-24}$$

$$\dot{I}_I=-\frac{2\sqrt{2}V_{bus}R_O[(1-\alpha)X_C+X_{C_S}]}{\pi\alpha X_CX_{C_S}^2}-j\frac{2\sqrt{2}V_{bus}}{\pi\alpha X_C}\tag{8-1-25}$$

$$\dot{I}_S=-j\frac{2\sqrt{2}V_{bus}(\alpha-1)}{\pi\alpha X_{C_S}}\tag{8-1-26}$$

流过负载R_O的电流$\dot{I}_S$同样可表示为

$$\left|\dot{I}_S\right|=\frac{P}{V_O}\tag{8-1-27}$$

将式（8-1-27）代入式（8-1-26），可得X_{C_S}：

$$X_{C_S}=\frac{8V_{bat}V_{bus}(\alpha-1)}{\pi^2\alpha P}\tag{8-1-28}$$

最后将式（8-1-28）代入式（8-1-14），得到系统各元件阻抗关于 α 的表达式：

$$\begin{cases} X_{C_\mathrm{P}} = -\dfrac{\alpha(\pi^2 P X_\mathrm{C} - 8V_\mathrm{bat}V_\mathrm{bus})}{\pi^2(\alpha-1)P} \\ X_{L_\mathrm{P}} = -\alpha X_\mathrm{C} \\ X_{L_\mathrm{S}} = \dfrac{8(\alpha-1)X_\mathrm{C}V_\mathrm{bat}V_\mathrm{bus}}{8V_\mathrm{bat}V_\mathrm{bus} - \pi^2\alpha P X_\mathrm{C}} \\ X_{C_\mathrm{S}} = \dfrac{8(\alpha-1)V_\mathrm{bat}V_\mathrm{bus}}{\pi^2\alpha P} \end{cases} \tag{8-1-29}$$

由式（8-1-29）可知，确定好比例系数 α 后即可完成系统设计。

同样地，系统参数关于 X_{C_S} 的表达式也可计算。将式（8-1-27）代入式（8-1-26），可得 α 的表达式：

$$\alpha = -\frac{8V_\mathrm{bat}V_\mathrm{bus}}{\pi^2 P X_{C_\mathrm{S}} - 8V_\mathrm{bat}V_\mathrm{bus}} \tag{8-1-30}$$

则系统各元件阻抗关于 X_{C_S} 的表达式为

$$\begin{cases} X_{C_\mathrm{P}} = \dfrac{64V_\mathrm{bat}{}^2V_\mathrm{bus}{}^2 - 8\pi^2 P X_\mathrm{C} V_\mathrm{bat}V_\mathrm{bus}}{\pi^4 P^2 X_{C_\mathrm{S}}} \\ X_{L_\mathrm{P}} = \dfrac{8X_\mathrm{C}V_\mathrm{bat}V_\mathrm{bus}}{\pi^2 P X_{C_\mathrm{S}} - 8V_\mathrm{bat}V_\mathrm{bus}} \\ X_{L_\mathrm{S}} = \dfrac{\pi^2 P X_\mathrm{C} X_{C_\mathrm{S}}}{\pi^2 P(X_\mathrm{C} + X_{C_\mathrm{S}}) - 8V_\mathrm{bat}V_\mathrm{bus}} \\ X_{C_\mathrm{S}} = X_{C_\mathrm{S}} \end{cases} \tag{8-1-31}$$

2）$\alpha = \alpha_0$ 或 $X_{C_\mathrm{S}} = X_{C_\mathrm{S0}}$

当 $\alpha = \alpha_0$ 或 $X_{C_\mathrm{S}} = X_{C_\mathrm{S0}}$ 时，按照前面的步骤，可得所有系统阻抗参数的表达式如表 8.1 所示。

表 8.1　系统阻抗参数的表达式

	$\alpha = \alpha_0$		$X_{C_\mathrm{S}} = X_{C_\mathrm{S0}}$	
X_{C_P}	$\dfrac{64V_\mathrm{bat}{}^2V_\mathrm{bus}{}^2 - 8\pi^2 P X_\mathrm{C} V_\mathrm{bat}V_\mathrm{bus}}{\pi^4 P^2 X_{C_\mathrm{S}}}$	$\dfrac{8V_\mathrm{bat}V_\mathrm{bus}(\beta-1)}{\pi^2 P\beta}$	$\dfrac{8V_\mathrm{bat}V_\mathrm{bus}(\beta-1)}{\pi^2 P\beta}$	$\dfrac{8\alpha V_\mathrm{bat}V_\mathrm{bus} - \pi^2 P\alpha X_\mathrm{C}}{\pi^2 P(\alpha-1)}$
X_{L_P}	$\dfrac{8X_\mathrm{C}V_\mathrm{bat}V_\mathrm{bus}}{\pi^2 P X_{C_\mathrm{S}} - 8V_\mathrm{bat}V_\mathrm{bus}}$	$\dfrac{8X_\mathrm{C}V_\mathrm{bat}V_\mathrm{bus}(\beta-1)}{8V_\mathrm{bat}V_\mathrm{bus} - \pi^2 P\beta X_\mathrm{C}}$	$\dfrac{8X_\mathrm{C}V_\mathrm{bat}V_\mathrm{bus}(\beta-1)}{8V_\mathrm{bat}V_\mathrm{bus} - \pi^2 P\beta X_\mathrm{C}}$	$-\alpha X_\mathrm{C}$
X_{L_S}	$-\dfrac{\pi^2 P X_\mathrm{C} X_{C_\mathrm{S}}}{\pi^2 P X_\mathrm{C} - 8V_\mathrm{bat}V_\mathrm{bus} + \pi^2 P X_{C_\mathrm{S}}}$	$-\beta X_\mathrm{C}$	$-\beta X_\mathrm{C}$	$\dfrac{8X_\mathrm{C}V_\mathrm{bat}V_\mathrm{bus}(\alpha-1)}{8V_\mathrm{bat}V_\mathrm{bus} - \pi^2 P\alpha X_\mathrm{C}}$
X_{C_S}	X_{C_S}	$\dfrac{8\beta V_\mathrm{bat}V_\mathrm{bus} - \pi^2 P\beta X_\mathrm{C}}{\pi^2 P(\beta-1)}$	$\dfrac{8\beta V_\mathrm{bat}V_\mathrm{bus} - \pi^2 P\beta X_\mathrm{C}}{\pi^2 P(\beta-1)}$	$\dfrac{8V_\mathrm{bat}V_\mathrm{bus}(\alpha-1)}{\pi^2 P\alpha}$

2. $B=D=0$

当 $B=D=0$ 时，由式（8-1-17）可知

$$\begin{cases} 0=\alpha^2\cdot X_{\mathrm{C}}\cdot(\alpha+\beta-1) \\ 0=(\alpha+\beta-1)^2 \end{cases} \tag{8-1-32}$$

将 $\alpha=1-\beta$ 代入式（8-1-14），按照前面同样的方法得到系统阻抗参数的表达式：

$$\begin{cases} X_{C_{\mathrm{P}}}=\dfrac{V_{\mathrm{bus}}(X_{\mathrm{C}}V_{\mathrm{bat}}-V_{\mathrm{bus}}X_{C_{\mathrm{S}}})}{V_{\mathrm{bat}}{}^2} \\ X_{L_{\mathrm{P}}}=-\dfrac{X_{\mathrm{C}}V_{\mathrm{bus}}}{V_{\mathrm{bat}}+V_{\mathrm{bus}}} \\ X_{L_{\mathrm{S}}}=-\dfrac{X_{\mathrm{C}}V_{\mathrm{bat}}}{V_{\mathrm{bat}}+V_{\mathrm{bus}}} \\ X_{C_{\mathrm{S}}}=X_{C_{\mathrm{S}}} \end{cases} \tag{8-1-33}$$

如式（8-1-29）、式（8-1-31）、式（8-1-33）和表 8.1 所示，共有七组系统参数可用于设计 CPT 系统。

为了满足 CPT 系统的安全性，需要保证系统各元件的电压应力在安全的范围之内。一方面，高压会导致电感、电容和耦合极板发生击穿；另一方面，随着耦合极板电压应力的升高，电磁辐射也随之增大。对于给定的系统，CPT 系统的设计要满足给定输入输出参数的要求，设定好系统输入电源电压 V_{bus}、输出负载电压 V_{bat}、额定功率 P、耦合电容阻抗 X_{C} 和工作角频率 ω 后，支路电抗和电流相乘得到元件电压，以式（8-1-29）为例，计算得到系统元件电压如式（8-1-34）所示：

$$\begin{cases} \dot{U}_{C_{\mathrm{EM}}}=\dfrac{2V_{\mathrm{bus}}}{\pi\alpha}+\mathrm{j}\dfrac{8\sqrt{2}V_{\mathrm{bus}}V_{\mathrm{bat}}-\sqrt{2}\pi^2P\alpha X_{\mathrm{C}}}{8\pi(1-\alpha)V_{\mathrm{bus}}} \\ \dot{U}_{C_{\mathrm{P}}}=-\mathrm{j}\dfrac{\sqrt{2}\alpha(\pi^2PX_{\mathrm{C}}-8V_{\mathrm{bus}}V_{\mathrm{bat}})}{4\pi V_{\mathrm{bus}}(\alpha-1)} \\ \dot{U}_{L_{\mathrm{P}}}=\dfrac{2\sqrt{2}V_{\mathrm{bus}}}{\pi}+\mathrm{j}\dfrac{\sqrt{2}(8\alpha V_{\mathrm{bus}}V_{\mathrm{bat}}-\pi^2P\alpha X_{\mathrm{C}})}{4\pi V_{\mathrm{bus}}(1-\alpha)} \\ \dot{U}_{C_{\mathrm{S}}}=\dfrac{2\sqrt{2}(\alpha-1)V_{\mathrm{bus}}}{\pi\alpha} \\ \dot{U}_{L_{\mathrm{S}}}=\dfrac{2\sqrt{2}(\alpha-1)V_{\mathrm{bus}}}{\pi\alpha}-\mathrm{j}\dfrac{2\sqrt{2}V_{\mathrm{bat}}}{\pi} \end{cases} \tag{8-1-34}$$

由式（8-1-34）可知，补偿元件电压由比例系数 α 确定。部分元件电压应力会随着 α 的增加而增加，而其他电压会随着 α 的增加而减小。因此，系统必然存在一个 α 使得 CPT

系统的元件电压达到最优状态。表 8.2 给出系统关键参数要求，由此表可绘制各元件电压有效值随 α 的变化趋势，如图 8.4 所示。

表 8.2　系统关键参数

参数	数值	参数	数值
F/MHz	1	P/W	1500
V_{bus}/V	300	V_{bat}/V	250
C_{int1}/pF	40.74	C_{int2}/pF	40.74

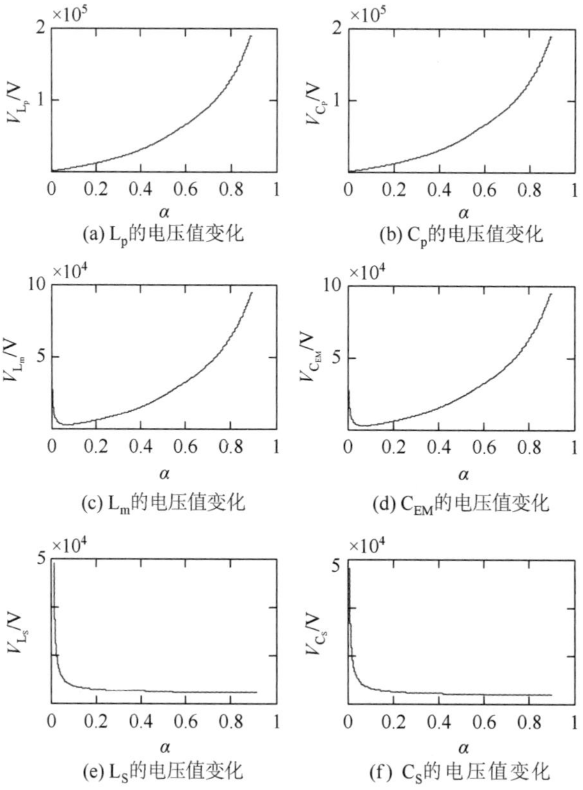

图 8.4　各元件电压有效值随 α 的变化趋势

则元件中最大电压的最小值可表示为

$$U_{opt}=\min\left[\max\begin{pmatrix}\chi_1 U_{C_P}(\alpha),\chi_2 U_{L_P}(\alpha),\chi_3 U_{C_{EM}}(\alpha),\\ \chi_4 U_{L_S}(\alpha),\chi_5 U_{C_S}(\alpha)\end{pmatrix}\right] \tag{8-1-35}$$

U_{opt} 表示不同 α 对应的元件最大电压中的最小电压值，χ_n 是电压权重系数。将式（8-1-35）代入式（8-1-34），可以相应地找到最优 α。假设所有电压权重系数为 1，元件最大电压随 α 的变化趋势如图 8.5 所示。当 α 从 0 增加到 0.0616 时，元件最大电压降低，而当 α 从 0.07292 增加到 1 时，元件最大电压上升。当 α 为 0.07292 时，最大电压为 3.441kV。而当 α 为 0.1 和 0.5 时，元件最大电压分别高达 5.819kV 和 52.338kV。因此，$\alpha = 0.07292$ 是给定系统在额定功率下的最优值。

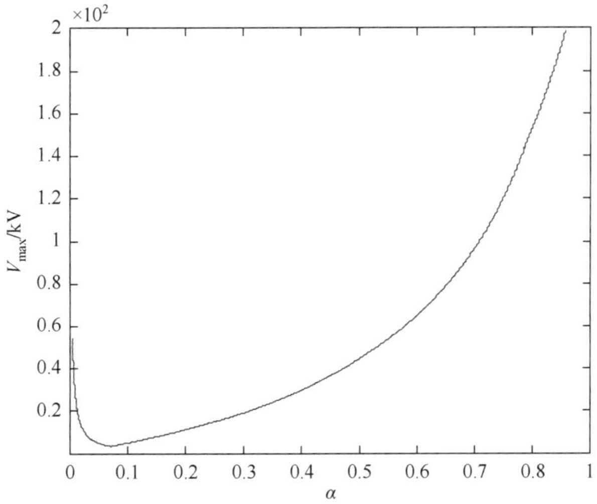

图 8.5　元件最大电压随 α 的变化趋势

根据上述分析过程，可由表 8.2 计算出式（8-1-29）、式（8-1-31）、式（8-1-33）和表 8.1 所示的所有系统补偿元件参数。计算结果表明，在 $A = C = 0$ 的情况下，优化后的最大电压均为 3.441kV；而当 $B = D = 0$ 时，最大电压为 27.07kV。因此，$A = C = 0$ 情况下所计算的补偿参数具有更高的安全性。

根据上述分析结果，可搭建如图 8.6 所示的 CPT 系统实验样机。电场耦合机构由四块极板构成，其尺寸为 650mm×650mm。为了避免两组极板间的相互耦合，两组极板的间距设置为 750mm。四块极板的空间结构如图 8.7 所示。

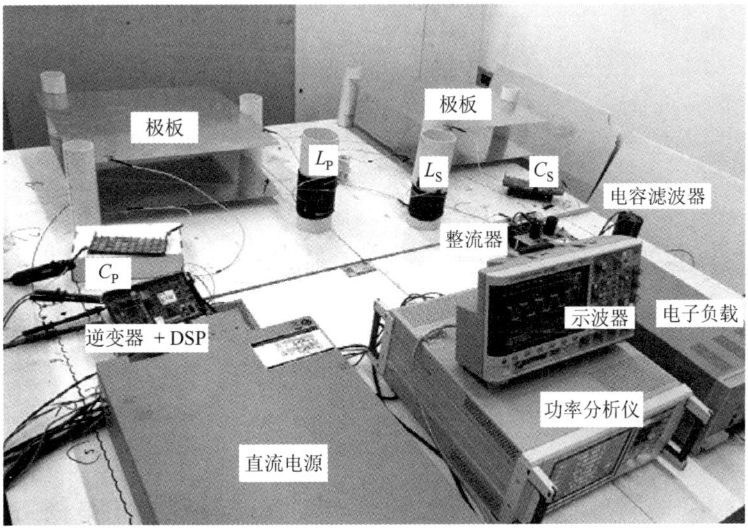

图 8.6　CPT 系统实验样机

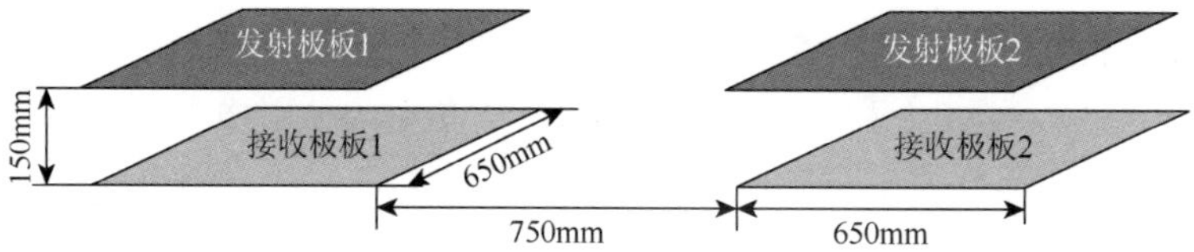

图 8.7　耦合极板尺寸图

当工作频率为 1MHz 时，铜的趋肤深度为 65.2μm。为减小趋肤效应的影响，本实验选取直径为 50μm 的利兹线制作 L_P、L_S、L_M 和连接线。电容 C_P 和 C_S 由 KEMET 的高功率、高频薄膜电容串并组合而成。逆变器的开关管使用 CREE 公司的碳化硅 MOSFET C2M0080120D，整流器由二极管 DSEI120-06A 构成，逆变器的驱动信号 PWM 由数字处理器 TMS320F28335 产生。

为了提高逆变器的工作效率，开关管 MOSFETC2M0080120D 需工作在零电压开通状态。因此，本实验中 C_P 比设计值稍大一点，从而使从逆变器的输入阻抗呈感性。逆变器的工作波形如图 8.8 所示，交流侧输入电压略微超前电流。

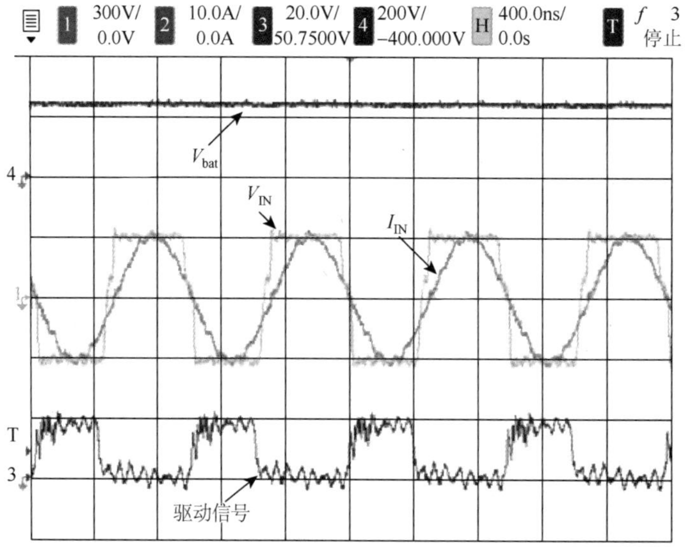

图 8.8　逆变器的工作波形

本实验使用 Chroma 62100H-600 电源为逆变器提供直流电压。输出电压与输出功率随输入电压变化趋势如图 8.9 所示。从图 8.9 中看出，负载输出电压和输出功率随系统输入电压呈近似线性关系，同时，实验结果与不同输入电压下的计算结果一致。

图 8.10 为系统效率随着输出功率变化趋势，结果表明，随着输出功率的增加，系统效率不断提高，当输出功率在 1000W 左右时，系统效率可保持在 86%左右。当输入电压约为 300V，输出电压为 250V 时，系统达到设计的功率点，此时输出功率为 1495W，系统输入功率达到 1710W，DC-DC 总系统效率为 87.475%。实验对所提 CPT 系统进行了抗偏移能力测试，如图 8.10 所示，在最大传输功率点，当耦合机构偏移 10%时，系统效率

为 86.7%；当耦合机构偏移增加到 30%和 50%时，系统效率仍可达到 85.35%和 84.94%。因此，当发生耦合机构偏移时，该拓扑结构依然保持较高效率。

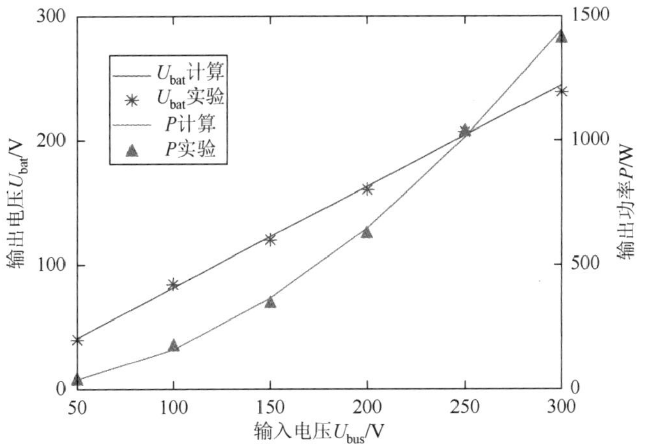

图 8.9　输出电压与输出功率随输入电压变化趋势

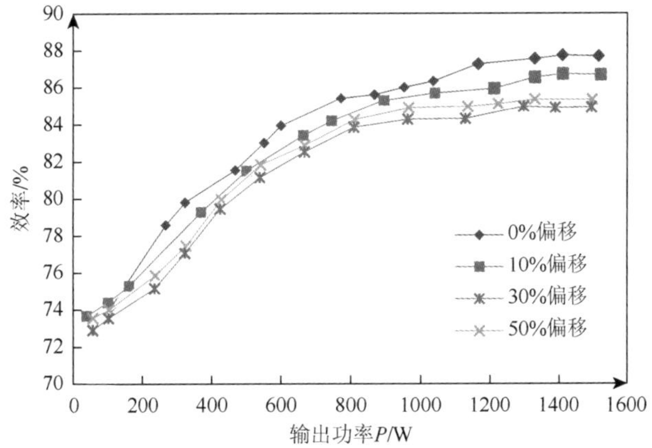

图 8.10　系统效率随输出功率变化趋势

在正对情况下，测量各元件电压以验证电压优化策略的有效性。由于电压测试探头的寄生电容和电感会对系统谐振产生影响，所以通过元件阻抗值和电流测量值来计算元件电压。尽管由元件寄生电阻和容差引入的实验值与计算值之间存在一定的偏差，但各无源元件的实测电压应力分布趋势与仿真计算结果一致。

系统功率的分布可以通过各器件的等效电阻来估计，如图 8.11 所示。系统损耗来源于开关器件的开关开断、二极管的导通、电感和电容的损耗以及耦合电容的损耗。对于逆变器损耗，可以用等效并联电阻来估算导通损耗；对于整流器损耗，通过前向电压来计算功率损耗；对于所有电感，通过等效交流电阻来计算电感损耗；对于大功率高频电容，可以根据损耗因子估计电容损耗。

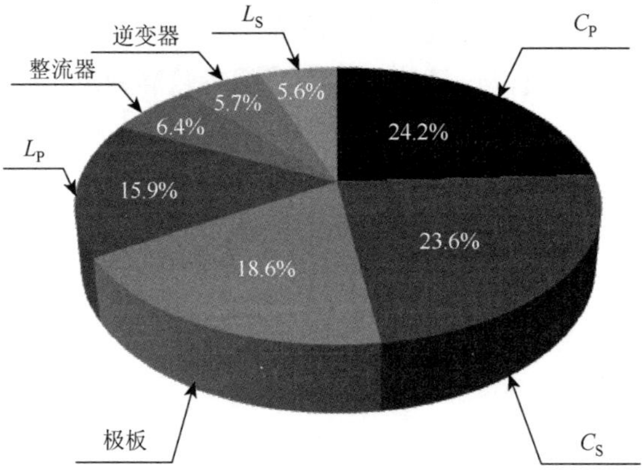

图 8.11　系统损耗分布

当将 CPT 系统应用于轨道交通等大功率场合供电时，需要实现大功率电能的非接触传输。然而在实际应用中，由于逆变器以及功率开关器件的容量有限，传统 CPT 系统只含单个逆变器和单个发射端，且工作频率较高，较难满足 CPT 系统大功率电能传输的要求。因此，有必要在现有开关器件和逆变器水平条件下，研究增大逆变器总容量的方法来提升 CPT 系统的传输功率。

8.1.3　基于多组发射极板的功率提升方法研究

随着 CPT 技术的发展，在开关器件容量一定的情况下，传统单个逆变器已经不能满足轨道交通等大功率能量传输的需求。为了提高系统的传输功率，本节将两个发射端逆变器并联以提高系统输入功率容量[5]。在传统四极板结构的基础上，发射端额外增加两块极板作为一个新的能量传输通道，组成双发射端和单接收端的 CPT 系统，其中，耦合机构由六块极板组成，包括四块发射极板 P_1～P_4 和两块接收极板 P_5、P_6，如图 8.12 所示。

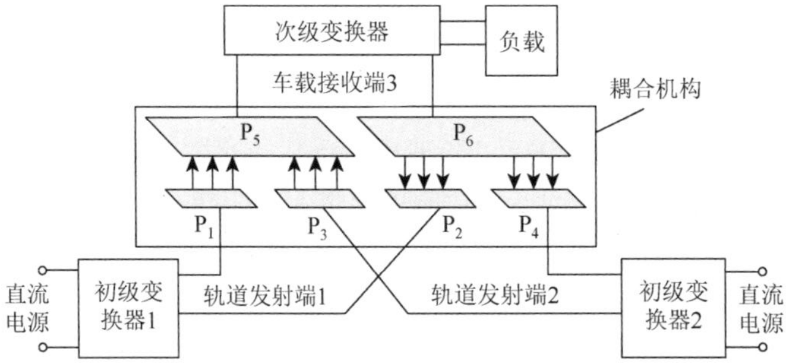

图 8.12　双发射-单接收 CPT 系统能量传输示意图

图 8.12 为双发射-单接收 CPT 系统能量传输示意图，主要由直流电源、两个初级变换器、耦合机构、次级变换器、负载五部分构成。其中，初级变换器将直流电转变为高频交

流电给发射极板供电，在发射极板和接收端极板间产生交变电场，接收端极板感应产生同频交频电压，再经次级变换器调节电流增益，整流得到平稳直流电，给负载供电。考虑应用到轨道交通大功率供电需求，将四块发射端极板 P_1、P_2、P_3、P_4 置于轨道发射端，接收端极板 P_5、P_6 置于车载接收端。

双边 LC 拓扑以及双边 LCLC 拓扑都是采用单发射-单接收结构，当将 CPT 系统应用于轨道交通等大功率场合供电时，由于逆变器以及功率开关器件的容量有限，单个逆变器较难满足 CPT 系统大功率电能传输的需求，且单个发射端系统补偿元件所承受的耐压和耐流值均较高。参考圣地亚哥州立大学 Mi 教授提出的双边 LCLC 拓扑，将六极板全耦合电容模型等效为三端口受控电流源并联电容的电路结构基础上，提出了双发射-单接收 CPT 系统，如图 8.13 所示，该系统可分为以下六部分。

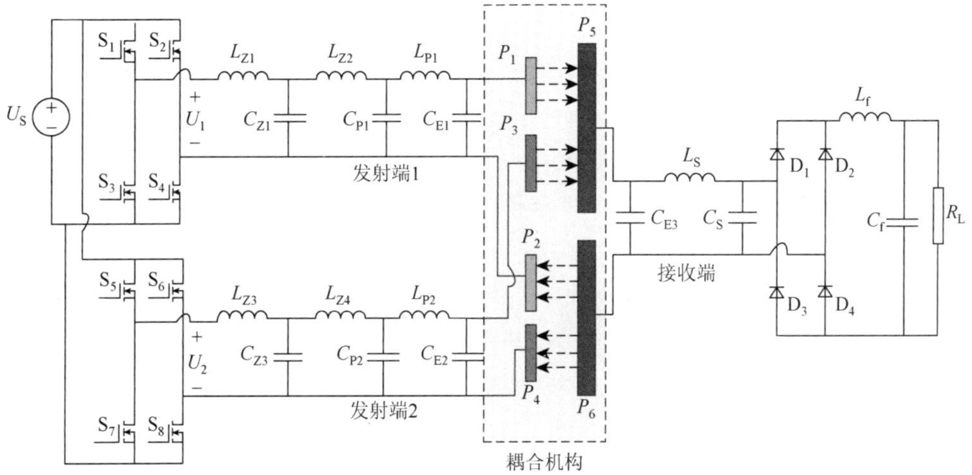

图 8.13　基于全耦合电容模型的双发射-单接收 CPT 系统

直流电源：U_S 可由市电经工频整流后取得，也可由直流电压源直接供给。

高频逆变：S_1～S_8 为功率 MOSFET 器件组成全桥逆变器，将直流电压源逆变为高频交流电 U_1、U_2，给补偿电路供电。

补偿网络拓扑：L_{Z1}、C_{Z1}、L_{Z2}、C_{P1}、L_{P1}、C_{E1} 为发射端 1 的补偿元件，L_{Z3}、C_{Z3}、L_{Z4}、C_{P2}、L_{P2}、C_{E2} 为发射端 2 的补偿元件，构成三级 LC 结构将发射端口 P_1P_2、P_3P_4 电压抬升至更高等级，C_{E3}、L_S、C_S 为接收端补偿元件，构成 CLC 降压网络电路调节电流增益。

耦合机构：由六块极板水平结构放置，其中，P_1P_2、P_3P_4 为两个发射端极板，P_5P_6 为接收端极板，最终将其全耦合电容结构等效为三端口受控电流源并联电容电路。

整流滤波电路：D_1～D_4 为整流二极管，L_f、C_f 为滤波电容和电感，整流电路将高频交流电整流滤波为平稳直流电给负载供电。

负载：该应用是针对轨道交通大功率应用场合，所以 R_L 为机车负载。

在输入端两个电压源 U_1、U_2 同相的情况下，系统的输出功率最大。令同一个控制器 DSP 控制两个驱动电路，使得两个逆变单元的驱动信号相同，直流电源 U_S 经过两个高频逆变器之后，在两个逆变器输出端得到两个大小和相位均相同的高频交流电压源 U_1、U_2，假设逆变器的输出电压脉宽为 180°，则其有效值为

$$U_1 = U_2 = \frac{2\sqrt{2}}{\pi} U_S \tag{8-1-36}$$

I_{out} 为整流器输入端的等效电流有效值，可以得出等效电流有效值 I_{out} 与负载电流 I_{bat} 之间的关系为

$$I_{out} = \frac{2\sqrt{2}}{\pi} I_{bat} \tag{8-1-37}$$

为了简化计算，把系统两个输入端补偿元件参数选为一样，$C_{M13} = C_{M23}$、$L_{P1} = L_{P2}$、$L_{Z1} = L_{Z3}$，此时系统传输功率与 C_{M13}、L_{P1} 成正比。系统的输入输出功率可以计算为

$$P_{in} = P_{out} = \frac{16 C_{M13} L_{P1} U_S I_{bat}}{\pi^2 C_S L_{Z1}} \tag{8-1-38}$$

由式（8-1-38）可知，在输入电压一定的情况下，可以通过调节系统补偿元件 L_{Z1}、L_{P1}、C_S 参数的大小来改变系统的输出功率，同时可调节极板端口电压在一定的安全范围内，使得系统更具灵活性。在系统逆变器和功率开关器件容量一定的条件下，并联两个发射端的方法可以提高 CPT 系统的传输功率。

按照图 8.13 中的六极板结构搭建一套双发射-单接收 CPT 系统实验装置，发射极板与接收极板均为铝制材料，并用聚氯乙烯（polyvinyl chloride，PVC）管隔开，间隔距离为 22mm。其中，两个发射端与接收端之间的互容大小分别为 $C_{M13} = 61.61$pF，$C_{M23} = 61.51$pF，两个发射端之间形成的互容大小为 $C_{M12} = 1.57$pF。

在搭建好的实验平台基础上，对系统进行上电测试。双发射-单接收 CPT 系统在最大功率点处的逆变器输出端实验波形如图 8.14 所示，其中系统工作频率为 500kHz，所以时间坐标为 1μs/格，U_1、U_2 分别表示两个发射端逆变器的输出电压，在图 8.14 中的单位坐标为 150V/格，I_1、I_2 分别表示两个发射端逆变器的输出电流，在图 8.14 中的单位坐标为 9A/格。由图 8.14 可知，两个逆变器交流输出端的电压和电流大小及相位几乎一致，其中 $I_1 – I_2$ 表示两个逆变器输出电流之差，其大小几乎为零，进一步印证了控制器发出的控制信号同时控制两个逆变器功率开关管的导通与关断。将双发射-单接收 CPT 系统调制成弱感性，使两个逆变器输出电流 I_1、I_2 分别稍滞后于输出电压 U_1、U_2，实现逆变器 ZVS，以减小功率开关管的损耗。

实验平台最大功率输出时效率等指标如图 8.15 所示，其中，U_{bat}、I_{bat} 和 P_{out} 分别表示直流输出电压、电流和系统输出功率，U_S、I_S 和 P_{in} 分别表示直流输入电压、电流和输入功率，η 表示系统效率，P_{loss} 为系统损耗功率。当直流输入电压为 150V 时，总输入功率为 1.62kW，输出电压为 300.8V，输出功率为 1.47kW，此时系统达到设计的最大功率点，效率为 90.631%。

为了验证双发射方法能提高系统的传输功率，也按照四极板结构搭建了一套单发射-单接收 CPT 系统作为对比，实验装置使用材料均与双发射-单接收 CPT 系统相同，其中发

射面积和空气间隙与双发射-单接收 CPT 系统相同，发射端与接收端之间的互容大小 $C_M = 119.36$pF。

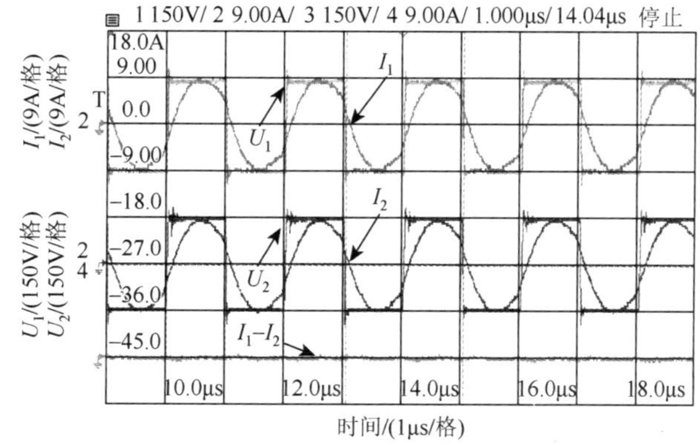

图 8.14　双发射-单接收 CPT 系统实验波形

U_{bat}	300.859V
I_{bat}	4.87885A
P_{out}	1.46781kW
U_S	149.500V
I_S	10.8334A
P_{in}	1.61954kW
P_{loss}	0.15173kW
η	90.631%

图 8.15　双发射-单接收 CPT 系统最大功率点及效率指标

将系统工作频率设置为 500kHz，对所设计的单发射-单接收 CPT 系统进行上电测试，在单发射-单接收 CPT 系统实验平台功率达到最大时，逆变器输出实验波形如图 8.16 所示，其中 U_1 和 I_1 分别代表逆变器输出电压和电流，U_1 单位刻度为 150V/格，I_1 单位刻度为 20A/格，V_{drive} 为驱动信号，单位刻度为 20V/格。同理将单发射-单接收 CPT 系统调制成弱感性，使逆变器输出电流 I_1 稍微滞后输出电压 U_1，实现逆变器的 ZVS，以减小功率开关管的损耗。在传输相同功率的情况下，逆变器输出端电流约为双发射-单接收 CPT 系统的 2 倍，从实验波形也验证了前面对单发射-单接收 CPT 系统拓扑推导的正确性。

单发射-单接收 CPT 系统在最大功率输出时的效率等指标如图 8.17 所示，其中，U_{bat}、I_{bat} 和 P_{out} 分别表示直流输出电压、电流和系统输出功率，U_S、I_S 和 P_{in} 分别表示直流输入电压、电流和输入功率，η 表示系统效率，P_{loss} 为系统损耗功率。当直流输入电压为 150V 时，总输入功率为 1.68kW，输出电压为 300.9V，输出功率为 1.47kW，此时系统达到设计的最大功率点，系统各元件损耗为 211.2W，效率为 87.451%。

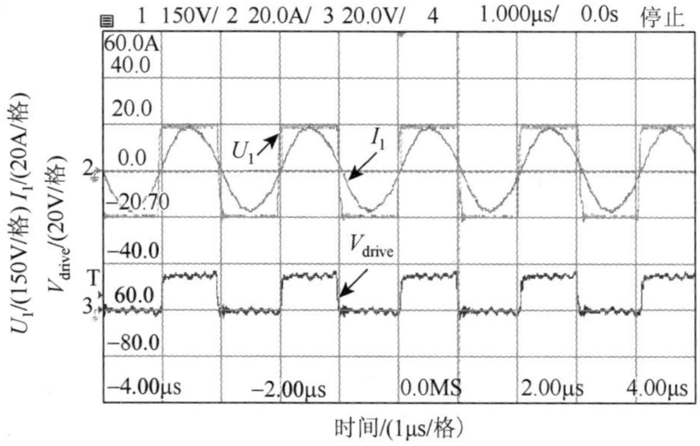

图 8.16　对比组实验波形

在传递相同功率 1.47kW 的情况下，双发射-单接收 CPT 系统流过功率开关管的电流为 6.01A，单发射-单接收 CPT 系统流过功率开关管的电流为 12.49A，双发射-单接收 CPT 系统逆变器输出端流过功率开关管的电流是单发射-单接收 CPT 系统的 1/2，验证了采用双发射方法能提升逆变器输入功率的容量，进而提高 CPT 系统的传输功率。双发射-单接收 CPT 系统发射端补偿电容和补偿电感的电流大小是单发射-单接收 CPT 系统的 1/2，在大功率能量传输的情况下，可有效提高系统的安全裕度和可靠性。

2018-10-11 16:59:48　CH 2 1P2W ①　Sync: DC LPF: OFF　Manu 300 V Manu 10 A　Upper:100 Hz 200ms Lower: 10 Hz

U_S	149.571V
I_S	1.2553A
P_{in}	1.68311kW
U_{out}	300.957V
I_{out}	4.9023A
P_{out}	1.47189kW
η	87.451%
P_{loss}	0.21122kW

图 8.17　对比组最大功率点及效率指标

8.2　电场耦合式无线电能传输系统抗偏移补偿拓扑研究

抗偏移能力是 WPT 系统的关键指标之一。例如，将 WPT 系统为磁悬浮列车供电，在高速移动下列车的抖动使得磁悬浮的气隙不固定，而将会影响供电系统传输功率，进而对系统设计、控制等方面带来挑战。为了提高抗偏移能力，众多学者提出了适用于 IPT 系统的抗偏移方法，如优化耦合机构和使用额外的 DC-DC 变换器。相比之下，很少有学者研究如何提升 CPT 系统的抗偏移能力。在短距离和小功率 CPT 系统中，有学者提出了矩阵型发射极板来解决系统的偏移问题，无论接收极板位于何处都能获得所需的输出功率。此外，CPT 系统采用生物电容式叶片细胞接收器配对，可在有限的范围内实现输出稳定。即使这些方法能够减小偏移的影响，也需要多对发射极板和接收极板来形成电场耦合机构，由此增加了系统复杂性。

本节提出一种基于 LC-CLC 补偿拓扑的 CPT 系统以提升抗偏移能力，发射端的 LC 电路和接收端的 CLC 电路用于提升极板电压以实现大功率传输[4]。

8.2.1　基于 LC-CLC 补偿拓扑的系统偏移特性分析

基于 LC-CLC 补偿拓扑的 CPT 系统结构图如图 8.18 所示，逆变器将直流电压转换为高频交流电压为发射端补偿拓扑供电，整流器将接收端补偿拓扑的交流电转换为直流电为电池充电，发射端用 LC 电路，接收端用 CLC 电路提高耦合机构电压实现功率传输。

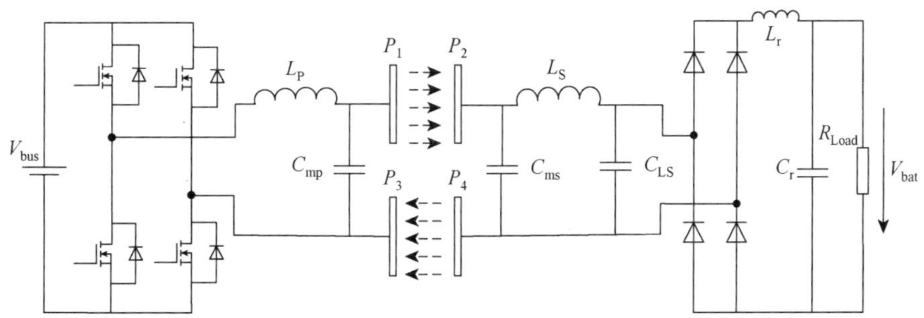

图 8.18　基于 LC-CLC 补偿拓扑的 CPT 系统结构图

电场耦合机构是实现功率传输的通道，常见耦合机构由四块极板构成，根据不同的放置方法，耦合极板可分为水平结构和垂直结构，由于耦合电容存在于任意两块极板之间，在水平结构和垂直结构中都有六个耦合电容。本节采用水平结构进行分析，如图 8.19 所示。P_1 和 P_2 为发射极板，P_3 和 P_4 为接收极板，极板的长度和宽度分别为 l_1 和 l_2，发射极板和接收极板的分隔距离分别为 l_{s1} 和 l_{s2}，CPT 系统传输距离为 d，耦合机构的等效电路模型可简化为如图 8.20 所示。

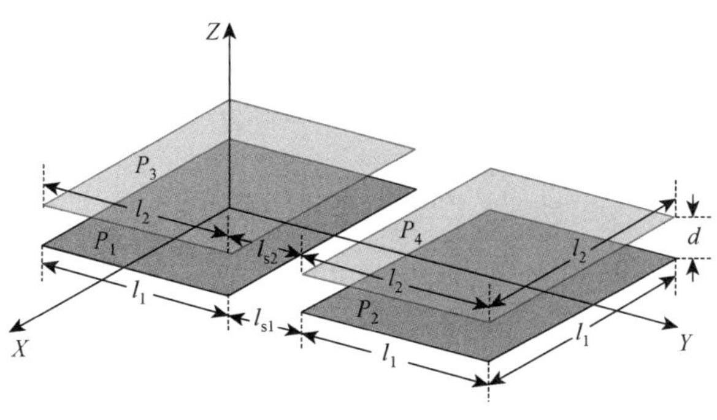

图 8.19　耦合机构结构示意图

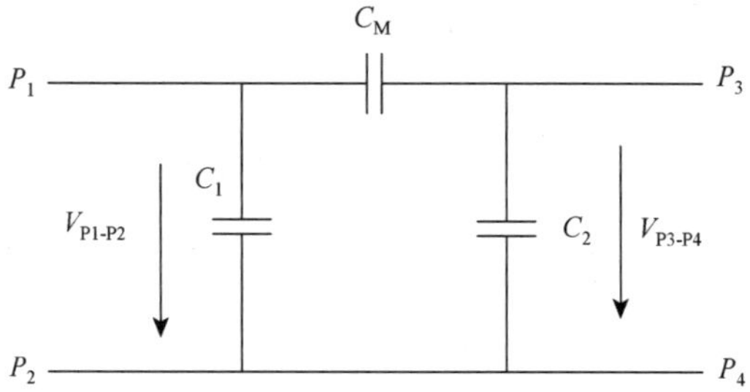

图 8.20　耦合机构 π 形等效电路

在图 8.20 中，C_M 为等效互容，C_1 和 C_2 是并联电容，它们可表示如下：

$$
\begin{aligned}
C_M &= \frac{C_{24}C_{13} - C_{14}C_{23}}{C_{13} + C_{14} + C_{23} + C_{24}} \\
C_1 &= C_{12} + \frac{(C_{13} + C_{14})(C_{23} + C_{24})}{C_{13} + C_{14} + C_{23} + C_{24}} - C_M \\
C_2 &= C_{34} + \frac{(C_{13} + C_{23})(C_{14} + C_{24})}{C_{13} + C_{14} + C_{23} + C_{24}} - C_M
\end{aligned} \tag{8-2-1}
$$

式中，C_{12} 和 C_{34} 主要由极板的分隔距离决定，不随极板偏移而变化，而其他等效电容由极板分隔距离和传输距离共同决定，因此极板偏移会影响其数值。

利用基波近似方法对该 CPT 系统进行分析，如图 8.21（a）所示，输入方波电压用正弦交流电压来表示，为了简化分析，忽略了元件的功率损耗。由于外部电容 C_{mp}、C_{ms} 与电容 C_1、C_2 并联，图 8.21（a）可以进一步简化，如图 8.21（b）所示。

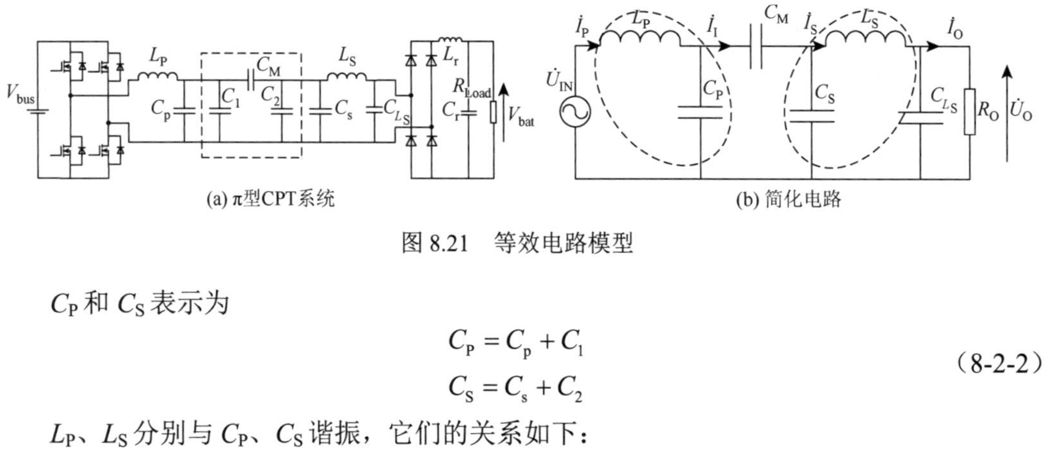

图 8.21　等效电路模型

C_P 和 C_S 表示为

$$
\begin{aligned}
C_P &= C_p + C_1 \\
C_S &= C_s + C_2
\end{aligned} \tag{8-2-2}
$$

L_P、L_S 分别与 C_P、C_S 谐振，它们的关系如下：

$$
\begin{aligned}
C_P &= \frac{1}{\omega^2 L_P} \\
C_S &= \frac{1}{\omega^2 L_S}
\end{aligned} \tag{8-2-3}
$$

为了简化分析，将 L_P、L_S 表示为

$$L_{\mathrm{P}}=\frac{1}{\omega^{2}\beta C_{\mathrm{M}}}$$
$$L_{\mathrm{S}}=\alpha L_{\mathrm{P}} \tag{8-2-4}$$

因此，系统参数可表示为

$$\begin{cases}L_{\mathrm{P}}=\dfrac{1}{\omega^{2}\beta C_{\mathrm{M}}}\\ C_{\mathrm{P}}=\beta C_{\mathrm{M}}\\ L_{\mathrm{S}}=\dfrac{\alpha}{\omega^{2}\beta C_{\mathrm{M}}}\\ C_{\mathrm{S}}=\dfrac{\beta C_{\mathrm{M}}}{\alpha}\end{cases} \tag{8-2-5}$$

对图 8.21（b）使用网孔电流法，可列出如下方程：

$$\begin{bmatrix}\dot{U}_{\mathrm{IN}}\\0\\0\\0\end{bmatrix}=\begin{bmatrix}0 & Z_{12} & 0 & 0\\ Z_{12} & Z_{22} & Z_{23} & 0\\ 0 & Z_{23} & Z_{33} & Z_{34}\\ 0 & 0 & Z_{34} & Z_{44}\end{bmatrix}\begin{bmatrix}\dot{I}_{\mathrm{P}}\\ \dot{I}_{\mathrm{I}}\\ \dot{I}_{\mathrm{S}}\\ \dot{I}_{\mathrm{O}}\end{bmatrix} \tag{8-2-6}$$

其中，

$$\begin{cases}Z_{12}=1/(\mathrm{j}\omega C_{P})\\ Z_{22}=1/(\mathrm{j}\omega C_{\mathrm{P}})+1/(\mathrm{j}\omega C_{\mathrm{M}})+1/(\mathrm{j}\omega C_{\mathrm{S}})\\ Z_{23}=-1/(\mathrm{j}\omega C_{\mathrm{S}})\\ Z_{33}=1/(\mathrm{j}\omega C_{L_{\mathrm{S}}})\\ Z_{34}=-1/(\mathrm{j}\omega C_{L_{\mathrm{S}}})\\ Z_{44}=1/(\mathrm{j}\omega C_{L_{\mathrm{S}}})+R_{\mathrm{O}}\end{cases}$$

求解上式可得支路电流：

$$\begin{cases}\dot{I}_{\mathrm{P}}=\alpha^{2}\dfrac{U_{\mathrm{IN}}}{R_{\mathrm{O}}}+\mathrm{j}\omega U_{\mathrm{IN}}[(\beta^{2}+\alpha\beta+\beta)C_{\mathrm{M}}-\alpha^{2}C_{L_{\mathrm{S}}}]\\ \dot{I}_{\mathrm{I}}=-\mathrm{j}\omega\beta C_{\mathrm{M}}U_{\mathrm{IN}}\\ \dot{I}_{\mathrm{S}}=-\dfrac{\alpha U_{\mathrm{IN}}}{R_{\mathrm{O}}}-\mathrm{j}(\omega\alpha C_{L_{\mathrm{S}}}U_{\mathrm{IN}})\\ \dot{I}_{\mathrm{O}}=-\dfrac{\alpha U_{\mathrm{IN}}}{R_{\mathrm{O}}}\end{cases} \tag{8-2-7}$$

式（8-2-7）中，$\dot{I}_{\mathrm{P}}$ 由实部和虚部构成，为了实现整功率因数，虚部应为零，可得

$$(\beta^{2}+\alpha\beta+\beta)C_{\mathrm{M}}-\alpha^{2}C_{L_{\mathrm{S}}}=0 \tag{8-2-8}$$

计算得到 $C_{L_{\mathrm{S}}}$ 为

$$C_{L_{\mathrm{S}}}=\frac{\beta C_{\mathrm{M}}(\alpha+\beta+1)}{\alpha^{2}} \tag{8-2-9}$$

根据式（8-2-7），同样可以得到输出电压 $\dot{U}_{\mathrm{O}}$：

$$\dot{U}_{\mathrm{O}} = |\dot{I}_{\mathrm{O}} R_{\mathrm{O}}| = \alpha \dot{U}_{\mathrm{IN}} \tag{8-2-10}$$

逆变器输出端和整流桥输入端的基波电压有效值可由直流电压表示：

$$\begin{aligned} U_{\mathrm{IN}} &= \frac{2\sqrt{2}V_{\mathrm{bus}}}{\pi} \\ U_{\mathrm{O}} &= \frac{\sqrt{2}\pi V_{\mathrm{bat}}}{4} \end{aligned} \tag{8-2-11}$$

将式（8-2-11）代入式（8-2-10），直流输出电压 V_{bat} 可表示为

$$V_{\mathrm{bat}} = \frac{8}{\pi^2}\alpha V_{\mathrm{bus}} \tag{8-2-12}$$

直流输出电压 V_{bat} 在数学表达式上只由系数 α 和输入直流电压 V_{bus} 决定，与等效互容 C_{M} 无关，这意味着输出功率即使在偏移的情况下也能保持恒定。在输入和输出直流电压确定后，系数 α 可以根据式（8-2-13）计算：

$$\alpha = \frac{\pi^2 V_{\mathrm{bat}}}{8V_{\mathrm{bus}}} \tag{8-2-13}$$

将式（8-2-13）代入式（8-2-7），支路电流可重新表示为

$$\begin{cases} \dot{I}_{\mathrm{P}} = \dfrac{\pi\sqrt{2}P}{4V_{\mathrm{bus}}} \\ \dot{I}_{\mathrm{I}} = -\dfrac{\mathrm{j}2\sqrt{2}\omega\beta C_{\mathrm{M}} V_{\mathrm{bus}}}{\pi} \\ \dot{I}_{\mathrm{S}} = -\dfrac{2\sqrt{2}P}{\pi V_{\mathrm{bat}}} - \dfrac{\mathrm{j}2\sqrt{2}\omega\beta C_{\mathrm{M}} V_{\mathrm{bus}}[8V_{\mathrm{bus}}(1+\beta)+\pi^2 V_{\mathrm{bat}}]}{\pi^3 V_{\mathrm{bat}}} \\ \dot{I}_{\mathrm{O}} = -\dfrac{2\sqrt{2}P}{\pi V_{\mathrm{bat}}} \end{cases} \tag{8-2-14}$$

式中，P 为系统功率，满足 $P = {V_{\mathrm{bat}}}^2 / R_{\mathrm{L}} = {U_{\mathrm{O}}}^2 / R_{\mathrm{O}}$ 。

耦合极板为对称结构，其尺寸为 $l_1 = l_2 = 650\mathrm{mm}$，$l_{\mathrm{s1}} = l_{\mathrm{s2}} = 50\mathrm{mm}$，$d = 50\mathrm{mm}$，各极板厚度为 1mm，采用 Maxwell 仿真软件对耦合电容进行仿真，结果如表 8.3 所示，然后计算图 8.20 中的等效电容为 $C_1 = C_2 = 18.36\mathrm{pF}$，$C_{\mathrm{M}} = 15.42\mathrm{pF}$。

表 8.3　耦合电容仿真结果

耦合电容/pF	$C_{12} = 12.04$	$C_{13} = 32.98$	$C_{14} = 5.29$
	$C_{23} = 5.31$	$C_{24} = 32.97$	$C_{34} = 12.04$
等效电容/pF	$C_{\mathrm{M}} = 13.84$	$C_1 = 17.34$	$C_2 = 17.34$

系统的参数如表 8.4 所示，系统输入输出电压设置为 200V，功率为 1000W，工作频率为 600kHz。根据式（8-2-13），当输入输出直流电压确定之后，可得系数 $\alpha = 1.234$，

此时还剩下系数 β 没有确定。在 CPT 系统中，为了传输足够大的功率，通常采用补偿拓扑结构来提升极板电压，因此补偿元件将承受高压应力，系统应当对高压应力进行优化。

表 8.4　系统的参数

参数	数值	参数	数值
F/kHz	600	P/W	1000
V_{bat}/V	200	V_{bus}/V	200

根据式（8-2-14），系统元件电压可计算为

$$\begin{cases} U_{L_P} = \mathrm{j}\dfrac{\sqrt{2}\pi P}{4\omega\beta C_M V_{bus}} \\ U_{C_P} = \dfrac{2\sqrt{2}V_{bus}}{\pi} - \mathrm{j}\dfrac{\sqrt{2}\pi P}{4\omega\beta C_M V_{bus}} \\ U_{C_M} = -\dfrac{2\sqrt{2}\beta V_{bus}}{\pi} \\ U_{C_S} = \dfrac{2\sqrt{2}V_{bus}(\beta+1)}{\pi} - \mathrm{j}\dfrac{\sqrt{2}\pi P}{4\omega\beta C_M V_{bus}} \\ U_{L_S} = \dfrac{\sqrt{2}[8V_{bus}(1+\beta)+\pi^2 V_{bus}]}{4\pi} + \mathrm{j}\dfrac{\sqrt{2}\pi \mathrm{P}}{4\omega\beta C_M V_{bus}} \\ U_{C_{L_S}} = \dfrac{\sqrt{2}\pi V_{bus}}{4} \end{cases} \tag{8-2-15}$$

将表 8.4 的参数代入式（8-2-15），可得系统元件电压随系数 β 的变化趋势如图 8.22 所示。

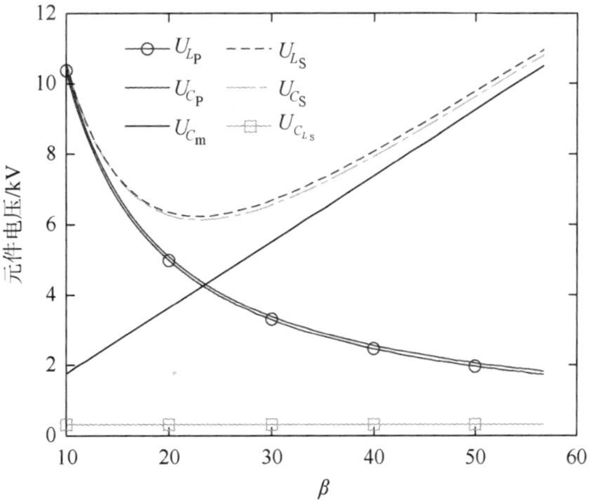

图 8.22　系统元件电压随系数 β 的变化趋势

图 8.22 中可以看出，随着 β 的增加，L_P 和 C_P 的端电压减少，C_M 的端电压急剧增加；L_S 和 C_S 的端电压变化趋势相似，先下降到最小值然后开始逐渐增加；$U_{C_{L_S}}$ 保持不变。此外，L_S 上的电压大于其他电压，为提高系统安全性，应当选择适当的 β 以保证 L_S 的端电压最低，即

$$\frac{\mathrm{d}}{\mathrm{d}\beta}|U_{L_S}|=0 \tag{8-2-16}$$

计算得到 β 的值为 22.50，所有补偿拓扑参数均可根据式（8-2-2）～式（8-2-5）、式（8-2-13）进行计算，所有系统参数如表 8.5 所示。利用表 8.4 和表 8.5 中的参数，可以计算出各元件电压的有效值如表 8.6 所示。由表 8.6 可知，P_1 和 P_3 之间的电压以及 P_2 和 P_4 之间的电压都为 2.025kV，由于传输距离为 150mm，其电场强度为 13.5V/mm。考虑到空气击穿电压为 3000V/mm，耦合极板间不会出现空气击穿的问题。

表 8.5　所有系统参数

参数	数值	参数	数值
L_P/μH	202.85	C_{mp}/pF	328.51
L_S/μH	250.25	C_{ms}/pF	262.81
C_{L_S} /nF	5.64	C_M/pF	15.42
C_1/pF	18.36	C_2/pF	18.36

表 8.6　元件电压有效值

参数	电压/kV	参数	电压/kV
V_{L_P}	4.247	V_{C_P}	4.250
V_{L_S}	6.153	V_{C_S}	5.995
$V_{P1\text{-}P2}$	4.250	$V_{P1\text{-}P3}$	2.025
$V_{P3\text{-}P4}$	5.995	$V_{P2\text{-}P4}$	2.025
$V_{C_{L_S}}$	0.222		

8.2.2　耦合机构抗偏移分析

1. 偏移对 C_1、C_2 和 C_M 的影响

当发射极板和接收极板之间发生偏移时，等效电容 C_1、C_2 和 C_M 的值会相应变化，利用 Maxwell 仿真工具，电容 C_1、C_2、C_M 在 Y 和 X 方向上的变化趋势如图 8.23 所示，由于所设计的耦合机构是对称的，所以 $C_1=C_2$。从图 8.23 可以看出，在系统偏移时，

互容 C_M 减小，相反，并联等效电容 C_1 和 C_2 在 X 和 Y 方向上都减小。当偏移到最大为 325mm 时，在 Y 方向上，C_M 减小到 7.02pF，C_1（C_2）增大到 22.01pF；在 X 方向上，C_M 减小到 10.08pF，C_1（C_2）增大到 19.00pF。与 Y 方向偏移相比，X 方向偏移对参数变化的影响较小，主要原因是在 X 方向偏移时，交叉电容（C_{13} 和 C_{24}）的变化小于 Y 方向偏移时的变化。

2. 偏移对输出功率的影响

当耦合机构对准时，L_P 与 C_P 并联谐振，等效电路如图 8.24（a）所示，Z_P 是从 L_P-C_P 看过去的等效阻抗，与负载和接收端电路有关。图 8.24（a）中的电路可以表示为

$$\dot{U}_{IN} = \dot{I}_I \cdot j\omega Z_P + \left[\dot{I}_I + \frac{\dot{I}_I \cdot j\omega Z_P}{1/(j\omega C_P)}\right] \cdot j\omega L_P \tag{8-2-17}$$

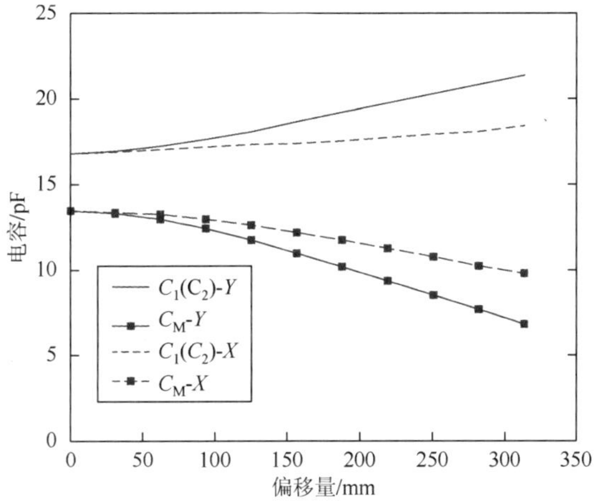

图 8.23　等效电容随偏移量的变化趋势

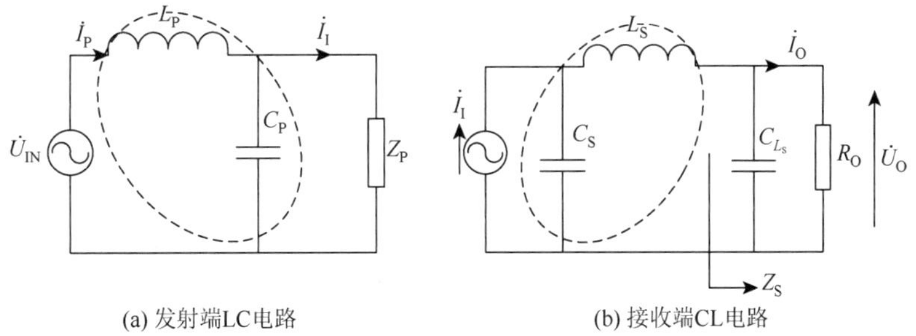

图 8.24　LC 与 CL 并联电路

电流 $\dot{I}_I$ 可表示为

$$\dot{I}_I = -j\frac{\dot{U}_{IN}}{\omega Z_P + \omega L_P - \omega^2 L_P C_P Z_P} \tag{8-2-18}$$

由于 $\mathrm{j}\omega L_{\mathrm{P}}+1/(\mathrm{j}\omega C_{\mathrm{P}})=0$，电流 $\dot{I}_I$ 可以简化为

$$\dot{I}_{\mathrm{I}}=\frac{\dot{U}_{\mathrm{IN}}}{\mathrm{j}\omega L_{\mathrm{P}}} \tag{8-2-19}$$

如式（8-2-19）所示，$\dot{I}_I$ 与 Z_{P} 无关，当输入电压 U_{IN} 和补偿参数 L_{P} 和 C_{P} 确定时，$\dot{I}_I$ 可以保持恒定，不会受到 C_{M} 和 R_{O} 变化的影响。接收端 L_{S} 和 C_{S} 并联，等效电路如图 8.24（b）所示，Z_{S} 是 $C_{L_{\mathrm{S}}}$ 和 R_{O} 的等效阻抗，从前面的分析可知，C_{S} 和 L_{S} 的输入可以等效为一个恒流源 I_{I}。

根据诺顿-戴维南定理，输出电压 $\dot{U}_{\mathrm{O}}$ 可表示为

$$\dot{U}_{\mathrm{O}}=\frac{Z_{\mathrm{S}}}{Z_{\mathrm{S}}+\dfrac{1}{\mathrm{j}\omega C_{\mathrm{S}}}+\mathrm{j}\omega L_{\mathrm{S}}}\frac{\dot{I}_{\mathrm{I}}}{\mathrm{j}\omega C_{\mathrm{S}}} \tag{8-2-20}$$

L_{S} 和 C_{S} 并联，且 $1/(\mathrm{j}\omega C_{\mathrm{S}})+\mathrm{j}\omega L_{\mathrm{S}}=0$，$\dot{U}_{\mathrm{O}}$ 可以被简化为

$$\dot{U}_{\mathrm{O}}=\frac{\dot{I}_{\mathrm{I}}}{\mathrm{j}\omega C_{\mathrm{S}}}=\dot{I}_{\mathrm{I}}\cdot\mathrm{j}\omega L_{\mathrm{S}} \tag{8-2-21}$$

因此，输出功率与互感电容 C_{M} 无关，当只考虑 C_{M} 在偏移时的变化时，输出功率保持不变。然而，由图 8.23 可知，当发生偏移时，等效电容 C_1 和 C_2 会增加，根据式（8-2-2），C_{P} 和 C_{S} 会同时增加，L_{P} 将不与 C_{P} 共振，电流 I_{I} 将发生变化，因此当发生偏移时，有必要考虑 $\dot{I}_I$ 的变化。假设 C_1 和 C_2 的变化值为ΔC，重新绘制图 8.24（b）得到图 8.25。当发生偏移时，只有参数ΔC 和 C_{M} 的变化会影响输出功率。

由于ΔC 的存在，流向谐振电路 C_{S} 和 L_{S} 的电流会发生分流，输出功率会因此发生变化。通过分析 $\dot{I}_{\mathrm{I3}}$ 与 $\dot{I}_{\mathrm{I1}}$ 的比值，可以得出输出功率的变化趋势。根据基尔霍夫电流定律和基尔霍夫电压定律，可得

$$\begin{cases}\dfrac{1}{\mathrm{j}\omega\Delta C}\dot{I}_2=Z_{\mathrm{S}}\dot{I}_{\mathrm{I3}}\\ \dot{I}_{\mathrm{I2}}=\dot{I}_{\mathrm{I3}}+\dot{I}_2\\ \dfrac{1}{\mathrm{j}\omega\Delta C}\dot{I}_1=\dfrac{1}{\mathrm{j}\omega C_{\mathrm{M}}}\dot{I}_{\mathrm{I2}}+Z_{\mathrm{S}}\dot{I}_{\mathrm{I3}}\\ \dot{I}_{\mathrm{I1}}=\dot{I}_{\mathrm{I2}}+\dot{I}_1\end{cases} \tag{8-2-22}$$

式中，Z_{S} 为从谐振电路 C_{S} 和 L_{S} 看过去的等效阻抗，当发生偏移时保持恒定。于是，有

$$\Delta I=\frac{\left|\dot{I}_{\mathrm{I1}}\right|}{\left|\dot{I}_{\mathrm{I3}}\right|}=\left|\frac{\Delta C+C_{\mathrm{M}}}{C_{\mathrm{M}}}+\mathrm{j}\frac{\omega\Delta CZ_{\mathrm{S}}(\Delta C+2C_{\mathrm{M}})}{C_{\mathrm{M}}}\right| \tag{8-2-23}$$

根据表 8.5 中的电路参数与图 8.23 中偏移时的耦合机构的参数，可绘制电流比 ΔI，如图 8.26 所示。

图 8.26 显示了偏移下 ΔI 在 X 和 Y 方向上的变化趋势，在 X 方向 ΔI 随偏移量的增加而减小，最大 ΔI 是 6.5%；在 Y 方向上，ΔI 先减少到最低，然后逐渐增加，最大 ΔI 是 10%。

将 $\dot{I}_{\mathrm{I}}=U_{\mathrm{IN}}/(\mathrm{j}\omega L_{\mathrm{P}})$和 $\dot{U}_{\mathrm{O}}=\mathrm{j}\omega L_{\mathrm{S}}\dot{I}_{\mathrm{I}}$ 代入式（8-2-23），可以计算系统输出功率：

$$P=\frac{U_{\mathrm{O}}^{2}}{R_{\mathrm{L}}}=\frac{L_{\mathrm{S}}^{2}U_{\mathrm{IN}}^{2}}{L_{\mathrm{P}}^{2}R_{\mathrm{L}}\Delta I^{2}} \tag{8-2-24}$$

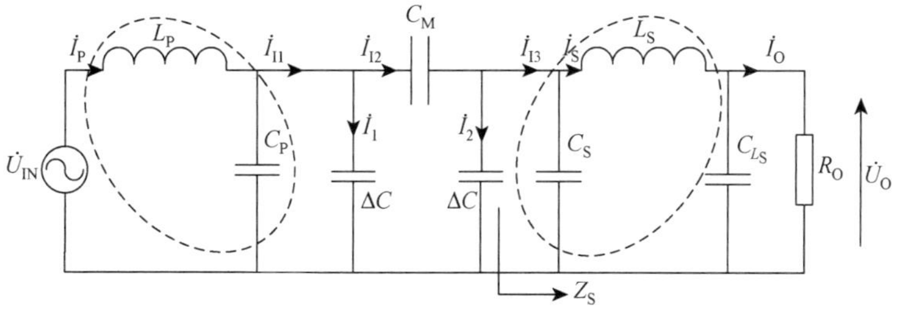

图 8.25　偏移时的等效电路

输出功率 P 与 ΔI^2 成反比，当发生偏移时，ΔI 会影响输出功率 P 的变化，利用 Maxwell 仿真工具，可以计算输出功率在偏移情况下的变化，如图 8.27 所示。从图 8.27 中可以看出，当到达最大偏移量 325mm 时，输出功率在 X 方向的变化为 15.7%，在 Y 方向的变化为 28%。

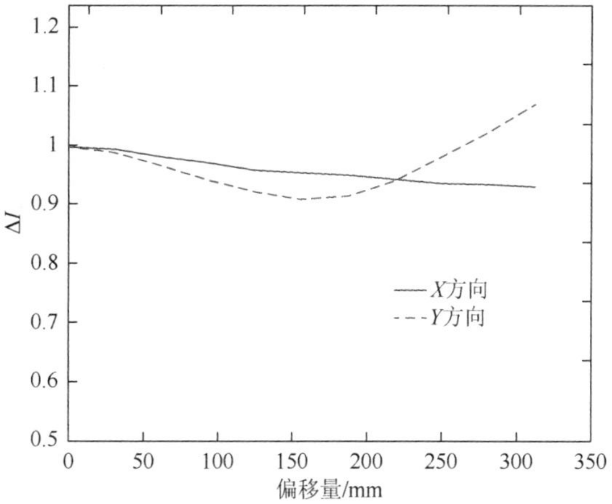

图 8.26　偏移条件下的电流比 ΔI

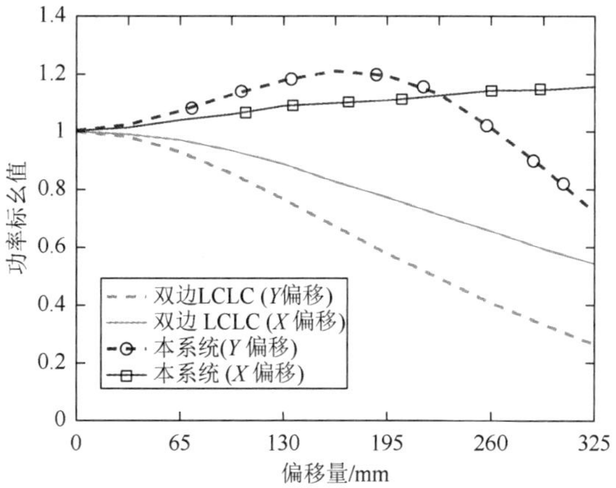

图 8.27　偏移下输出功率的变化趋势图

3. 与 LCLC 拓扑结构的对比

图 8.28 的双边 LCLC 补偿拓扑结构应用于大功率 CPT 系统的理论已经被提出，在相同耦合机构和并联等效电容 C_P、C_S 的情况下，将本节介绍的 LC-CLC 补偿拓扑与双边 LCLC 拓扑的抗偏移性能进行对比。

对于双边 LCLC 拓扑，输出功率可以计算为

$$P_{\text{LCLC}}=\left(\frac{\omega C_{f1}C_{f2}C_M U_{\text{IN}}}{C_P C_S+C_P C_M+C_S C_M}\right)^2 R_L \tag{8-2-25}$$

根据式（8-2-25）计算偏移时输出功率的变化趋势如图 8.27 所示，可以看出，基于双边 LCLC 补偿的 CPT 系统的输出功率在 X 和 Y 方向上随输出功率的增加而减小，当 X 方向最大偏移量为 325mm 时，输出功率降到了 0.5003，输出功率变化为 49.97%，而在 Y 方向，输出功率降到了 0.2443，功率变化可达 75.57%。然而，本书提出的 LC-CLC 拓扑结构在 X 方向的功率变化仅为 15.157%，Y 方向上的功率变化仅为 28%，因此与双边 LCLC 补偿拓扑相比，基于 LC-CLC 补偿拓扑的 CPT 系统具有更好的抗偏移能力。

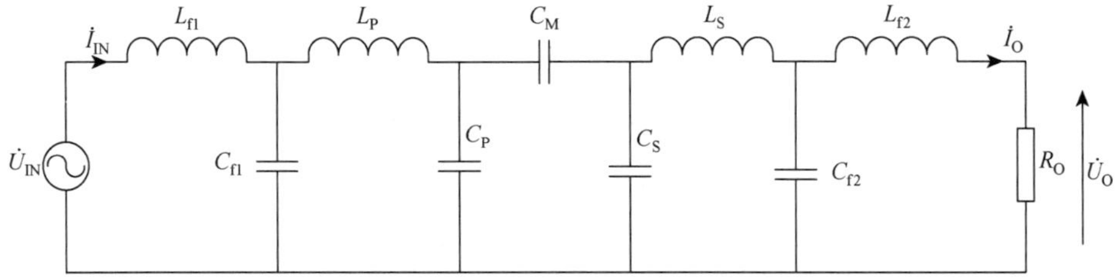

图 8.28　双边 LCLC 补偿拓扑

8.2.3　具有高抗偏移性系统构建与验证

为验证所提出的补偿拓扑结构，本节搭建了一个如图 8.29 所示的 1kW CPT 系统实验装置图。由于工作频率是 600kHz，利兹线的直径应该限制在 84.17μm 以减少趋肤的影响，本实验中选取 1500 股线径为 50μm 的利兹线作为连接线，并在 PVC 管上绕制形成补偿电感 L_P 和 L_S；采用 KEMET 公司生产的大功率高频薄膜电容器构成电容器 C_P、C_S 和 C_{L_S}，以降低功率损耗；整流器由 4 个碳化硅（SiC）二极管 GP2D050A060B 组成；逆变器由 4 个碳化硅 MOSFET C2M0080120D 组成；逆变器控制信号的产生采用数字处理器 TMS320F28335，以便于调节开关频率。

当耦合极板正对时，实验测量结果如图 8.30 所示，其中图 8.30（a）表明，逆变器的输出电压和电流在设计的最大功率点时处于同相状态，该系统可以实现整功率因数。图 8.30（b）为系统测量结果，当输入电压为 199.5V 时，输出电压为 201.26V，与设计参数相符，输出功率为 1009W，DC-DC 效率为 90.56%。

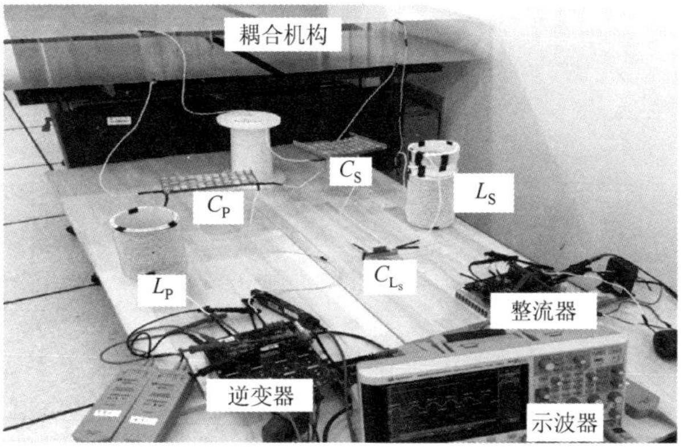

图 8.29　1kW CPT 系统实验装置图

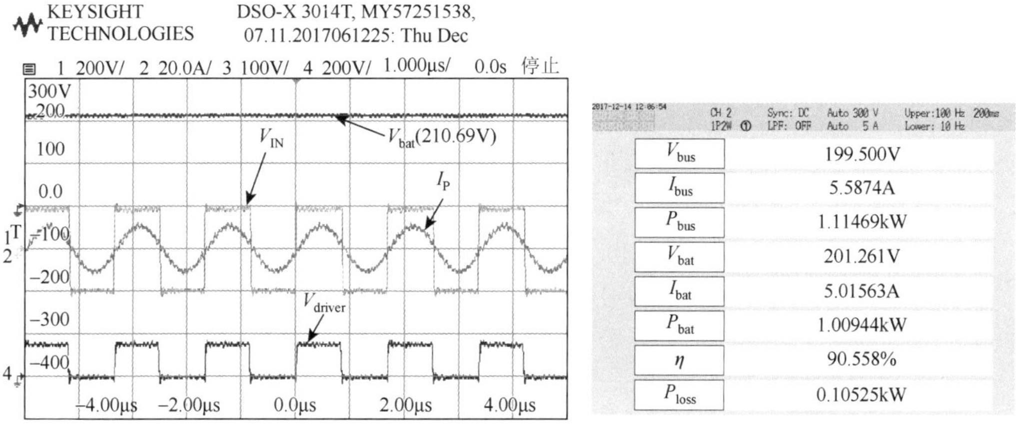

(a) 实验波形　　(b) 实验效率

图 8.30　正对时实验测量结果

采用可编程直流电源 Chroma 62100H-600 为逆变器提供直流电压，利用 HIOKI PW6001 功率分析仪测量输出功率对系统效率的影响，如图 8.31 所示，传输效率随着输出功率的增加而增加，当输出功率达到 500W 时，系统效率可达 90%，当输出功率达到设计的最大传输功率点时，系统效率达到 90.56%。

为了测试系统的抗偏移能力，针对 X 和 Y 方向进行了偏移实验，最大偏差设置为 325mm，即极板边长的 50%。当耦合极板在 Y 方向上偏移时，测量系统输出功率与效率如图 8.32 所示，随着 Y 方向偏移量的增加，输出功率也随之增大，这与计算结果的趋势一致，而系统效率随着偏移量的增加而降低，这主要是由于系统偏移后破坏了系统谐振，支路电流的增加导致了更大的功率损耗。当在 Y 方向上偏移到 325mm 时，系统的测量结果如图 8.33 所示，相比对准时，输出电流略微滞后输出电压。输出功率从 1003W 降到了 856W，下降了 15.2%，实验结果与计算结果基本吻合，实验结果的偏差主要由参数的误差引起。

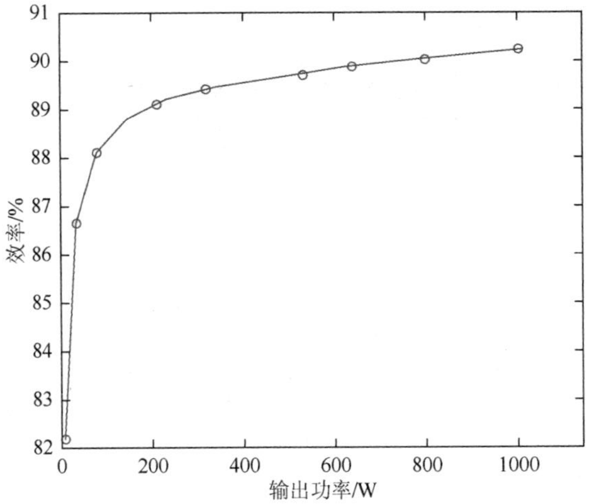

图 8.31　正对时系统效率随输出功率变化图

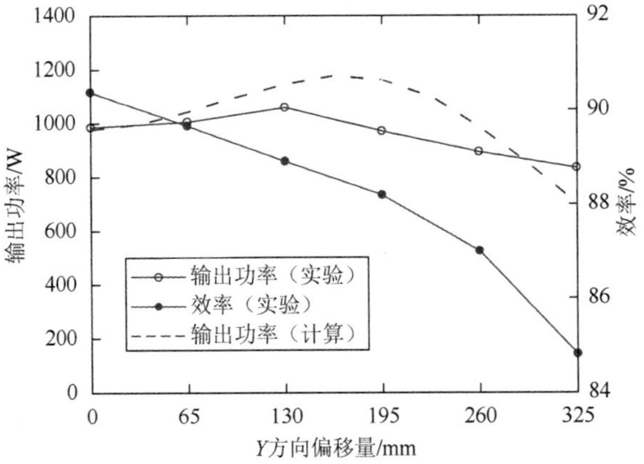

图 8.32　Y 方向偏移时系统输出功率与效率

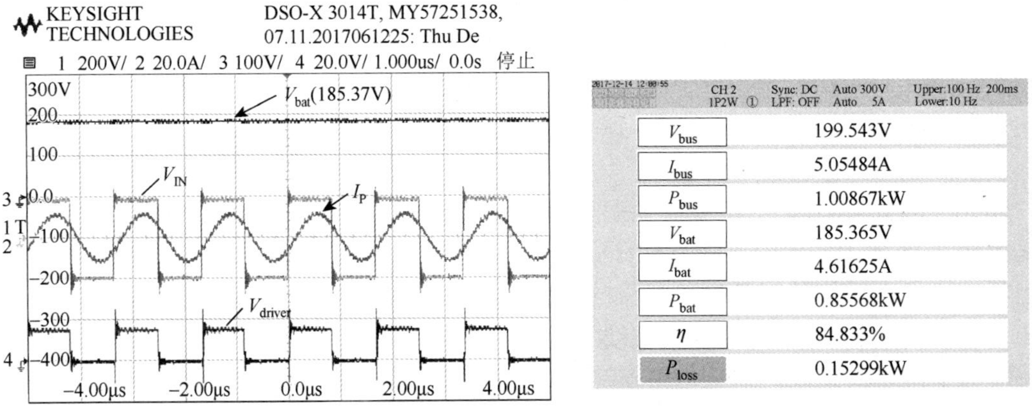

(a) 实验波形　　(b) 实验效率

图 8.33　Y 方向偏移 325mm 时实验结果

当 X 方向发生偏移时，系统输出功率与效率如图 8.34 所示，系统输出功率随 X 方向偏移的增加而增加，系统效率则一直降低，当 X 方向偏移到 325mm 时，实测波形和效率如图 8.35 所示，同样逆变器输出电流略微滞后电压，系统阻抗呈感性，输出功率增加到 1106W，系统效率下降到 84.833%，输出功率变化 10.6%，在 X 和 Y 方向上的偏移实验表明，该系统具有较高的抗偏移能力，尤其是在 X 方向上。

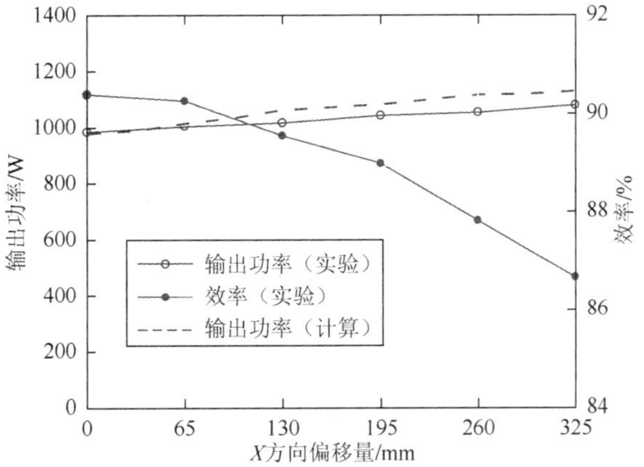

图 8.34　X 方向偏移时系统输出功率与效率

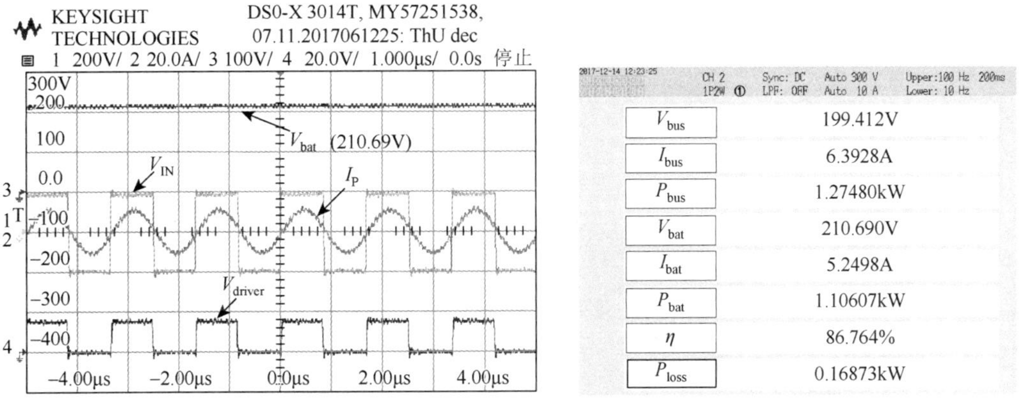

(a) 实验波形　　(b) 实验效率

图 8.35　X 方向偏移 325mm 时实验结果

8.3　基于电场和磁场耦合混合方式的无线电能传输系统研究

为了提升无线电能传输系统的功率与效率，需要外接补偿拓扑使系统工作于谐振状态。IPT 系统的耦合线圈呈感性，需要容性元件进行补偿；CPT 系统的耦合极板呈容性，需要感性元件进行补偿。感应式耦合线圈可作为耦合极板的补偿元件，耦合极板可作为耦合线圈的补偿元件。因此，IPT 系统与 CPT 系统可以构成混合系统，既实现了耦合机构的充分利用，又实现了双通道能量传输，可实现多种目的，如提升系统的传输容量[6, 7]、实现功率和信号传输[8]。

在 IPT 系统中，发射线圈的电流将产生高频磁场，接收侧线圈在高频磁场中感应具有相同工作频率的交变电压，从而可以实现无线电能传输。在 CPT 系统中，耦合板上产生高频电场，发射极板与接收极板间形成位移电流，从而实现电能传输。换句话说，IPT 系统由电流驱动，CPT 系统由电压驱动。

8.3.1　混合系统原理

1. CPT 系统工作模式

通用的 CPT 传输模型如图 8.36 所示。发射端和接收端的补偿拓扑既可使系统谐振，也能提升耦合极板两侧电压。

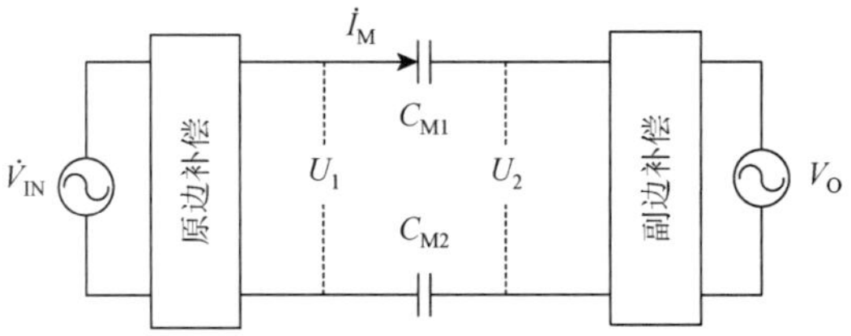

图 8.36　通用的 CPT 传输模型

U_1 和 U_2 是耦合电容 C_{M1} 和 C_{M2} 的端口电压。由于 C_{M1} 和 C_{M2} 串联，可用 C_M 进行等效，$C_M = C_{M1}C_{M2}/(C_{M1}+C_{M2})$。为了分析功率传输方向，将电压 U_1 和 U_2 定义为

$$\begin{aligned}\boldsymbol{U}_1 &= U_1(\cos\theta_1 + \mathrm{j}\sin\theta_1)\\ \boldsymbol{U}_2 &= U_2(\cos\theta_2 + \mathrm{j}\sin\theta_2)\end{aligned} \tag{8-3-1}$$

式中，U_1 和 U_2 为 $\dot{\boldsymbol{U}}_1$ 和 $\dot{\boldsymbol{U}}_2$ 的有效值；θ_1 和 θ_2 为 $\dot{\boldsymbol{U}}_1$ 和 $\dot{\boldsymbol{U}}_2$ 的相位角。流过 C_M 的电流可表示为

$$\dot{I}_M = \mathrm{j}\omega C_M[U_1(\cos\theta_1 + \mathrm{j}\sin\theta_1) - U_2(\cos\theta_2 + \mathrm{j}\sin\theta_2)] \tag{8-3-2}$$

发射端的视在功率可计算为

$$S_C = \overline{\dot{I}_M}\dot{U}_1 = \omega C_M U_1 U_2 \sin\theta_{21} - \mathrm{j}\omega C_M U_1(U_1 - U_2\cos\theta_{21}) \tag{8-3-3}$$

式中，θ_{21} 为 $\boldsymbol{U}_1$ 和 $\boldsymbol{U}_2$ 之间的相角差。则从发射端传输到接收端的有功功率可表示为

$$P_C = \omega C_M U_1 U_2 \sin\theta_{21} \tag{8-3-4}$$

如式（8-3-4）所示，CPT 系统的有功功率与端口电压 U_1 和 U_2、耦合电容 C_M、角频率 ω 和 $\sin\theta_{21}$ 有关。端口电压相角 θ_{21} 影响功率传输量和有功功率传输方向。对于给定的 CPT 系统，提升端口电压是提高功率传输的可能途径之一。

2. IPT 系统工作模式

两种通用的 IPT 传输模型如图 8.37 和图 8.38 所示，L_P 和 L_S 分别表示发送线圈和接收线圈的自感。$\dot{I}_P$ 和 $\dot{I}_S$ 是两个线圈中的电流。由于发射线圈和接收线圈的极性会影响感应

电压的方向，以下分别讨论线圈的两种连接方式。

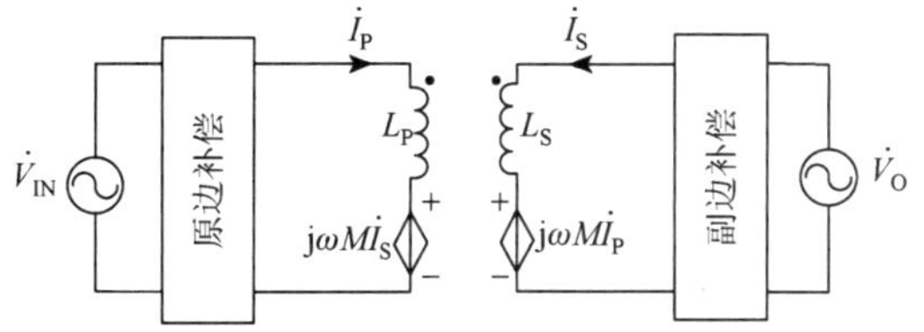

图 8.37　IPT 系统-同名端正接

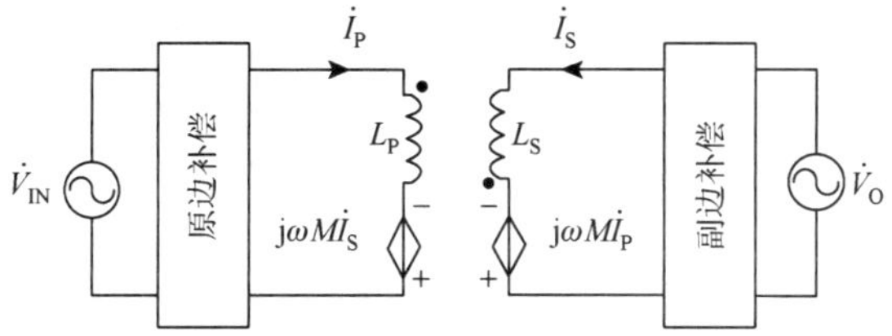

图 8.38　IPT 系统-同名端反接

线圈电流可表示为

$$\begin{aligned}\dot{I}_P &= I_P(\cos\varphi_1 + j\sin\varphi_1)\\ \dot{I}_S &= I_S(\cos\varphi_2 + j\sin\varphi_2)\end{aligned} \tag{8-3-5}$$

式中，I_P 和 I_S 为 $\dot{I}_P$ 和 $\dot{I}_S$ 的有效值；φ_1 和 φ_2 为 $\dot{I}_P$ 和 $\dot{I}_S$ 的相位角，接收线圈的视在功率为

$$S_I = j\omega M\ \dot{I}_S\overline{\dot{I}_P} = -\omega MI_PI_S\sin\varphi_{21} - j\omega I_PI_S\cos\varphi_{21} \tag{8-3-6}$$

式中，φ_{21} 为 $\dot{I}_P$ 和 $\dot{I}_S$ 的相角差。由发射端传到接收端的有功功率为

$$P_I = -\omega MI_PI_S\sin\varphi_{21} \tag{8-3-7}$$

因此，改变线圈电流的相位，可改变系统功率的传输方向。假设 φ_{21} 在−180°～180°内变化，当 φ_{21} 在−180°～0°时，有功功率可从发射端传递到接收端，当 φ_{21} 在 0°～180°内，功率传递方向反向。

当线圈的极性翻转时，IPT 模型如图 8.38 所示，电流方向与图 8.37 中相同。根据以上相同的计算过程，此时的有功功率可表示为

$$P_I = \omega MI_PI_S\sin\varphi_{21} \tag{8-3-8}$$

对比式（8-3-7）与式（8-3-8）可以发现，当电流方向不变时，线圈的极性不同，功率传输方向也不同。

3. IPT 与 CPT 的混合系统

当 IPT 和 CPT 相结合实现功率传输时，必须注意功率的传输方向。由于 IPT 系统中的耦合线圈有两种连接方式，所以 CPT 和 IPT 结合的混合系统也具有两种连接方式，如图 8.39 所示。

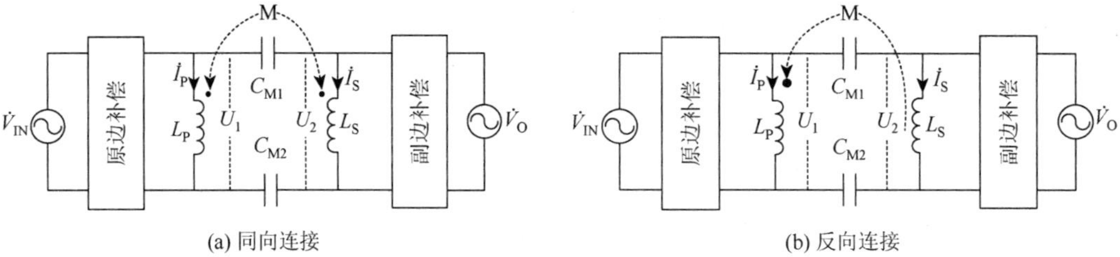

图 8.39　IPT 与 CPT 混合的一般模型

如图 8.39（a）所示，当线圈同名端正向连接时，线圈两端的电压由两部分组成，一部分为由互感产生的感应电压，另一部分为线圈的自感电压。端口电压$\dot{U}_1$和$\dot{U}_2$可以表示为

$$\begin{aligned}\dot{U}_1 &= \mathrm{j}\omega L_P \dot{I}_P + \mathrm{j}\omega M \dot{I}_S \\ \dot{U}_2 &= \mathrm{j}\omega L_S \dot{I}_S + \mathrm{j}\omega M \dot{I}_P\end{aligned} \tag{8-3-9}$$

将式（8-3-9）代入式（8-3-4），混合系统中 CPT 系统的传输功率可表示为

$$P_{CH} = -\omega^3 C_S I_P I_S \sin\varphi_{21}(M^2 - L_P L_S) \tag{8-3-10}$$

则混合系统中 IPT 与 CPT 的传输功率比值为

$$\frac{P_{IH}}{P_{CH}} = \frac{M}{\omega^2 C_S (M^2 - L_P L_S)} \tag{8-3-11}$$

式中，$M = k_I\sqrt{L_P L_S}$。由于线圈耦合系数 k_I 小于 1，$M^2-L_P L_S<0$，所以 $P_{IH}/P_{CH}<0$，表明 IPT 与 CPT 的功率传输方向相反。对于给定的混合系统，IPT 线圈中需要流入更大的电流才能在 IPT 通道上提供更多的功率，以抵消通过 CPT 通道返回的功率。

如图 8.39（b）所示，当线圈同名端反向连接时，通过 CPT 传输的功率为

$$P_{CH} = -\omega^3 C_S I_P I_S \sin\varphi_{21}(M^2 - L_P L_S) \tag{8-3-12}$$

IPT 与 CPT 之间的传输功率比值为

$$\frac{P_{IH}}{P_{CH}} = \frac{M}{\omega^2 C_S (L_P L_S - M^2)} \tag{8-3-13}$$

如式（8-3-13）所示，IPT 与 CPT 的传输功率同相。

对于图 8.39 的 IPT-CPT 混合系统，总的传输功率可以由式（8-3-7）与式（8-3-12）得到

$$P_H = \omega I_P I_S \sin\varphi_{21}\left\{M\cdot\left[1+\frac{\omega^2 C_S (L_P L_S - M^2)}{M}\right]\right\} \tag{8-3-14}$$

M_H 为 IPT-CPT 等效互感，$M_H = M\{1 + [\omega^2 C_S（L_P L_S-M^2）]/M\}$，混合系统的总传输功率可表示为

$$P_H = \omega I_P I_S M_H \sin\varphi_{21} \tag{8-3-15}$$

对比式（8-3-15）和式（8-3-7）可知，两个式子具有相同的表达，而 $M_H > M$，所以 IPT-CPT 混合系统相比 IPT 系统具有更大的传输容量。当传输相同功率时，IPT-CPT 混合系统对比 IPT 系统所需的电流更小，施加在线圈两端的电压也更小。

8.3.2　提升传输功率的电场和磁场耦合混合系统研究

1. IPT-CPT 混合电路分析

基于 S-S 补偿拓扑的 IPT-CPT 混合系统如图 8.40 所示，四块金属极板分别与耦合线圈连接。两个电容 C_P 和 C_S 串联在发送端和接收端以调节系统谐振，值得注意的是，其他拓扑结构如 S-P、P-P 或 LC 也可用作谐振补偿。

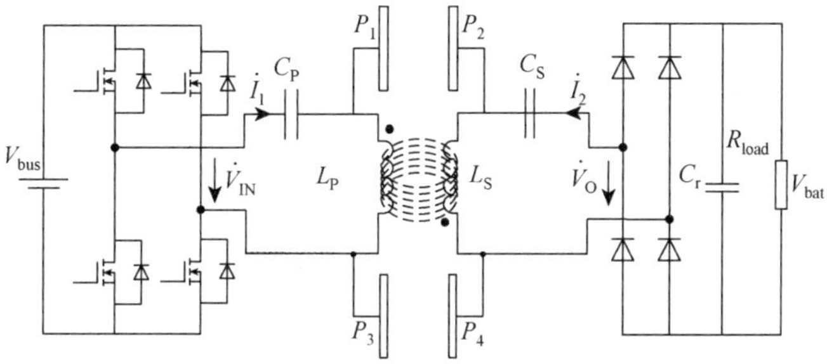

图 8.40　基于 S-S 补偿拓扑的 IPT-CPT 混合系统

为了简化系统分析，只考虑一次谐波，利用基波近似分析系统的工作原理。系统等效电路如图 8.41 所示，两个正弦波电压源代替输入输出方波电压源，耦合极板用等效电容 C_{M1} 和 C_{M2} 表示。由于所提出的谐振电路为线性电路，所以采用叠加定理对系统进行分析。

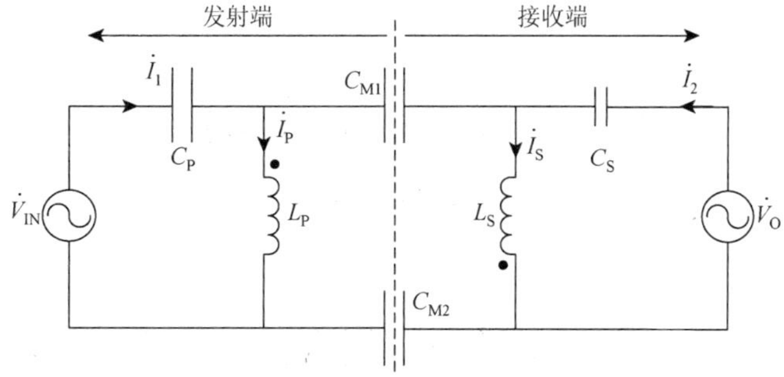

图 8.41　系统等效电路

如图 8.42 所示，当电路只有输入电压 $\dot{V}_{IN}$ 作用时，图中虚线框表示该路径和元件中没有电流或电压，C_M 是 C_{M1} 和 C_{M2} 串联之后的等效电容。

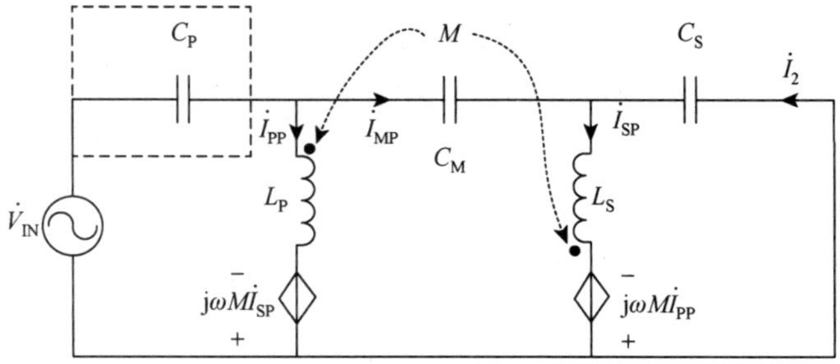

图 8.42　$\dot{V}_{IN}$ 作用时的等效电路

电容 C_S 补偿混合系统 IPT-CPT 的耦合机构，形成并联谐振，其等效阻抗为无穷大。因此，C_P 所在支路看作开路，L_P 上的电压就等于 V_{IN}，根据基尔霍夫电流和电压定律，可建立如下方程：

$$\begin{cases} \dot{V}_{IN} = j\omega L_P \dot{I}_{PP} - j\omega M \dot{I}_{SP} \\ \dot{V}_{IN} + \dot{I}_{PP} / (j\omega C_M) = j\omega L_S \dot{I}_{SP} - j\omega M \dot{I}_{PP} \\ \dot{I}_2 = \dot{I}_{PP} + \dot{I}_{SP} \\ \dot{I}_2 / (j\omega C_S) + j\omega L_S \dot{I}_{SP} - j\omega M \dot{I}_{PP} = 0 \end{cases} \tag{8-3-16}$$

求解式（8-3-16）可得各支路电流：

$$\begin{cases} \dot{I}_{PP} = -\dfrac{j\omega \dot{V}_{IN} C_M (L_S + M)}{\omega^2 C_M (L_P L_S - M^2) + M} \\ \dot{I}_{SP} = -\dfrac{j\dot{V}_{IN}[\omega^2 C_M (L_P + M) - 1]}{\omega^3 C_M (L_P L_S - M^2) + \omega M} \\ \dot{I}_2 = -\dfrac{j\dot{V}_{IN}[\omega^2 C_M (L_P + L_S + 2M) - 1]}{\omega^3 C_M (L_P L_S - M^2) + \omega M} \end{cases} \tag{8-3-17}$$

同样，C_S 也可被表示为

$$C_S = -\frac{\omega^2 C_M (L_P + L_S + 2M) - 1}{\omega^4 C_M (M^2 - L_P L_S) + \omega^2 L_S} \tag{8-3-18}$$

当只有 $\dot{V}_O$ 作用于电路时，其电路图如图 8.43 所示。

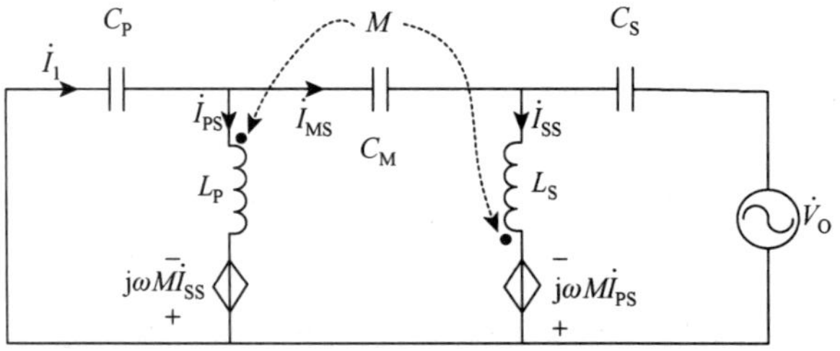

图 8.43　V_O 作用时的等效电路

同理可得如下电路方程：

$$\begin{cases}\dot{V}_{\mathrm{O}} = \mathrm{j}\omega L_{\mathrm{S}}\dot{I}_{\mathrm{SS}} - \mathrm{j}\omega M\dot{I}_{\mathrm{PS}} \\ \dot{V}_{\mathrm{O}} + \dot{I}_{\mathrm{SS}} / (\mathrm{j}\omega C_{\mathrm{M}}) = \mathrm{j}\omega L_{\mathrm{P}}\dot{I}_{\mathrm{PS}} - \mathrm{j}\omega M\dot{I}_{\mathrm{SS}} \\ \dot{I}_1 = \dot{I}_{\mathrm{PS}} + \dot{I}_{\mathrm{SS}} \\ \dot{I}_1 / (\mathrm{j}\omega C_P) + \mathrm{j}\omega L_{\mathrm{P}}\dot{I}_{\mathrm{PS}} - \mathrm{j}\omega M\dot{I}_{\mathrm{SS}} = 0\end{cases} \tag{8-3-19}$$

此时的支路电流为

$$\begin{cases}\dot{I}_{\mathrm{SS}} = -\dfrac{\mathrm{j}\omega\dot{V}_{\mathrm{O}}C_{\mathrm{M}}(L_{\mathrm{P}} + M)}{\omega^2 C_{\mathrm{M}}(L_{\mathrm{P}}L_{\mathrm{S}} - M^2) + M} \\ \dot{I}_{\mathrm{PS}} = -\dfrac{\mathrm{j}\dot{V}_{\mathrm{O}}[\omega^2 C_{\mathrm{M}}(L_{\mathrm{S}} + M) - 1]}{\omega^3 C_{\mathrm{M}}(L_{\mathrm{P}}L_{\mathrm{S}} - M^2) + \omega M} \\ \dot{I}_1 = -\dfrac{\mathrm{j}\dot{V}_{\mathrm{O}}[\omega^2 C_{\mathrm{M}}(L_{\mathrm{P}} + L_{\mathrm{S}} + 2M) - 1]}{\omega^3 C_{\mathrm{M}}(L_{\mathrm{P}}L_{\mathrm{S}} - M^2) + \omega M}\end{cases} \tag{8-3-20}$$

C_{P} 与耦合机构并联谐振，流过 C_{S} 的电流为 0，所以 C_{P} 可以表示为

$$C_{\mathrm{P}} = -\frac{\omega^2 C_{\mathrm{M}}\left(L_{\mathrm{P}} + L_{\mathrm{S}} + 2M\right) - 1}{\omega^4 C_{\mathrm{M}}(M^2 - L_{\mathrm{P}}L_{\mathrm{S}}) + \omega^2 L_{\mathrm{P}}} \tag{8-3-21}$$

当 $\dot{V}_{\mathrm{IN}}$ 和 $\dot{V}_{\mathrm{O}}$ 同时作用时，流过 C_{P} 和 C_{S} 的电流为

$$\begin{aligned}\dot{I}_1 &= \frac{\mathrm{j}\dot{V}_{\mathrm{O}}[1 - \omega^2 C_{\mathrm{M}}(L_{\mathrm{P}} + L_{\mathrm{S}} + 2M)]}{\omega^3 C_{\mathrm{M}}(L_{\mathrm{P}}L_{\mathrm{S}} - M^2) + \omega M} \\ \dot{I}_2 &= \frac{\mathrm{j}\dot{V}_{\mathrm{IN}}[1 - \omega^2 C_{\mathrm{M}}(L_{\mathrm{P}} + L_{\mathrm{S}} + 2M)]}{\omega^3 C_{\mathrm{M}}(L_{\mathrm{P}}L_{\mathrm{S}} - M^2) + \omega M}\end{aligned} \tag{8-3-22}$$

最后，系统输入输出功率为

$$P_{\mathrm{in}} = P_{\mathrm{out}} = \frac{|\dot{V}_{\mathrm{IN}}||\dot{V}_{\mathrm{O}}|[1 - \omega^2 C_{\mathrm{M}}(L_{\mathrm{P}} + L_{\mathrm{S}} + 2M)]}{\omega^3 C_{\mathrm{M}}(L_{\mathrm{P}}L_{\mathrm{S}} - M^2) + \omega M} \tag{8-3-23}$$

式（8-3-22）表明，$\dot{V}_{\mathrm{IN}}$ 超前电流 $\dot{I}_2$ 90°，$\dot{V}_{\mathrm{O}}$ 超前电流 $\dot{I}_1$ 90°。根据整流桥的输入输出特性，输出电压 $\dot{V}_{\mathrm{O}}$ 与输出电流 $-\dot{I}_2$ 同相，于是可以推导出输入电压 $\dot{V}_{\mathrm{IN}}$ 与输入电流 $\dot{I}_1$ 同相，IPT-CPT 混合系统能够实现整功率因数输出。

选择输入电压 $\dot{V}_{\mathrm{IN}}$ 为参考电压，$\dot{V}_{\mathrm{IN}} = V_{\mathrm{IN}}$，$\dot{V}_{\mathrm{O}}$ 可以表示为

$$\dot{V}_{\mathrm{O}} = -\mathrm{j}V_{\mathrm{O}} \tag{8-3-24}$$

V_{IN} 和 V_{O} 为 $\dot{V}_{\mathrm{IN}}$ 和 $\dot{V}_{\mathrm{O}}$ 的有效值。

当 $\dot{V}_{\mathrm{IN}}$ 和 $\dot{V}_{\mathrm{O}}$ 同时作用时，支路电流为

$$\dot{I}_{\mathrm{P}}=\frac{-V_{\mathrm{O}}[\omega^2 C_{\mathrm{M}}(L_{\mathrm{S}}+M)-1]-\mathrm{j}V_{\mathrm{IN}}\omega^2 C_{\mathrm{M}}(L_{\mathrm{S}}+M)}{\omega^3 C_{\mathrm{M}}(L_{\mathrm{P}}L_{\mathrm{S}}-M^2)+\omega M}$$
$$\dot{I}_{\mathrm{S}}=\frac{-V_{\mathrm{O}}\omega^2 C_{\mathrm{M}}(L_{\mathrm{P}}+M)-\mathrm{j}V_{\mathrm{IN}}[\omega^2 C_{\mathrm{M}}(L_{\mathrm{P}}+M)-1]}{\omega^3 C_{\mathrm{M}}(L_{\mathrm{P}}L_{\mathrm{S}}-M^2)+\omega M} \tag{8-3-25}$$
$$\dot{I}_{\mathrm{M}}=\frac{-V_{\mathrm{O}}\omega C_{\mathrm{M}}(L_{\mathrm{P}}+M)+\mathrm{j}V_{\mathrm{IN}}\omega C_{\mathrm{M}}(L_{\mathrm{S}}+M)}{\omega^2 C_{\mathrm{M}}(L_{\mathrm{P}}L_{\mathrm{S}}-M^2)+M}$$

将式（8-3-25）代入式（8-3-8），得到 IPT 通道传输的功率为

$$P_{\mathrm{I}}=\frac{V_{\mathrm{IN}}V_{\mathrm{O}}M[\omega^2 C_{\mathrm{M}}(L_{\mathrm{P}}+L_{\mathrm{S}}+2M)-1]}{\omega[\omega^2 C_{\mathrm{M}}(L_{\mathrm{P}}L_{\mathrm{S}}-M^2)+M]^2} \tag{8-3-26}$$

端口电压 $\dot{U}_1$ 为

$$\dot{U}_1=\mathrm{j}\omega L_{\mathrm{P}}I_{\mathrm{P}}-\mathrm{j}\omega MI_{\mathrm{S}}=V_{\mathrm{IN}}+\frac{\mathrm{j}V_{\mathrm{O}}[\omega^2 C_{\mathrm{M}}(M^2-L_{\mathrm{P}}L_{\mathrm{S}})+L_{\mathrm{P}}]}{\omega^2 C_{\mathrm{M}}(L_{\mathrm{P}}L_{\mathrm{S}}-M^2)+M} \tag{8-3-27}$$

计算得到 CPT 通道传输的功率为

$$P_{\mathrm{C}}=\mathrm{Re}(\overline{I_{\mathrm{M}}}\cdot U_1)=\frac{V_{\mathrm{IN}}V_{\mathrm{O}}\omega C_{\mathrm{M}}(M^2-L_{\mathrm{P}}L_{\mathrm{S}})[\omega^2 C_{\mathrm{M}}(L_{\mathrm{P}}+L_{\mathrm{S}}+2M)-1]}{[\omega^2 C_{\mathrm{M}}(L_{\mathrm{P}}L_{\mathrm{S}}-M^2)+M]^2} \tag{8-3-28}$$

由式（8-3-26）和式（8-3-28）可得 CPT 与 IPT 的传输功率比为

$$\beta=\frac{P_{\mathrm{C}}}{P_{\mathrm{I}}}=\frac{\omega^2 C_{\mathrm{M}}(L_{\mathrm{P}}L_{\mathrm{S}}-M^2)}{M} \tag{8-3-29}$$

由于感应系数 k_{I} 远小于 1，$M=k_{\mathrm{I}}\sqrt{L_{\mathrm{P}}L_{\mathrm{S}}}$，式（8-3-29）可简化为

$$\beta\approx\frac{\omega^2 C_{\mathrm{M}}\sqrt{L_{\mathrm{P}}L_{\mathrm{S}}}}{k_{\mathrm{I}}} \tag{8-3-30}$$

式（8-3-30）表明，传输功率比与感应系数 k_{I} 成反比，与等效电容 C_{M}、线圈自感（L_{P} 和 L_{S}）的平方根和角频率 ω 成正比。为了得到设定的功率比，应该合理设计以上参数。

2. 混合系统耦合机构设计

CPT 的功率传输通道由四个铝板构成，铝板尺寸为 500mm×500mm，铝板厚度 d_{t} 为 2mm，传输间距 d 为 150mm。考虑到边缘效应，一对极板的等效电容可计算为

$$C_{\mathrm{s}}=[1+2.343\cdot(d/l_1)^{0.891}](\varepsilon\cdot l_1^2/d)=26.58\mathrm{pF} \tag{8-3-31}$$

式中，l_1 为极板的宽度；ε 为空间介电常数，$\varepsilon=8.85\times10^{-12}$F/m。

所选极板的尺寸和等效电容值如表 8.7 所示。

表 8.7　所选极板的尺寸和等效电容值

参数	数值	参数	数值
l_1/mm	500	d/mm	150
C_{S1}/pF	26.58	C_{S2}/pF	26.58
C_{M}/pF	13.29	d_{t}/mm	2

由式（8-3-30）可知，功率传输比值与工作频率成正比，因此在设计磁场耦合机构时，首先需要确定开关频率。由于电场耦合机构的等效电容在皮法范围，开关频率应提高到几百千赫兹才能实现所需的传输功率，而过高的开关频率会导致逆变器和利兹线产生更高的功率损耗，因此系统频率设置为 800kHz。

耦合线圈 L_P 和 L_S 由双极性线圈构成。为了简化系统设计过程，发送线圈和接收线圈尺寸一致，耦合线圈结构如图 8.44 所示。

在图 8.44 中，IPT 耦合机构边长为 l_1，线圈匝数定义为 N。调整 N 可以改变 IPT 线圈的耦合系数和自感，从而实现所需的传输功率比。由于发射线圈和接收线圈结构对称，因此自感 $L_P = L_S = L$。IPT 耦合系数 $k_I = M/L$，绕制线圈所用的利兹线线径为 2.85mm，发射线圈与接收线圈的传输距离 d 为 150mm，与 CPT 耦合机构的传输距离相同。利用 Maxwell-3D 电磁仿真软件，可以对耦合线圈的自感和耦合系数 k_I 进行仿真，其结果如图 8.45 所示。

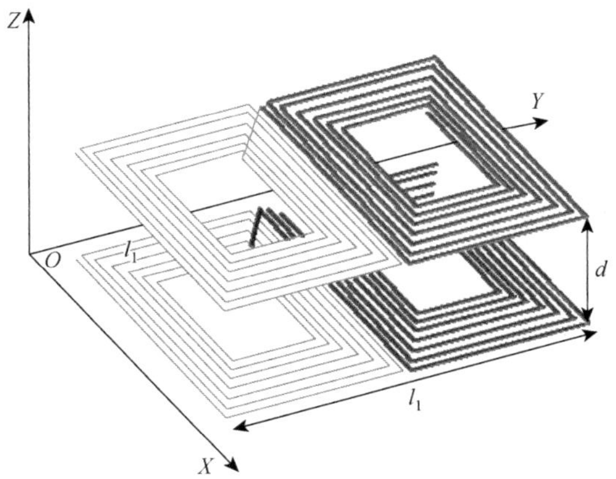

图 8.44　耦合线圈结构

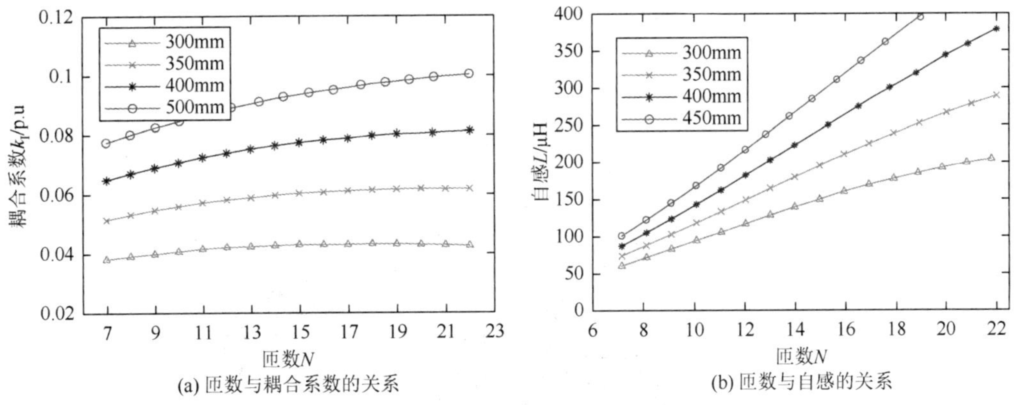

图 8.45　耦合线圈仿真结果

由图 8.45 可知，自感 L 主要由匝数 N 决定，且随匝数 N 的增加而增大。而 N 对耦合

系数 k_I 的影响较小，主要由耦合线圈宽度 d_1 决定。当 $d_1 = 300$mm 时，耦合系数 k_I 的取值为 0.037～0.044；当 $d_1 = 450$mm 时，k_I 值在 0.078～0.102。式（8-3-30）表明，传输功率比值 β 与耦合系数 k_I 成反比，耦合系数 k_I 的减小可以提高 CPT 的传输功率比，因此 IPT 耦合线圈边长设为 300mm。为了验证该系统，传输功率比值 β 被设置为 1，CPT 传输通道与 IPT 传输通道传输功率相同。线圈自感通过计算为 $L = 133.4\mu$H，对应图 8.45 中的线圈匝数 $N = 14$，磁场耦合机构各参数如表 8.8 所示。

表 8.8　磁场耦合机构各参数

参数	数值	参数	数值
l_1/mm	300	d/mm	150
d_c/mm	2.85	N/匝	14
L_P/μH	133.4	L_S/μH	133.4
M/μH	5.9	k_I	0.045

8.3.3　电场和磁场混合实验系统构建与验证

为了实现 1.1kW 功率传输，实验系统的输入和输出电压均设为 300V，所有系统参数及数值如表 8.9 所示。根据图 8.40 中的电路搭建实验平台如图 8.46 所示。为消除磁场耦合机构与电场耦合机构的相互影响，将两耦合机构间距设置为 300mm。

表 8.9　系统参数及数值

参数	数值	参数	数值
V_{bus}/V	300	V_{bat}/V	300
P_{IPT}/W	550.5	P_{CPT}/W	558.3
l_1/mm	300	l_2/mm	500
d/mm	150	C_M/pF	13.29
k_I	0.045	f/kHz	800
C_P/pF	281.5	C_S/pF	281.5
L_P/μH	133.4	L_S/μH	133.4

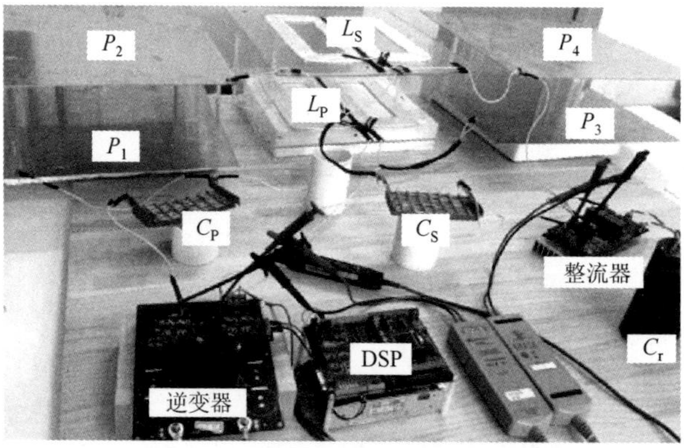

图 8.46　实验装置

实验测量结果如图 8.47 所示。由于设计的输出功率和电压分别是 1.1kW 和 300V，则需将负载 R_{load} 设为 81.81Ω。从图 8.47（a）可以看出，逆变器的输入电压和电流是同相的，系统没有无功功率的注入，有利于提高系统效率。逆变器的输出电压超前整流器的输入电压 90°，与计算结果一致。在设计的最大功率点处，系统测量值如图 8.47（b）所示，测量输出功率为 1.1kW，DC-DC 效率为 91.928%。

利用功率分析仪 HIOKI PW6001 可测量系统在不同输入直流电压下的 DC-DC 效率和输出功率，测量结果如图 8.48 所示。系统效率随输出功率的增加而增加，当输出功率在 200W 时，系统效率可保持在 89%左右，当输出功率达到设计功率点 1.1kW 时，系统效率达到最大值 91.928%。

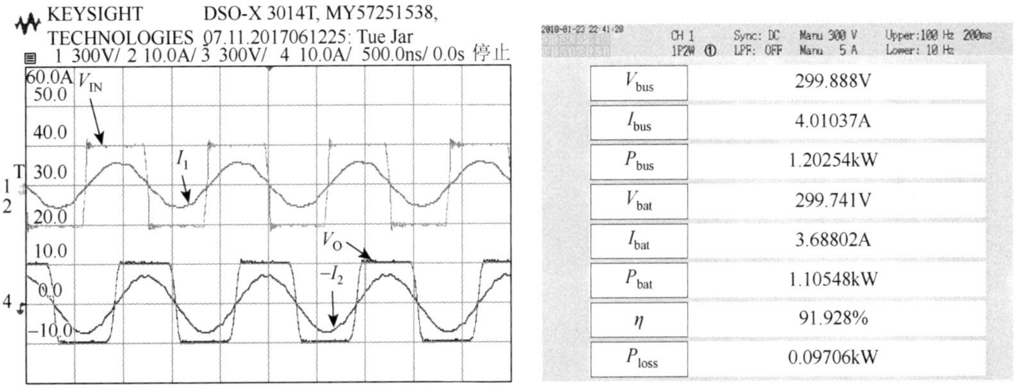

(a) 实验波形　　(b) 实验功率与效率

图 8.47　实验测量结果

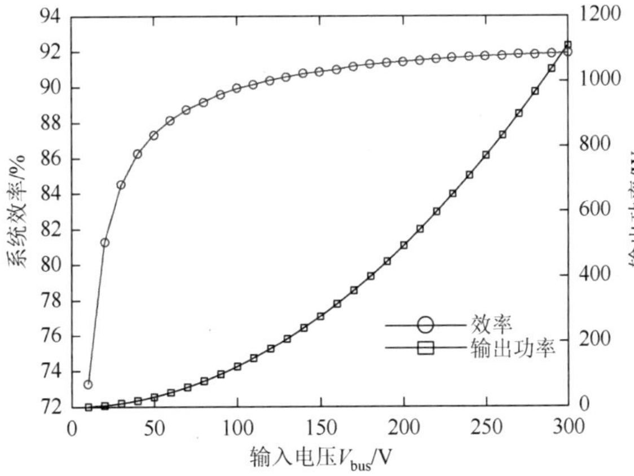

图 8.48　系统效率与输出功率随输入电压变化

为了验证 IPT 和 CPT 具有相同的传输功率，实验中还将耦合线圈的同名端反接，测得实验结果如图 8.49 所示。

输入电压设置为 100V，图 8.49（a）给出整流器和逆变器的输入波形和输出波形。逆变器的输出电流和电压相位差接近 90°，这意味着没有有功功率流入补偿拓扑。此外，整流器的输入电压和电流都接近于 0，这是因为 CPT 将电能从发射端传输到接收端，而 IPT 将电能从接收端返回到发射端。图 8.49（b）可以看出，当传输比值为 1 时，总传输功率几乎为零。

为证明混合系统比独立的 IPT 或 CPT 系统具有更好的传输能力，实验中还分别对独立的 IPT 和 CPT 系统进行测量。在 IPT 系统中，流过发射线圈的电流会产生交变磁场，接收线圈感应出电动势从而实现功率传输。为了比较独立 IPT 系统和混合系统之间的传输能力，传输线圈中的电流应该与混合系统相同，通过调整系统输入电压和 IPT 系统的负载来实现。负载设置为 36.59Ω，输入直流电压设置为 142V，同时谐振电容重新调节系统谐振，C_P 和 C_S 调整为 297pF。

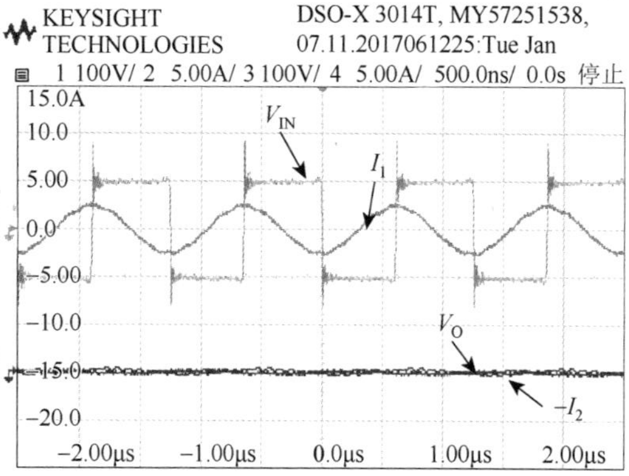

(a) 实验波形

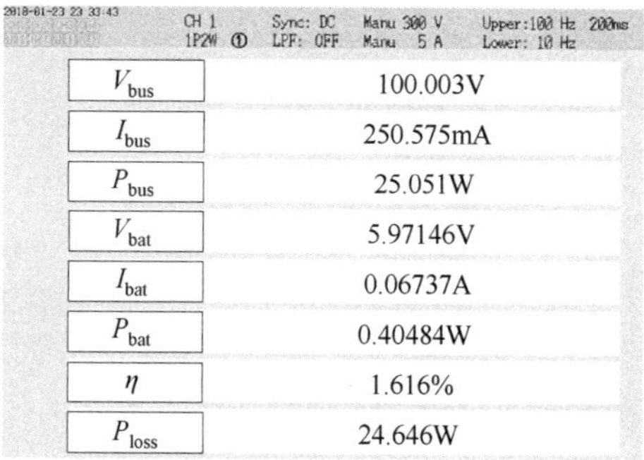

(b) 实验功率与效率

图 8.49 同名端反接测量结果

在 CPT 系统中，需要在耦合极板两端施加高电压以实现能量的传输，因此独立 CPT 系统的耦合极板的端口电压应与混合系统的端口电压相等。在设计的混合系统中，耦合极板的端口电压为 2.914kV，为满足独立 CPT 系统中耦合极板的端口电压为 2.914kV，调整输入直流电压为 151V，输出负载为 40.7Ω。为满足 CPT 系统谐振条件，电容 C_P 和 C_S 调整为 282.78pF。

独立 IPT 和 CPT 系统测量结果如图 8.50 所示，图 8.50（a）中，线圈中流过的电流相同，IPT 系统的传输功率是 534W，为混合 IPT-CPT 系统功率的 1/2。图 8.50（b）中，端口电压相同，测量独立 CPT 系统的输出功率也为 IPT-CPT 混合系统功率的 1/2。与独立的 IPT 或 CPT 系统相比，IPT-CPT 混合系统在线圈电流以及耦合极板端口电压相同的情况下可以传输更高的功率，因此混合系统可以实现更高的功率传输。

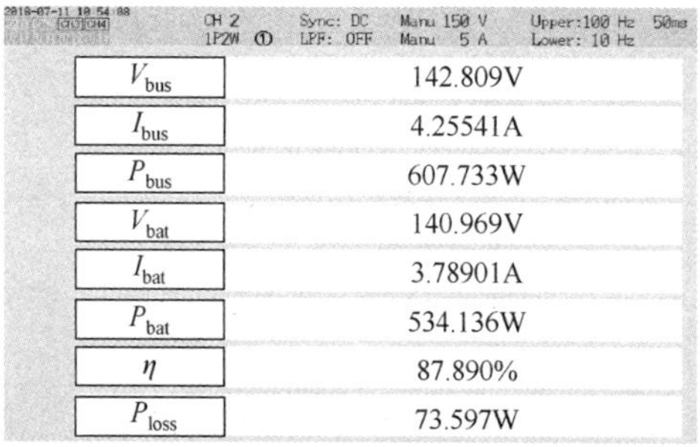

(a) 独立IPT系统

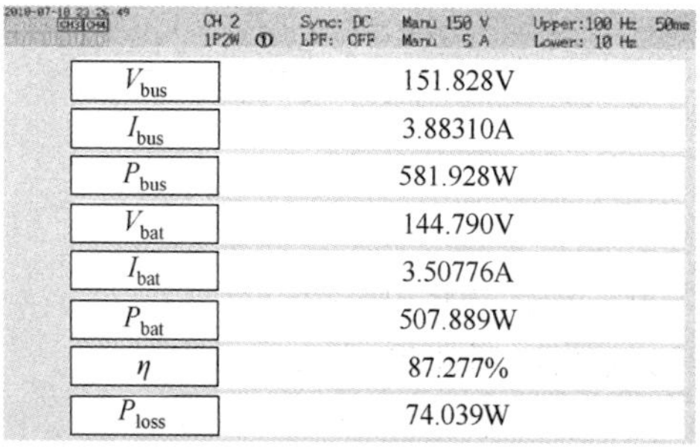

(b) 独立CPT系统

图 8.50 独立 IPT 和 CPT 系统测量结果

8.4　本 章 小 结

本章针对新型的电场耦合式无线电能传输系统进行介绍。首先详细介绍了电场耦合式无线电能传输系统的研究发展情况，对比了 IPT 和 CPT 的工作原理；8.2 节中针对 CPT 系统大功率传输时系统器件承受过高电压的问题，提出了一种新型的电压优化方法，并基于双边 CL 补偿拓扑结构进行系统参数设计，对元件上的电压应力进行再分配，使无功元件和耦合机构上的最大电压最小，从而有效地降低元件击穿风险，提高系统的安全性，并提出了一种双发射-单接收极板的多源大功率 CPT 系统，采用多发射结构可提升系统端口电压，进一步提高系统的传输功率、安全裕度和可靠性。8.3 节提出了一种新型的适用于大功率远距离传输的 LC-CLC 补偿拓扑，该结构可以有效提升 CPT 系统的抗偏移能力；介绍了基于 IPT 和 CPT 结合的混合系统，可实现系统大功率传输，由于 IPT 系统需要电容来进行补偿，而 CPT 系统需要电感来消除感抗，所以 IPT 和 CPT 系统可以进行有效结合来实现多通道传输。

参 考 文 献

[1] Zhang H，Lu F，Hofmann H，et al. A four-plate compact capacitive coupler design and LCL-compensated topology for capacitive power transfer in electric vehicle charging application[J]. IEEE Transactions on Power Electronics，2016，31（12）：8541-8551.

[2] Nishiyama H，Nakamura M. Form and capacitance of parallel-plate capacitors[J]. IEEE Transactions on Components，Packaging，and Manufacturing Technology：Part A，1994，17（3）：477-484.

[3] Mai R，Luo B，Chen Y，et al. Double-sided CL compensation topology based component voltage stress optimization method for capacitive power transfer charging system [J]. IET Power Electronics，2017，11（7）：1153-1160.

[4] Luo B，Mai R，Guo L，et al. LC-CLC compensation topology for capacitive power transfer system to improve misalignment performance[J]. IET Power Electronics，2018.

[5] 胡杰，陈丽华，罗博，等.基于全耦合电容模型的双发射电场耦合式无线电能传输系统[J].电工技术学报，2019，34（17）：3542-3551.

[6] Lu F，Zhang H，Hofmann H，et al. An inductive and capacitive combined wireless power transfer system with LC-compensated topology[J]. IEEE Transactions on Power Electronics，2016，31（12）：8471-8482.

[7] Luo B，Long T，Mai R，et al. Analysis and design of hybrid inductive and capacitive wireless power transfer for high-power applications[J]. IET Power Electronics，2018，11（14）：2263-2270.

[8] Li X，Tang C，Dai X，et al. An inductive and capacitive combined parallel transmission of power and data for wireless power transfer systems[J]. IEEE Transactions on Power Electronics，2017，33（6）：4980-4991.